FTAの
基礎と実践

賢く活用するための手引き

ジェトロ海外調査部
伊藤博敏・朝倉啓介・吾郷伊都子 編著

白水社

目　　次

はじめに

新たな FTA の発効／拡大する FTA

　自由貿易の拡大とともに発展を遂げてきた世界経済の秩序は，近年，かつてない試練に直面している。2008 年の世界金融危機の発生以来，長期の停滞が続いていた世界貿易は，米中間の貿易紛争や保護貿易主義の高まりにより，不確実性が増大していた。そして 2020 年，瞬く間に全世界を覆った新型コロナウイルス感染症（以下，新型コロナ）は，世界貿易を混乱の渦に陥れ，パンデミックに対するグローバル経済の脆弱性を浮き彫りにした。さらに，コロナ禍における貿易制限の広がり，そして先鋭化の様相をみせる米中間の対立構造は，世界貿易の先行きの不透明性をさらに高めるリスク要因となっている。

　一方で，国際貿易をめぐる環境が未曾有の混乱に陥った 2020 年以降も，世界全体では，地域の枠を超えた数多くの自由貿易協定（FTA）[1] が相次いで発効している。2020 年 1 月から 2021 年 6 月末までの 1 年半で新たに発効した FTA は 48 件にのぼる。北米自由貿易協定（NAFTA）の改訂版である米国・メキシコ・カナダ協定（USMCA，2020 年 7 月発効）や，EU ベトナム FTA（2020 年 8 月発効）に加え，2021 年 1 月にはアフリカ大陸自由貿易圏（AfCFTA）の運用が開始されるなど，経済的インパクトが大きく，かつ企業の関心の高い FTA が数多く始動した。

---

1)　なお，本書における「自由貿易協定：FTA」は，物品貿易以外の幅広い対象分野をカバーする経済連携協定（EPA）を含めたものとしている。

　そのなかで，近年の我が国の通商関係も着実な進展をみせている。とりわけ，2018 年 12 月の「環太平洋パートナーシップに関する包括的及び先進的な協定（CPTPP）」の発効，および 2019 年 2 月の「日 EU 経済連携協定」の発効は，我が国企業のグローバルビジネスを新たなステージに引き上げる契機となった。

　2020 年 11 月には，「地域的な包括的経済連携（RCEP）協定」が日本を含む 15 か国で署名された。RCEP は，加盟 15 か国で世界全体の約 3 割を占める巨大経済圏を形成すると同時に，日本にとって，最大の貿易相手国である中国ならびに第 3 位の相手国である韓国との間での初めての FTA の発足と位置づけられる。

　この大型 FTA の発効により，日本の貿易総額に占める FTA 発効相手国との貿易額の割合は約 7 割まで高まることになる。つまり，これからの日本企業には，FTA を所与の条件とし，それをいかに効果的・効率的に活用するかが問われることになる。FTA を利用する企業だけが優位に立つ時代は終焉し，「賢く活用しなければ損をする」FTA 成熟期の到来である。

FTA の戦略的活用

　このような環境のもと，日本企業の間では，FTA を戦略的に活用するための情報ニーズが急速に高まっている。主要貿易相手国を網羅的にカバーする FTA ネットワークのなかから自社に最適な FTA をいかに把握・選択するか，相手国ごとに異なる複数の FTA をどう効果的に使い分けるか，といった経営課題に対する意欲的な取り組みといえる。

　なお，ここでの「FTA の戦略的な活用」とは，関税削減を目的とした FTA 特恵税率の利用にとどまらない。FTA の多くは，関税以外の分野でも，貿易円滑化やサービス，投資など，企業のグローバル事業活動に深く関わる幅広いルールを規定している。一例として，FTA を通じ，相手国のサービス市場の参入障壁が低下すれば，国境を越えたサービス提供の競争力強化や，より有利な条件での現地サービス拠点の設置が可能になる。また FTA の存在により，締約相手国への投資の際に，現地での投資財産の保護や送金の自由，雇用義務をはじめとする要求の免除が保証される場合もある。つまり，

FTA による締約国間の約束が新たなルールをつくり，そのルールにもとづく新たな国際経済法規が整備される結果，国際ビジネスの予見性と法的安定性を高めることが可能となるのである。

前出の CPTPP や日 EU 協定では，サービスや投資などの分野に加え，デジタル，知的財産，環境といった非伝統的な貿易分野においても WTO 枠外の分野における規律が先行して成立している。これらの規律は，いずれも海外事業を進めるうえで考慮すべき事項であり，これらの FTA 上の規律を把握しておくことがビジネス上の利益につながる。もしくはそれらを見落とすことがビジネス上のリスクとなる可能性もある。

また，企業がグローバル・バリューチェーン構築を考える際には，日本が締結している協定のみならず，第三国間の FTA の存在も重要である。たとえば，日本企業の主戦場である東南アジアでは，ASEAN 経済共同体（AEC）の構築による域内での物品・サービス・投資・ヒト・資本の移動の自由化が進展している。さらに，ASEAN を核とした域外パートナー国との ASEAN プラスワン FTA ネットワークが形成され，各国に進出する日本企業による活用が年々拡大している。また，前出の USMCA や，EU・ベトナム FTA，さらには近い将来の発効が見込まれる EU・メルコスール FTA などの大型協定でも，それぞれの締約国・地域に進出する日系企業が多いことから，原産地規則や関税率によって域内における調達先や生産地を再考すべきケースがある。さらに，協定の内容によっては，締約国間での投資・サービス分野の市場アクセスが改善されるため，従来の現地子会社への出資比率や出資ルートの見直しも検討に値する。

本書の構成

上述の視点にもとづき，本書では，日本および世界の FTA の最新のトレンドを，近年の相次ぐ大型 FTA の発足も踏まえて整理するとともに，その経済効果や企業活動にもたらす影響をさまざまな視点から分析している。乱立する FTA を効果的かつ戦略的に活用する企業の視点に立ち，FTA の意義や歴史的変遷といった国際経済法上の基礎的理解を深めたうえで，市場アクセスとビジネス・ルールの両面から，協定の有効な活用方法や事例，現地に

おける制度の運用実態を解説する。

　本書は大きく3部で構成され，導入となる第I部（1章～4章）では，世界と日本のFTAを概観する。まず，世界のFTAに関しては，90年代後半以降の多角的自由貿易体制を担ってきたWTOとFTAとの補完関係や，急激に変化する国際通商環境のもとでの新たなFTAの役割について考察する（第1章）。また，世界のFTAの発効状況を年代別に類型化し，近年の大きな潮流として，CPTPPやRCEPに代表される広域化や，対象分野の広範化が進展している実態を示す（第2章）。一方，日本のFTAに関しても，過去20年間のFTA戦略をレビューし，市場アクセスや運用手続きの改善，ルール面でのアップグレードがどのように進展し，それが日本企業のビジネスにいかなるメリットをもたらすかを分析している（第3章）。くわえて，直近2～3年間の数千社を対象とする大規模なアンケート結果にもとづき，日本企業のFTA活用実態や運用上の課題について明らかにしている（第4章）。

　続く第II部では，主要なFTAのルールを読み解くとともに，FTAを通じた新たなルール形成のトレンドを解説する。まず，物品貿易の分野では，近年の主要なFTAを例に，関税削減・撤廃の方式やスケジュール，原産地規則・原産地証明手続きを重点的に解説する。あわせて税関手続きに代表される貿易円滑化措置の進展と企業活動への影響，運用上手続き上の留意点にも言及する（第5章）。サービス貿易に関しては，FTAの締約国間での約束が，WTOとの比較において，より広い対象業種，高い水準で実現している実態を示す。また日本がFTAを通じて，相手国のサービス市場の参入障壁を低下させている実例を紹介している（第6章）。投資については，企業の海外事業展開においてFTAの投資章や投資協定をどう生かすか，という視点に立ち，協定が約束する投資自由化と投資保護の意義を伝える。同時に，企業が投資受入国政府との間で抱える課題を解決する際，FTAや投資協定がどのような解決手段を提供しうるか，について具体的事案にもとづく解説を試みている（第7章）。

　さらに，近年，FTAを通じたルール形成が急速に進むデジタル貿易の分野では，電子商取引関連の規定などを中心に，FTAが設ける新たなデジタル関連の規律が，今後の国際ルールの形成や見直しを議論する土台になりつ

つある状況を紹介する。また，主要な FTA に盛り込まれる先進的なデジタル関連規律を比較し，それらの規律が国際ビジネスに及ぼす影響について考察している（第8章）。

そのほか，日本企業のグローバルビジネスに大きく関わる領域として，知的財産や基準・認証，紛争解決手段なども取り上げる。主要な FTA のなかで同対象分野のルールがどのように規定され，ビジネスの予見性や透明性の確保にいかなるメリットをもたらすのか，というポイントを中心に解説している。さらには，競争や，政府調達，労働，環境といった非貿易分野においても，FTA が設ける新たな規律がビジネスに及ぼす影響を考察し，想定されるビジネス環境の変化への適切な配慮を促している（第9章）。

第Ⅲ部では，世界の主要国・地域別の FTA 戦略と動向を詳しく紹介する。アジア大洋州地域の FTA ネットワークのハブとして広域 FTA 形成をリードする ASEAN，2021 年に発足した新政権の通商戦略の行方に注目が集まる米国，FTA を通じて国際ルール構築に先導的な役割を果たすことに意欲を示す EU など，主要国・地域の動きに加え，ASEAN とのプラスワン FTA を形成する中国，韓国，インド，さらには中南米，ロシア，中東，アフリカまでを網羅的にカバーしている。

各国・地域の主要分野における FTA 交渉のスタンスや，それぞれの国・地域が有する第三国 FTA の経緯，特徴，運用上の問題点に至るまで，政策面と実務面の双方の視点から解説を試みている（第10章～15章）。

第Ⅰ部
世界と日本の FTA 概説

第1章

不確実性が高まる国際環境下でのFTA再考
保護主義やグローバルリスクに対峙するFTA

┌─ ポイント ─────────────────────────────────┐

◆近年，世界の貿易自由化の流れをけん引するのは，自由貿易協定（FTA）
やFTAを核とする地域経済統合の進展である。

◆FTA締約国間で合意したルールは，その履行プロセスで締約国の国内構造
改革を促し，法的安定性や手続きの透明性の向上をもたらす。貿易円滑化な
どの措置の効果は，締約国・地域外へも広く波及し，当該国のビジネス拠点
としての信頼度を高めることも期待される。

◆大きく変化する国際通商環境のもと，新時代のFTAは，世界に蔓延する保
護主義への防波堤としての役割，パンデミック等のリスクに対応する新ルー
ルの形成役としての機能を担う。また，中小企業のグローバル・バリューチ
ェーン参入を促す有効な手段でもある。

└──┘

第1節　世界の貿易自由化とFTA

　WTO体制のもと，2002年1月に開始された多角的貿易自由化交渉は，加
盟国間の利害対立などを理由に長年の停滞が続いている。その半面，過去
20年間の世界の主要国・地域の通商政策は，二国間・地域間，あるいは地
域の枠を超えたFTAの推進に重点が置かれた。本節では，WTOの多角的貿
易自由化交渉の主要論点や直面する課題，個別分野で有志国が主導する複数
国間交渉のアプローチを概観する。あわせ，近年のFTAの発展が，WTOの
多国間・複数国間交渉を補完し，あるいは先導しうるという側面から，その
役割と可能性をみていくことにしたい。

1　膠着する多角的貿易自由化交渉

（1）設立から実質的な交渉の開始まで約 7 年

世界の自由貿易協定（FTA）は，1990 年代後半から 2000 年代前半を境に，地域の垣根を越えて大きく増加し，自由化および規律強化の対象分野を広範化させてきた（第 2 章参照）。この時期に主要国・地域が FTA を志向することになった大きな要因のひとつが，多角的自由貿易体制である世界貿易機関（WTO）のもとでの，全加盟国・地域（以下，加盟国）参加型の貿易自由化交渉（ラウンド）の停滞である。

WTO は，「関税及び貿易に関する一般協定（GATT）」にもとづく，第 8 回多角的貿易自由化交渉（ウルグアイ・ラウンド，1986〜1994 年）の結果，1994 年に設立が合意され，1995 年 1 月に正式に設立された。妥結に至るまでに 8 年の歳月を要したウルグアイ・ラウンドは，非農産品の自由化に加え，農業分野の関税や補助金，サービス貿易，知的所有権，ルール（救済措置や補助金等）などの分野を扱い，同ラウンドの積み残しの議論および追加的な自由化の議論が，WTO に引き継がれた。

1995 年の WTO 設立から，WTO として初の多角的貿易交渉であるドーハ・ラウンド（正式名称は「ドーハ開発アジェンダ」）の立上げまでに，計 4 回の閣僚会合が行われ，約 7 年の歳月を要した。2002 年 1 月に正式交渉を開始したドーハ・ラウンドは，非農産品やサービス貿易，知的所有権などの継続・追加交渉に加え，新たに，貿易と環境（環境関連物品・サービスの貿易自由化等），開発（途上国に対する特別な扱い）を交渉分野に加えた。また，当初は，投資，競争，貿易円滑化，政府調達の新たな 4 分野をルールの検討対象に含んでいたが，その後，2003 年 9 月の第 5 回閣僚会議（カンクン閣僚会議）で交渉が決裂し，4 分野のうちの貿易円滑化だけが交渉の対象となった[1]。

（2）8 分野で多国間交渉を継続

WTO は設立から四半世紀を過ぎたが，その間に計 11 回の閣僚会議を実施

---

1)　経済産業省『通商白書』令和 2 年版（2020 年 7 月）。

している。2017 年 12 月にブエノスアイレスで行われた第 11 回会議でも，主要な議題で全加盟国の合意には至らず，閣僚宣言の採択も見送られた。ドーハ・ラウンドの交渉対象 8 分野のうち，協議が先行していたルール分野で漁業補助金に対する規制導入も合意に至らず，2021 年中を目途に開催予定の第 12 回閣僚会議へ持ち越しとなった。

　すでに約 20 年間，先の見通せない交渉を続けているドーハ・ラウンドそのものの扱いについても，交渉継続を訴える途上国と，先進国を中心に新しい貿易課題への移行を主張する国々との溝が埋まらず，進展していない[2]。

　ドーハ・ラウンドは，大きく，鉱工業品（NAMA），農業，サービス，ルール，貿易円滑化，知的所有権，開発，貿易と環境，の 8 分野を交渉の対象とする。交渉の主要成果としては，貿易関連規則の透明性向上や，税関手続きの迅速化・簡素化等を取り決めた「貿易の円滑化に関する協定」（TFA）が 2014 年に採択され，2017 年 2 月に発効している。そのほか，TRIPS（知的所有権の貿易関連の側面に関する）協定の改正（2017 年 1 月発効），農業分野での輸出補助金撤廃等を含む「輸出競争に関する規定」の合意（2015年）なども挙げられる。しかしながら，WTO の主要機能である立法という側面における 20 年間の交渉成果はきわめて限定的な範囲にとどまっている。

（3）特定分野で有志国による複数国間交渉が進展

　すべての WTO 加盟国による全会一致（コンセンサス）を意思決定の原則とするドーハ・ラウンド交渉は，加盟国の増大（2021 年 7 月現在 164 か国・地域）や交渉分野の広範化により，加盟国間の利害の対立，とりわけ先進国と途上国間の対立などが足枷となり，長年の停滞に陥っている。

　その半面，有志国に限定した個別分野の複数国間（プルリ）交渉として，1997 年に発効した情報技術協定（ITA）の拡大交渉，環境物品協定（EGA）交渉などが進められてきた。

　ITA の拡大交渉については，53 か国・地域での交渉を経て 2015 年に妥結。ITA 参加国・地域は，新たに 201 品目の関税撤廃を 2024 年 1 月までに完了

2）　ジェトロ『世界貿易投資報告』2018 年版（2018 年 7 月）。

させる。参加国・地域の MFN 税率が撤廃されるため，すべての WTO 加盟国からの輸出に対して適用されることになる。

一方，EGA については，2001 年よりドーハ・ラウンド交渉の一環で議論が行われてきたが，同ラウンド交渉の停滞により，APEC に場を移し，環境物品に対する関税撤廃・削減の議論が継続された。その結果，2012 年の APEC 首脳会議において，54 品目に合意。2014 年 1 月には，WTO 非公式閣僚会合にふたたび場を移し，日本を含む有志国 14 か国・地域 3) が，WTO における EGA 交渉の立ち上げに向け，声明を発表している。

また，第 11 回閣僚会議では，(a) 電子商取引，(b) 投資円滑化，(c) サービス分野における国内規制の扱い，(d) 中小零細企業のための作業計画（非公式 WG），の 4 分野について，それぞれ有志国で交渉を主導していく新たなアプローチの方向性が示され，有志国・地域による共同声明が採択された 4)。いずれも，将来的な全加盟国での交渉を見据えたものだ。関税措置にとどまらない新しい分野のルール形成に向け，有志国がリードする形での，現実的かつ建設的なアプローチといえる。

有志国が先導する新たなアプローチに対し，欧州委員会は 2021 年 2 月，新通商戦略とあわせ『WTO 改革：持続可能で効果的な多国間貿易制度に向けて』と題する WTO に対する EU のスタンスを示す付属書を発表。そのなかで，欧州委員会は，WTO 交渉の機能不全に関して，加盟国全体でのアプローチには限界があり，有志間でプルリ合意を形成し，徐々に参加国を増やすアプローチが現実的であるとの見解を示している。同時に，開発途上国の参加や合意後の参加国拡大など，プルリ合意の開放性も重要であると強調する。また WTO 改革において，とくにプルリ合意を重視すべき分野として，電子商取引，投資円滑化，サービス分野の国内規制を挙げている 5)。

---

3)　日本，米国，EU，中国，韓国，台湾，香港，シンガポール，カナダ，オーストラリア，ニュージーランド，スイス，ノルウェー，コスタリカ。

4)　記載内容はジェトロ『世界貿易投資報告』2020 年版（2020 年 7 月），経済産業省『通商白書』令和 2 年版（2020 年 7 月）にもとづく。

5)　ジェトロ・ブリュッセル事務所「EU の新通商戦略および最近の FTA 動向」（2021 年 3 月）〈https://www.jetro.go.jp/ext_images/_Reports/01/1d247c10c8e89568/20200041.pdf〉

表 1-1　WTO 多国間交渉と複数国間交渉の分野と主な内容

交渉形態	交渉分野	主な交渉内容	参加国・地域
多国間 （マルチ）	非農産品市場アクセス 農業 サービス ルール（補助金等） 貿易円滑化 知的所有権 開発 貿易と環境	関税削減，非関税障壁の撤廃 関税・国内補助金削減，輸出補助金の撤廃等 サービス分野の外貨規制緩和や迅速化，実施に伴う途上国支援 アンチ・ダンピングや補助金の規律強化，漁業補助金の規律導入 貿易手続きの簡略化，迅速化 ワイン・スピリッツの地理的表示の多国間通報登録制度など 途上国に対する特別な取扱い（S&D） 環境関連の物品，サービスに係る貿易の自由化・円滑化	全 WTO 加盟国・地域
複数国間 （プルリ）	電子商取引 投資円滑化 中小零細企業・非公式 WG サービス分野の国内規制	電子商取引の円滑化，自由化，キャパシティビルディング等事項 投資環境の透明，予見可能性の向上，行政手続きの円滑化 情報提供，貿易金融，中小零細企業に配慮した国内規制 審査に関する手続きや基準・期間の公表，審査の独立性	86 か国・地域 106 か国・地域 91 か国・地域 63 か国・地域

注：複数国間の各交渉の参加国・地域数は 2021 年 7 月末時点（WTO 事務局）。
出所：経済産業省『通商白書』，ジェトロ『世界貿易投資報告』，WTO 資料などをもとに作成。

2　WTO を補完する FTA

（1）WTO 交渉の停滞を尻目に FTA が活発化

　WTO の枠組みのもとでは，前出のとおり，約 20 年間に及ぶドーハ・ラウンド交渉が難航。有志国による個別分野に焦点を当てたプルリ交渉ベースの現実的なアプローチがようやく始動しつつある。その一方で，同 20 年間の世界の主要国・地域の通商政策の重点は，二国間・地域間，もしくは地域の枠を超えた FTA の推進であった。

　1990 年代から 2000 年代前半にかけ，世界の主要国・地域で活発に FTA が締結された要因について，内閣府は，当時の経済財政報告[6]のなかで，

参照。
6)　内閣府『平成 16 年度年次経済財政報告』（2004 年 7 月）〈https://www5.cao.go.jp/j-j/wp/wp-je04/04-00000pdf.html〉。

(a) WTOにおいて迅速に合意を形成することの困難さが広く認識されていること，(b) 利益を共通にする国同士が自由化の利益を関係国間で先取りする動きが生じていること，(c) FTAを国際政治的な戦略の一環として推進しようという思惑が働いていること，などを挙げている。これらの要因に加え，FTAの持つ差別的性格が同時期のFTA急増のひとつの要因との見方も示されている[7]。すなわちFTAの増加により，FTAから除外された国は輸出市場において競争上不利となり，輸出機会が縮小する。除外された国は，この不利な状況を克服するために，既存のFTAへの加盟や新たなFTAの設立に動き，その結果としてFTAが増加する。いわゆるドミノ効果によってFTAが急増したという見方である。

(2) 多国間，複数国間交渉を補完するFTA

　FTAは，貿易や投資にかかる市場アクセスの自由化や，さまざまな経済活動における共通ルールの形成を志向する国・地域同士による協定であることから，多国間枠組みに比べ，早期の交渉妥結が可能であり，高い自由化水準や規律を設定しやすい。

　前述の内閣府の報告においても，FTAを通じ，新分野のルールをまず二国間で構築することの長所として，(a) モノの貿易を超えた，域内での幅広い経済活動の自由化・円滑化の促進のニーズの高まりに迅速に対応できること，に加え，(b) 当該分野の制度構築に関するノウハウや経験を蓄積し，それを多角的交渉の場での合意形成の材料とできること，(c) 多国間交渉における新分野のルール構築においてリーダーシップを発揮しうること，といった点を指摘している。

　こうしたFTAの特性は，WTOの交渉対象分野におけるルールの先行的な構築，既存ルールへの上乗せや深掘り，もしくはWTOがカバーしていない領域のルールを新たに開拓するなど，さまざまな形でWTOを補完する可能性を有する。また，環太平洋パートナーシップに関する包括的および先進的

---

7)　浦田秀次郎「メガFTAとWTO：競合か補完か」『季刊 国際貿易と投資』100号記念増刊号（2015年10月），14-29頁。

な協定（CPTPP，いわゆる TPP11）や地域的な包括的経済連携（RCEP）協定などの広域 FTA を通じ，より多くの国をカバーする高い規律のルールが発効することは，WTO のプルリ交渉や将来的な多国間交渉への影響力がさらに強まることになる。

　日本の産業界も WTO 事務局に対して，先進的な FTA 等の規律を，必要に応じて WTO の規律に昇華させることを提案している。たとえば，経団連は 2019 年 1 月に出した政策提言[8]のなかで，WTO の機能回復に向けた制度改革の方策のひとつとして，「各国が類似の義務を引き受ける EPA/FTA 等の各種協定を統合し，WTO 協定のもとでの規律とする方法を真剣に検討すべきである」と提案している。また，その端緒として，「WTO 事務局において各種 EPA/FTA 等の規律の比較・分析を進めるとともに，関係の委員会において，可能な条文案の研究等が行われることを期待する」としている。

　経団連は 2020 年 7 月[9]にも，コロナ禍で打撃を受けた世界経済を「自由で開かれた自由な貿易投資の実現」によって立て直すための方策を提言している。そのなかで，WTO 改革を通じた多国間枠組みの強靭化を実現するための，ルール策定の弾力化のアプローチとして，「二国間・地域間 EPA を着実に実施し，また，参加国を拡大することで貿易投資枠組みのスタンダードを確立し，これを WTO 協定に取り込むことでグローバルなルールへと昇華させること」を検討すべきであるとしている。また，その具体例として，(a) CPTPP 参加国が連携して，同協定の電子商取引章の内容を現在 WTO で行われている電子商取引協定の策定に向けた議論に反映させる，あるいは (b) 日 EU 経済連携協定（以下，日 EU 協定）のサービス貿易，投資の自由化章や CPTPP の投資章をベースに，WTO の場で投資自由化について，関心国間で議論を再開し，漸進的に参加国を増やす，などの案が示されている。また，それにより，将来的に，WTO が貿易のみならず投資分野でもイニシアティブを発揮する素地を形成することが可能である，としている。

---

　8)　経団連「新たな時代の通商政策の実現を求める」（2019 年 1 月）〈http://www.keidanren.or.jp/policy/2019/004_honbun.html〉。

　9)　経団連「コロナの下での自由で開かれた貿易投資の実現」（2020 年 7 月）〈http://www.keidanren.or.jp/policy/2020/064_honbun.html〉。

第2節　FTA の意義

　FTA は，締結国・地域同士が貿易や投資をはじめとする幅広い経済関係を強化する意義を有する。締約相手国と貿易関係を有する企業の立場では，相手国の関税削減やサービス市場への参入障壁の低下は，輸出競争力の強化をもたらす点で意義がある。また，締約相手国・地域へ投資を行う企業は，相手国における投資財産の保護や送金の自由，知的財産の保護，現地での雇用義務や技術移転要求の回避などの規律が強化されることで，ビジネスの法的安定性を高めることが可能になる。また各締約国政府にとっては，FTA で合意した規律を自国内で施行するプロセスが国内構造改革を促し，当該国のビジネス拠点としての信頼度を向上させる効果が期待できる。

　それぞれのルール分野において FTA がもたらす締約国および締約国内企業へのメリットについては，第Ⅱ部の各ルール章にて解説するが，本節では，マクロ的な経済効果と，とくに貿易円滑化や非関税障壁の削減などの締約国・地域外への波及効果という観点から FTA の意義を概観する。

1　FTA がもたらす経済効果

（1）事前推計型と事後検証型の分析手法

　FTA のもたらす経済効果として，一般的には，まず締約国間の関税削減によって輸出が増加し，それが輸出国の生産増加の効果をもたらす。同時に，締約国における輸入の増加が生産構造改革を促し，資本や労働の効率的な再配分をもたらす。また，輸入製品の価格低下は，消費者の実質所得の増加と購買意欲の喚起による消費の増加につながる。このような国内外市場の変化により，生産，消費，所得の相乗的な増加がもたらされる。こうした効果に加え，所得の増加にともなう派生的な投資の増加を通じた資本形成は，生産を増加させる好循環を生み，経済成長を促進する。国外企業との取引の拡大や，輸入の増加にともない，競争が促進されることで，生産性を向上させる効果も期待される。

　FTA の発効が，締約国に対し，貿易創出効果や GDP を押し上げるプラスの経済効果をもたらすことついては，すでに数多くの先行研究[10]によって示されている。経済効果の分析には，発効前の協定に対し，関税削減などの自由化措置の効果を事前に推計する方法と，発効済みの協定の自由化措置の効果を事後的に検証する方法がある。事前推計の分析に利用される手法として，一般均衡（CGE）モデルがあり，後述する RCEP 協定の経済効果分析はこの手法が取られている。均衡状態にあるとみなされる初期時点から，FTA の合意内容にもとづく関税削減等の変化を受け，経済がふたたび均衡状態を回復するまでの変化をシミュレーションする手法である。他方，事後分析においては，グラビティ・モデルがよく利用される。同モデルによる FTA の効果分析は，「二国間の貿易量は，（a）両国の物理的距離の近さ，（b）両国の経済規模が大きさ，に応じて大きくなる」という法則のもとで関係を設定し，FTA 締約国間の貿易額が，そうでない国同士の貿易額に比べて，条件に応じ，統計的に有意な形でどのように変化するかによって，貿易創出効果の有無や程度をみるのが一般的である。

（2）RCEP 協定発効による経済効果

　2021 年 3 月，日本政府（外務省，財務省，農林水産省，経済産業省の合同）が，2020 年 11 月に署名された RCEP 協定の経済効果について，その合意内容を踏まえた試算を実施[11]。日本の GDP が，同協定がない場合に比べ，相当の調整期間を経て，最終的に約 2.7％ 押し上げられるとの試算結果を公表している。これは，2019 年度の GDP 水準に換算し，約 15 兆円に相当する。また，労働供給については約 0.8％（2019 年度の就業者数換算で約 57 万人）増加すると見込んだ。政府はこれまでにも，同様のモデルを使用した

---

10)　代表的な先行研究として，S. Urata and M. Okabe, "Trade Creation and Diversion Effects of Regional Trade Agreements: A product-level Analysis," *The World Economy* 37, Issue 2 (February 2014), pp. 267–289 など。

11)　経済効果分析には，事前推計の手法において最も利用されている CGE モデル，具体的には，GTAP（Global Trade Analysis Project）が提供するデータセット（9 版）と基本的なモデルを用いている。なお，試算の内容は，種々の不確実性をともなうものとして相当な幅をもって理解される必要がある。

表 1-2　RCEP 協定が日本にもたらす経済効果，他の署名済み協定との比較

	RCEP	TPP12	TPP11	日 EU・EPA	日米貿易協定
実質 GDP の押し上げ	約 2.7% （約 15 兆円）	約 2.6% （約 13.6 兆円）	約 1.5% （約 7.8 兆円）	約 1.0% （約 5.2 兆円）	約 0.8% （約 4 兆円）
労働供給の増加	約 0.8% （約 57 万人）	約 1.3% （約 80 万人）	約 0.7% （約 46 万人）	約 0.5% （約 29 万人）	約 0.4% （約 28 万人）

注：カッコ内の金額や人数は，基準年が異なるため一概に比較はできない。
出所：政府発表「地域的な包括的経済連携（RCEP）協定の経済効果分析」（2021 年 3 月）。

経済効果分析を，環太平洋パートナーシップ（TPP12〔未発効〕），CPTPP（TPP11），日 EU 協定，日米貿易協定のそれぞれについて実施している（表1-2）。

　RCEP 協定参加 15 か国の人口，GDP，貿易総額はいずれの合計も世界全体の約 3 割を占める。また，日本と他の締約国 14 か国との間の貿易額は，日本の貿易総額全体の 5 割弱を占めること等の要因により，発効によるGDP の押し上げ効果は，過去に試算したいずれの協定をも上回ることが見込まれている。

2　非関税措置の削減・調和や貿易円滑化措置の波及効果

　先進国間の協定などの場合，締約国の実行関税率（MFN 税率）がすでに低く，関税削減による経済効果は限定的になる傾向がある。また，発効から一定の年数が経過した FTA などの場合，締約国の貿易自由化の議論や取り組みは，関税削減よりも非関税措置（NTMs）の削減や貿易円滑化に軸足が置かれている。

　OECD の試算[12]によれば，NTMs のコストは，世界の大半の国・地域で，従価税換算で関税コストの 2 倍〜10 倍に相当する。また，OECD によれば，不要な NTMs の適切な削減により，G20 加盟国間の貿易は 5.5%，世界全体の貿易は 4.0% 増加し，各国・地域の生産性向上や従業員の賃金上昇などの効果がもたらされる。また，それによる従業員 1 人あたりの賃金の上昇幅は，大半の国・地域で，関税単体の削減の場合の 2 倍を上回る。

---

12)　OECD, *Trade Policy and the Global Economy: Reducing Unnecessary Costs of Non-Tariff Measures*（February 2019）.

　OECD は，各国政府に対し，必ずしも NTMs を取り払うことを提言して
おらず，各国のルール形成プロセスにおいて他国・地域のルールに目を向け，
可能な限り差異を取り除き，調和を図ることの必要性を強調している。また，
その具体的なアプローチとして，FTA の締結，および規制の相互承認枠組
みの活用などを推奨している点が注目される。

　一方，通関手続きの簡素化や時間の短縮化，透明性の向上に資する各種の
貿易円滑化措置も，その進展による輸出入企業へのメリットや経済効果が大
きい。たとえば，WTO は，全加盟国・地域の参加のもとで 2017 年 2 月に
発効した貿易円滑化協定の効果について，同協定の完全な履行により，貿易
にかかるコストは世界全体で 14.3% 低減し，年間 1 兆ドル分の貿易額増加
をもたらすと試算する。また，輸出および輸入にかかる日数を，それぞれ
2.0 日間，1.5 日間短縮するとしている。

　ただし，貿易円滑化協定は，WTO 加盟各国が履行すべき具体的な貿易円
滑化措置を規定しつつ，開発途上国や後発開発途上国（LDCs）に対しては，
特別待遇を規定している。具体的には，協定の定める措置の各国内での履行
に際し，(a) 他国から必要な能力開発のための支援が受けられること，(b)
履行開始日を WTO に通報するまでに，最大 5 年半の猶予（LDCs の場合）
が与えられていること，(c) 必要な場合，履行開始日の延期を認めること，
などが該当する。WTO は協定発効以来，同ウェブサイトに，加盟国・地域
ごと，協定の条項ごとの履行の進捗を公開しているが，協定発効と同時に全
条項を履行した先進国に対し，途上国および LDCs の履行状況は合計で約 6
割にとどまっている（2021 年 7 月末時点）[13]。

　他方，CPTPP をはじめとする FTA においては，貿易円滑化に関連する締
約国間の措置として，上述の貿易円滑化協定を上回る水準のルールを導入し
ている（第 5 章参照）。たとえば RCEP 協定の場合，カンボジア，ラオス，
ミャンマーの域内 LDCs を含めた形で，貿易手続きの簡素化や，貨物引き取
りの迅速化，電子システムの利用や関連書類等の電子化，認定事業者制度の
導入，などの措置に関し，発効と同時，もしくは遅くとも 5 年以内に施行す

---

13)　WTO, "Trade Facilitation Agreement Database" 〈https://tfadatabase.org/〉.

ることが規定されている。貨物引き取りにかかる期限の設定に加え，事前教示制度に関しても書面での回答期限（可能な限り90日間）や，教示内容の有効期限（3年間）なども規定されている。FTAが導入する高い水準の貿易円滑化措置，施行にかかる明確な期限と強制力は，貿易円滑化協定に加盟する開発途上国・LDCsによる同協定への早期のコミットメントを促す効果も期待される。

　もうひとつの重要な点が，FTA締約国間での非関税措置の削減・調和や貿易円滑化措置は，多くの場合，関税削減のように協定締約国のみが恩典を受ける差別的措置ではなく，FTAの域外の国・地域に対しても同様に適用されるという特性である。

　たとえば，アジア大洋州地域に進出する日系企業の多くは，域内ビジネスを阻害するNTMsとして，「輸入制限措置（ライセンス制度や輸入課徴金等）」，「基準・認証制度（強制規格など）」を指摘[14]する。これらの措置に対し，FTAの約束にもとづいて輸入制限措置の緩和や規格・適合性評価等の調和を図るプロセスは，当該締約国の国内法や規制の変更をともなう。その成果は，一般的に，FTA締約相手国に対して限定的に適用されるものではなく，すべての貿易相手国や国内外企業に対して均霑される性質を有する。

　また貿易円滑化措置の履行約束にもとづく，国内通関手続きの効率化や，書類の電子化，港湾インフラの改善，法的拘束力を有する事前教示制度の導入などの成果も，FTA締約国間のみに差別的に適用されるものではなく，域外からの輸入に対しても同様に適用されるものが多い。

　すなわち，本来はFTA締約国間の相互適用を見据えて合意した各種ルールの適用が，域外国へも広く波及し，想定を上回る経済効果を生む可能性が高まる。また，措置の履行プロセスが締約国の国内構造改革を促し，法的安定性や手続きの透明性の向上をもたらす結果，当該締約国のビジネス拠点としての信頼度を高める効果も期待される。

---

14)　小林恵介・北見創「日系企業の多くがビジネス阻害要因とする輸入ライセンス制度や基準・認証」『特集：総点検！アジアの非関税措置』ジェトロ，地域分析レポート（2019年3月15日）〈https://www.jetro.go.jp/biz/areareports/special/2019/0302/〉。

第3節　自由貿易が直面する課題と FTA の役割

　近年の国際通商環境は，かつてないほどの大きな混乱と変化のさなかにある。その大きな契機となったのは 2017 年 1 月のトランプ前政権発足以降の米国の急速な保護主義への傾斜と，それに端を発した世界の通商秩序の揺らぎである。そして，2020 年以降の新型コロナウイルス感染症の拡大による未曾有の経済危機は，世界の自由で公平な貿易体制に，新たな，かつ大きな課題を突き付けている。本節では，そのような通商環境のもとでの，FTAの新たな意義と役割について考察する。

1　保護主義へ対抗する FTA

　2008 年のリーマンショックに端を発した世界的な経済危機の発生は，世界各国において，自国産業への支援や雇用確保を目的とする保護主義的措置の導入圧力を高める契機となった。

　追加関税や輸入制限などに代表される保護主義的措置は，輸入品の流入による国内産業への損害を一時的に緩和する対症療法的効果はあるが，結果として，措置実施国の GDP や輸出入に負の効果を及ぼす可能性が高い。また，一国が貿易制限措置を導入すれば，他国の追随や報復の連鎖を招き，世界全体に保護主義が蔓延する恐れがある。

　リーマンショック後の保護貿易主義の高まりにより，その後数年は，関税引き上げや追加関税措置，輸入制限や強制規格の導入，現地調達要求の強化など，各国・地域で多くの措置が導入された。しかしながら，WTO や G20などの枠組みを通じた各国の相互監視・報告体制の強化や，有志国の協調により，保護貿易主義が長期的に蔓延する状態は回避されてきた。

　他方，新たな動きとして，2016 年頃を境に，各国で自由貿易への懐疑や，経済格差に対する不満の高まりが徐々に顕在化しはじめる。そして，2017年 1 月の米国トランプ前政権の発足により，それまで世界の自由貿易体制をけん引してきた米国が一気に保護主義へと傾斜。TPP からの脱退や WTO 軽

視，国内通商法を根拠とする一方的な追加関税措置の導入などにより，世界の通商秩序は大きな混乱に陥ることになった。

　その半面，日本をはじめとするアジア各国や EU においては，保護主義への傾斜に警鐘を鳴らす動きが強まり，地域経済統合の推進や地域の枠を超えたメガ FTA の締結によって，それに対抗しようとする姿勢がみられるようになった。その最大の成果のひとつが，米国を除く 11 か国による CPTPP の合意である。トランプ前政権の方針転換による米国の離脱により，求心力を失い，浮遊することが懸念された CPTPP は，保護主義への対抗という 11 か国共通の強い意志 15) のもと，2018 年 3 月に署名にこぎつけ，2018 年 12 月，国内批准を完了した 6 か国で発効に至った。

　当時の茂木敏充経済再生担当大臣による CPTPP 発効直前（2018 年 12 月 28 日）の記者会見では，「世界的に保護主義が台頭する中で，日本がリーダーシップを発揮して自由で公正な 21 世紀型の新しいルールを確立するとともに，人口 5 億人，GDP10 兆ドル，貿易総額 5 兆ドルという巨大な『一つの経済圏』を作り出していくもので，我が国にとっても，また，アジア・太平洋地域の将来にとっても，画期的な成果である」として，その意義を強調している。

　また，2018 年 7 月に署名され，2019 年 2 月に発効に至った日 EU 協定でも，日本と EU の双方が，同協定により共同で保護主義に対抗するというメッセージを強調している。署名を行った首脳会議後の共同声明は，「日本と EU は，自由で，公正な，かつルールに基づく貿易を促進し，保護主義に対抗するという力強いメッセージを発信している。この経済連携協定は，自由貿易の旗を高く掲げ続け，自由貿易を力強く前進させていくとの日本と EU の揺るぎない政治的意思を世界に対して示すものである」と宣言した。同時に，「WTO を中心とするルールに基づく多角的貿易体制の極めて重要な役

---

15)　茂木大臣は，各国が国内批准を急いだ理由について，「保護主義の動き，国際的な通商におけるさまざまな課題があるなかで，自由で公正な新しい動きを世界に拡げていく，この事について TPP 参加加国の共通の想い，この意義が大きいという想いが共有された，さらにそれが強まったというのがひとつの要因」とコメントしている（2018 年 10 月 31 日付記者会見）。

割を強調し，引き続き保護主義と戦う」として，WTO の交渉・監視・紛争
解決の諸機能の効率性と機能を向上させることをコミットした。

　保護主義的措置への対抗は，本来は，WTO の紛争処理機能への提訴によ
って一元的に解決されるべき課題である。日本をはじめとする主要国が国際
社会と連携し，WTO の紛争解決機能の早期回復に優先的に取り組むべきで
あることはいうまでもない。

　それと同時に，CPTPP や日 EU 協定，さらには RCEP 協定のような地域
横断的な FTA の設立・拡大が進めば，ルール形成や紛争解決の側面におい
て，現状の WTO では対処が難しい機能を補完できる。自由貿易を推進する
ことで，保護主義に対する防波堤を築く機能も重要である。日本は，アジア
大洋州地域における自由貿易の旗手として，地域の枠を超えた FTA の拡
大・深化をけん引し，保護主義に立ち向かうメッセージを，継続的に世界へ
発信する役割を担う。

2　パンデミック後の新たな秩序の形成

（1）パンデミック対応としての貿易関連措置

　2020 年以降の新型コロナウイルス感染症（以下，新型コロナ）の拡大は，
世界貿易の秩序に対する大きな試練となった。WTO は 2020 年 7 月，新型
コロナ発生から半年余りの期間に，世界の 95 か国・関税地域で，個人向け
防護用品，医療物資や医薬品などを対象とする輸出禁止または制限措置が導
入されたと報告[16]している。WTO 加盟国・地域によって導入されたにも
かかわらず，措置対象や期間に関する WTO への通報義務を果たしていない
措置も多く含まれる。

　緊急時の医療関連物資等の貿易制限措置は，自国産業・企業の保護や貿易
収支の改善を目的とする保護貿易主義的な措置とは一線を画する。自国民の
人命と健康を守る目的で，必要物資の国内需要充足を優先する調整措置は，
貿易制限措置の一般的例外規定である「人，動物または植物の生命または健

---

16)　WTO, *The COVID-19 Crisis and Trade Facilitation*（July 2020）〈https://tfafacility.org/
sites/default/files/tfacovidsurveyresults.pdf〉.

康の保護のために必要な措置」（GATT 第 20 条 b）の要件を満たす限りにおいて，認められている [17]。

　しかし，各国による貿易制限措置の濫発は，ドミノ効果を生むリスクをはらむ。すなわち，他国の対抗措置や他のセクターへの広がりにより，世界各地の広範なバリューチェーンに負の影響が波及するリスクであり，多角的な自由貿易体制への信頼喪失につながる可能性もある。そのような事態への危機感から，2020 年 4 月以降，WTO や同有志国グループ，G20，APEC などが相次いで声明を発出し，各国政府に過度な貿易制限導入の自制を呼びかけている。WTO と IMF による共同声明 [18] では，各国が一斉に輸出規制を行うことは「危険なほどに逆効果をもたらす」としたうえで，「このような措置は，サプライチェーンを混乱させ，生産を落ち込ませ，必需品と労働者の必要な場所への供給を妨げる」と警鐘を鳴らした。また各国政府に対し，貿易規制の実施・強化を差し控え，規制の迅速な撤廃に取り組むよう求めた。

　他方，パンデミックの発生以降，各国・地域では，新型コロナ対策のための医療・衛生物資等へのアクセス拡大を目的として，輸入手続きの簡素化や関連書類のペーパーレス化などに代表される緩和的措置（円滑化措置）の導入が増加したのも事実である。WTO が 2021 年 7 月に公表した貿易モニタリングレポート [19] でも，新型コロナの発生から 2021 年 5 月中旬までに導入された新型コロナ関連の貿易円滑化措置の件数が 248 件にのぼり，貿易制限措置（136 件）を上回ったことが報告された。

　国連アジア太平洋経済社会委員会（UN-ESCAP）2021 年 1 月に発表した調査報告書 [20] によれば，調査対象となったアジア大洋州地域の 32 か国の

17)　措置等入国は，措置が必要であること，貿易制限的でない代替措置では目的を達成できないことなどを挙証できる必要がある。

18)　"WTO and IMF Joint Statement on Trade and the COVID-19 response"（April 24, 2020）〈https://www.wto.org/english/news_e/news20_e/igo_15apr20_e.pdf〉.

19)　WTO, *WTO-Wide Trade Monitoring Report*（July 13, 2021）〈https://www.wto.org/english/news_e/news21_e/factsheed29721_e.pdf〉.

20)　UN-ESCAP, *Trade facilitation in times of crisis and pandemic: Practices and lessons from the Asia-Pacific region*（June 2021）〈https://www.unescap.org/sites/default/d8files/knowledge-products/Regional%20report-Trade%20facilitation%20in%20times%20of%20crisis%20and%20pandemic_0.pdf〉.

うち，全 32 か国が，パンデミックに対応した貿易円滑化措置として，「国境
での通関迅速化に関わる関係者（国境施設職員，輸送関係者）などの健康・
安全対策」による遅延防止策を実施したほか，9 割以上の国が「新たな，も
しくは時限的な貿易円滑化措置の導入」（31 か国），「新型コロナ関連の必需
品の輸出入やトランジットに対する通関手続きの簡素化」（30 か国），「関税，
その他税金や手数料支払いに関する柔軟化」（29 か国）を実施した。

　アジア大洋州地域において導入された貿易・輸送関連の円滑化措置は，大
きく 5 つのカテゴリに分けられる。すなわち，(a) 透明性および連携，(b)
税関手続きの簡素化・迅速化，(c) 電子化（ペーパーレス化）の推進，(d)
輸送・トランジットの円滑化，(e) ビジネス・中小零細企業支援，である。
各国では，それぞれの分野で各国内の需要や，管轄当局のキャパシティに応
じて優先度の高い措置を導入している。主な措置と先進的な事例は，表 1-3
のとおりである。

(2) FTA による各種貿易円滑化措置の恒久化

　パンデミックがもたらした危機と危機発生後の各国の対応が明らかにする
のは，徹底した感染予防対策にともなうさまざまな制約条件のなかで，サプ
ライチェーンの寸断リスクを最小限化する備えと迅速な対応の重要性である。
通関を含む貿易関連の手続きの簡素化，関連書類のデジタル化，リモート検
査対応，さらには緊急対応に関する周辺国との事前合意などを通じて，有事
の際にも貿易・物流を円滑にできる取り組みを各国政府・関係機関・企業が
連携して進めることが必要である。

　その観点では，二国間 FTA や地域経済統合などの複数国間 FTA を通じ，
上記に関連するルールを恒久化する意義は大きい。ルールの恒久化は，サプ
ライチェーン寸断リスクの抑制に加え，貿易円滑化がもたらす経済効果（2
節参照）によって，経済危機後の貿易・経済の回復にも寄与すると考えられ
る。しかしながら，アジア大洋州地域の多くの国では，前述の新型コロナ対
応としての貿易関連書類の電子化等の措置を，をあくまで「一時的措置」と
位置づけ，その恒久化を検討していないのが実態である。一方，FTA を基
盤とした地域統合が進む ASEAN では，ASEAN 物品貿易協定（ATIGA）の

表 1-3　アジア大洋州地域における新型コロナ対策の貿易・輸送円滑化措置

分野	主な措置	先進的な取り組み事例
ⅰ）透明性および連携	・緊急的な貿易緩和措置の国際機関へ通知 ・緊急的な貿易緩和措置の政府ウェブサイト等への公開 ・問い合わせ窓口の設置・公開 ・新たな／一時的な円滑化措置を導入・管轄する組織の設置 ・必需品の貿易（越境）を促進するワンストップショップ設置 国境の通関迅速化のための他国との連携・協力機関の設置	ASEAN で は，2020 年 11月より先行 6 か国で ACTS（ASEAN Customs Transit Systems）の運用を開始。各国共通の通関書類（電子申請・交換）により，車両の乗り換えや国境検査不要で，通過・相互乗り入れが可能となる 1)。
ⅱ）税関手続きの簡素化・迅速化	・通関迅速化に関わる関係者の健康・安全対策強化 ・必需品の輸出入やトランジットに対する通関手続き簡素化 ・災害対策／必需品等に関する製品カタログ等の作成 ・必需品の優先通関レーン，特別カウンターや窓口の設置 ・海外の製品認証や適合性評価の受け入れ（相互承認） ・認定事業者（AEO）に対する迅速通関の許可	中国は，米国，EU，韓国および日本から輸入する個人用防護具に関し，それが中国食品医薬品局（CFDA）に登録されていない場合でも，各国の一定の技術要件の認証および申請を要件に輸入販売を認可 2)
ⅲ）電子化（ペーパーレス化）の推進	・リモート検査，リモートワークのデジタルプラットフォーム活用 ・デジタルフォームによる貿易関連書類の受け入れ ・国境税関および関連機関に対する適切な機器の導入 ・デジタル技術による税関手続きの一元化，電子的交換	2021 年 2 月，アジア・太平洋地域ペーパーレス貿易振興枠組協定が，批准済みの 5 か国（アゼルバイジャン，バングラデシュ，中国，イラン，フィリピン）で発効 3)。
ⅳ）輸送・トランジットの円滑化	・貿易関係者，エッセンシャルワーカーに対する特別措置 ・非感染証明書所有者の移動に関する通行許可 ・必需品や輸送トラックの優先レーン，グリーンコリドー設置	フィリピンは 2020 年 7月，Joint Circular No.01 にもとづき，船員等の迅速な越境を認めるアジア初の優先レーンを開設 4)
ⅴ）ビジネス・中小零細企業支援	・関税，その他税金や手数料支払いに関する柔軟化 ・新型コロナで打撃を受けた中小企業等に対する特恵措置 ・新型コロナで打撃を受けた輸出・入業者への融資・支援 ・貿易業者向け新規制・措置に関する研修プログラム実施	韓国政府は 2020 年 4 〜 7月にかけ，国内中小企業約400 社向けに，オンラインチャネルによる海外向け製品・サービスの販路開拓のコンサルテーションを提供 5)

注：1）ASEAN 通貨貨物円滑化枠組み協定（AFAFSIT）にもとづく取り組み。ブルネイ，インドネシア，
　　　　ミャンマー，フィリピンを除く 6 か国から運用開始〈https://acts.asean.org/legal_framework〉。
　　　2）MedtechChina, Green Lane: Emergency Imports of Medical Devices Unregistered with CFDA.
　　　3）Framework Agreement on Facilitation of Cross-border Paperless Trade in Asia and the Pacific〈https://treati
　　　　es.un.org/doc/Treaties/2016/05/20160519%2012-16%20PM/Ch_X-20.pdf〉.
　　　4）その後，一部を修正した Joint Circular 1A が発効。フィリピン政府 Official Gazette〈https://www.offic
　　　　ialgazette.gov.ph/downloads/2020/09sep/20200930-Joint-Circular-No-01-A.pdf〉より。
　　　5）韓国政府，3rd Report on COVID-19 Response Strategy: Testing Time for Resilience（Msy 2020）.
出所：UNSCAP および各国政府ウェブサイト等をもとに作成。

運用改善の一環で，原産地証明書のデジタル化（E フォーム）や電子的交換（シングルウィンドウ）の運用をコロナ禍で加速させ，2020 年前半に全加盟国での運用を実現している。

2020 年 11 月には，ASEAN を核に，ASEAN との FTA を有するパートナー 5 か国を包括する RCEP 協定が 15 か国間で署名され，世界の GDP，貿易総額，人口で約 3 割を占める広域経済圏の創設が始動した。日本にとっても，貿易総額の約 5 割を占める巨大な自由貿易圏の始動である。前出のような ASEAN 域内で深化した各種ルールが将来的に RCEP 協定でも実現すれば，アジア大洋州地域全体の持続的で強靭なバリューチェーン構築に大きく貢献することになる。

FTA を通じ，より多くの国・地域間で，必需品への輸出制限発動への規律を強化することや，医療機器等の基準・認証にかかる相互承認を進展させることも，有事への備えとして有効である。前者に関する先進的な事例では，日本・オーストラリア協定（第 7.3 条）において，重要な食料の輸出に関し，GATT 第 11 条 2 項 a[21] にもとづくいかなる措置も導入・維持しないことを規定している。また，CPTPP では同項にもとづく食料品への輸出制限措置の発動自体は認めているものの，原則 6 か月以内に終了することを規定している（第 2.24 条）。

医療機器の分野では，ASEAN 加盟国間で，2015 年に発効した ASEAN 医療機器指令（AMDD）にもとづき，国内関連法規制の調和，登録・認証にかかる要件・書式の統一化が進んでいる。また CPTPP（付属書 8–E）や EU・シンガポール（付属書 2–C），EU・韓国の FTA（付属書 2–D）も，医薬品や医療機器に関して，自国の規制や規格・認証に関する情報を公に入手可能にすることや，可能な限り規制の調和を図ることを規定している。

2020 年 1 月から 21 年 6 月末までの間に，コロナ禍において，世界全体で新たに 48 件の FTA が発効[22] した。各国・地域には，コロナ禍で導入した

---

21)　食糧その他輸出国にとって，不可欠な物資が危機的に不足することを防止・緩和するための一時的な輸出禁止または制限。

22)　ジェトロ「世界の FTA データベース」の集計にもとづく（特恵貿易協定含む）〈https://www.jetro.go.jp/theme/wto-fta/ftalist/〉。

貿易緩和措置や国際協調の取り組みを，今後締結する FTA の規程に導入すること，発効済み FTA の改定交渉に反映させる取り組みを進めることが期待される。

3　中小零細企業のグローバル・バリューチェーン参入の促進

　中小零細企業が世界全体の企業数に占める割合は 95% 以上，また中小零細企業による雇用は同 60% 以上を占める。一方，中小企業による国際貿易への参加率は，大企業に比べて低い水準にとどまっている[23]。その理由としては，海外市場に対する知識の不足，実務上のキャパシティやスキルの問題，デジタル技術へのアクセスの難しさ（とくに開発途上国），固定費や非関税障壁対応コスト，貿易関連ファイナンスに対するアクセスの難しさなどが挙げられる。FTA の利用においても，ジェトロが国内外の日本企業向けに継続的に実施するアンケート調査の結果によると，中小企業は大企業に比べて相対的に利用率が低く，FTA による恩恵を十分享受していない実態がある（詳細は第 4 章を参照）。

　二国間・多国間 FTA の多くは，各締約国の中小零細企業による FTA 利活用を促進するための各種支援措置を規定している。これらの規定の主な目的には，（a）中小零細企業の国際市場への参入拡大により経済成長と地域統合を促進すること，（b）中小企業の技術・創造性の向上を通じ経済全体の競争力を強化すること，（c）持続的・包摂的な成長を実現すること，などがある。近年は，開発途上国や後発開発途上国が参加するメガ FTA や地域統合が増加しており，（c）の持続的・包摂的な成長の実現は，とりわけ重要である。相対的に高い実行関税率やサービス市場の参入規制を残す途上国ほど FTA による関税削減や規制緩和の影響を受けやすい。各国の中小零細企業の競争力・雇用への一時的なダメージを最小限に抑制し，FTA の効果的な活用によるグローバル・バリューチェーンへの参入を支援する取り組みが重要となる。

---

[23]　WTO は，2020 年 9 月，途上国での中小零細企業の輸出は製造部門の総売上の 7.6% を占めるにすぎないと報告〈https://www.wto.org/english/tratop_e/covid19_e/msmes_report_e.pdf〉。

　WTO 事務局が 2019 年 9 月，中小企業ワーキンググループの調査にもとづき取りまとめた報告書 24) によれば，同時点において全世界で発効済みの 312 件の FTA のうち 166 件（53％）の協定が，中小零細企業に関する何らかの措置を導入している。一般的に，これらの規定は，協力に関する章のほか，政府調達，投資，電子商取引などの章に多く含まれる。一方，166 件の協定のうち，独立した「中小企業」章を設けているのは，同時点でわずか 5 件 25) の協定に限られ，うち 4 件の協定は日本を締約国に含む二国間・複数国間協定である（日本・タイ協定〔11 章〕，日本・シンガポール協定〔18 章〕，カナダ・イスラエル協定〔14 章〕，日本・EU 協定〔20 章〕および CPTPP〔24 章〕）。

　各協定の中小企業章では，締約国の中小企業による貿易・投資活動の促進，FTA 活用を促進するための情報提供窓口の設置や情報交換，人材育成や各種キャパシティビルディング，ワークショップ等の開催，専門家の相互派遣協力などが規定されている。また，独立した中小企業章を設けていない二国間協定・多国間協定では，主に協力（経済協力）章において同様の措置が規定されている。CPTPP においては政府調達（第 15 章）のなかで中小企業による調達への参加促進のため，一元的な窓口で情報提供を行うことなども規定されている。なお，日本国内における中小企業向けの一元的な情報提供や，貿易・投資促進のための各種支援は，ジェトロが実施機関 26) としてその役割を担っている。

---

24)　WTO Secretariat, "MSME provisions in regional trade agreements"（September 2019）〈https://www.wto.org/english/tratop_e/msmesandtra_e/rtaprovisions_e.htm〉.

25)　日英協定（2021 年 1 月発効），RCEP（2020 年 11 月署名）も中小企業章を設けている。

26)　ジェトロ，FTA/EPA ポータルサイト〈https://www.jetro.go.jp/themetop/wto-fta/〉。

第2章

近年の FTA の潮流
深く，拡がる FTA

```
ポイント
```
◆ WTO に通報された世界の発効済み FTA 件数は 350 件（2021 年 8 月時点）。EU や日本など主要国・地域を含み，参加国が多い「メガ FTA」が近年，始動した。

◆ 物品の市場アクセス中心であった FTA 対象分野が，投資やサービス，さらにはデジタル貿易などにも広がる傾向にある。すでに発効した FTA についても，再交渉によって，協定の内容が深化，かつ拡大化する。

◆ RCEP 協定や CPTPP などの広域 FTA は，域内分業体制の効率化に寄与。締約国が将来増えることになれば，広域 FTA としての有効性がさらに高まる。RCEP 協定の批准動向，CPTPP への参加意向国・地域などの動きに注目。

第 1 節　世界の FTA 概観

1　WTO と FTA の関係

　世界貿易の自由化，および秩序の形成は，第二次世界大戦以降，「関税及び貿易に関する一般協定（GATT）」，さらには，GATT を引き継いだ「世界貿易機関（WTO）」を中心とした多国間貿易体制が支えてきた。WTO 協定（WTO 設立協定およびその附属協定）では，WTO 加盟メンバー（以下，WTO 加盟国）すべてに，ある国に対して与える最も有利な待遇を，他のすべての加盟国に対して与えなければならない，という最恵国待遇原則（MFN 原則）（GATT 第 1 条，「サービスの貿易に関する一般協定〔GATS〕」

第 2 条）などを，加盟各国に義務づける。

　これに対して自由貿易協定（もしくは，自由貿易地域，以下，FTA）は，締約国同士でお互いの輸入関税を減免するなど，特恵的な待遇を与える[1]。WTO ルールの観点からみると，締約国以外の国・地域を差別することになり，MFN 原則に抵触する。しかし，GATT 第 24 条（適用地域―国境貿易―関税同盟及び自由貿易地域），および開発途上国に対する貿易上の特別待遇の根拠となる 1979 年の締約国団決定（いわゆる「授権条項」）[2]では，ある一定の条件のもとで例外的に FTA の存在を認めている。

　たとえば，GATT 第 24 条では，まず，「自由貿易地域」と「関税同盟」の 2 つを定義している。前者が FTA を指すのに対し，後者は締約国間で貿易障壁を相互に撤廃するのみならず，締約国外からの輸入に対して共通した関税を設定する地域統合を指す。このうえで，自由貿易地域や関税同盟が「当事国間の経済の一層密接な統合を発展させて貿易の自由を増大することが望ましいこと」を認め，その形成を許容している（同条 4 項）。

　形成するための条件として，①域内の障壁を「実質上のすべての貿易」で撤廃すること，②域外の WTO 加盟国に対して障壁を高めないこと，③ FTA を「妥当な期間」内に設定すること，などがある（GATT 第 24 条 8 項〔a〕〔i〕，〔b〕，同条 5 項）。このうち，③の「妥当な期間」については，FTA の発効から関税撤廃が終了するまでの期間は例外的な場合を除き，10 年を超えるべきではないことが決まった（「1994 年の関税及貿易に関する一般協定第 24 条の解釈に関する了解」パラグラフ 3）。しかし，「実質上のすべての貿易」，すなわち関税撤廃率については明確な基準がない[3]。

---

1)　日本が結ぶ協定は経済連携協定（EPA）と呼ばれ，物品・サービス貿易分野に加えて投資や知的財産の保護など幅広い分野を含む。本章では EPA も含めて FTA と呼ぶ。

2)　1979 年の締約国団決定は 1994 年の GATT の一部を構成する。また，サービス貿易に関しては GATS 第 5 条（経済統合）において，FTA の存在を例外的に認めている。

3)　その他，FTA の法的規律の詳細については，たとえば，経済産業省『2021 年版不公正貿易報告書』（2021 年 6 月）の第Ⅱ部「WTO と主要ケース」第 16 章「地域統合」参照〈https://www.meti.go.jp/shingikai/sankoshin/tsusho_boeki/fukosei_boeki/report_2021/pdf/2021_02_16.pdf〉。

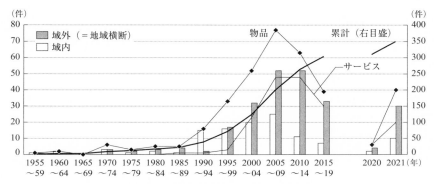

図 2-1　世界の発効済み FTA 件数の推移

注：1）WTO ウェブサイトのリストに掲載されている地域貿易協定（Regional Trade Agreement）
（WTO に通報され，現在も発効中の協定）が対象。
2）年は発効年。
3）「域内」は締約国が同一地域に所在，「域外」は締約国が 2 地域以上に所在する場合。な
お，地域分類は WTO に拠る。
4）「物品」と「サービス」は，FTA の自由化・規律化の対象。
5）「累計」，「域内」，「域外（＝地域横断）」について，物品とサービスがともに発効し，発
効年が異なる FTA は，早い発効年を計上。
出所：WTO, Regional Trade Agreements Database（2021 年 8 月時点）から作成。

2　世界の FTA

　FTA 締約国は，他の WTO 加盟国に，FTA に関する情報を通報する義務を
負う。これらの通報にもとづく，2021 年 8 月時点[4]で発効している世界全
体の FTA 件数は，350 件に達する（図 2-1）[5]。以下，断りがない限り，本章
での分析は，上記時点で発効している 350 件を対象にした[6]。

　FTA を発効年別にみると，1955 年から 1989 年までの 5 年ごとの発効件数
はそれぞれ 10 件に満たない。しかし，1990〜1994 年に 17 件を記録して以
降，2019 年までの各 5 年間はいずれも 2 桁で推移した。1990 年代前半の

4）　本章の WTO による FTA 件数「2021 年 8 月時点」は，「2021 年 8 月 13 日更新時点」
を指す。
5）　FTA のみならず，関税同盟，部分自由化協定を含む地域貿易協定（RTA）を対象と
しているが，本章では総じて「FTA」と呼ぶ。
6）　ジェトロは 2021 年 3 月，WTO に通報されていない FTA や発効前の交渉段階の FTA
についても可能な限り掲載した「世界の FTA データベース」を公開した。定期的に更
新しており，ジェトロ調べによる 2021 年 6 月末時点の世界の発効済み FTA は 366 件
〈https://www.jetro.go.jp/theme/wto-fta/ftalist/〉。

FTA 増加をけん引したのが，同じ地域に属する国同士の FTA だ。FTA の発効件数について，締約国の所在地域に注目し整理したのが，図 2-1 の 2 つの縦棒グラフである。発効した FTA の締約国が同一地域に属していれば「域内」，2 地域以上に属していれば「域外」に分類した。1990 年から 1994 年の 5 年間は，「域内」が「域外」を大きく上回っており，FTA が地理的に近い国・地域で締結されることが多かったことを示している。

　1990 年代に発効した経済規模が大きい FTA としては，1994 年に誕生した米国，カナダ，メキシコを締約国とする北米自由貿易協定（NAFTA）がある[7]。世界に占める 3 か国の GDP の割合が 19.2% に達する巨大経済圏のひとつだ[8]。また，東アジアでは ASEAN 自由貿易地域（AFTA）実現のため，共通効果特恵関税（CEPT）協定が 1993 年に発効した[9]。

　1990 年代後半から，多くの FTA が地域の垣根を越えるようになった。いわば FTA の広域化が進んだ。図 2-1 で示したように，FTA 発効件数は 1990 年代後半以降，「域外」が「域内」を上回る状況が続いている。

　また，2000 年代以降の FTA の傾向として，FTA がカバーする自由化・規律化対象分野の拡大を挙げることができる。図 2-1 の細い折れ線は，物品貿易を対象にした FTA とサービスを対象にした FTA の発効件数の推移を示す。従来の FTA は関税撤廃による物品貿易の自由化を目指すものが多かった。しかし，2000 年以降は，サービスを対象にした FTA が増加した様子がみてとれる。また，次節で紹介するように，近年みられる FTA は関税・非関税措置（NTMs），サービス貿易のみならず，投資，電子商取引（EC），労働，環境など，幅広い分野を扱うようになってきた。

　さらに，巨大な地域経済統合が機能しはじめた。経済規模が大きい，中国，

---

[7]　米国・メキシコ・カナダ協定（USMCA）が 2020 年に発効し，NAFTA に取って代わった。NAFTA は失効したため，350 件のなかには NAFTA は含まれていない。USMCA の詳細については，第 12 章参照。

[8]　国際通貨基金（IMF）が 2021 年 4 月に発表した「世界経済見通し（WEO）」による，購買力平価（PPP）基準による世界に占める各国・地域 GDP シェア（2021 年の見通し）にもとづく。

[9]　CEPT の抜本的な改定をした ASEAN 物品貿易協定（ATIGA）が 2010 年に発効した。ASEAN の FTA の動向の詳細については，第 10 章参照。

米国，EU，インドと，日本との間では，日本・インド包括的経済連携協定
が2011年に，日EU経済連携協定（以下，日EU協定）が2019年に，また
日本と米国との間では2020年1月に貿易協定とデジタル貿易協定が発効し
た[10]。また，日本は2020年11月には地域的な包括的経済連携（RCEP）協
定を署名し，2021年に同協定発効に向けた国内批准手続きを終え，同年6
月に受託書を寄託者（ASEAN事務局長）に寄託した。

　2020年から2021年8月までに，46件が発効した。このうち，2021年に
40件が発効した。2015〜2019年の5年間が40件であったことと比較すると，
急増した様子がわかる。2021年に発効したFTAのうち，英国が締約国とな
っているFTAは37件にのぼる。英国が，2020年1月のEU離脱を機に，
EUと同レベルのFTAを各国と推進してきたことを反映している。

3　主要国・地域のFTA

　WTO通報にもとづく350件の発効済みFTA件数を国・地域別にみると，
EUを構成する国が結んでいるFTAの件数が各46件で最多。英国（37件），
アイスランド，スイス（いずれも32件）が続く。EUは2006年に打ち出し
た「グローバル・ヨーロッパ」で，WTOを中心とした多国間貿易体制を引
き続き通商政策の最優先事項としながら，各国・地域とのFTA締結を推進
する方針を明らかにした[11]。実際に，EUは積極的にFTA交渉を進め，近
年では，日本，シンガポール（いずれも2019年発効），ベトナム（2020年
発効）などと立て続けにFTAを発効させた。（EUのFTA動向の詳細につい
ては，第13章参照。）

　EUがFTA網を拡大させてきた一方で，EU離脱を選択した英国は，EU
との新たな関係構築のほか，EUとFTAを有する第三国・地域，さらには新
たな相手国・地域とのFTA構築を急ピッチで進めることになった。とくに，
EU，さらにはEUとのFTAが発効している国・地域との間では，英国の

---

10)　日米貿易協定とデジタル貿易協定はWTOの件数には含まれていない。

11)　Commission of the European Communities, *GLOBAL EUROPE: COMPETING IN THE WORLD*（October 4, 2006）〈https://eur-lex.europa.eu/LexUriServ/LexUriServ.do?uri=COM:2006:0567:FIN:en:PDF〉.

EU 離脱にともなう移行期間が終了するまでに英国として FTA を継承する取り決めを結べないと，移行期間終了後の 2021 年 1 月以降は，それぞれの協定にもとづく特恵税率を利用することができなくなるからである。そのような状況下，日本との間では 2021 年 1 月，日英包括的経済連携協定が発効した。日 EU 協定に代わる FTA として，日英間の関税減免などの継続性が確保された。

その他主要国の発効済 FTA 件数をみると，日本が 18 件，インドが 17 件，中国が 16 件，米国が 14 件と続く。このうち，米国は 2012 年 10 月にパナマとの間で FTA を発効させて以降，新たに FTA を発効したのは NAFTA に代わり 2020 年に発効した米国・メキシコ・カナダ協定（USMCA）に限られる。（米国の FTA 動向の詳細については，第 12 章参照。）

中国は，アジア太平洋貿易協定（APTA）（2001 年加盟，2002 年発効），香港，マカオ（いずれも 2003 年発効），ASEAN（2005 年発効）といった近隣諸国・地域との FTA をまずは発効させた。その後も国家戦略として FTA 網を拡大させる動きが加速し，近年では，欧州ではアイスランド，スイス（いずれも 2014 年発効），CIS ではジョージア（2018 年発効），アフリカではモーリシャス（2021 年発効）と，FTA を発効させた。（中国の FTA 動向の詳細については，第 11 章参照。）

当該国・地域とその FTA 相手国・地域の GDP 基準の経済規模の合計が世界全体に占める割合（以下，FTA 圏 GDP 規模）をみると，インドが 50.5%，日本が 40.0%，中国が 38.5%，EU が 35.5%，米国が 24.8% である[12]。とくに，日本の FTA 圏 GDP 規模は近年，環太平洋パートナーシップに関する包括的及び先進的な協定（CPTPP，いわゆる TPP11）によりカナダとニュージーランドとの間で，日 EU 協定により EU との間で，新たに FTA を発効させたことなどを背景に，2010 年末の 12.9% から大きく拡大した。（日本の

[12]　IMF が 2021 年 4 月に発表した WEO による。PPP 基準による世界に占める各国・地域 GDP シェア（2021 年の見通し）から算出。データの制約上，以下の国・地域は含まれていない：アンドラ，キューバ，フェロー諸島，北朝鮮，レバノン，リヒテンシュタイン，EU の海外領（Overseas Countries and Territories〔ただし，アルバを除く〕），パレスチナ，シリア，およびベネズエラ。なお，日本（米国）の FTA 圏 GDP 規模には，米国（日本）は含まれていない。

FTA 動向の詳細については，第 3 章参照。）

　なお，インドの FTA 圏 GDP 規模が比較的高いが，注意が必要だ。インドの FTA を経済規模別にみると，APTA が最大だ。APTA は，バングラデシュ，インド，韓国，ラオス，スリランカとの間で 1976 年に発効したバンコク協定に起源を持つ。2001 年に中国が加盟し，2005 年に現在の名称に改称された [13]。ただし，APTA は，サービス分野を含むものの，途上国を対象とする財の域内自由化度の低い地域統合である「部分自由化協定」に分類され，特恵税率を享受できる品目や引き下げ幅は限定的だ。また，インドは，途上国間で特恵的な取引を提供することによる貿易の促進のための GSTP（途上国間貿易特恵関税制度）に参加している（インドの FTA 動向の詳細については，第 11 章参照）。加盟国が多いことから，上記 FTA 圏 GDP 規模が底上げされているが，GSTP も APTA 同様に，部分自由化協定に分類される。FTA 網とともに，その内容にも注視が必要だ。そこで，次節では，FTA の協定内容をみる。

第 2 節　FTA の協定内容

1　世界の FTA の協定概要

　本節では，WTO 通報にもとづく 350 件の発効済み FTA と DESTA のデータとを照合し，データの得られた 273 件を対象に，FTA が締約国に求めている自由化・規律化の分野の全体傾向について整理した [14]。なお，ここで

---

13)　2020 年にモンゴルが加盟したが，2021 年 8 月時点の WTO データベースでは，APTA 締約国にモンゴルが含まれていない。

14)　DESTA（Design of Trade Agreements）は，スイス・ベルン大学，英オックスフォード大学，オーストリア・ザルツブルク大学など研究グループが立ち上げたプロジェクト。2020 年 10 月現在で 700 超の貿易協定に含まれる，物品，基準認証，サービスなどの協定内容をデータ化し，ウェブ上に公開している〈https://www.designoftradeagreements.org/〉。

　詳細は，Andreas Dür, Leonardo Baccini and Manfred Elsig, "The Design of International Trade Agreements: Introducing a New Database," *The Review of International Organizations* 9, Issue 3（September 2014）, pp. 353–375 を参照。

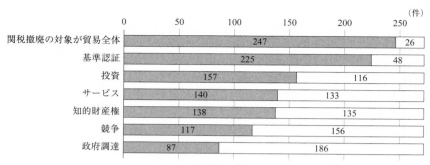

図 2–2　世界の発効済み FTA の協定概要

注：1) WTO 通報にもとづく発効済み協定と DESTA データベースとを照合して得られた 273 件
　　　が対象。
　　2) 修正議定書などを統合していない基本となる協定（base treaty）を対象にした。
出所：WTO, Regional Trade Agreements Database（2021 年 8 月時点）および DESTA Indices（version
　　　2.0）（Design of Trade Agreements Database）から作成。

は修正議定書などを統合していない基本となる協定（base treaty）を対象に
した。

　DESTA は 7 つの基本項目（①一部の例外を除いて関税撤廃する FTA か，
限定された品目を対象にする部分協定か，また，②基準認証，③サービス，
④投資，⑤競争，⑥政府調達，⑦知的財産権のそれぞれの分野について実体
規定 15) を含むか）に沿って各 FTA の特徴を整理している。上記 273 件につ
いて集計したのが図 2–2 である。

　分析対象とした 273 件のうち，約 9 割にあたる 247 件が，一部の例外品目
を除き，原則として関税を撤廃する自由貿易地域を目指す FTA，26 件が品
目を限定した部分協定に区分される。途上国間で発効している部分自由化協
定が，部分協定の多くを占める。

　関税を課すことは各国・地域の自由であり，GATT 第 2 条（譲許表）で
WTO 加盟国が約束した譲許表に記載された税率（譲許税率）を超えない限
り WTO ルールには抵触しない。つまり，実際に設定している税率（実行税

---

15)　実体規定とは，内国民待遇義務のように当該国間に発生する権利や義務について規
　　定した条項であり，一般的な目的として自由化や開放を掲げている場合はここでは含
　　めていない。

率）を，譲許税率まで引き上げたとしても，GATT 第 2 条違反とはならない。

　しかしながら，貿易取引の予見可能性を高めるためには，各国の譲許税率の引き下げによって実行税率の引き上げ余地を狭めていくことが望ましい。GATT/WTO 加盟国は過去のラウンドを通じて大幅な関税率削減に尽力してきた。これまでの努力により，主要先進国などの譲許税率は低い水準になっている。一方，途上国のなかには高い水準を維持している国がみられる。2001 年に立ち上がったドーハ・ラウンドでも，WTO 加盟国が関税を削減すべく交渉を進めている。しかし，実行税率の引き下げにつながるような譲許税率を設定することは容易ではない。

　WTO でみられる自由化の限界を補完するために FTA は有効だ。各 FTA において，品目ごとに，撤廃期間，撤廃の基準となる税率（ベースレート），撤廃の方法によって関税撤廃の方式が決定される。（関税撤廃を主要な内容とする物品貿易の詳細については，第 5 章参照。）

　なお，海外と取引関係のある企業が輸出入において直面する貿易規制は，関税以外にも数多く存在する。いわゆる非関税措置（NTMs）である。その代表的な例としては，検疫や検査，基準認証，数量制限などが挙げられる。主要国・地域の発効済み FTA には，これら NTMs を減らす効果のある規定が FTA に含まれている。たとえば，日本の FTA には，「税関手続き」，「貿易円滑化」（いずれも第 5 章参照），「ビジネス環境整備」（第 9 章参照）などの分野を含み，これらの包括的な実施で，相手国・地域の適正な法の適用や運用，インフラ改善などに寄与することができる。

　関税・NTMs の削減のみならず，FTA において扱われる分野として，投資やサービスなどの分野に関するルールの整備が含まれるケースが増えてきた。前出の①〜⑦の 7 項目に関して，発効年別に平均で何項目をカバーしているかをみると，最近の FTA ほどカバーする項目が多いことが確認できる（図2–3）。とくに，投資ルールの規定を含む協定の割合は，1999 年以前に発効した FTA では 3 割に満たなかったが，2000 年代以降急上昇し，2015 年以降に発効した FTA では 9 割超が投資分野の規定を含んでいる。

　投資についてはこれまでところ，多国間の包括的な協定は存在しない。経済協力開発機構（OECD）の「資本移動の自由化に関する規約」は直接投資

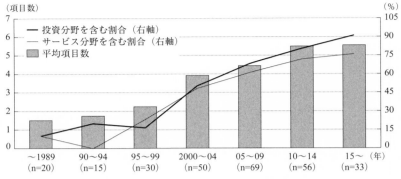

図 2-3　世界の発効済み FTA のカバー項目数（年代別）

注：1）WTO 通報にもとづく発効済み協定と DESTA データベースとを照合して得られた
　　　　273 件を対象。
　　2）修正議定書などを統合していない基本となる協定（base treaty）を対象にした。
　　3）項目数は 7 項目（関税撤廃の対象が貿易全体・基準認証・投資・サービス・知的財
　　　　産権・競争・政府調達）のなかでカバーする項目数の平均。
　　4）各年代の件数（n）は集計対象とした発効済みの FTA。
出所：WTO, Regional Trade Agreements Database（2021 年 8 月時点）および DESTA Indices（ver-
　　　sion 2.0）（Design of Trade Agreements Database）から作成。

を含む資本移動を対象とした協定で，締約国が限られる。また，WTO の
「貿易に関連する投資措置に関する協定」（TRIMs 協定）も，その適用範囲
は限定的である。WTO では現在，有志国間の枠組みで，投資円滑化に関す
るルールが議論されているものの，FTA の投資章を含む投資協定が実質的
に国際投資ルールとしての地位を確立している。（投資に関するルールの詳
細については，第 7 章参照。）

　また，1999 年以前は 3 割に満たなかったサービス章を含む協定の件数の
割合は，2000 年代以降急上昇し，2015 年以降に発効した FTA では 7 割以上
がサービス分野の規定を含んでいる。ドーハ・ラウンド交渉やサービスの貿
易に関する新たな協定（TiSA）交渉も，再開のめどが立っていない。WTO
では現在，有志国間の枠組みで，サービス分野規制の透明性向上などのルー
ルに関する議論が進むが，FTA を通じた自由化が進められている。（サービ
スに関するルールの詳細については，第 6 章参照。）

　政府調達は 87 件で 3 割程度にとどまった（図 2-2）。政府調達は，国際ルー
ル化が遅れている分野で，WTO でも任意加盟である「政府調達に関する
協定」（GPA）加盟国は，日本を含む先進国・地域を中心とした 48 か国にと

どまる（2021 年 7 月末時点）。（政府調達のルールに関する詳細については，第 9 章参照。）

　DESTA の基本項目以外では近年，デジタル関連のルールの動向に注目が集まる。WTO でも物品やサービスという従来の枠組みを超えて，電子商取引（EC）に関するルール形成が複数国間（プルリ）交渉を通して行われている。国際的なデジタル関連ルール形成が模索されるなか，EC やデータの自由な移動に関する規律を含める FTA が増加している。DESTA によると，EC に関する規定を含む協定，さらにはデータの自由な移動に関する規定を含む協定はそれぞれ 50 件を超える。たとえば，CPTPP では，「国境を越える情報の移転の自由の確保」「サーバ等のコンピュータ関連設備の現地化（自国内設置）要求の禁止」「ソースコードの開示要求禁止」（いわゆる「TPP 三原則」[16]）を定めている。（デジタルに関連するルールの詳細については，第 8 章参照。）

　さらに，社会的価値の高度な水準の保護と効果的な執行を求める規律を含む FTA が増加している。近年はサプライチェーンにおいて労働者の人権保護や労働条件の改善を促す目的から「労働」，また環境問題に対する各国の意識高まりから「環境」に関する規律を設ける例も増えている。（労働や環境に関するルールの詳細については，第 9 章参照。）

　本パートの冒頭で触れたように，ここでは修正議定書などを統合していない基本となる協定を対象にした。実際には，基本となる協定発効後に，協定の見直しが行われている場合がある（詳細は次項「3FTA の見直しの動き」で後述）。すでに発効した FTA の再交渉により，協定の対象拡大が進む。WTO の各種協定による自由化や規律化には限界がみられるなか，WTO では達成が難しいレベルの自由化，さらにはルールを，FTA が補足する，いわば「WTO プラス」の動きが進展しているといえよう。

16）　CPTPP と TPP（環太平洋パートナーシップ協定）との関係については「3FTA の見直しの動き」参照。

国・地域	対象協定数	平均項目数 (0 ～ 7)	項目別カバレッジ（%）（6 段階の濃度で表示）							凡例	
			関税	基準認証	投資	サービス	知的財産権	競争	政府調達	100	100%
米国	13	6.2	100	92	85	100	100	46	92	80	75%～100%未満
日本	16	6.0	100	94	100	94	88	88	38	60	50%～75%未満
EU	39	4.8	97	92	62	56	54	72	51	40	25%～50%未満
中国	15	4.3	93	87	87	80	60	27	0	20	0%～25%未満
インド	15	2.1	53	67	27	27	20	13	0	0	0%

図 2-4　主要国・地域の FTA の特徴

注：1）WTO 通報にもとづく発効済み協定と DESTA データベースとを照合して得られた協定が対象。
　　2）修正議定書などを統合していない基本となる協定（base treaty）を対象にした。
　　3）項目数は 7 項目（関税撤廃の対象が貿易全体・基準認証・投資・サービス・知的財産権・競争・政府調達）のなかでカバーする項目数の平均。すべて該当すれば 7，いずれも該当しなければ 0。
　　4）「項目別カバレッジ」は当該国・地域の FTA に占める，各項目が含まれる割合。
出所：WTO, Regional Trade Agreements Database（2021 年 8 月時点）および DESTA Indices（version 2.0）（Design of Trade Agreements Database）から作成。

2　主要国・地域別にみる FTA の傾向

　主要国・地域別に発効済み FTA の特徴を，前節の DESTA の 7 つの基本項目の当該国・地域の対象 FTA における平均項目数を用いて概観する。この指標では，たとえば，7 つの項目を網羅する日本・シンガポール経済連携協定は「深度（depth）7」となる。以下に，米国，日本，EU，中国，インドの特徴をまとめた（図 2-4）。なお，ここでも修正議定書などを統合していない基本となる協定を分析の対象にしている。

　まず，米国は 13 協定で平均 6.2 項目をカバーする。米国のなかで比較的に分野が狭いのは 1985 年発効の米国・イスラエル FTA（深度 5）と，2001 年発効の米国・ヨルダン FTA（深度 3）である。1994 年に発効した NAFTA（深度 7）は USMCA に置き換わっているので，本書集計対象から除いている（本書執筆時点の DESTA には，NAFTA に代わる USMCA のデータが含まれていない）。それでも，13 協定全体で 7 つの項目の深度 6 以上をカバーする。NAFTA 以降，いち早く包括的な FTA を志向してきたと読み取ることができる。

　主要国・地域のなかで米国に次いで平均項目数の値が高いのは日本だ。他

方で，政府調達分野をカバーする協定が 16 協定のうち 6 協定にとどまり，比較的少ない。GPA に加盟していないアジア各国が同分野を含めることに消極的であったことが伺える。

　EU は，日米に比べカバーする平均項目数が少ない。EU 域外ではスイスとの FTA が 1973 年に発効したほか，EU の排他的権限がサービス貿易や直接投資分野の協定の交渉・締結にまで拡大したのが 2009 年のリスボン条約発効以降であることなど，EU の FTA の歴史が長いこと，などを，要因に挙げることができよう。

　中国とインドの協定は物品分野が中心であり，その他分野の割合が低い。中国，インドともに，政府調達を含む協定はゼロ。競争もそれぞれ，4 協定，2 協定にとどまる。インドの場合，分析対象とした 15 件のうち，特定分野に特化した部分自由化協定が 7 協定含まれることから，「関税」のカバレッジも低い。

3　FTA の見直しの動き

　先に述べたように，近年新規に発効した FTA をみると，物品貿易およびサービス貿易に限らないルールの新設がみられた。たとえば，2018 年に発効した CPTPP は，30 章からなる広範な通商ルールを規定した TPP（環太平洋パートナーシップ協定）を基礎としている[17]。米国が離脱したことで一部の項目を凍結して発効したが，市場アクセス（関税撤廃など）のみならず，EC，労働，環境などに関するルールを規定する。従来の FTA に比べて幅広い内容を扱うことなどを理由に，「21 世紀型協定」とも呼ばれている。

　新規に発効する FTA のみならず，すでに発効した FTA の再交渉による協定の対象拡大が進められている。たとえば米国では，NAFTA に代わる協定として，USMCA が 2020 年に発効した。新たに「デジタル貿易」や「中小

---

17)　CPTPP は，TPP のうち，22 項目を凍結項目（特定規定の適用の停止）として定めた。その多くが米国の主張により TPP に加えられた要求度の高い項目で，凍結によって新興・途上国には受け入れやすい内容となった。凍結された 22 項目の半数にあたる 11 項目は TPP 第 18 章の知的財産の章に関連している。凍結項目は全体からみると一部にとどまっており，TPP で合意されたルールの多くは，CPTPP にそのまま受け継がれている。

企業（協力）」，「腐敗行為の防止」，「規制に関する良い慣行」などの規定が盛り込まれた。他方で，自動車・部品の特恵関税の適用を受けるための条件（原産地規則）が厳しくなった[18]。また，加盟国による非市場国との FTA 締結を事実上阻止する条項や，協定の有効期限（16 年間，6 年ごとにレビューを実施し，合意すれば延長可）を設定するなど，NAFTA からルールが大きく変わった。（USMCA の詳細については，第 12 章参照。）

　NAFTA の再交渉は，カナダとメキシコが域外の各国・地域との既存の協定に新たなテーマを加える推進力になった。たとえば，メキシコは EU との間で 2000 年に発効したグローバル協定（経済連携・政治対話・協力協定）の協定現代化交渉を 2016 年に開始，2018 年に大筋合意，2020 年に最終合意した。欧州委員会は新協定の特徴について，実質的にすべての品目の関税が撤廃されること，気候変動に関するパリ協定を効果的に実施することなどを含む持続可能な開発に関する規則が含まれること，投資保護についてラテンアメリカの国と初め合意すること，EU の FTA として初めて汚職防止に関する規則を設けたことなどを挙げた[19]。

　従来は物品貿易分野を重点に FTA を推進してきた中国も，協定内容を拡大させている。たとえば，マカオと香港との間でそれぞれ FTA を発効させた後，補充協定を複数発効するなど，関税撤廃品目の増加やサービス業種の開放拡大などを進めてきた。また，ASEAN では，ATIGA 修正議定書が 2020 年 9 月に発効した。認定輸出者による原産地の自己申告制度が導入されるなど，貿易円滑化が進められている。そのほかにも ASEAN はこれまでに，たとえばサービス貿易では，「ASEAN サービス枠組み協定（AFAS）」を 1995 年に署名し，段階的に自由化交渉を進めてきた。2021 年 4 月には AFAS の内容が強化された「ASEAN サービス貿易協定（ATISA）」が発効した。（ASEAN の貿易円滑化の詳細については第 5 章，ASEAN の FTA の動向

18)　税関によれば，原産地規則とは，迂回輸入を防止し，適切に FTA の特恵税率を適用することを目的として，原産品であることを認定するための基準や税関への証明・申告手続きなどについて規定したルール。詳細は第 5 章参照。〈https://www.customs.go.jp/roo/origin/index.htm〉.

19)　European Commission, *EU and Mexico conclude negotiations for new trade agreement* （April 28, 2020）〈https://ec.europa.eu/commission/presscorner/detail/en/ip_20_756〉.

の詳細については第 10 章参照。）

　日本もシンガポール，メキシコ，ASEAN との間で，改正議定書や追加議定書を発効させている。シンガポールとの FTA 改正議定書（2007 年発効）により，物品貿易に関する市場アクセス，金融サービスの特定約束などが改善された。メキシコとの FTA 改正議定書（2012 年発効）では，物品の貿易に関する市場アクセスの条件のさらなる改善，認定輸出者による原産地申告制度の導入が定められた。ASEAN との FTA 改正議定書（2020 年発効）では，サービス貿易，自然人の移動，投資に関する規定が，従来の協定に追加された。（日本の発効済み FTA の改定状況に関する詳細については，第 3 章第 3 節参照。）

　各 FTA の再交渉結果をみると，自由化の深化，新たな規律の導入，さらには運用面の改善などが進められていることが確認できる。他方で，ルールが厳しくなるケースもある。既存の FTA の改訂動向にも注意が必要だ。

第 3 節　メガ FTA と今後の注目点

1　主要国・地域間の FTA

　昨今では，「メガ FTA」という言葉が聞かれる。「メガ FTA」の統一的な定義はなく，「一般的に，主要な国々を含むとともに多くの国々が参加する FTA であると捉えられている」[20]。

　国・地域の経済規模に着目し，中国，米国，EU，ASEAN，インド，日本の主要 6 か国・地域について，お互いの FTA や貿易協定の締結状況をみると，日本のみがこれらのすべての国・地域との間で FTA や貿易関連協定の発効・署名を済ませている。とくに，日本が結ぶ FTA・貿易協定のうち，日 EU 協定は日本と EU27 か国，また，RCEP 協定は ASEAN10 か国に，日本，中国，韓国，オーストラリア，ニュージーランドを加えた 15 か国から

---

20)　浦田秀次郎「メガ FTA と WTO：競合か補完か」『季刊　国際貿易と投資』100 号記念増刊号（2015 年 10 月），14-29 頁。

構成される協定だ。

日 EU 協定と RCEP 協定は，それぞれ，全 23 章，全 20 章および関連する附属書などで構成される包括的な協定となっている。日 EU 協定には先進国・地域同士の FTA として，先進的なルールが盛り込まれている。たとえば，貿易の技術的障害（TBT）章（第 7 章）では，国際規格に関する詳細な規定を設けるほか，補助金章（第 12 章）では，WTO 補助金協定にはない禁止補助金の類型として財務上問題のある企業への補助金禁止を明文化している。貿易及び持続可能な開発章（第 16 章）では，気候変動に関する「パリ協定」の義務に言及し，両者が協力してその効果的な実施に向けた措置を採ると規定している。その他，紛争解決の対象にはならない拘束力の弱い規定とはいえ，企業統治（コーポレートガバナンス）章（第 15 章），規制に関する良い慣行及び規制に関する協力章（第 18 章），農業分野における協力章（第 19 章）など，FTA として先進的な章が設けられている。（日 EU 協定の詳細については，第 3 章，および第 13 章参照。）

RCEP 協定によって，日本と中国，また日本と韓国との間で新たに FTA が締結されることになる。その他の署名国との間ではすでに協定が発効している。既存協定では貿易・投資ルールが異なるが，統一したルールが整備されることから，サプライチェーンの効率化に貢献するとみられている（後述）。また，後発開発途上国や，発展段階や制度の異なる多様な国々の間で知的財産，EC などの幅広い分野を規定し，地域における自由で公正な経済ルールが構築されている。（RCEP 協定の詳細については，第 3 章，第 10 章，および第 11 章参照。）

このほか，主要国・地域間では，米国と EU との間で，環大西洋貿易投資パートナーシップ（TTIP）の交渉が 2013 年に開始したが，トランプ前米政権発足以降，交渉は凍結されている。米国ではバイデン大統領が 2021 年 1 月に就任したが，民主党が 2020 年 8 月に発表した党綱領において，米国の競争力（強化）のための国内投資が行われるまでは，新たな貿易協定に向けた交渉は行わない方針が示されている。また，バイデン大統領自身も大統領選挙勝利後，同様の方針を示している[21]。米国は当面，TTIP の交渉再開を含めて，貿易協定交渉を進める見込みは低いといえそうだ。

2　メガ FTA の意義

　メガ FTA がこれまでの二国間 FTA に増して注目される理由として，①巨大な経済圏であること，②規律対象分野が広いこと，また③規律レベルが高い分野があることなどを挙げることができよう。また，共通ルールが適用されることも，二国間 FTA よりもメガ FTA の方が優れている点といえよう。一方で，FTA の増加により貿易制度が複雑化し，その結果，企業のビジネスの障害となる場合がある。とくに，各 FTA における原産地規則がそれぞれ異なることにより，管理が非常に煩雑になっている。日本企業から，それぞれルールの異なる原産地証明を取得するためのシステム開発に巨額の投資が必要になったケースが聞かれる。

　ジェトロは 2015 年 10～11 月に，在アジア・オセアニア進出日系企業実態調査を実施した。このうち，RCEP 協定（交渉）参加国[22]に進出する日系企業を対象に，RCEP 協定交渉（当時）のなかで期待する事項を聞いた。この設問に回答した 3,579 社のうち，「通関に関わる制度・手続きの簡素化」（39.8％）と回答した割合が最も高く，「利用しやすい原産地規則の採用」（23.9％），「労働査証発給に関わる制度・手続きの緩和」（21.3％）が続く[23]。税関手続きおよび貿易円滑化，さらには原産規則に関する項目への関心が高いことがわかる。

　また，先の調査では，TPP 交渉（当時）参加国に進出する日系企業を対象に，TPP 交渉のなかで期待する事項も尋ねている。回答した 1,097 社のうち，「税関当局および貿易円滑化」（59.0％）と回答した割合が最も高く，「物品市場アクセス」（33.6％），「原産地規則（複数締約国の付加価値・工程足し

---

[21]　たとえば，President Joseph R. Biden, Jr., *Interim National Security Strategic Guidance* (March 2021) 〈https://www.whitehouse.gov/wp-content/uploads/2021/03/NSC-1v2.pdf〉参照。

[22]　RCEP 協定は当初，日本，中国，韓国，オーストラリア，ニュージーランド，インド，ASEAN 加盟 10 か国の計 16 か国で 2013 年に交渉が開始した。しかし，2019 年11 月にタイで開催された第 3 回首脳会合で「未解決のまま残されている重大な課題がある」として妥結に難色を示して以降，インドは交渉のテーブルから遠ざかっていた。

[23]　ジェトロ「2015 年度 アジア・オセアニア進出日系企業実態調査」（2015 年 12 月）〈https://www.jetro.go.jp/world/reports/2015/01/4be53510035c0688.html〉。

上げを可能とする「累積ルール」等)」(25.4%) が続く。TPP においても，税関手続きおよび貿易円滑化，さらには原産規則に関する関心が高いことがわかる。

　累積ルールとは，協定の締約国同士が，互いの原産品を自国原産品として扱うことを可能にするルールである。輸出国が，自国内のみの生産で品目別の原産地規則を満たすことができない場合でも，他の締約相手国から調達した部材を原産品として累積できれば，基準をクリアできる可能性が広がることになる。CPTPP，日 EU 協定，さらには RCEP 協定でも，この累積の概念が採用された。企業が締約国内で展開するサプライチェーンについて，特恵原産地規則の適用を受けることができる範囲が拡大する。

　累積規定により，生産ネットワークを域内で柔軟に構築することが可能になる。従来よりも大きな地域内において，サプライチェーンの再編もしくは新たな構築により，域内分業体制のいっそうの効率化が図ることができる。また，RCEP 協定や CPTPP では，一定条件のもとで新規加入を認める条項を備えている [24]。締約国が将来増えることになれば，広域 FTA としての有効性がさらに高まることになる。

3　今後の注目点

　今後の動きでは，RCEP 協定署名各国の国内批准の動向が注目される。RCEP 協定は日本にとって，中国および韓国との間の初の FTA である。RCEP 協定の効力発生には，署名国 15 か国中，少なくとも ASEAN の 6 か国および ASEAN 以外の 3 か国の批准などが必要になる（第 20.6 条）。これら批准書などを寄託した日の 60 日後で発効することになる。日本は 2021 年 6 月に受託書を寄託者（ASEAN 事務局長）に寄託した。他国では，シンガポールと中国が 4 月に協定批准書を ASEAN 事務局長に寄託したことを明らかにした。

---

24)　なお，RCEP 協定では，原交渉参加国を追い抜いて他国が新規加入することを避けるため，発効後 18 か月を経過した後にのみ，他国の新規加入を認めている（第 20.9 条）。ただし，本条項については，インドにこのルールを適用しないという注釈が設けられており，インドは例外的に協定発効日から加入することができる。

　RCEP 協定以外では，中国の CPTPP への取り組みが注目される。習近平国家主席は 2020 年 11 月 20 日，CPTPP への参加を積極的に検討する旨を表明した。RCEP 協定署名（同年 11 月 15 日）からわずか 5 日後のことで，注目を浴びた。しかし，RCEP 協定と比べて，CPTPP のルールは厳格だ。たとえば CPTPP では，RCEP 協定には含まれていない「国有企業及び指定独占企業」（第 17 章）（以下，国有企業）が規律されている。また，「電子商取引」（EC）（CPTPP 第 14 章，RCEP 協定第 12 章）を比較すると，RCEP 協定ではソースコードの開示要求の禁止については，「対話し，協定発効後の一般的な見直しにおいては，同対話の結果を考慮する」[25] にとどまる。中国がCPTPP で規律する「国有企業」や「EC」の規律に対して，どのような対応していくのかが注目される。

　その他，CPTPP をめぐっては，英国が 2021 年 2 月に，寄託国であるニュージーランドに加入要請を通報した。英国による加入要請を受け，TPP 委員会（協定にもとづく最高意思決定機関）は同年 6 月，英国加入手続きの開始および加入作業部会の設置を決定した。加入作業部会は，CPTPP 第 5 条（加入）および 2019 年 1 月に採択された加入手続き第 3 項および第 5 項に従い，(a) CPTPP に加入するための英国政府の要請を検討し，(b) 英国のCPTPP 加入交渉を実施し，ならびに，(c) 交渉終了の後，英国の CPTPP への加入に関する条件について，委員会に対して報告書を提出する。英国以外には，韓国，台湾，タイ，フィリピンなどが CPTPP への参加に意欲や関心を示している。たとえば，タイは 2021 年 3 月，CPTPP への参加の是非を決定するため，さらなる研究を行う 8 つの運営小委員会の設置を閣議で承認した。また，フィリピンでは，ロペス貿易産業相の名義で寄託国ニュージーランドに趣意書を送り，新たに加盟する際の手順や運用などについて問い合わせたとされる [26]。

---

25)　外務省，財務省，農林水産省，経済産業省「地域的な包括的経済連携（RCEP）協定に関するファクトシート」（2021 年 4 月）〈https://www.mofa.go.jp/mofaj/files/1001154 75.pdf〉。

26)　(a) Roy Stephen C. Canivel, "PH wants to join mega free trade pact," Philippine Daily Inquirer（March 25, 2021）〈https://business.inquirer.net/319987/ph-wants-to-join-mega-free-trade-pact〉, (b) Jenina P. Ibañez, "Gov't starting informal talks to join Trans-Pacific Partner-

　WTO におけるルール形成面では，可能な場合にはマルチ（多国間）での合意を追求するが，全会一致による合意（コンセンサス）が達成不可能な場合，プルリの交渉方式を追求する提案などがなされている。しかし，プルリ交渉についてもこれまで，途上国を中心に強い反発があるなど，WTO の交渉フォーラムとしての機能回復が当面は望めない。こうした状況のなかで，中国，EU，ASEAN は，積極的に FTA 交渉の加速，既存の FTA の見直しを進める。中国は 2021 年 3 月に発表した，第 14 次 5 か年規画（2021〜2025 年）と 2035 年までの長期目標綱要のなかで，グローバル志向の FTA ネットワークを構築することを掲げている [27]。欧州委員会は 2021 年 2 月に発表した通商戦略において，協定の新たな締結など，通商協定の実施・執行を強化し，公平な競争条件を確保することを重点分野のひとつとしている [28]。また，ASEAN 首脳会議は 2015 年，ASEAN 共同体の 2025 年までの方向性を示す「ASEAN 2025」を採択。ASEAN2025 の一部を構成する，ASEAN 経済共同体（AEC）に関する 2025 年までの具体的行動項目を列挙した「AEC ブループリント 2025」では，「高度に統合された経済」，「グローバルな ASEAN」などを掲げ，ASEAN 加盟国間の FTA 深化，域外国との既存 FTA 見直し，協定未締結の対話国との経済連携強化などを謳う [29]。

　FTA，なかでも「メガ FTA」などの広域 FTA は，「今後も貿易・投資の自由化とルール形成のフォーラムとして重要な役割を担う」ことが見込まれている [30]。RCEP 協定署名各国の批准動向，中国などの CPTPP への参加意欲

---

ship," BusinessWorld（March 30, 2021）〈https://www.bworldonline.com/govt-starting-informal-talks-to-join-trans-pacific-partnership/〉，(c) Kris Crismundo, "PH secures support of TPP members as it eyes joining deal," Phillippine News Agency（March 31, 2021）〈https://www.pna.gov.ph/articles/1135395〉.

27)　中華人民共和国中央人民政府「中華人民共和国国民経済和社会発展第十四個五年規画和 2035 年遠景目標綱要」（2021 年 3 月）〈http://www.gov.cn/xinwen/2021-03/13/content_5592681.htm〉.

28)　European Commission, *Trade Policy Review - An Open, Sustainable and Assertive Trade Policy*（February 2021）〈https://trade.ec.europa.eu/doclib/docs/2021/february/tradoc_159438.pdf〉.

29)　ASEAN Secretariat, *ASEAN Economic Community Blueprint 2025*（November 2015）〈https://www.asean.org/wp-content/uploads/2021/08/AECBP_2025r_FINAL.pdf〉.

を示す国・地域の動向，さらには TPP から離脱した米国の動向など，既存の「メガ FTA」を中心にとした，世界の FTA 動向から目が離せない。

　また，新たに締結される FTA のルールの広がり，さらには既存 FTA の再交渉により，協定の対象の深化，さらには拡大が進む。また，グローバルな課題として，労働や環境といった社会的価値規定は，新興国の国内関連法改正を要求する側面を持つことから，締約国内企業によるこうした社会的側面新規律へのいっそうの配慮が必要である。第三国が締結する FTA による新たな規律へのいっそうの配慮も必要となろう。

---

30)　中川淳司「国際通商体制の行方を探る・第 7 回（完）4. 国際通商体制の将来」『貿易と関税』通巻 815 号（2021 年 2 月），66-77 頁。

第3章

日本の貿易と FTA ネットワーク
アジア大洋州地域の FTA 網がほぼ完成

┌─ ポイント ─────────────────────────┐

◆日本は，WTO ドーハ・ラウンドの停滞や主要貿易相手国の FTA 網拡大を
受け FTA 積極化戦略に転換。とりわけ 2010 年代後半以降はメガ FTA 交
渉を主導する立場にあった。2020 年の RCEP 署名を以て，交渉を進めて
いた主な FTA がおおむね完成に至った。

◆2002 年に初の FTA である日本・シンガポール FTA 発効してから約 20
年。日本はこの間，15 か国，3 地域との間に 18 の協定を発効させた。現
状の FTA カバー率は約 4 割だが，RCEP 実現で大幅上昇も見込む。

◆貿易総額の約 4 割を占める国・地域との間で貿易自由化が進展するなか，
一部の協定では改定議定書にもとづき運用面の改善やサービス貿易自由化も
進む。

└────────────────────────────────┘

第1節　日本の FTA の現状

1　広がる日本の FTA ネットワーク

　日本が自由貿易協定（FTA）推進へと本格的に舵を切ったのは 2000 年代
に入ってからである。それまで日本は自由貿易推進の軸として WTO など多
国間貿易交渉の枠組みを重視してきた。しかし先進国と新興国との間で対立
が深まるなど WTO 交渉は停滞，一方で世界では貿易自由化の手段として個
別国間で FTA を結ぶ動きが拡大していた（本章第 2 節参照）。

　こうした背景のもと，日本でも FTA を求める声が高まり，2002 年に日本
初の FTA となる日本・シンガポール経済連携協定（EPA）が発効，日本の

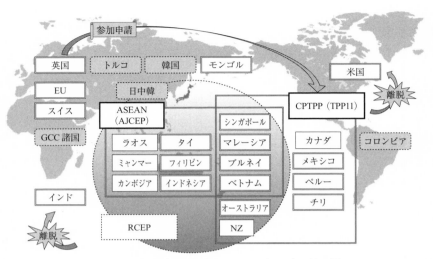

図 3-1　日本をめぐる FTA ネットワーク（2021 年 6 月現在）

注：1）太枠，白地は発効済の二国間，広域 FTA。グレーの国・地域は交渉中の FTA。
　　2）GCC 諸国はサウジアラビア，クウェート，アラブ首長国連邦，バーレーン，カタール，
　　　　オマーン。
　　3）米国との協定（日米貿易協定，2020 年 1 月発効）は他の FTA とは異なる物品貿易協定と
　　　　の位置づけ。

資料：外務省，経済産業省資料から作成。

FTA の歴史は幕を開けた[1]。2020 年 11 月には，約 8 年間に及ぶ交渉のすえ，地域的な包括的経済連携（RCEP）協定が署名され，世界の GDP，貿易総額，人口の約 3 割を占めるメガ FTA の一翼を担うこととなった。2021 年 6 月現在，日本では 15 か国，3 地域との間で 18 の協定が発効済みである[2]（図 3-1）。

　日本の FTA ネットワークを地域別にみると，アジア大洋州地域が中心である。日本初の二国間 FTA となるシンガポールを皮切りに，マレーシア，タイ，インドネシア，ブルネイ，フィリピン，ベトナムと主要な ASEAN 諸

1）　経済連携協定（EPA）は物品・サービス貿易分野中心の FTA に加えて投資や政府調達など幅広い分野を含む協定とされる。本章では EPA も含めて FTA と称することとする。

2）　米国との協定（日米貿易協定，2020 年 1 月発効）については他の FTA とは異なる物品貿易協定との位置づけである。

国とFTAを結び，並行して日本・ASEAN包括的経済連携（AJCEP）も締結した。日本初の広域FTAとなるAJCEPにより，カンボジア，ラオス，ミャンマーともFTAでつながった。アジア大洋州ではインド，オーストラリア，モンゴルとの間でもFTAが発効している。

米州地域とのFTAでは，メキシコ，チリ，ペルーとの間で二国間FTAが発効している。2005年に発効したメキシコとのFTAは，日本にとってシンガポールに続く二つ目の協定であり，農業分野も含む初の本格的なFTAとなった。チリ，ペルーは多数の国と積極的にFTAを締結しており，FTA不在で生じる経済的不利益の解消にも寄与した。

アジア大洋州地域と米州地域を横断するFTAとしては，環太平洋パートナーシップに関する包括的および先進的な協定（CPTPP，通称TPP11）が2018年に発効している。CPTPPは，環太平洋パートナーシップ（TPP，2016年署名）から離脱を表明した米国を除く11か国が参加しており，カナダ，ニュージーランドとは初のFTAとなる。CPTPPは，TPPの規定のうち知的財産分野など一部を凍結項目として引き継いでおり，電子商取引，競争政策，労働，環境など広範な分野をカバーする内容となっている。

欧州地域とのFTAでは，まずスイスと締結，初めて原産地証明について認定輸出者制度を導入，また電子商取引章を設置した。2019年にはEUとの間でFTAが発効，世界貿易の約4割を占める世界最大級のFTAであり，関税撤廃，投資，サービス，知的財産，地理的表示（GI）の相互保護などハイレベルなルールを規定している。また2021年1月にはEU離脱後の英国との間でFTAが発効した。

今後の焦点はRCEP発効に向けた動きである。当初，RCEPはASEAN10か国，日本，中国，韓国，オーストラリア，ニュージーランド，インドの間で交渉を開始，その後インドが交渉に不参加となったものの，2020年11月に15か国で署名に至った。RCEPは世界のGDP，貿易総額，人口の約3割を占める巨大経済圏であり，日本の貿易総額の約5割を占める地域をカバー，また中国，韓国との初のFTAとなる。日本をめぐるFTAの動きとしてはこのほかに日中韓，コロンビア，トルコとの間で交渉が継続，GCC（湾岸協力理事会），韓国，カナダとは交渉中断の状況にある。また日本が関連する

広域 FTA では 2020 年 6 月，英国の CPTPP 加盟交渉入りに他加盟国が合意，タイや中国なども参加に関心を示している。

2　大型 FTA 発効で日本の FTA カバー率は上昇

　各国の FTA ネットワークを把握する指標のひとつに FTA カバー率がある。FTA カバー率は，一国の貿易全体に占める FTA 発効対象国との貿易の比率により算出し，一般的には比率が高いほどネットワークが広範とされる。日本の FTA カバー率は 2002 年にシンガポールとの FTA 発効時の数 % から緩やかに上昇，AJCEP などを経て約 15% に，2015 年にはオーストラリアが加わり 20% を超えた。その後，CPTPP，日 EU・EPA と 2 つの大型 FTA が相次いで発効したことにより，FTA カバー率は 36%（2020 年往復貿易額ベース）に上昇した[3]。とくに EU との協定発効は日本の FTA カバー率を約 10% ポイント押し上げた。

　主要品目別にみると，輸出では鉄鋼は約 4 割，輸送機器（32%），電気機器（32%），化学品（31%），一般機械（30%）も 3 割を超えている。輸入では，EU から輸入シェアが大きい化学品，食料品類はそれぞれ 54%，49% と，輸入のほぼ半分をカバーしているほか，機械機器（35%），鉱物性燃料（33%），繊維製品（33%）で 3 割強となっている。

　今後，日本の FTA カバー率を大幅に上昇させると見込まれるのが RCEP である。日本の貿易相手国第 1 位の中国，第 3 位の韓国が加わることにより FTA カバー率は 66% と一気に約 30% ポイント上積みされる。RCEP 参加国間では AJCEP をはじめ，中・ASEAN，中韓など既存 FTA も多く，すでに域内でサプライチェーンを構築している企業も数多い。RCEP 発効により地域全体を一つの広域経済圏として共通ルールを整備することで，FTA 利用が円滑化され，またサプライチェーンのさらなる効率化など RCEP 発効への期待は高い。

　なお他の主要国・地域の FTA カバー率をみると，米国（40%），EU

---

3)　2020 年 1 月に日米貿易協定が発効しており，米国も加えると FTA カバー率は 51% となる。

（76%），中国（32%），ASEAN（60%）となっている[4]。EU，ASEAN は一段と高いが，これは域内貿易を含むためであり域外貿易に限ると EU，ASEAN とも約 35% となり，ほぼ 30〜40% の水準に収まっている。

3　工業製品で高い日本の FTA における自由化水準

　FTA 締結における貿易自由化のレベルを示す評価基準としては，自由化水準（関税撤廃率）と呼ばれる指標がある。自由化水準は，締約国との貿易に占める関税撤廃品目の割合で求められ，品目数で算出する場合と貿易額で算出する場合がある。貿易額による算出をベースに，二国間 FTA における日本の自由化水準をみると，対メキシコ FTA（87%）を除いて 90% 超の水準にあり，ブルネイ，スイス，モンゴルとの FTA では 99% 超に達している。

　一方，相手国側の自由化水準は，ベトナムなど一部を除きおおむね 100% 近傍にあり，日本よりも自由化水準が高いケースも多い。これは日本が，農林水産物分野を中心に自由化の例外として関税撤廃の対象から外していることが影響している。このため，広域 FTA などでは日本の自由化水準が他国より低くなることもある。たとえば CPTPP では，日本以外の締約国の自由化水準がメキシコ（99%）を除いて 100% であるのに対し，日本は 95% となっている[5]。ただ，工業製品に限れば日本はすべての品目で関税を撤廃するとしており，うち 99% 近くが協定発効後，直ちに関税を撤廃（即時撤廃）する。これに対し日本以外の 10 か国の即時撤廃率は平均で 88% に留まり，工業製品の日本市場は早い段階からアクセス改善が図られる内容となった。

　日本からの輸出という観点からは，締約国側の自由化水準が高いほど FTA のメリットを享受しやすい。たとえば CPTPP により初めて FTA でつながったカナダでは，乗用車の関税率が 5 年目で撤廃，自動車部品については日本からの輸出の 9 割弱分の関税が即時撤廃となる。農林水産物では清酒（日本酒）や花きの関税が即時撤廃になるなど，新規市場獲得への強力な後押しとなる。

---

4)　ジェトロ『世界貿易投資報告』2020 年版（2020 年 7 月）。
5)　ジェトロ『TPP11 解説書』（2019 年）〈https://www.jetro.go.jp/ext_images/theme/wto-fta/tpp/TPP11_kaisetsu.pdf〉。

　日 EU・EPA では，工業製品においては日本，EU 双方ともにいずれ 100%
の関税が撤廃される予定である（即時撤廃率は日本が 96%，EU が 82%）[6]。
日本の対 EU 主要輸出商品である乗用車の関税率は 8 年目に撤廃，自動車部
品については日本からの輸出額の 9 割以上で即時に撤廃された。なお農林水
産物の関税撤廃率（品目数ベース）は日本が 82%，EU が 98% となった。

　今後，発効が見込まれる RCEP では，工業製品の関税撤廃率が日本側は
99%，相手国側は平均で 92%（いずれも品目数ベース）とされている[7]。
ただし初めて FTA で結ばれる中国では工業製品の無税品目の割合が 8% か
ら 86% に，韓国では 19% から 92% と大幅上昇となり，とくに自動車部品
や鉄鋼，化学製品などの分野で期待が高い。

第 2 節　日本の FTA 戦略（主要相手国・地域別）

1　FTA 積極化戦略への転換

（1）アジアを中心に複合的な基準で相手国を選定

　日本はその協定数でみると，主要貿易相手国の間でも米国や韓国と並ぶ
FTA 推進国の一員であるといえる（図 3-2）。ただ日本は，他国と比して必
ずしも最初から FTA 締結に積極的だったわけではない。日本は従来，
GATT・WTO のもとでの多国間主義を通商政策の中心に据えており，1990
年代に主要国が NAFTA，EU，AFTA（1993 年発効当初は，AFTA のための
共通効果特恵関税協定〔CEPT〕）といった域内経済圏の構築に動き出すなか
でも，日本は FTA 締結には至らなかった。一方で WTO 下の多角的貿易交
渉が停滞し，産業界からの要望なども受けるなか，日本は徐々に FTA に対
する戦略を転換することとなった。古くは平成 11 年版『通商白書』におい

---

6)　ジェトロ『日 EU・EPA 解説書──日 EU・EPA の特恵関税の活用について』（2020
　　年 3 月改訂）〈https://www.jetro.go.jp/ext_images/world/europe/eu/epa/pdf/euepa202003.
　　pdf〉。

7)　経済産業省「地域的な包括的経済連携協定における工業製品関税（経済産業省関連
　　分）に関する内容の概要」（2021 年 4 月）〈https://www.meti.go.jp/policy/trade_policy/
　　epa/pdf/epa/rcep/gaiyo.pdf〉。

（　）内は 2021 年 6 月末時点の発効協定件数。特恵協定は除く。

時期	日本 (18)	米国 (14)	EU (40)	ASEAN (7)	中国 (16)	韓国 (17)
1970 年代			スイス			
1980 年代		イスラエル				
1990 年代		NAFTA	EU, EEA, トルコ, フェロー諸島, パレスチナ, チュニジア	AFTA (CEPT)		
2000 年			モロッコ, イスラエル, メキシコ			
2001 年		ヨルダン				
2002 年	シンガポール		サンマリノ, ヨルダン			
2003 年						
2004 年		チリ, シンガポール	マケドニア, エジプト		マカオ, 香港	チリ
2005 年	メキシコ	オーストラリア	チリ, アルジェリア	中国	ASEAN	
2006 年	マレーシア	モロッコ, CAFTA-DR, バーレーン	レバノン		チリ	シンガポール, EFTA
2007 年	チリ, タイ			韓国	パキスタン	ASEAN
2008 年	インドネシア, ブルネイ, ASEAN		CARIFORUM	日本	ニュージーランド	
2009 年	スイス, ベトナム	オマーン, ペルー	アルバニア, ESA, 太平洋諸国		シンガポール	
2010 年			モンテネグロ	インド, オーストラリア・ニュージーランド	ペルー, 台湾	インド
2011 年	インド				コスタリカ	ペルー
2012 年	ペルー	韓国, コロンビア, パナマ				米国
2013 年			コロンビア・ペルー・エクアドル, セルビア, 中米諸国			トルコ
2014 年			中部アフリカ		アイスランド, スイス	オーストラリア
2015 年	オーストラリア		ボスニア・ヘルツェゴビナ, 韓国		オーストラリア, 韓国	カナダ, ベトナム, ニュージーランド, 中国, EU
2016 年	モンゴル		モルドバ, ジョージア, 西部アフリカ, 南部アフリカ			コロンビア
2017 年			ウクライナ, カナダ			
2018 年	CPTPP				ジョージア	
2019 年	EU		日本, シンガポール	香港		中米
2020 年	米国, 日本／USMCA		ベトナム		モーリシャス	
2021 年	英国		英国			英国

図 3-2　日本の FTA 年発効年表と主要国・地域での締結状況

注：1) 太字は地域横断型 FTA。
　　2) 二重線で囲んだものは域内経済圏。
　　3) 太線で結んだのは本表で記載のある国・地域間の協定。
資料：ジェトロ「世界の FTA データベース」から作成。

て，多国間主義とともに FTA を推進することに対し一定の評価を行ってお
り[8]，その後平成 12 年度の同白書では「重層的通商政策」を明示的に掲げ，
2000 年代以降 FTA を日本の通商政策に取り込むこととなった。

　日本は従来から中国や ASEAN を中心とした東アジアで，最適な工程間分
業により構築された生産ネットワークを有していた。そのため FTA 交渉は
アジアを中心に進められ，最初の相手国となったのもシンガポールであった。
なかにはメキシコのように相手国からの提案により構想を開始した協定も交
えつつ，各交渉を進めるなかで徐々に FTA 戦略が形成されていった。

　明示的に戦略と呼べる初期のものとして，2002 年 10 月に外務省が発表し
た「日本の FTA 戦略」がある。時期としては，最初の相手となったシンガ
ポールとの FTA が発効する 1 か月前である。ここで外務省は，相手国の優
先順位の判断基準として，（イ）経済的基準，（ロ）地理的基準，（ハ）政治
外交的基準，（二）現実的可能性による基準，（ホ）時間的基準，を挙げた[9]。
ここでも，政治経済的安保の確保を考慮しつつ，日本と緊密な経済関係を持
ちながらも比較的高い貿易障壁の残る相手との協定締結を優先すべきとして，
具合的な交渉相手として東アジアが掲げられた。横並びで比較すると，主要
国ともこの 2000 年代初めに FTA 締結に本腰を入れ，2000 年代半ばにはさ
らに地域横断協定も含めて多くの協定が発効したことがわかる。

　その後 2004 年末には，政府全体として最初の FTA 戦略である「今後の経
済連携協定の推進についての基本方針」を発出した。ここでは FTA の意義
として，多角的貿易体制の補完，日本と相手国の構造改革推進，政治・外交
戦略上日本に有利な国際環境の形成を挙げ，交渉推進のための体制整備拡充
にも言及した。交渉相手国決定の基準としては，①日本にとり有利な国際環
境の形成，②日本全体としての経済的利益の確保，③ FTA の実現可能性を
挙げた[10]。これ以降 2010 年代半ばにかけては，ASEAN 各国および中南米

---

8)　たとえば経済産業省『平成 11 年版通商白書』（1999 年 5 月）は「こうした地域統
　　合・地域連携が多角的通商システムの強化に貢献し得るとして，より柔軟かつ建設的
　　に取り組む必要性が高まっている」と指摘している。

9)　外務省「日本の FTA 戦略」（2002 年 10 月）〈https://www.mofa.go.jp/mofaj/gaiko/fta/
　　senryaku.html〉。

10)　外務省「今後の経済連携協定の推進についての基本方針」（2004 年 12 月）〈https://

のとりわけ太平洋同盟の構成国との，二国間協定の締結が加速していった。

その後 2006 年には，経済財政諮問会議が決定した「グローバル戦略」では，FTA 交渉についての工程表が示されその後複数回これが更新されるとともに，FTA カバー率の具体的数値も目標として掲げられた。また，2010 年前後には，のちの RCEP となる 16 か国の経済連携や TPP12 交渉への参加など，しだいに広域経済圏への関与も高めていった。

（2）広域化とルールの深化

ASEAN との FTA を除き，2018 年の CPTPP 発効までは，日本が発効させた FTA はすべて二国間協定であり，そのほとんどは新興国とのものであった。この間，日本の主要貿易相手国・地域も FTA 網を広げており，とくに韓国が 2012 年に米国，2015 年に EU と中国との FTA を締結した際には，相手国・地域市場における日本製品の競争上の劣位が懸念された[11]。

こうしたなか，2010 年 11 月に出た「包括的経済連携に関する基本方針」では，日本の取り組みが遅れているとの危機感を背景に，主な貿易相手国とハイレベルな経済連携を進めつつ，競争力強化などの国内改革も進める姿勢を明らかにした。この後 2011 年末に表明した TPP12 への交渉参加は，従来の二国間協定が中心であった日本の FTA 戦略からすれば大きな前進であった。以降日本が参加する FTA が大型化し，かつ先進国相手のものに切り替わったことが，先の図 3-2 から読み取れる。とくに 2010 年代後半，ブレグジットや米トランプ政権の誕生といった，いわゆる保護主義的な傾向が世界的に強まるなか，それに対する抑止力としてのメガ FTA の役割に注目が集まった。TPP12 から米国が離脱して以降，日本は CPTPP，日 EU・EPA，RCEP の 3 つのメガ FTA 交渉にさらに注力し，自由貿易推進の中心的役割を担うこととなった。

---

www.mofa.go.jp/mofaj/gaiko/fta/hoshin_0412.html〉。

11)　韓国との関係においては，2019 年に日 EU・EPA，2020 年に日米貿易協定が完成したことで，対欧米では一応の競争条件が揃ったかにみえる。ただし日米貿易協定が網羅する品目数が限定されることから，引き続き韓国製品の方が広く米国による関税減免の恩恵を受けている。

　2013 年の成長戦略である「日本再興戦略」では，FTA 比率を当時の 19％ から 2018 年には 7 割とすることを目標に掲げ，同目標はその後の成長戦略でも繰り返し掲げられた。現在になって振り返ると 2018 年時点ではこの目標は実現されなかったが，今後 RCEP が発効し，さらにトルコ，コロンビア，GCC との FTA がすべて発効すれば FTA 比率は 7 割を超える。ただ，貿易額のカバー率にのみ注目するのではなく，原産地規則の柔軟性やルール面の自由化度合いや網羅性についても総合的に評価することが重要である。

2　日本の FTA の特徴

（1）初期の協定から分野の包括性を重視

　日本の FTA の特徴として分野が包括的であることが挙げられる。このことを象徴するように，日本政府が締結してきた FTA には，初めのシンガポールとの協定以降すべてに経済連携協定（Economic Partnership Agreement）という名称が付されている。経済連携の用語から，日本の協定が貿易とサービス貿易のみならず，知的財産，投資，貿易円滑化，紛争解決といった広範な分野で，相手国との間で経済関係を強化することを目指していることがみてとれる。スイスやオーストラリアとの協定にも，労働や環境，電子商取引などの WTO プラスのルールは一部盛り込まれていたが，TPP12 ではこれらに加え国有企業についても章が拡充された。以降，WTO の交渉分野外の章も広範に盛り込んだ様式が定着している。また前章でもみたように，項目の数のみならず内容面での深度も諸外国と比べても高水準であると評価される。

　そのほか特筆すべき事項として，サービス貿易関連では自然人の移動についても具体的規定を設けるケースが多い。ビジネス関係者の移動に加え，フィリピンとインドネシアとの FTA で看護師や介護福祉士の移動が盛り込まれた。また，一次産品の輸入依存度が高い日本に特徴的な規定として，資源や食料の安定確保を念頭に置いたものがある。ブルネイ，インドネシア，オーストラリアとの FTA では，エネルギー・鉱物資源に関して独立した章を設け，両国間の連携，資源の安定供給，投資環境整理などを規定している。一方で途上国との FTA を中心に，経済協力，技術協力，中小企業支援などに象徴されるように相手国産業の競争力強化に資する取り組みも協定にもと

づき行っている。

(2) 既存協定のアップグレードとアジア域外の市場開拓が今後の課題

　今後の課題としては，当然多国間貿易体制は尊重しつつも地域的な FTA 網の拡充，および既存協定の深化が挙げられよう。RCEP が発効すれば日本の FTA カバー率は 6 割超まで上昇し，日本企業の集積が厚いアジアを中心に FTA 網がほぼ完成されたこととなるが，残りの 4 割とは引き続き市場アクセスの改善余地があることも示唆している。空白地域の市場を取り込む観点では，中南米や中東アフリカが次のターゲットになるほか，アジアと北米，アジアと中南米など地域を横断する FTA が存在しないことも課題である。

　とくに中南米については，太平洋同盟加盟国との個別の二国間協定を除き日本との FTA が不在である。うちメルコスールについては，FTA 交渉を政府が検討していることが 2019 年 11 月に報道された。ブラジル，アルゼンチン，ウルグアイ，パラグアイで構成されるメルコスールは，2.7 億人（2019 年時点）の人口を有する市場であり，貿易投資の自由化やルール整備などビジネス環境の改善が求められている。日本のビジネス界は 2018 年に，各国政府に対し FTA 締結を早期に求める報告書を提出した。このなかで，メルコスール域内で日本企業が他国との競争で劣後しないためにも，FTA をベースとしたビジネス環境改善が必要であると指摘されている。メルコスールは，2019 年 6 月に EU との FTA で大筋合意に到達し，韓国との間でも政治合意を目指し交渉中である。

　つぎに，既存協定におけるさらなる市場アクセスの改善やルールの改善も課題である。まず物品貿易に関して，日本の FTA における関税撤廃率は諸外国に比して低いと指摘される。輸入額ベースでみた日本の FTA の自由化率は，メキシコとの FTA を除き 90% を超えるが，相手国との自由化率を比較した場合，約半数の協定で相手国のそれを下回る[12]。先進国と途上国との FTA では，先進国側の自由化率が高いのが一般的であるが，日本の FTA

---

12)　石川幸一「米国の TPP 離脱と日本の FTA 戦略」『ポスト TPP におけるアジア太平洋の経済秩序の新展開』（国際問題研究所，2017 年），45-63 頁。

はその逆の現象が起こっているのである。本章第 1 節でもみたように，CPTPP でも，途上国を含めた加盟国のなかで最も関税撤廃率が低い。これは農林水産物を自由化の対象から除外しているために他ならないが，後述するメキシコとの改定議定書では，本協定の締結時以上の市場アクセス改善を相互に約束した例がある。他国の例でも，たとえばカナダ・イスラエル FTA や EU・メキシコ FTA などが協定改正で農林水産物の関税撤廃を追加約束するケースがみられ，農林水産物の市場開放が将来的にも大きな課題であるといえる。

　農林水産物に限らず，とくに主要貿易相手国である米国との関係では，日米貿易協定の網羅する品目が限定的であることにも言及したい。日米貿易協定は，日米デジタル貿易協定とともに 2020 年 1 月に発効した。米国側は工業製品を中心に，日本側は牛肉や豚肉をはじめ農産品や加工食品の関税につき，TPP12 で行った約束の範囲内で関税の撤廃・削減を行う。しかし米国が約束した品目数は工業品 199，農産品 42 にとどまる。米国の輸入統計によれば，金属加工用マシニングセンタ，金属除去用の水平旋盤，鋳造・ダイスタンピングマシン（型プレス加工機）といった一般機械ですでに協定は利用されている。いずれも，4％ 以上あった一般関税が，協定発効とともに日本製品に対しては 1％ 台にまで削減され，輸出促進効果が大きいためである。少ない品目数でも初年度から利用が活発なだけに，今後の追加交渉でどこまで対象品目が拡大するかが重要なポイントである。

　物品以外の分野については，メガ FTA で標準的に設けられている政府調達，電子商取引，環境，労働といったルールが，過去の二国間協定には当然ながら備わっていない。RCEP によりカバーされる加盟国も多いが，インド，米国や，CPTPP 加盟国ではあるが協定が未発効のチリやペルーについては，事実上これらのルールが存在しない状態が残ることにも留意が必要である。

第 3 節　発効済み FTA の改定状況とその内容

　FTA 発効から時間がたつとともに，デジタル化など技術の進展や手続き

簡素化への要望増といった変化に，協定の内容が整合しない状況も出てくる。
2010 年代後半以降，世界的にも主要な FTA の改定やグレードアップの動き
が活発化した。FTA 改定の意義として一般には，時代の要請に応じた変更，
物品貿易における自由化水準向上や手続き円滑化，新分野の追加といったルー
ル面でのグレードアップといった側面に大別できる。

　日本も FTA 積極化戦略に舵を切って久しいが，FTA が及ぼすビジネスや
日常生活への影響も拡大した。ただ日本の場合，USMCA が NAFTA を上書
きし原産地規則を大幅に変更する，あるいは章レベルで新規に分野が加わる，
といった類の大きな改定はこれまでのところ行われていない。後述する
AJCEP 改正議定書も，もともと協議の継続が決まっていたサービス分野で
追加的に妥結に至ったものであり，既存協定の修正という位置づけではない。

　日本が締結する FTA のうち，今日までに改定議定書が発効した相手国と
してシンガポール（2007 年 9 月に改定議定書発効）およびメキシコ（同
2012 年 4 月）がある。日本にとっては第一および第二の協定であり，発効
から月日がたち，本協定の交渉時に積み残しになっていた品目を整理，ある
いは運用面での改良が実現されたものである。つぎに古いマレーシアとの
FTA 以降，各国との二国間協定も総じて発効 15 年目に差し掛かろうとして
おり，なかには分野別に追加交渉や修正を加えてきたものもある [13]。

1　市場アクセスの改善

　シンガポールとメキシコに関しては FTA 発効後に当事国間で貿易が拡大
する一方，さらなる市場アクセスの改善を目指して協定が改定された。シン
ガポールについては，もともとシンガポール側が全品目の関税を撤廃済みで
あったため，日本側にのみ対応が求められた。具体的には一部の石油・石油
化学製品，および一部の食品につき日本が関税撤廃を新たに約束した。

　ただ，ほぼ関税を賦課しないシンガポールとは厳しい物品貿易交渉を経な
かったことから，メキシコこそが，双方の締約国間で本格的な交渉を行った

---

13)　たとえばマレーシアとは一部品目の品目別規則，タイとは自然人の移動，チリとは
　　政府調達章附属書，インドネシアやフィリピンとは看護師・介護福祉士候補者の滞在
　　期間延長につき，それぞれ修正や変更を加えている。

最初の FTA 相手国ともいえる。交渉当初メキシコ側は自動車や鉄鋼等，日本側は牛肉，豚肉，鶏肉，オレンジ，オレンジジュースがそれぞれのセンシティブ品目として一部棚上げされていた。改定議定書では，メキシコ側は自動車関連産業に影響の大きい鉱工業品やインクジェットプリンタ用紙の関税削減で合意し，日本側も上記 5 品目については関税割当数量を拡大し，枠内税率を削減することで一致した。

2　物品貿易における手続き円滑化

　市場アクセスの改善のみならず，手続き面での運用改善も改正によって実現された。たとえばメキシコとの改正議定書では，原産地証明制の選択肢が拡大した。従来第三者証明制度が唯一の証明法であったところ，認定輸出者自己証明制度も新たに導入された。日本側の認定輸出企業数は不明であるが，メキシコでは 2019 年 6 月時点で，日メキシコ FTA にもとづく対日輸出企業として 1,577 社が認定された。なおその後，スイスとペルーとの FTA においても，第三者証明制度と認定輸出者自己証明制度の併用が認められている [14]。

　証明制度のみならず原産地規則そのものにも緩和の動きがあった。シンガポールとの改正議定書では，それまで一部の品目には策定されていなかった品目別規則を全品目に適用したほか，付加価値基準における域内原産割合を計算する際の閾値を 60% から 40% へ引き下げた。これにより，日本からシンガポールへの輸出に際し原産地規則を満たしやすくなった。

3　ルール面でのアップグレード

　日本の FTA におけるルール面での改正としては，主にサービス分野での進捗が大きい。まずシンガポールとの改正議定書では，金融分野の開放が進んだ。貿易障壁が圧倒的に少ないシンガポールで金融は規制が厳しい分野のひとつであり，本協定の発効時には外資参入は限定されていた。具体的には，

---

14)　認定は FTA ごとに行われる。日メキシコ協定上で認定輸出者となった場合でも，日スイス協定を利用するには別途認定を取得する必要がある。

一般の外資銀行よりも支店開設などで優遇的措置が認められる認定フルバンクの資格を 1 行分拡大するとともに，ホールセールバンクの資格枠撤廃，さらに越境証券取引の自由化拡大を約束した。本改正により，従来フルバンク資格を有していた三菱東京 UFJ 銀行に加え，みずほコーポレート銀行が 2008 年 7 月にフルバンク資格を取得した。FTA によるサービス業の自由化が日本の金融業の海外展開促進につながった事例である。他方で日本側も，保険仲介サービスや国境を越える証券取引の自由化拡大を約束した。

　AJCEP に関しても直近で大きな進展があった。2019 年 3 月にかけ加盟各国が AJCEP の改正議定書に署名し，2021 年 6 月までにインドネシアを除くすべての加盟国間で発効した。この改正により，サービス貿易や自然人の移動，投資を自由化する規定が従来の AJCEP に追加された。とくに日本との二国間 FTA がないカンボジア，ラオス，ミャンマーとの間では，サービス貿易と自然人の移動について初めてルールが確立されたこととなる。条文としては，サービス貿易章 26 カ条，金融サービス附属書 6 カ条，電気通信サービス附属書 18 カ条，自然人の移動章 10 カ条，投資章 23 カ条が追加された。加盟国間でサービス貿易の自由化が進むとみられ，企業にとってのメリットも小さくない。

　たとえばマレーシアでは，外国資本の学習塾事業への参入が実質的に認められておらず，参入を断念するケースもあったが，改正 AJCEP 発効後は 49% までの外資出資が認められる。これはマレーシアとの二国間協定では実現できなかった自由化の上積みである。またミャンマーでも，通信，建設，金融など複数の分野で全額出資が可能となった。人の移動については，たとえば企業内転勤について，マレーシアなどで滞在期間の長期化が約束された。これは CPTPP での約束をも上回る内容である。関税撤廃が域内で一定程度進展した現在，サービス面での規制が障壁として深刻視されていることから，とりわけ非製造業企業への恩恵が期待されている。

　このほか，改定に至らないまでも，たとえば日 EU・EPA では投資保護および投資紛争解決手続きが，RCEP では将来的な自己申告制度の導入や電子商取引章におけるソースコード開示要求の禁止が，検討を継続すべき対象として規定されており，年数経過とともにルールの拡充が見込まれている。

第 4 節　日本が参加する大型 FTA（日本企業へのメリット）

　2021 年 6 月現在，日本が締結した貿易協定のうち，幅広い分野を扱うメガ FTA にあたるのが CPTPP，日 EU・EPA，RCEP である [15]（表 3–1）。日本企業による活用という点では ATIGA や ASEAN ＋ 1FTA なども存在しているが，ここでは日本が加盟し，かつ分野包括的な FTA に限定してその意義やメリットを整理したい。

　二国間協定と比べて多国間 FTA が優れている点としては前章でみたとおり，経済圏の大きさ，とくに最近のメガ FTA については規律レベルの高さ，対象分野の広さなどが指摘できる。手続き面でも，多国間 FTA が持つ累積の広域性により原産地規則が満たしやすくなることや，規則自体の調和をもたらすといった利点がある。

1　CPTPP

　ハイレベルなルールを備えたメガ FTA として，日本が最初に交渉に参加したのが CPTPP の前身である TPP12 であった。米国が離脱して以降は，残りの 11 か国で交渉が進められ，2018 年には日本，メキシコ，シンガポール，ニュージーランド，カナダ，オーストラリアの 6 か国で，2019 年 1 月にベトナム，2021 年 9 月にはペルーとの間でも発効した。残りのチリ，マレーシア，ブルネイは，2021 年 6 月現在も批准待ちである。

　知的財産分野を中心に TPP12 のうち 22 項目が凍結されたものの，21 世紀型 FTA としての内容がほぼ引き継がれ，とくに物品市場アクセスでは当初どおりの水準を維持した。2020 年 8 月にオンラインで開催された第 3 回 TPP 委員会では，新型コロナからの経済回復において CPTPP を通じた自由貿易の推進が重要であることをあらためて確認するとともに，サプライチェ

---

15)　GCC との協定も加盟国の多さでは大型に分類される可能性があるが，外務省の整理
　　では交渉中断中との位置づけであり，早期の締結が見込みにくい。

表 3-1　日本が参加する協定の概要と規律分野

		WTO	CPTPP	日 EU	RCEP	(参考)USMCA
概要	国・地域数	164	11	28	15	3
	名目 GDP(兆ドル)	82.3[1]	10.8	20.2	26.1	23.7
	対世界構成比(%)	97.4	12.8	23.9	30.8	28.0
	人口(億人)	71.8	5.1	5.7	22.7	5.0
	対世界構成比(%)	93.9	6.7	7.5	29.7	6.5
	往復貿易額(10 億ドル)	33,817	5,120	11,872	9,976	5,410
	対世界構成比(%)	96.9	14.7	34.0	28.6	15.5
カバーする分野	物品貿易	○	○	○	○	○
	関税撤廃率[2]	—	99%	99%	91%	—
	貿易円滑化	△[4]	○	○	○	○
	貿易救済	○	○	○	○	○
	衛生植物検疫	○	○	○	○	○
	基準認証,規制協力	△	△	○	△	○
	サービス貿易	○	○	○	○	○
	投資	△[3]	○	○	○	○
	知的財産	○	○	○	○	○
	電子商取引		○	○	○	○
	政府調達	△[4]	○	○		○
	競争・国有企業		○	○	○	○
	環境		○	○		○
	労働		○	○		○
	紛争解決	○	○	○	○	○
	ビジネス環境整備			○	○	

注：1) データ制約により，キューバ，リヒテンシュタイン，台湾は含まず。
　　2) 関税撤廃率は，相手国・地域の日本に対する自由化率を指す。品目数ベース。
　　3) TRIM のみ。
　　4) プルリ協定。
資料：WTO，経済産業省資料，IMF, "World Economic Outlook"(April 2021), IMF, "DOTS"(2021年 6 月版)から作成。

ーン強靭化のための専門家間の意見交換の促進，デジタル化に向けた CPTPP 活用についての検討，デジタル経済を扱う専門補助機関の設置が有益であるとの認識を共有した。あわせて，分野別に設置された物品貿易，

SPS，TBT，競争，貿易円滑化など 15 の小委員会会合が開催されるなど，協定各章の着実な実施に向けた取り組みが進んでいる。

　日本企業にとってのメリットとして，日本との間で新たにカナダとニュージーランドとの協定関係ができたことがある。両国に関しては複数の品目で，CPTPP の効果とみられる日本からの輸出増がみられるとともに，相手国の輸入に占める日本製品のシェアが拡大した。とくにカナダの輸入が急増したスパナ・レンチやラジエータなどは，6％以上の関税が即時撤廃されたことで，中国製から日本製への貿易転換が起こった例もあった。もともと日本製の存在感が大きかったニッケル・水素蓄電池もシェア 9 割を超えた。ニュージーランドでは，石油調製品や自動車の日本からの輸入が伸びた。

　ただ，CPTPP 加盟各国にとって主要な貿易相手国である米国が離脱したことで，貿易創出効果が限られた感は否めない。中長期的に日本企業にとっての CPTPP のメリットを最大化するためには，CPTPP 加盟国との生産ネットワーク上関係が緊密な国が加入することが重要である。新規加盟を模索する動きとして，すでに加盟交渉入りが決定した英国以外にも，これまでに中国，韓国，タイなどが関心を示しているが[16]，なかでも鍵となるのが中国の動向であろう。とはいえ中国の早期加盟は困難であるとみられている。

　中国の加入にあたり，とくに難易度が高い分野としては，内国民待遇および市場アクセス，投資，国有企業および指定独占企業，知的財産に関するルール，また中国国内法規や経済体制と大きな矛盾が生じるとして到底受け入れられない分野として電子商取引（とくに情報の越境移転やソースコード開示要求の禁止）や労働（とくに結社の自由，団体交渉権の実効的な承認）が例示される[17]。ただ，米中対立が激化し，米国の政権交代後も長期化が

---

16)　米国では 2021 年の政権交代後，TPP12 は完全ではなかったとの認識のもと，かりに復帰する場合には再交渉が必要であるとの立場を表明している。

17)　蘇慶義「中国是否応該加入 CPTPP？」『国際経済評論』総第 142 期（2019 年 7 月），107-127 頁。とくに指摘されるのが国有企業条項とソースコード開示要求の禁止。中国が CPTPP の国有企業条項を受諾するには，相応の国内体制やルールの再整備を要する。またソースコード開示要求の禁止は，その後署名に至った RCEP においても，TPP 三原則のなかで唯一盛り込まれていないルールである。中国はデータの国家管理強化をむしろ推進する政策を採用していることから，CPTPP への加盟交渉に際しては，

確実視されるなか，「米国不在の CPTPP に加盟することが中国の中長期戦略
にかなうとの論調も強まっている[18]。今後他の APEC 加盟国が CPTPP に新
規で加盟すると，同協定が網羅する生産ネットワークから中国が除外されて
しまう可能性が高いためである。

2　日 EU・EPA

　日 EU・EPA は，2021 年 2 月に発効 2 周年を迎えた。協定発効後も，日
EU 間では閣僚級の合同委員会や分野別の 12 の専門委員会・作業部会など
を断続的に開催し，運用状況の確認やいっそうの貿易促進のための取り組み
を高い頻度で行っている。たとえば閣僚級の合同委員会では，紛争解決の手
続きに関する規則が採択され，協定の実効力が確保されることとなった。ま
た個々の分野として，たとえば原産地規則に関する専門委員会で，日 EU 双
方の税関当局の活動に関する共同文書を 2019 年 6 月に採択した。その結果，
日本への輸入時に特恵関税の適用を申告する際に必要な書類が簡略化された
り，EU への輸入通関時に原産性申告における運用の一部が EU 加盟国間で
統一されたりするなど，事業者の事務コスト削減につながる改善が図られて
きた。また 2021 年 2 月には，保護対象とする地理的表示を日 EU それぞれ
28 件ずつ追加，またデータの自由な流通に関する規定を FTA に追加するた
めの予備協議を開始するなど，物品以外の分野でも協定のブラッシュアップ
が進む。

　EU 統計局によれば，協定発効後 1 年間の時点で，多くの品目で対象品目
の日本から EU への輸入が発効前と比べ 10 倍以上に増加した。日 EU・EPA
の発効後 1 年間における，対象品目の輸入総額に占める協定利用額の割合は
41.1％ であり，とくに農林水産物・食品では従来の税率の高さからこの比率
が高めに出る傾向にある。鉱工業品のなかでは輸送機器，一般機器，電気機
器などでの利用が規模としては大きい。なかでもプラスチックやゴムは，関
税削減率が高いことから，協定利用額の比率が 5 割を超える。農林水産物・

　適用停止の拡大含め条件変更を要求する可能性が高いと指摘される。
18)　同上。

食品では，魚・甲殻類，肉類，野菜・果実等の調製品などで高い比率が示された。とくに魚のフィレや牛肉，麺ではFTA発効前に課されていた関税率が高く，即時撤廃となったことがEU市場での日本製品の競争力を高めたとみられる。

　EUを離脱した英国に関しては，2021年1月に日英FTAが新規に発効し，日EU・EPA下とほぼ同条件で特恵関税を享受することが可能となった。むしろ工作機械や自動車部品など一部製品については日EU・EPAよりも緩和した品目別規則を適用している。英国が抜けたことでメガFTAのメリットは薄れるものの，EUの原産材料や生産行為を日英協定上のそれとみなすEU拡張累積が採用されるため，広域FTAの特性である累積の恩恵は引き続き享受できる。

3　RCEP

　アジア大洋州地域では，特恵協定も含めれば2021年6月現在，約50の貿易協定が存在し，日本企業の生産ネットワークを下支えしている。なかでもAJCEPでは，ASEAN主要6か国に限れば2010年までの時点でほぼすべての品目の関税撤廃を完了させ，日本企業の域内での戦略立案に標準的に組み込まれていると考えられる。一方で，ASEANは日本，中国，韓国，インド，オーストラリア・ニュージーランドとはそれぞれに独立したASEAN＋1協定を締結している。これらにより，全RCEP加盟国間に何らかの協定は存在する形であるが，利用に際しては当然別協定として個別対応が必要である。この点，統一的な貿易ルールのもとで1つの広域FTAができることは，域内でサプライチェーンを構築する企業にとっては事業効率化へとつながる。とくに，15か国それぞれに発展段階や制度が異なる国々の間で電子商取引など比較的新しい分野も含めた幅広い経済ルールが完成した意義は大きい。

　RCEPの実現により，アジア太平洋地域ではCPTPPとともに2つのメガFTAが併存する。CPTPPは21世紀型のハイレベルなルールを備えたFTAである一方，貿易創出効果が限定的である点が弱点である。一方RCEPは，ルールの水準ではCPTPPに劣るものの，後述のとおり日本企業の操業地域に照らして最も適合的な協定であり，貿易面での効果が大きい。

（1）日本企業にとっての最適経済圏

　1990 年代前半には EU や NAFTA，AFTA などの地域経済圏が相次いで形成されたのは，域内貿易が緊密であるからこそ域内関税の撤廃による恩恵が大きいためである。この観点で日本にとっての各メガ FTA を比較した場合，日本の貿易額に RCEP が占める比率が 47.3％ であるのに対し，CPTPP は 11.9％，EU（英国除く）は 10.5％ にとどまり，RCEP の経済的インパクトの大きさが際立つ。実際，日本企業の生産ネットワークの相当部分を RCEP 加盟国が担っており，経済圏としての緊密度は高い。たとえば「2020 年度在アジア・オセアニア進出日系企業実態調査」（ジェトロ）によれば，アジア諸国の多くで，日本企業の RCEP 域内調達比率は 9 割以上に到達する。このように日本企業の生産工程がほぼ完結した経済圏において，9 割以上の品目の関税が撤廃される意義はきわめて大きい。

　従来，二国間や日 ASEAN 協定が存在した ASEAN 諸国についても上積みを確保した RCEP であるが，中国や韓国との間で初めて FTA が誕生することのメリットも当然存在する。中韓両国は 2015 年にすでに二国間 FTA を発効させていたが，日中韓の三国間 FTA 交渉は 2019 年末を最後に行われていない。日本にとっての主要貿易相手国であるだけに，相手国の関税引き下げに対しては長年企業からも強い要望があった。中国の対日無税品目の割合は，RCEP 発効により 8％ から 86％ まで上昇，とくに自動車部品については約 87％ の品目の関税が撤廃される。韓国でも，対日無税品目の割合が 19％ から 92％ までに上昇し，主力の自動車部品や化学製品の関税が撤廃される。

（2）ルール面でのプラス効果

　物品貿易面では先述のとおり，これまでの日本の FTA 相手国間でルールの調和がもたらされた点が効果として指摘できる。原産地規則の調和はとくに，FTA 活用における最大のネックでもある企業の事務コストを低減させるとともに，意図しない虚偽申告[19]のリスクを低下させると考えられる。

19）　たとえば，FTA ごとに原産地規則が異なることへの理解不足から悪意なく，日本・A 国 FTA 用に作成した既存情報を日本・B 国 FTA に流用し輸入申告を行ったところ，同 FTA では原産性を満たしていないことから指摘を受ける例などがある。

同一品目であれば全加盟国で同じ原産地規則が適用され，輸出先ごとに原産地規則を管理する必要がないためである。

　また投資・サービス分野では，日本の既存 FTA や投資協定 20) にはなかった約束が新たに含まれる。たとえば中国では，多くの分野で技術移転や関連情報の開示要求が禁止され，ライセンス契約にもとづくロイヤリティ規制も禁止される。韓国に関しても同様の約束が盛り込まれた。サービス分野の自由化約束が転換されることも，透明性の高まりの観点から意義が大きい。サービス貿易の自由化約束を行う分野を限定的に列挙するポジティブリスト方式と，記載した措置・制限内容「を除いて」自由化するネガティブリスト方式では後者の方が，記載事実のみ確認すれば足りる点で透明性が高いと評価される（詳細は第 6 章参照）。RCEP では，現状ポジティブリスト方式を採用する中国，タイ，フィリピンなどは，協定発効後一定期間以内にネガティブリスト方式への転換手続きを開始する。そのほかにも WTO プラスの要素として電子商取引章の新設，および基準・認証で ASEAN との既存 FTA が対象としていなかった分野や規律を盛り込んだ。

　RCEP 署名にあたり，多くの業界団体が早期発効への強い期待を示している。とくに貿易・投資の拡大やサプライチェーンの強靱化・活性化に高い期待が寄せられたほか，将来的なインド参加を望む声も依然として強い。個別分野に関しては，投資，競争，知財，電子商取引について公正なルールが整備されたことが言及された。たとえば，日本自動車工業会は知財や投資保護に関するルールの共通化を，日本化学工業協会は技術移転要求の禁止やロイヤリティ規制の禁止を，日本電子情報技術産業協会は電子商取引章でCPTPP に類似した規律が盛り込まれたことをそれぞれ歓迎している。

---

20)　中国と韓国とは FTA こそ初めて締結するが，投資協定についてはそれぞれ 1988 年と 2002 年に，比較的早期に発効させていた。

第4章

日本企業の FTA 活用状況と運用課題

┌ ポイント ─────────────────────────────

◆日本の FTA を利用した輸入額は年々増加している。相手国・地域によって
　複数の FTA が利用可能なケースも多く，より有利な FTA の選択が可能で
　ある。日本からの輸出では，輸出先国の取引事業者からの要請を受け，利用
　に至るケースが多い。

◆企業にとって，FTA 利用のメリットは，関税削減による既存取引における
　輸入コストの引き下げだけではない。経営戦略や営業力強化の一部として積
　極的に活用する企業や，投資・サービス貿易など関税以外のメリットに着目
　する企業もいる。

◆FTA 利用における運用上の課題としては，取引先や証明機関との関係で原
　産地を証明するプロセスに関連したものや，原産地証明以外では書類記載事
　項に関する現地税関との認識の相違などがある。

└───────────────────────────────────

第1節　FTA 活用の実態

1　貿易統計等からみた日本の FTA 利用状況

　FTA を利用した輸入の規模について，日本では財務省が FTA の優遇税率
の適用を受けた輸入額（以下，利用額）を公表している。それによると，
2020 年の FTA を利用した輸入額は前年から 8.1％ 増加し 5 兆 9,925 億円と
なった（表 4-1）。データが公表されている 2012 年以降では過去最高額とな
る。日本の FTA ネットワークが拡大するにつれ，FTA 利用額は増加傾向に
ある。2018 年末の TPP11，2019 年 2 月の日 EU・EPA 発効により，利用額

は 2019 年に前年の約 1.5 倍に拡大，2020 年はさらなる増加となった。国別
では，ベトナムからの輸入での利用額が 8,620 億円となり，2018 年から 3 年
連続で最大の相手国となった。続いて利用額が大きかったのは，タイ
（6,684 億円），イタリア（4,151 億円），インドネシア（3,865 億円），オース
トラリア（3,496 億円）などであった。

　HS コード 2 桁レベルの品目別に利用額の構成比をみると，2020 年の利用
額のうち牛肉，豚肉，鶏肉などの食用肉（第 02 類）が 16％と最大で，プラ
スチック・同製品（第 39 類）が 8％，肉・魚・甲殻類の加工品（第 16 類），
木材・木製品（第 44 類），魚類・甲殻類（第 03 類）がそれぞれ 6％，たば
こ類（第 24 類），衣類（編物）（第 61 類）がそれぞれ 5％で続いた。品目別
の構成比は FTA ネットワークの拡大とともに少しずつ変化している。2012
年の構成比では魚類・甲殻類が 15％で最大，2013 年から 2018 年の間はプ
ラスチック・同製品（構成比 11～14％），2019 年は食用肉（12％）が最大品
目であった。

　各国からの輸入総額に対する利用額の比率を FTA 利用率 1) とすると，主
要国で最も利用率が高かったのはニュージーランドの 57.4％で，TPP11 発
効後の 2019 年時点ではほぼ輸入の半分で FTA を利用，2020 年はさらに比率
をあげた。ニュージーランドからの輸入では，キウイフルーツ，チーズ類，
ミルクアルブミンなどの利用額が大きい。ニュージーランドとともに TPP11
により FTA で結ばれたカナダの利用率は 24.0％であった。カナダからは豚
肉，木材などでの利用額が大きい。TPP11 と同じく大型 FTA である日 EU・
EPA では，イタリアの利用率が 37.1％と高く，発効年である 2019 年の
27.6％から約 10％ポイントと大幅に上昇した。イタリアからの輸入では利
用額のほぼ半分が加熱式たばこ等で占められ，ワイン，貴金属のアクセサリ
ーなどでの利用も多い。EU ではフランスも 23.3％と，前年から比率をあげ
て 2 割を超えた。フランスからはスパークリングワインを含むワイン，皮革
製のハンドバッグなどで利用額が大きい。なお EU 全体の利用率は 18.3％

---

　1)　分母となる輸入総額には，すでに一般関税率（実行最恵国税率〔MFN 税率〕）が無
　　　税である品目も含まれる。このため，もともと無税品目の輸入額の割合が大きい
　　　ASEAN 諸国などの利用率が相対的に低くなる傾向がある。

となった。

　利用額上位のベトナム，タイをみると，ベトナムの利用率は36.6%となっておりここ数年は35%近傍を推移，タイは26.3%でやはりここ数年は同水準で推移している。ベトナムからは冷凍エビ，プラスチックシートや布製のバッグ類，運動靴などで，タイからは鶏肉類のほか，フィルムやボトルなどの原材料となるポリエチレンテレフタレートなどで利用額が大きい。ここ数年，利用額が大きい品目は顔ぶれが決まっており，FTA利用が広く定着しつつあるようだ。

　ベトナムやタイなどASEAN諸国では，二国間FTAやAJCEPなど複数のFTAが比較的早期に発効したこともFTA利用を後押ししている。複数のFTAを利用できる国では，FTAごとに関税撤廃スケジュールが異なるため，より有利なFTAを活用することができる。たとえばベトナムとの間では，AJCEP（2008年12月発効），日ベトナムEPA（2009年10月発効），TPP11（2018年12月発効）の3つの協定が利用可能である。このうち，AJCEPが最も発効が早く，関税撤廃が先行する品目も少なくない。ベトナムのFTA利用額の内訳をみると，およそ8割がAJCEP，2割が二国間協定を利用したものとなっており，AJCEPの利用比率が高い。タイでは日タイEPA（2007年11月発効）がAJCEPより早期に発効したこともあり，タイのFTA利用額では9割以上が二国間協定を利用している。

　一方，メキシコ，オーストラリアでは，それぞれ二国間協定が発効し，利用が進んでいたが，2018年12月末にTPP11が発効すると，より有利な条件を求めTPP11利用を選択する比率が高まった。TPP11発効前後の2018年，2019年のFTA利用額を比較すると，メキシコでは二国間協定の利用額がほぼ半減，オーストラリアでは約6割減となったが，TPP11の利用額はメキシコ，オーストラリアとも二国間協定の減少分を上回り，FTA利用額全体は前年比で増加した。主に肉類や生鮮ぶどうなどの品目で二国間協定からTPP11へと利用がシフトした。

　これまで日本の輸入におけるFTA利用についてみてきたが，輸出についてはどうか。日本とFTAを結ぶ国のなかには，FTAを利用した輸入比率を公表している国もある。「2019年版ジェトロ世界貿易投資報告」（ジェトロ）

表 4-1　日本の輸入における FTA 利用状況

FTA 締結相手国・地域			FTA 利用額（億円）			利用率（%）		
			2018 年	2019 年	2020 年	2018 年	2019 年	2020 年
アジア大洋州	A S E A N	シンガポール	515	572	533	4.8	6.7	5.8
		マレーシア	2,992	2,818	2,429	14.3	14.6	14.3
		タイ	7,960	7,695	6,684	28.7	27.8	26.3
		インドネシア	4,599	4,309	3,865	19.3	21.7	23.4
		ブルネイ	0	0	0	0.0	0.0	0.0
		フィリピン	2,835	2,888	2,468	24.6	25.0	24.7
		ベトナム	8,166	9,183	8,620	35.0	37.5	36.6
		カンボジア	151	160	164	8.5	8.5	9.5
		ラオス	15	19	16	8.9	11.2	11.4
		ミャンマー	80	102	96	5.7	6.6	6.9
	その他	インド	1,759	1,845	1,582	29.0	31.5	31.4
		オーストラリア	3,638	3,865	3,496	7.2	7.8	9.1
		ニュージーランド	0	1,515	1,533	0.0	51.9	57.4
		モンゴル	17	12	4	48.7	49.1	29.0
欧州		スイス	528	533	504	6.2	6.0	6.3
		EU	—	13,197	15,407	—	14.8	18.3
		イタリア	—	3,199	4,151	—	27.6	37.1
		フランス	—	2,218	2,296	—	18.1	23.3
		ドイツ	—	1,607	2,139	—	6.5	9.4
		英国	—	341	392	—	4.2	5.7
米州		メキシコ	1,266	1,475	1,363	18.1	22.9	23.5
		チリ	1,877	2,056	1,814	23.5	28.3	25.2
		ペルー	154	190	188	5.8	7.1	7.8
		カナダ	0	2,881	2,766	0.0	22.4	24.0
合計			36,552	55,414	59,925	17.6	15.4	18.6

注：1）二国間／地域協定の区別を問わない。
　　2）「相手国」は「経済連携協定別時系列表」の国名による。同表の国名は，輸入申告上の貨原産国を記載。そのため，EPA 原産地規則にもとづく原産国とは異なる場合があり，本
　　3）EU は加盟国の合計。なお英国は移行期間中（2020 年末まで）は日 EU・EPA が適用され
　　4）右枠内の品目は各国からの FTA 利用額上位 3 品目（HS9 桁ベース）。カナダの豚肉（分
資料：財務省「経済連携協定別時系列表」，「実行関税率表」から作成。

によれば，2018 年のチリの対日輸入における FTA 利用率は 76% と高い水準にある。またペルーでは 20% 超，スイスでも 20% 近い水準となっている。
　　EU 向け輸出については，日 EU・EPA にもとづき，日本と EU の間では輸入統計の交換が実施され，EPA 利用に関するデータを公表している[2]。EU 側の輸入統計によると，2019 年 2〜12 月の日本からの輸入では協定の対

FTA を利用して輸入した主な品目

【タイ】
鶏肉（処理済み），鶏肉（分割，冷凍），ボリ（エチレンテレフタレート）

【ベトナム】
冷凍エビ，バッグ類（プラスチックシート製，紡績用繊維製），運動靴

【ニュージーランド】
キウイフルーツ，その他のチーズ，ミルクアルブミン（複数のホエイタンパク質濃縮物含む）

【イタリア】
加熱式たばこ等，ワイン，貴金属のアクセサリー

【フランス】
スパークリングワイン，ワイン，ハンドバッグ（皮革製）

【カナダ】
豚肉（分割），豚肉（分割）*，もみ・とうひ（針葉樹のもの）

物の原産国の欄に記載された国名であり，一般的な原産地規則である非特恵原産地規則にもとづく
表の「合計」は内訳の合計とは必ずしも一致しない。
るため，EU に含めている。2019 年の EU は 2〜12 月の値。
割）は関税率が異なる 2 品目。

象となる多くの品目で大幅な増加がみられた。EU の有税品目（最恵国待遇
税率が有税の品目）の日本からの輸入額に対する協定を利用した輸入額の比

2)　外務省「日 EU 間の貿易統計の交換」（令和 3 年 6 月 10 日）〈https://www.mofa.go.jp/
　　mofaj/ecm/ie/page24_001150.html〉，農 林 水 産 省「日 EU・EPA 利 用 率 に つ い て」
　　〈https://www.maff.go.jp/j/kokusai/renkei/fta_kanren/f_eu/operation/pur/index.html〉。

率は約 4 割であった。鉱工業品では輸送機器，一般機械，電気機器などで利用額が大きかった。農林水産物では，調整食料品，魚類・甲殻類，食用肉などで利用され，EU 側の有税品目に対する協定利用額の比率は 5 割超となるなど，発効直後においても企業の FTA 利用への積極姿勢がうかがえる。

　なお，輸出における FTA 利用の状況については，輸出者や生産者が FTA を利用する際に作成する特定原産地証明書の発給件数からも確認できる[3]。FTA の広がりとともに発給件数も年々増加，2019 年度の発給件数は約 30 万件に達している。とりわけ発給件数の増加が著しいのはベトナムとの FTA に関するものである。2010 年度と 2019 年度の FTA ごとの発給件数を比べると，タイ，メキシコなど主な FTA で約 2 倍の増加，AJCEP で約 4 倍であったのに対し，ベトナムは約 11 倍に発給件数が増加，企業が FTA の活用を進めている状況がうかがえる。

2　企業単位でみた FTA の利用状況

　これまで日本の貿易統計等で把握できる輸入面を中心に，輸入額全体に占める FTA を利用した輸入額の割合をもとに，金額面から日本の FTA の利用状況をみてきた。つぎに，FTA を利用している企業の比率など，企業単位の FTA の利用状況についてみていく。

　ジェトロでは輸出における日本企業の FTA の利用状況について，定期的にアンケート調査を実施している。ここからは，ジェトロが 2018〜2021 年にかけて実施した複数のアンケート調査結果をもとに，輸出における日本企業の FTA 利用の実態に迫る。

　アンケート調査はいずれも有効回答企業数は 2,000〜3,000 社程度で，回答企業の業種も製造業から非製造業まで幅広く，全体の約 8 割を中小企業が占める。そのため，調査結果にみる回答の傾向は，日本企業全体の輸出における FTA 利用状況の傾向を反映しているものとみられる。なお，FTA の利用状況に関する質問内容はアンケート調査の実施年度により異なるものの，日

---

3)　経済産業省「第一種特定原産地証明書の発給状況」（毎月更新）〈https://www.meti.go.jp/policy/external_economy/trade_control/boekikanri/download/gensanchi/coissuance.pdf〉。

本企業の FTA 利用状況に関する大まかな回答の傾向をつかむことが本節の
主旨であることを踏まえ，ここでは各アンケート調査の実施時期の順番を意
識せず，日本企業の輸出における FTA 利用に関するいくつかの切り口から，
話を進めることとしたい。具体的には，日本企業の FTA の利用状況を，①
FTA 利用企業の特徴（本章第 1 節 3），② FTA を利用する背景（本章第 1 節
4），③ FTA 利用における課題（本章第 1 節 5），④ FTA を利用しない背景
（本章第 1 節 6）に分けて，以下述べていく。

3　FTA 利用企業の特徴

　日本からの輸出において企業の FTA 利用はどの程度進展しているのか。
2020 年 10 月時点の調査[4]で，日本の FTA の締結国へ輸出を行う企業 1,100
社[5]のうち，1 か国・地域以上で FTA を利用している企業の比率は
48.6%[6]だった。企業規模別にみると，大企業は 63.2%，中小企業は 43.7%。
なお，FTA を利用していないものの，「利用を検討中」と回答した企業は
13.3%（大企業 17.0%，中小企業 12.0%）。「利用している」と「利用を検討
中」を合わせた企業の比率は，大企業では 8 割にのぼる一方で，中小企業で
は半数程度にとどまる（全体が 61.9%，大企業が 80.2%，中小企業が
55.7%）。

　業種別にみると，化学（78.0%），繊維・織物／アパレル（60.0%），石
油・プラスチック・ゴム製品（59.2%），自動車・同部品／その他輸送機器
（56.3%），医療品・化粧品（56.3%）などで，輸出時に FTA がよく利用され
ている。

　国・地域別にみると，インドネシア（49.6%），タイ（48.2%），チリ
（47.5%），ベトナム（41.8%），インド（38.5%）などで，FTA を利用してい

---

4)　ジェトロ「輸出に関する FTA アンケート調査」有効回答 1,881 社（2021 年 2 月）。
5)　FTA 相手国・地域（調査時点で FTA 等が発効済みの米国，EU，インド，インドネ
　シア，オーストラリア，カナダ，カンボジア，シンガポール，スイス，タイ，チリ，
　ニュージーランド，フィリピン，ブルネイ，ベトナム，ペルー，マレーシア，ミャン
　マー，メキシコ，モンゴル，ラオス）のいずれか 1 つ以上に輸出を行っている社数。
6)　利用率を計算する際の母数には，一般関税が無税または FTA 以外の関税減免措置を
　利用している企業も含まれる。

る企業の比率が高い[7]。これらの国々と日本とで締約する協定の発効年をみると，インドネシア（2008年），タイ（2007年），ベトナム（2008年），インド（2011年），チリ（2007年）と[8]，いずれも発効してからすでに10年もしくはそれ以上経過している国ばかりである。全体的に，発効から時間がたった協定ほど利用率が高く出る傾向がみられる。関税削減等のメリットが年々大きくなることや，調達先の変更等を含む企業側の活用準備が年々進むことが原因として考えられる。

　以上のことから，FTA利用企業の特徴を探ると，企業規模では大企業，業種別では化学，繊維関連，自動車関連，医療品・化粧品などの業種，そして，インドネシア，タイ，ベトナム，インドなど発効年から10年以上たつ協定を持つアジア等の国々に輸出している企業，において利用率が高いという傾向がみられた。

4　FTAを利用する背景

（1）FTA利用のきっかけは取引先からの要請が大半

　では，輸出時にFTAを利用する企業はどのようなきっかけから実際の利用に至るのか。前出の調査で「最初にFTAを利用したきっかけは何か」との質問には，FTAを利用している，または利用を検討中と回答した企業（576社）の68.2%が「輸出先の取引事業者からの要請」と回答し，最多だった（単一回答）。その次に多い「親会社，国内主要取引先からの要請」（11.8%）や「自分で情報収集をして発見した」（8.2%）と比較しても，輸出先の取引事業者からの要請で最初にFTAを利用した企業が圧倒的に多いことがわかる[9]。FTAを使って貿易が行われる場合，関税の支払いが減免さ

---

7)　インド以外の国々は複数の協定が併存するが，協定の区別はせず，いずれかの協定を利用して当該国に輸出していれば，当該国向け輸出で「FTAを利用している」として比率を算出している。

8)　インド以外の国々の発効年は複数の協定が併存するが，そのうち最も発効が早い協定の発効年を記載している。

9)　その他の選択肢の回答比率は比率の多い順に，「国内関係事業者（商社，物流会社，通関業者など）からの紹介」（4.2%），「官公庁や公的機関，商工会議所・商工会からの紹介」（3.5%），「業界団体等からの紹介」（1.2%），「その他」（3.0%）。

れるのは輸入者であるため（第 1 章第 3 節参照），輸入者からの要請が多いことがあらためて確認できる。

　輸入者から要請等を受け，FTA の利用に着手する企業は具体的に，どのように FTA 利用方法や手続きに関する情報収集を行うのか。同調査で，「FTA を利用するために必要な情報を集めるにあたり最初にどこから着手したか」との質問には，FTA を利用している，または利用を検討中と回答した企業（576 社）の 37.0% が「官公庁や公的機関，商工会議所・商工会から情報収集」と回答し，最多だった（単一回答）。公的機関の情報にまずは接する様子がうかがえる。次に多い「輸出先国の取引事業者から情報収集」（15.8%）や「国内関係事業者（商社，物流会社，通関業者など）から情報収集」（13.4%）など，取引先や国内関係事業者から情報収集をしている企業も目立つ [10]。とくに，中小企業（14.7%）は，国内関係事業者から情報収集するとの回答比率がやや高い（大企業の同比率は 10.7%）。

（2）FTA 利用の主な手順

　一般的に，利用企業は，どのような手順で FTA を利用するのか。以下にその流れを示す。まず，輸出相手国が協定の対象国になっているかどうかを最初に確認する。輸出相手国が協定の対象国になっていなければそもそも FTA を使えない。つぎに，輸出品目の関税分類番号（HS コード）を特定する。HS コードがわかると，当該輸出品目に賦課される関税率を調べることができる。通常適用される MFN 税率と，輸出相手国と日本との間で締約された協定から確認できる特恵税率との関税差（一般税率と FTA 特恵関税率との差）を比較する。ただし，発効済み FTA にもとづく特恵税率の適用を受けるためには，協定ごとに品目別に定められた原産地規則（第 5 章第 2 節参照）を満たす必要があり，同規則を満たしているかを確認する。同規則を

---

10)　その他の選択肢の回答比率は比率の多い順に，「ウェブ，SNS，テレビ」（7.6%），「自社スタッフが情報収集」（7.5%），「親会社，国内主要取引先から情報収集」（6.8%），「セミナー参加，パンフレット」（6.3%），「業界団体等から情報収集」（3.1%），「コンサル等民間支援企業から情報収集」（0.5%），「（取引関係にない）国内地元企業から情報収集」（0.2%），「その他」（1.9%）。

満たしていることが確認できたら，原産地の証明に必要な書類を準備し（第
5 章第 2 節参照），FTA を実際に利用する。

（3）FTA の利用の判断基準となる関税差

　このような手順を踏んで FTA の利用に至るが，上述の「関税差」はどの
程度あれば，日本企業は FTA を決断するのか。2019 年 11〜12 月に実施し
た調査[11] では，「何 % の関税差が生じれば FTA 利用を決断するか」との質
問に対して，日本からの輸出で FTA を利用している，または利用を検討中
と，1 か国・地域以上で回答した企業（1,042 社）の 48.6％ が，5％ 未満の
関税差でも FTA 利用を決断・検討すると回答した[12]。業種別では，一般機
械や情報通信機械／電子部品・デバイス，鉄鋼／非鉄金属／金属製品で，1
〜3％ 未満でも利用するとの回答が約 2 割あった。企業規模別では，中小企
業に比べ大企業の方が，より小さい関税差で FTA 利用に踏み切るとの結果
となった。

　日本企業が輸出時に FTA を利用するにあたっては，まず輸入者からの要
請がきっかけとなり，官公庁や商工会議所，関係事業者等から情報収集を行
うことで FTA の利用を検討する。そして，輸出相手国が協定の対象国であ
り，かつ一般関税と FTA 特恵関税率との関税差が一定程度あると認識すれ
ば，実際に FTA 利用に踏み切る。多くの日本企業はこのような流れで FTA
を利用しているといえよう。

5　FTA 利用における課題

　本章第 1 節 4 で FTA 利用の背景について述べたが，実際に FTA を利用し
ている日本企業はどのような問題点を感じているのか。FTA 利用における
課題についてみていく。2018 年 11 月〜2019 年 1 月時点で，FTA 利用上の

---

11)　ジェトロ「2019 年度日本企業の海外事業展開に関するアンケート調査」有効回答
　　3,563 社（2020 年 2 月）。
12)　対象企業（1,042 社）が FTA 利用に至る関税差は，関税差が大きい順に「関税差
　　9％ 以上」（15.5％），「7〜9％」（2.6％），「5〜7％」（18.7％），「3〜5％」（25.0％），「1
　　〜3％」（14.4％），「1％ 未満」（9.2％），「無回答」（14.7％）。

問題点を，輸出でFTAを利用している企業710社に尋ねた[13]ところ，60.6％の企業が「原産地規則を満たすための事務的負担」を指摘している（複数回答）。ほかにも，「輸出の度に証明書発給申請が必要であり，手間」（51.4％）や「品目ごとに原産地判定基準が異なり，煩雑」（45.5％），「原産地判定／証明書発給までの時間が長い」（26.8％），「原産地証明書発給にかかる手数料費用」（25.4％）といった声も目立つ[14]。FTA利用の手順で重要となる原産地規則への対応や証明書発給申請など，事務作業の負担感や手続き面での煩雑さを課題に感じている様子がうかがえる。

　なお，原産地規則に関する問題点のうち，「輸出のたびに証明書発給申請が必要であり，手間」「原産地判定／証明書発給までの時間が長い」「原産地証明書発給にかかる手数料費用」の3点は，証明手続きに関係する。2021年3月末時点で，日本で発効済みのFTA18件のうち，15件のFTAは原産地証明制度として「第三者証明制度」を採用している。すなわち，第三者機関である日本商工会議所から原産品であることの判定と原産地証明書の発給を受ける必要がある（詳細は第5章第2節参照）。上記の申請に係る手間や時間，費用の問題は，同制度に起因する問題点である。

　こうした問題点を背景に，FTA利用企業からは，日本からの輸出に係る原産地証明発給手続きの電子化，および輸出先国における通関手続きにおける電子フォームの受け入れを要望する声が高い。2021年8月現在，日本商工会議所では，日本のすべての発効済みFTAにおいて，PDFフォーマットでの原産地証明書の発給を可能とするよう，準備を進めている。また，かかるPDFフォーマットにより発給される原産地証明書が輸出相手国において恒久的に受け入れられるよう，第三者証明制度を採用するFTA締約国との調整を進めているところである[15]。

---

13)　ジェトロ「2018年度日本企業の海外事業展開に関するアンケート調査」有効回答3,385社（2019年3月）。
14)　その他の選択肢の回答比率は比率の多い順に，「FTA/EPAの利用に関する情報が不足している」（17.6％），「社内でFTA利用の体制が整っていない」（15.2％），「輸入国通関で，FTA適用上のトラブルを経験」（8.0％），「特に問題はない」（15.9％），「その他」（3.1％）。
15)　経済産業省『2021年版不公正貿易報告書』（2021年6月）〈https://www.meti.go.jp/

　また TPP11 や日 EU・EPA では，自己申告（自己証明）制度（詳細は第 5
章第 2 節参照）が唯一の原産地証明制度として採用されている。同制度では，
原産地規則を満たすことを第三者機関の証明を介さず，輸出者，生産者また
は輸入者が直接申告するため，原産性を満たすことを示す証拠書類は保管す
る必要があるものの，発給に係る手間や時間，コストの問題は原則として発
生しない。

　なお，前述の 2018 年 11 月～2019 年 1 月の調査のなかで，自己申告制度
に対する認識を，輸出で FTA を利用している，または利用を検討中の企業
1,224 社に尋ねたところ，「原産地手続きにかかる手間・時間を短縮できる」
が 39.0% と最も高かった（複数回答。図 4-1 参照）。手続きに手間と時間が
かかるという従来の第三者証明制度の問題点を克服する仕組みとして，自己
申告制度が期待されていることが確認できる。また，「原産地証明書発給の
手数料コストをカットできる」も 24.8% と一定の支持を得ており，従来の
原産地手続きにかかるコストの削減も期待されている。

　他方，自己申告制度への対応を不安視する声も上がっている。「自己証明
制度に関する情報が不足している」が 37.0% と二番目に高く，「社内で自己
証明制度に対する体制が未整備」も 30.0% で続いた。「情報が不足してい
る」点は企業規模を問わず共通の問題点として挙がった。また「社内で体制
が未整備」は大企業（35.9%）のほうが中小企業（28.3%）より問題点とし
ての認識が強かった。これについては，既存の FTA で第三者証明制度に慣
れ，かつそれに対応した社内体制を構築してきた大企業で，新しい自己申告
制度への適応に手間を要する可能性が指摘できる。「原産地証明を自社の責
任で行うことに不安がある」も，大企業（23.1%）のほうが中小企業
（17.1%）よりも高かった。

6　FTA を利用しない背景

　本章第 1 節 3 でも触れたように，FTA を利用する企業は輸出企業の約半
数（日本の FTA 等の締結国へ輸出を行う企業のうち，1 か国・地域以上で

shingikai/sankoshin/tsusho_boeki/fukosei_boeki/report_2021/honbun.html〉。

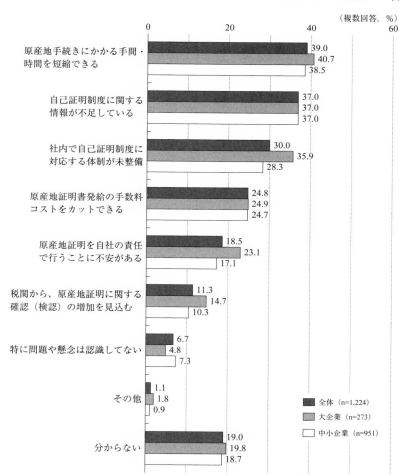

図 4-1　FTA 原産地自己申告（自己証明）制度に対する認識
注：n は輸出で FTA を利用している，または検討中の企業（調査時点で発効前・交渉中
　　の FTA を含む）。
出所：ジェトロ「2018 年度日本企業の海外事業展開に関するアンケート調査」（2019 年 3
　　月）。

FTA 等を利用している企業の比率は 48.6％）。裏を返せば，残りの約半数は
FTA を利用していないと考えることができる。FTA を利用していない企業
が約半数にのぼるのはどのような要因によるのだろうか。
　前出の 2020 年 10 月の調査で，「FTA を利用したことがない／利用する必

要がない」と回答した企業 1,355 社に対して，FTA 等に関税削減に代表されるメリットがあることを認識しているか尋ねたところ，80.1％ が「認識している」と回答していた。大企業（91.7％）に比べ中小企業（76.6％）における回答率は低いものの，中小企業でも約 8 割の企業が FTA の関税削減等のメリットを認識していることがわかる。

　一方，2019 年 11〜12 月に実施した調査では，日本からの輸出で FTA を現在利用していない（利用を検討中，現在利用しておらず今後も利用する予定がない）と，1 か国・地域以上で回答した企業 1,161 社に，輸出で FTA を利用しない理由を尋ねている。これに対する回答は「輸出先からの要請がない」（24.5％）が最多であった（複数回答）。一般的に間接輸出の場合，直接輸出者である商社などが輸入者側と関税の支払いに関する取り決めを行う。この際，輸出時に FTA を利用するか否かの判断は，商社や輸入者に委ねられることになる。通常，FTA による関税削減・撤廃の即時的・直接的なメリットは関税を支払う輸入者側が受けることが多い。そうしたなか，輸出企業は自ら率先して原産地証明にかかる書類などを作成し，FTA を活用しようとする動機づけに乏しい側面がある。

　輸出で FTA を利用しない理由の選択肢はほかにもあるが，それらを類型化すると，FTA を利用しない背景がいくつか浮かび上がる。まず，そもそも FTA を利用する必要がない企業グループである。「一般関税が無税／免税，または軽微である」（22.2％），「商社などを通じた間接的な輸出である」（18.6％），「輸出品目が FTA の適用対象外」（11.5％），「FTA 以外の関税減免制度を利用している」（3.8％）の 4 つの選択肢を回答した企業がこのグループに分類される [16]。WTO 協定にもとづく実行最恵国税率（MFN 税率）が無税もしくは免税扱いであれば，そもそも FTA を利用する必要性はない。また，一定の関税が賦課されているものの，再輸出や保税区・加工区の活用など，FTA 以外の関税減免制度を利用する場合も同じく，FTA の利用には至らないだろう。たとえば，ベトナム [17] では，輸出加工企業が輸出加工区

---

[16]　2019 年 11〜12 月に実施した調査では，一般関税が無税または FTA 以外の関税減免措置を利用している企業は FTA 利用率に含まれないが，2020 年 10 月に実施した調査では設問設計上の観点から，それら企業も含まれる（本章第 1 節注 3 参照）。

等で加工組立を行う場合，輸出向け製品の生産のために（日本などから）輸入された物品の輸入関税等が免税対象となっている。また，タイ[18]でも，外資系企業への投資恩典として，一定の条件を満たせば，機械や原材料の輸入関税を免除している。とくに企業内取引（本章第 2 節参照）で日本から部品等を輸入する場合，現地子会社はこれら外資系企業等に対する投資優遇措置と FTA 利用（による輸入税の免税・減税度合い）を比較して，どちらの利用がよりコストメリットが大きいかを検討する。FTA 以外の投資優遇措置で免税となる場合，原産地規則の順守が求められる FTA 利用を回避し，投資優遇措置の利用を選択する企業が多いだろう。

　つぎに，費用対効果の観点で FTA を利用していない企業グループである。「輸出量または輸出金額が小さい」（21.9％），「原産地規則を満たすかを確認するための事務負担が過大」（13.3％），「原産地証明書の取得手続きが煩雑・高コスト」（11.9％）の 3 つの選択肢を回答した企業がこのグループに分類される。原産地規則への対応や証明書発給申請などにかかる事務作業の負担感や手続き面での煩雑さは FTA 利用上の課題として指摘される（本章第 1 節 5）が，同時に FTA の利用を開始するうえでの障壁にもなっていることがわかる。

　最後に，「FTA の制度や手続きを知らない」（12.0％）や「輸出品目に FTA が適用されるかどうか分からない」（11.5％）といった，FTA の制度的な知識や周辺情報が不足している企業グループである[19]。

第 2 節　FTA の有効な利用方法

　FTA 利用による直接的な効果は関税削減であり，そのメリットの恩恵を

---

17)　ジェトロ，貿易・投資相談 Q&A「EPE（輸出加工企業）の優遇措置と通関手続き：ベトナム」〈https://www.jetro.go.jp/world/qa/04A-130201.html〉。

18)　ジェトロ「外資に関する奨励」（タイ）〈https://www.jetro.go.jp/world/asia/th/invest_03.html〉。

19)　その他の選択肢の回答比率は「その他」（3.6％），無回答（20.2％）。

受けるのは通常，輸入者側である点は本章第1節6で述べた。しかし，関税削減により既存の取引における輸入コストを引き下げることだけがFTA利用のメリットではない。FTAを販売戦略や経営戦略の一部として積極的に活用することで，FTA利用による効果を最大限享受しようとする企業の取り組みもみられる。

1　経営戦略の一環

　まず，海外に現地法人を持つグループ企業が，経営戦略の一環として，企業グループ全体でFTAによる関税削減のメリットを効果的に享受しようとする例である。本章第1節では輸入者が他社である前提で話を進めていたが，輸入者が自社グループ企業であれば，輸出者である本社が関税削減によるメリットを享受できなくても，輸入者である現地子会社がメリットを享受できれば，グループ全体でみると自社グループが関税削減メリットを享受できることになる。海外に販売子会社や（組み立て）生産子会社を持ち，企業内取引で，日本から商品や部品・資材等を継続的に調達するような企業が想定されよう。とくに，一般関税率が一定程度課せられる品目であれば，継続的な取引が見込まれる限り，FTA利用による関税削減効果はそれだけ大きくなる。

　たとえば，買収した現地子会社がEUにある日系文具メーカー[20]は日EU・EPAの利用により，日本からEU向けに輸出していた文具のEU側輸入関税が3.7%だった。しかし，同協定発効後に即時撤廃され，その関税撤廃のメリットを現地子会社が享受でき，同文具メーカーのグループ全体の利益となった。ほかにも，EUに子会社を持つ日系靴下メーカー[21]は，日EU・EPAの利用により，日本本社から靴下を輸入する現地子会社が12%分の関税撤廃によるコスト削減を実現。そのコスト削減分は現地子会社の販路

---

20)　田中晋「サクラクレパス，日EU・EPAの自己申告制度の利便性を実感」ジェトロ，ビジネス短信（2019年6月6日）〈https://www.jetro.go.jp/biznews/2019/06/7b35c7c646f02fe7.html〉。

21)　中村容子「ニッティド，5本指ソックスの輸出で日EU・EPAを活用」ジェトロ，ビジネス短信（2019年11月8日）〈https://www.jetro.go.jp/biznews/2019/11/e92b09bb2b59cb3c.html〉。

開拓やマーケティング活動の原資となり，さらなる欧州市場の足場の拡張につなげている。

　また，利用する FTA は日本と輸出相手国との間で締約するものにとどまらない。日本以外の第三国間の FTA の利用だ。（日本以外の）A 国に販売子会社や（組み立て）生産子会社を持つ企業が，（日本以外の）B 国（A 国との間で FTA を締約している国）から商品や部品・資材等を継続的に調達する場合は，B 国（調達先の国）と A 国（調達元の国）間で FTA が締約され，かつ調達品目が関税削減の対象になっていれば，海外子会社はその FTA を利用することで，調達コストを削減できる。韓国に現地生産子会社を持つ日系化学メーカー[22]は，（2019 年改定前当時の）韓米 FTA により，韓国（の生産拠点）から米国に輸出した方が日本（の生産拠点）から米国に輸出するよりも米国側での輸入関税削減効果が大きいこと等を踏まえ，韓国の生産拠点の拡充を決めた例がある。

　さらに，複数国に拠点を置きグローバルにサプライチェーンを構築している場合は，多国間 FTA の利用がより重要になる。二国間 FTA の利用のみでは原産地規則の条件を満たせなくても，多国間 FTA を利用すれば，複数の締約相手国から調達した部品や資材の付加価値や工数などの累積ルールを活用できるため，原産地規則の条件を満たしやすくなる（第 2 章第 3 節参照）。TPP11 など協定参加国が多ければ多いほど，累積する締約相手国の数が増えるため，その累積の組み合わせパターンに広がりができる。その分，自社に適したグローバル・サプライチェーンを柔軟に構築しやすい。

　どの市場向けの品目をどの（生産）拠点からどれだけ輸出するのがいいのかという最適なグローバル・サプライチェーンの構築にあたっては，企業はコスト，資材の調達のしやすさ，人材確保のしやすさ，リードタイムやサプライチェーン上の各種リスク，取引先との関係などを総合的に勘案して決める。たとえば，コスト削減という観点で捉えると，FTA による関税削減のメリットは，コストの種類が異なるものの，補助金などの投資インセンティブと同様，自動的に付与されるものではなく，自ら申請しないとそのメリッ

---

22)　住友化学経営戦略説明会質疑応答資料（2016 年 11 月 30 日）。

トは享受できない。ただ，総枠など上限がある補助金とは違い，FTA による関税削減によるメリットは対象品目である限りいくらでも，いつまでも受けられる。日本を含む二国間の FTA，日本以外の第三国間の FTA，そして多国間 FTA など，複数の FTA を効率的に組み合わせて利用できれば，利用していない企業に対して，コスト競争力で優位となりうる。そのためには，FTA 利用を前提とした，海外拠点（販売・調達・生産）の配置やそれらの拠点を活用した企業グループ全体でのグローバル・サプライチェーンの構築が必要となり，それはまさに経営戦略そのものであるといえる。

2　営業力強化のツール

　つぎに，経営戦略とまではいかずとも，販売戦略の観点から，企業の営業力強化のツールとして FTA 利用を捉えているパターンである。輸出者の視点でみると，関税削減によるメリットは輸入者側にあり，輸出者には直接的なメリットはない。しかし，輸入者の視点に立てば，同じ商品を日本から輸入する場合，FTA を利用しないよりも，FTA を利用した方が調達コストは安く済み，価格競争力が向上するため，輸入者が現地で販売しやすくなる。輸出者は，その点を PR することで営業がしやすくなる。日本から欧州やアジア向けに自動車部品を輸出する日本の自動車部品メーカー[23]は，現地でも競合は日系企業が多いことから，FTA 利用を希望する顧客（輸入者）からの要求に柔軟に対応することで付加価値をつけ，顧客との関係強化につなげている。

3　物品貿易以外の分野におけるメリット

　上記の 1 と 2 はいずれも物品貿易における関税撤廃のメリットに関するものであったが，関税以外にもメリットを享受できる部分がある。貿易円滑化，

---

23)　佐藤輝美「キャステック，EPA・FTA 活用で価格競争力を強化」ジェトロ，ビジネス短信（2020 年 8 月 25 日）〈https://www.jetro.go.jp/biznews/2020/08/6aa2a8300bcbc3ba.html〉および「海外戦略の強みに！ EPA 活用──コスト競争力を高めるポイント」ジェトロ，世界は今（2021 年 3 月 18 日）〈https://www.jetro.go.jp/tv/internet/2021/03/88637715cda783ed.html〉。

投資・サービス貿易，知的財産などの分野が代表例だ。TPP11 の貿易円滑化措置では，通関手続きにおいて，到着している急送貨物は必要な税関書類の提出後 6 時間以内に貨物の引き取りを許可することが定められている（第 5 章第 4 節参照）。また，通常貨物も 48 時間以内の引き取り許可を目指すことが定められている。

　投資・サービス貿易については，小売業に対する外資規制の緩和が挙げられる。マレーシアでは従来，コンビニへの外資出資が認められていなかったものの，TPP11 によりフランチャイザー以外の外資が 30% まで出資することが可能となった。

　知的財産については，日 EU・EPA で地理的表示（GI）の相互保護を定めている（第 9 章第 1 節参照）。GI により日本の農産品や酒類の呼称が日本同様，EU 市場でも保護されている。それにより，EU 市場で安心して販売できることから，日本の農産品や酒類の現地でのさらなる認知度向上や輸出拡大につながる。

　いずれも締約相手国におけるビジネス上の障害をなくす，もしくは低減する効果があり，FTA 利用による関税削減以外のメリットを享受できる一面であるといえよう。

第 3 節　FTA の運用上の課題

　関税削減による直接的もしくは間接的な効果を認識するなどで FTA を利用する企業は，FTA 利用の手順にしたがい，基本的には問題なく利用できている。しかし，なかには，FTA の運用上の課題に直面する企業もいる。ここでは，その課題の一部を紹介する。

　FTA の運用上の課題として最も多いのが，原産地を証明するプロセスに関わるものであろう。まず，取引先（調達先）との間で生じる課題がある。FTA を利用するにあたり輸出商品の原産地を証明するのは輸出者になるが，その商品の原材料の配合割合や仕入れ価格まで把握しないと原産地証明書を作成できない場合がある。品目別規制（PSR）にもとづく原産地基準のうち，

付加価値基準（第5章第2節参照）にもとづき，商品の輸出国が原産国であることを証明しようとする。その商品の生産にあたり，輸出者が一部の原材料を他社から調達している場合，その調達先から調達品である原材料の配合割合や仕入れ価格などの情報を入手しないと付加価値基準の算出ができないときがある。しかし，調達先にとって原材料の配合割合や仕入れ価格が企業秘密そのものである場合，調達先はそれらの情報を輸出者に開示したがらない。しかも，調達先からすれば，それらの社内情報を輸出者に提供しても，関税削減による効果を自社が享受できるわけでもないため，開示するモチベーションにはならない。輸出者が関税削減による間接的なメリットを調達先にしっかりと説明できるかどうかや，輸出者と調達先との日頃からのコミュニケーションや信頼関係の構築があるかどうかなどが関係してくる場面ともいえよう。

　また，（第三者証明制度の）証明機関が関わる課題も挙げられる。原産地証明書の取得に際し，発給にかかるリードタイムの問題である。とくに日本とアジア大洋州の国との間で発効している大半の FTA では，同証明書の取得手続きとして第三者証明制度（第5章第2節参照）が採用されているが，海上輸送日数が短い近接国間の物流や，航空輸送などのケースにおいて，輸入国への同証明書の原本到着が貨物よりも遅れる事例がかねて生じていた。ただし，この課題については，2020年の新型コロナウイルス感染拡大を受け，暫定的に緩和された状態が続く。コロナ禍で，発給機関における同証明書の発給にいつもより時間を要したり，航空便の減便などで郵送に時間がかかったりして，同証明書の原本の提出が間に合わないリスクが出ており，世界各国では，通関時に同証明書の写しなどでの受け付けを認め，原本は後日提出することで，FTA 適用を認める措置が採られている。

　たとえば，タイ税関は2020年4月，一時的に同証明書の受け入れ要件を緩和する通達を発しているが，その後3度延長され[24]，通関時に同証明書の写しでも受け入れられる状態が続く（執筆時点）。実はこの課題について

24）　シリンポーン・パックピンペット，北見創「FTA 原産地証明書の受け付け要件の緩和措置を9月末まで延長」ジェトロ，ビジネス短信（2021年3月24日）〈https://www.jetro.go.jp/biznews/2021/03/0523e998bea74ad5.html〉。

は，在 ASEAN 日系企業は，2008 年から継続的に開催されている ASEAN 日本人商工会議所連合会（FJCCIA）と ASEAN 事務局との対話などの機会を通じ，輸入通関時に「原産地証明書の写しや電子データ（スキャンコピーなど）などの提出による特恵税率の適用」を認めるよう求めていた[25]。これまで，原本以外の形態での通関は認められていなかったものの，新型コロナ感染拡大により，暫定的とはいえ，この課題が結果的に緩和の方向で調整されていることは，FTA 利用には追い風といえる。

　そのほか，原産地規則の関連で，繊維製品の原産地判定の際，加工工程基準で 2 工程ルールが適用されることがあるが，最新技術を用いた製品ではそもそも縫製が 1 工程しかないにもかかわらず，協定上では 2 工程を求められているなど，ルール（協定）がテクノロジーに追いついていないことで運用上，企業が困るケース[26] も出ているようだ。

　ほかにも，税関における関税分類の解釈の相違や，累積規定についての締約国もしくは担当官による解釈の相違による FTA 税率の適用の否認などの，FTA の運用上の課題が日系（日本）企業から指摘されている。

25)　伊藤博敏「利用率が拡大も，異なる規則の混在により手続き負担が増大——日系企業の FTA 活用実態と運用上の課題（1）」ジェトロ，ビジネス短信（2015 年 3 月 16 日）〈https://www.jetro.go.jp/biznews/2015/03/54fd1d2a19e10.html〉。
26)　根津奈緒美・野々下美和「前広な情報収集と準備で日 EU・EPA をフル活用」ジェトロ，ビジネス短信（2019 年 10 月 3 日）〈https://www.jetro.go.jp/biznews/2019/10/980ce3bb50dffd8a.html〉。

第 **II** 部
主な FTA ルールとルール形成のトレンド

第5章

物品の貿易
関税，原産地規則，通関手続きを中心に

┌─ ポイント ─────────────────────────────────┐

◆近年の多国間 FTA における関税撤廃・削減の方式は複雑化し，締約国の間
で，すべての相手国に同一の税率を適用する国と，相手国ごとに個別の税率
を設定する国が混在する協定がある。

◆日本を含むアジア地域でも，輸出者や輸入者の自己申告による原産地証明制
度の導入が進んでいる。同制度への対応では，輸出入に関わるすべての関係
者間の情報共有の徹底，関連書類の整備に加え，輸入国の事前教示制度の活
用等も含めたリスク管理体制の構築がきわめて重要となる。

◆税関などの現場では，条文や手続き規則の運用をめぐり，各国当局や担当官
による解釈の相違，独自ルール慣行などの事案が発生する。そのなかには，
当局の誤認として事後解決に至る事例もある。問題発生時には，根拠規定の
照会，他の担当官の見解聴取等の対応が推奨される。事案により，ジェトロ
等を活用した当局への照会も検討の余地がある。

└──────────────────────────────────────┘

第1節　物品の貿易に関するルールの概要

1　FTA の物品貿易に関する規定

（1）利用企業の関心は特恵税率と原産地規則

　物品の貿易に関するルールは，FTA を構成するルールの核であり，利用
企業の関心も高い。なかでも，コストの低下に直結する「関税の撤廃・削減
（特恵税率の適用）のメリットをいかに享受するか」という点が，多くの企
業にとって最大の関心事である。輸入関税の低下は，企業に対し，コスト削

減による利益の増大をもたらす。また，消費者に対しても，より安価な輸入品の選択肢を提供し，消費意欲の向上をもたらす効果が期待される。

　ジェトロの国内外事務所に寄せられる年間およそ 9,000 件の FTA 関連相談[1] のカテゴリ別の内訳をみると，その 8 割以上は物品の貿易に関する相談であり，その大半を関税や原産地規則，通関制度，輸出入の手続きに関連する内容が占める。それ故に，ジェトロが発行する主要な FTA の解説書や活用ガイドブック，市販される FTA 関連のビジネス書の多くは，FTA の特恵税率の調べ方や特恵税率適用のための要件・手続き，原産地規則の解説，などの内容に比重を置いている。

　FTA の特恵税率を適用するためには，一般的に，(a) 輸出入される産品が関税撤廃・削減の対象になっていること，(b) 輸出入される製品が，利用する FTA の原産地規則を満たす締約国の原産品であること，(c) 輸入税関に対し当該輸入品の原産地証明の手続きを行うこと，という大きく 3 つの条件がある。

　本章では，FTA の物品貿易に関する主な規定のうち，関税の撤廃・削減と貿易救済措置，原産地規則及び原産地証明手続き，税関手続きを中心とする貿易円滑化を取り上げる。なお，一般的に，衛生植物検疫や規格・適合性評価などの措置も，物品貿易に関連する規定といえるが，本書では，これらの措置について第 9 章で取り上げる。

(2) 近年の FTA における物品貿易関連ルールの扱い

　日本の主な発効済み FTA の多くは，第 1 章の総則に続く第 2 章に「物品の貿易」に関するルール，第 3 章に「原産地規則（及び原産地証明手続）」を定め，第 4 章以降に，税関手続き，貿易救済（セーフガード等）など物品貿易関連のルールを，それぞれ独立した章として定めている[2]。

---

1)　ジェトロの貿易投資相談データベースに登録された 2020 年 1〜12 月の相談案件のうち，質問・回答内容に，「FTA」もしくは「EPA」という単語を含む案件を抽出。
2)　その限りではなく，2008 年に発効した日 ASEAN 包括的経済連携協定（AJCEP）では，総則（第 1 章）に続く第 2 章「物品の貿易」のなかに，非関税措置（第 18 条），セーフガード措置（20 条），税関手続き（22 条）などを規定している。

　たとえば，2019 年 2 月に発効した日本・EU 経済連携協定（以下，日 EU 協定）は，第 2 章に「物品の貿易」，第 3 章に「原産地規則及び原産地手続」，第 4 章で「税関に係る事項及び貿易円滑化」，第 5〜7 章に「貿易上の救済」，「衛生植物検疫措置」，「貿易の技術的障害」を定めている。2020 年 11 月に日本を含む 15 か国で署名した地域的な包括的経済連携協定（以下，RCEP 協定）もほぼ同じ構成となっている。

　FTA 締約国は，一般的に，協定本文の物品貿易に関する章において，締約国が自国の譲許表（Tariff Schedule）に従い，関税を削減・撤廃することを規定する。譲許表は，協定本体の物品貿易に関する章に対する附属書（Annex）の扱いであり，関税品目分類（タリフライン）[3] に応じた品目別の関税の撤廃・削減の規則やスケジュールを定める。

　また，協定本文の原産地規則に関する章に対応する附属書として，品目別の原産地判定基準（Product-Specific Rules: PSR），さらに，附属書とは別に原産地証明制度の詳細ルールや手続き要件を記した運用上の手続き規則（Operational Procedures: OP）がある。

　FTA の利用企業は，一般的に，協定本文よりも，品目別の関税削減スケジュールや原産地判定基準を規定する附属書をより頻繁に参照する。

2　物品市場アクセス交渉

（1）リクエスト・オファー方式と呼ばれる個別交渉

　FTA においては，農林水産品や鉱工業品を含むタリフラインベースで 9,000 を超える品目 [4] について品目別に交渉する。交渉参加国それぞれの自由化要求と自国産業保護の思惑が交錯するため，一般的に，国の数が増えるほど，交渉が複雑化する。また，本格交渉に入る前段階での，自由化水準や自由化の方式の大枠の取り決めにも時間を要する。交渉によっては数年を要

---

3)　各国の HS コード表に分類される関税賦課の最も細かい基準。日本の場合，9 ケタの統計品目番号が該当し，これに応じて関税率が決まる。上 6 桁までは世界共通のコードとして利用される。タリフラインの数は締約国よって異なり，日本の場合は約 9,000 品目だが，1 万品目を超える国もある。なお，協定によっては，譲許表が細分類ではなく HS コード 6 桁ベース等で作成されているものもある。

4)　国により品目数は異なる。

する場合もある。

　日本が参加した「環太平洋パートナーシップに関する包括的及び先進的な協定」（以下，CPTPP）や RCEP 協定の物品市場アクセス交渉では，基本的に，「リクエスト・オファー方式」と呼ばれる交渉方式が採用された。これは交渉参加国がそれぞれ二国間ベースで，分野・品目別の関税撤廃・削減要求（リクエスト）を提出し，これに対し相手国が撤廃・削減に応じられる品目を提示（オファー）。これを合意に至るまで繰り返す方式である。また，関税削減・撤廃の交渉は，通常，同時に交渉されている当該品目の原産地規則やセーフガード等の貿易救済措置の発動条件とも密接に関わるため，他分野の進捗をみつつ交渉に臨む必要ある。

　（2）すべての締約相手国に同じ関税撤廃・削減を約束するか否か

　複数国間の物品市場アクセス交渉においては，それぞれの締約国が，関税撤廃・削減の約束（譲許）内容を，他のすべての締約国に対して同じく適用する共通譲許方式と，同じ協定でも相手国によって異なる内容を適用する国別譲許方式が存在する。たとえば，日 ASAEN 包括的経済連携協定（AJCEP）においては，共通譲許方式が採用されているため，日本は 1 種類の譲許表により，ASEAN10 か国に対し，同一の関税削減・撤廃スケジュールを適用する。

　他方，CPTPP においては，共通譲許方式を基本としながらも，日本を含む複数国が，一部のセンシティブ品目[5]において，国別譲許方式を採用している。つまり，輸入相手国に応じて関税撤廃・削減の約束内容が異なる品目が存在する。CPTPP では，日本以外にも，メキシコ，チリ，カナダがそれぞれ一部の品目を指定し，国別譲許方式を採用している。

　さらに，RCEP 協定では，8 か国（オーストラリア，ニュージーランド，ブルネイ，カンボジア，ラオス，マレーシア，ミヤンマー，シンガポール）が共通譲許方式を採用する一方，日本を含む 7 か国（日本，中国，韓国，ベ

5）　関税削減が困難な重要品目。日本では，全タリフラインのうち 62 品目を国別譲許の対象としている。品目リストは日本税関ウェブサイト〈https://www.customs.go.jp/kyotsu/kokusai/news/tpp_Zeiritsusa.pdf〉参照。

トナム，インドネシア，フィリピン，タイ）は，国別譲許方式により，相手国ごとに異なる譲許税率を設定している。このうち，日本やタイは，譲許表そのものは単一ながら，国別譲許の該当品目について，表の右端の「remarks」の欄に，当該スケジュールの適用対象国など[6]を記載する方法をとっている。フィリピンは単一の譲許表に加え国別譲許の対象品目を相手国別に別表で掲載する。これに対し，中国や韓国は ASEAN 向けと，ASEAN 以外の 4 か国それぞれに対し，計 5 種類の譲許表を掲載している。ベトナム，インドネシアも，同様の方法で 6 種類（ASEAN 域内向けおよび，同域外 5 か国向け）の譲許表を掲載している。

（3）「税率差ルール」とは

CPTPP や RCEP 協定のように，一部の品目に国別譲許方式が混在する FTA の場合，同一協定の締約国から同じ品目を輸入する場合でも，相手国によって適用税率に差（税率差）が出るケースが生じる。そのようなケースおいては，高い税率を適用する締約国の産品が，低い税率を適用する締約国を経由して輸入される場合を想定し，本来適用されるべき税率を正しく適用し，迂回行為を防ぐルールが必要となる。一般的に，「税率差ルール」と呼ばれるものである。

CPTPP における税率差ルールは，協定第 2 章の附属書 2–D（関税に関わる約束）B 節（関税率の差異）として規定[7]されている。同規定では，輸入締約国が，「他の締約国に対して同一の原産品について異なる関税上の特恵待遇を適用する場合，軽微な作業[8]以外の最終生産工程が行われた締約国の原産品に対する関税率を適用する」（8 項），もしくは，「8 項及び譲許表

---

6)　日本の譲許表では，センシティブ品目に対応する複数のスケジュールを記載し，それぞれ適用相手国名を記載。一方，タイの譲許表では記載のスケジュールを約束しない相手国名，国別の適用条件などを記載。

7)　附属書 2D–B 節に加え，附属書 2–D の「日本国の関税率表」の付録 C として，日本が輸入する際の特定品目に対する税率差ルールが記載されている。

8)　軽微な作業は，附属書 2D9 項において指定されており，具体的には，輸送や保管のための作業，梱包，仕分け，産品の特性を変更しない水等の単なる希釈，セットや詰合せなどが該当。

所定の規則・条件にかかわらず，輸入締約国は，輸入者が，(a) いずれかの締約国からの原産品に適用される最も高い関税率，又は，(b) 生産工程が行われたいずれかの締約国からの原産品に適用される最も高い関税率のいずれかの関税上の特恵待遇を要求することを認める」(10項) と記載されている。

　一方，RCEP協定においては協定本文第2章（第2.6条）に「関税率の差異」が規定されている。ここでは，「関税率の差異の対象となるすべての原産品は，輸出締約国がRCEP原産国である場合」に限り，関税上の特恵待遇を受ける（1項）とされ，「RCEP原産国は，当該原産品が第3.2条（原産品）の規定に従って原産品としての資格を取得した締約国とする」(2項) などととされる。ただし，一部の品目（附属書1の付録にて指定）については，2項の条件に加え，輸出締約国による生産工程により付加価値20%以上の追加要件を満たす必要があるため注意が必要となる。また，上記の条件にかかわらず，輸入締約国は，(a) 当該生産品への原材料を提供（生産への関与）した締約国に対して適用される税率のうちの最も高い関税率，(b) 当該生産品の輸入に関し，各締約国に適用する各関税率のうち最も高い関税率，のいずれかの適用を申告することが認められている。

　こうした，国別譲許方式の採用にともなう税率差ルールやそれにともなう迂回防止規定等は，多国間FTA/EPAの適正な履行のために必要となる技術的要件である。

(4) 関税削減・撤廃の方法・スケジュール

　日EU協定の場合，日本の譲許表には以下①～⑥の項目が記載されている[9]。① HSコード：輸出入時の関税分類番号。②品名：関税分類に従った品目名を記載。③基準税率（ベースレート）：関税の撤廃または削減の基準となる税率。④区分：当該品目の関税の撤廃・削減がどのような方法で行われるかを定めたもの。⑤注釈：例えば再交渉品目には「S」と記載。⑥N年目税率：実施区分に従った各年の関税率。

9)　譲許表の見方の詳細については，ジェトロ発行のEPA解説書や，ウェブサイト〈https://www.jetro.go.jp/theme/wto-fta/epa.html〉にあるEPA活用法・マニュアルを参照されたい。

　一般的に，区分に従った関税撤廃・削減の方法・スケジュールは，(a) 協定発効時に関税を即時撤廃する区分，(b) 協定発効から毎年均等に，段階的に関税を引き下げ，複数年で撤廃する区分，(c) 毎年均等に，段階的に関税を引き下げ，複数年で一定税率まで削減する区分，などに分類される。ただし，それ以外にも，発効から一定の年数は税率を維持し，期限までに撤廃する区分，発効と同時に一定割合まで引き下げ，残る税率を段階的に撤廃（削減）する区分など，多岐にわたる方法が設定されている。

　そのうち，(b) や (c) のように，複数年で関税を撤廃・削減する区分に該当する品目の場合，削減・引き下げの基準となる基準税率として，通常，交渉時の MFN 税率が適用される。品目によっては，協定発効後に MFN 税率が変更され，基準税率と現行の MFN 税率には乖離が生じる可能性がある点に注意が必要である。たとえば，2018 年 12 月に発効した CPTPP は，基準税率として 2010 年 1 月 1 日時点の各国の MFN 税率を採用しているが，RCEP 協定では 2014 年 1 月 1 日時点の MFN 税率が採用されている。

　ジェトロに日々寄せられる FTA 関連の問い合わせで，「譲許表に記載されている FTA 税率が，発効から数年間，実際の関税率よりも高いのはなぜか？」という内容は少なくない。その理由は，多くの場合において，当該 FTA の基準税率が，問い合わせ時点における MFN 税率よりも高いことが原因である。

(5) FTA が規定する貿易救済措置とは

　FTA における貿易救済措置として，主なものに，セーフガード（SG）措置とアンチダンピング（AD）措置がある。SG 措置は，FTA において約束した関税の撤廃・削減により輸入が増加し，締約国の国内産業に重大な損害が発生する懸念が生じた場合において，関税撤廃・削減の約束を一時的に撤回できる制度である。一方，FTA における AD 措置は，WTO 協定上認められている AD 措置に対し，FTA 締約国間で相互の発動条件等を厳格化するなど，主として，FTA で約束する市場アクセス自由化の阻害を防止する規律強化の目的で導入されている。

①セーフガード（SG）措置

FTA締約国間のSG措置は，一般的に，協定で関税の撤廃または引下げを約束したすべての品目を対象に，MFN（最恵国）税率を上限に関税の引き上げを認める制度である。WTOにおけるSG措置は引き上げ幅を規定していないのに比べれば，制限的な内容となっている。日本の場合，関税措置は，さらなる段階的引下げの停止に加え，発動時におけるMFN税率または協定発効前日におけるMFN税率のどちらか低い方までの関税引上げが認められている[10]。

一般的に，SG措置は，自由化交渉において，センシティブ品目を含むより多くの品目において関税の撤廃削減を約束するための一種のセンシティブバルブ（安全弁）として機能しており，FTA交渉上の重要な項目のひとつであるとされる[11]。

②アンチダンピング（AD）措置

WTOの報告による2020年上半期（1〜6月）のAD措置の調査開始件数は，全加盟国で188件にのぼり，WTOの多国間貿易体制のもとで最も活用されている貿易救済措置といえる。近年のFTAにおいては，市場アクセスの拡大よるダンピングの発生リスクの高まりと，それにともなう締約国内産業への損害に対しAD措置の発動を認めることを規定しながら，締約国間で調査や措置の発動に対して一定の規律を導入する例もみられる。

日本が締結したFTAでは，日インド包括的経済連携協定において，初めてWTOプラスの規程として，相手国に対するAD調査に係る事前通知を，10執務日前に通報し，その内容を提示しなければならないことが約束されている。このような規律が，締約相手国によるAD調査開始判断の根拠や手続きの透明性を高め，AD濫用を抑制する効果をもたらすことが期待される。

---

10)　日本税関「経済連携協定におけるEPAセーフガードについて」〈https://www.customs.go.jp/kyotsu/kokusai/seido_tetsuduki/safeguard.htm〉。

11)　経済産業省『2020年版不公正貿易報告書』（2020年7月）〈https://www.meti.go.jp/shingikai/sankoshin/tsusho_boeki/fukosei_boeki/report_2020/honbun.html〉。

第 2 節　原産地規則および原産地証明手続き

　日本税関[12] によれば，原産地規則とは，迂回輸入を防止し，適切に FTA の特恵税率を適用することを目的として，原産品であることを認定するための基準や税関への証明・申告手続きなどについて規定しているものである。

　原産地規則は，上述のとおり，原産品を認定するための基準としての「原産地判定基準」と，その基準を満たしていることを証明するための手続きを規定した「原産地証明制度」の大きく 2 つの要素によって構成される。前出のとおり，日本が締結する FTA の原産地規則は，それぞれの協定本文のなかで，独立した章で規定され，これに，関税品目分類（タリフライン）別の原産地判定基準を定めた附属書（PSR），運用上の手続き規則（OP）などによって構成されている。くわえて，運用の際には，締約国内の関連する国内法，政令や通達等も参照する必要がある。

　利用企業の立場では，利用する FTA に応じて，異なる原産地判定基準，原産地証明制度への対応コストがかかることになる。ジェトロが 2019 年 11 ～12 月にかけて日本国内企業向けに実施したアンケート調査[13] において，FTA を利用していない企業にその理由を尋ねたところ，「原産地規則を満たすかを確認するための事務負担が過大」（13.3％），「原産地証明書の取得手続きが煩雑・高コスト」（11.3％）と，原産地規則が障害となり FTA 利用に踏み切らない企業が一定程度存在することも明らかとなっている。

　一方，近年では，「各国がそれぞれの FTA・EPA の原産地規則の運用で得られた経験や，FTA・EPA の広域化，および多くの締約国が対象となるメガ FTA・EPA の形成によって，複雑化した原産地規則を収斂させる動きがあ

---

12)　日本税関ウエブサイトの原産地規則ポータルでは，原産地規則の概要や，日本の締結する FTA（EPA）の原産地規則の内容を詳しく解説している〈https://www.customs.go.jp/roo/index.htm〉。

13)　ジェトロ「2019 年度日本企業の海外事業展開に関するアンケート調査」（2020 年 3 月）〈https://www.jetro.go.jp/ext_images/_News/releases/2020/ead10b5386ccd1e5/1.pdf〉。

る」ことも報告[14]されている。

　原産地証明制度についても，これまで，日本を含むアジア地域の FTA では，各国の権限のある政府当局または当該政府当局が指定する機関に原産地判定と証明書発給を申請し，証明書の発給を受ける「第三者証明制度」が大半であった。しかし，欧米諸国等との間で地域の枠を超えた FTA の発効が増加したことにより，輸出者が自ら原産地を申告・証明する制度，さらには輸入者による申告・証明を認める制度の採用が広がっている。利用者がそれぞれの制度を柔軟に選択できる制度も採用されており，簡素化・柔軟化が着実に進展している。

1　原産地の判定基準

（1）協定により異なる原産地判定基準

　原産地判定基準において，原産品とは，一般的に，（A）締約国のみで原材料から一貫生産したもの（完全生産品），（B）締約国の原産材料のみを使用して生産したもの，（C）域外の非原産材料を使用し，最終的に締約国で実質的な変更を加えたもの，を指す。さらに（C）の実質的な変更を満たすか否かは，主に以下（a）〜（c）の 3 つ基準[15]によって判定される。

　（a）関税分類変更基準：締約国で，特定の関税分類が変更されること

　（b）付加価値基準：締約国で，材料に一定以上の価値が付加されること

　（c）加工工程基準：締約国で，材料に特定の加工がされること

　近年の FTA の件数の増加は，ユーザー企業にコスト削減の選択肢を提供する半面，協定ごとに異なる原産地規則の混在が，実務上の負担を増大させる側面も指摘されてきた。たとえば，2016 年に発表された文献[16]では，カラーテレビおよびリチウムイオン電池の 2 品目に対して，日 ASEAN，日マ

14）　長谷川実也「特恵原産地規則の多様性・複雑性の現状及び収斂に向けた動き」『フィナンシャル・レビュー』通巻第 140 号（2019 年 11 月）。

15）　原産地判定基準の詳細は，日本税関の原産地規則ポータル〈https://www.customs.go.jp/roo/origin/index.htm〉を参照されたい。

16）　上之山陽子「企業における FTA 活用上の問題点」石川幸一・馬田啓一・渡邊頼純編著『メガ FTA と世界経済秩序——ポスト TPP の課題』（勁草書房，2016 年），267-276頁。

レーシア，日チリ，日メキシコ，日インドの 5 つの協定がそれぞれまったく異なる原産地判定基準を設定している実例をもとに，同じ製品を日本から輸出する場合でも，締約相手国によって日本製と認められるケース，認められないケースがある実態を記載している。

（2）利用者が使いやすい原産地判定基準とは

①関税分類変更基準と付加価値基準の選択制

　品目別に採用される原産地判定基準を比較し，どの協定で採用される原産地規則がより使いやすい（柔軟）か，もしくは使い難い（厳格）かを明確な定義によって明らかにするのは困難である。しかしながら，日本の発効済み FTA における品目別規則のうち，一般的には，「関税分類変更基準と付加価値基準をユーザーが自ら選択きる基準」の利便性が高いとされている。

　たとえば，経団連は，「日中韓 FTA ならびに東アジア地域包括的経済連携（RCEP）交渉に関する要望」[17] として，原産地規則には，利用者の利便性のため「関税番号変更基準と付加価値基準の選択制を採用」することや，原産地証明発給手続きを簡素化，円滑化する観点から「自己証明制度を採用」することを提言している。

②ASEAN を核に柔軟な品目別規則の採用が進展

　日本の FTA では，2006 年 7 月に発効した日本・マレーシア経済連携協定において，品目別規則として，基本的に，付加価値基準か関税分類変更基準かのいずれかを選択できる制度が導入され，その後の ASEAN 各国との二国間協定のベースとなった。2008 年 12 月に日本として初の多国間協定として発効した日 ASEAN 間の AJCEP では，協定文に「関税分類番号の 4 桁レベルでの変更（CTH）もしくは域内付加価値 40％ 以上（VA40）の選択制を一般ルール（General Rule）として規定」することが定められ，同規則を適用しない品目については，個別に附属書のなかで規定する方法が採用された。さらに，ASEAN プラスワン FTA の対象地域を包括する RCEP 協定では，

---

17)　〈https://www.keidanren.or.jp/policy/2016/036_honbun.html〉参照。

「CTH/VA40 の選択制」をベースに，多くの品目でより柔軟性の高い規則が採用されている。

　RCEP 協定の貿易創出効果を原産地規則の観点から検証した先行研究[18]によれば，RCEP 協定の品目別規則では，全品目のうちの 64％（3,314 品目）において AJCEP と同じ規則を設定しつつ，634 品目に対して，CTH/VA40 よりもさらに緩い「関税分類 6 桁レベルの変更基準（CTSH）／VA40 の選択制」を設定している。一方の AJCEP では，同規則の設定は 34 品目にとどまっている。このように，地域を包括する多国間枠組みで，域内の既存の FTA よりも柔軟な原産地規則の採用が進めば，「原産地規則を満たせない」ことを FTA 利用の障害に挙げる企業の割合も徐々に減少していくものと考えられる。

（3）輸出国だけで原産地基準を満たせない場合の「累積ルール」

①累積ルールとは

　日本が締結する FTA，第 3 国間 FTA を含め，ほとんどの FTA の原産地規則のなかで採用されている累積（Accumulation: ACU）ルールとは，端的にいえば，協定の締約国同士が，互いの原産品や生産行為を自国原産品や自国での生産行為として扱うことを可能にするルールである。輸出国が，自国内のみの生産で品目別の原産地規則（一定以上の付加価値や関税分類の変更）を満たすことができない場合でも，他の締約相手国から調達した部材を原産品として累積できれば，基準をクリアできる可能性が広がることになる。

　とりわけ，日 ASEAN，日 EU，CPTPP，RCEP などの多国間の協定においては，自国原産品として扱える締約相手国の原産品が増えることになり，メリットが大きい。

②累積ルールの仕組みと注意点

　図 5-1 のケースでは，締約国 B で製造・加工する製品は，輸出 FOB 価格

---

18)　早川和伸「RCEP の貿易創出効果——原産地規則の観点から」アジ研ポリシー・ブリーフ No. 141（2021 年 2 月）〈https://www.ide.go.jp/library/Japanese/Publish/Reports/AjikenPolicyBrief/pdf/141.pdf〉。

原産地規則が「域内付加価値 40% 以上」の製品を締約国 B から締約国 C へ輸出

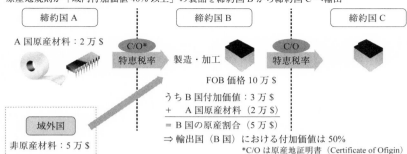

図 5-1　累積ルールを活用した FTA 特恵税率適用のイメージ
出所：ジェトロ「EPA 活用法・マニュアル」等の情報をもとに作成。

10 万ドルに対し，B 国のみでの付加価値は 3 万ドルであるため，B 国単独では特恵税率適用のための付加価値基準（40%）を満たすことができない。しかし累積ルールの活用により，締約国 A の部材 2 万ドル分を B 国原産材料とみなすことが可能。その場合，B 国の付加価値 50% となり，C 国向け輸出で特恵税率の適用が可能となる。

　ただし，同取引において，A 国から輸入する材料は，無条件に B 国の累積の対象になるわけではない。まず，A 国の材料は，(a) 当該 FTA の原産地基準を満たした A 国の原産品であること，(b) それを原産地証明書などによって証明できること，が条件となる。すなわち，B 国では，2 万ドル相当の材料が A 国の原産品であることを証明するため，A 国発給の原産地証明書のコピー等を保管しておく必要がある。

　また，A 国から B 国への原材料輸出，B 国から C 国への製品輸出の際に提示する原産地証明書は，原則，同一の FTA にもとづく証明でなければならない。過去にジェトロに寄せられた相談では，A 国（ベトナム）⇒ B 国（タイ），その後，B 国（タイ）⇒ C 国（日本）という取引において，ベトナムからタイへの輸出で ASEAN 物品貿易協定（ATIGA）を利用した結果，タイから日本への輸出では累積ルールが適用できなかった事例がある。同ケースにおいては，ベトナム⇒タイへの輸出の際，その後の累積ルールの活用を想定し，日 ASEAN 協定（AJCEP）にもとづく原産地証明書（Form AJ）の発給を受けておかなければならない。

さらには，かりにA国の原材料がそもそもB国において無税（MFN税率0％）の場合であっても，累積ルールを活用するためには，A国発給の原産地証明書を取得しておく必要がある。利用企業の立場では，トータルの商流を見据えたFTA活用計画を立て，それを取引企業間で共有しておくことが肝要である。

③他の締約国の付加価値や工程をすべて累積する完全累積制度

なお，CPTPPや日EUにおいては，輸出締約国での生産に使用された「部材」のみならず，他の締約国・地域内での「生産行為」，つまり加工の工程や付加価値についても，累積に含めることができるルールが採用されている。このようなルールは「完全累積制度」と呼ばれ，日本が締結するFTAでは，CPTPP，日EUのほかに，シンガポール，メキシコ，ペルー，モンゴル，オーストラリア，英国とのFTAにおいても採用されている。

完全累積制度のもとでは，前出の図5-1において，たとえばA国からB国に輸出される部材が当該FTAの原産地規則を満たせず，A国原産とならない場合でも，A国内の生産行為による部分（たとえば，部材価格の20％の付加価値分）を，域内原産として累積することが認められる。

2　原産地証明制度

(1)「自己申告」による原産地証明が本格始動

現在，世界で発効するFTAの原産地証明制度は，大きく，以下（a）～（c）の3つの制度に分けられる。

(a)　第三者証明制度：輸出者が第三者機関（政府もしくは指定機関）に対して提出する情報にもとづき，第三者機関が原産性の判定と原産地証明書発給を行う。日本の場合は日本商工会議所が指定発給機関。

(b)　認定輸出者（自己証明）制度：政府または指定された第三者機関によって認定された輸出者に対し，自己証明等による申請を適用する制度。日本では経済産業大臣の認定[19]を受けた輸出者自らが原産地申告を作

---

19)　経済産業省〈https://www.meti.go.jp/policy/external_economy/trade_control/boekikanri/

成。原則，第三者証明制度と併用するかたちで導入される。

(c) 自己申告制度：輸出者または輸入者が，自らの責任で原産性を証明する制度。FTA によって，輸出者・生産者のみが申告できる制度と，輸出者・生産者・輸入者がいずれも申告できる制度がある。

　日本の場合，これまでに締結した FTA のほとんどで，第三者証明制度を採用しているが，2009 年 9 月に発効したスイスとの間の協定において，欧州で主流の「認定輸出者自己証明制度」を初めて採用。同制度はその後，日ペルー間協定（2012 年 3 月発効），日メキシコ協定の改訂議定書（2012 年 4 月発効），および RCEP 協定（2020 年 11 月署名）にも採用 [20] された。これらの 4 つの協定は，いずれも第三者証明制度を併用しており，輸出企業の都合により同制度を選択して利用できる。また，日豪協定（2015 年 1 月発効），CPTPP（2018 年 12 月発効），日 EU 協定（2019 年 2 月発効），日米貿易協定（2020 年 1 月発効），および日英協定（2021 年 1 月発効）では，完全な「自己申告制度」が導入されている。このうち，日豪協定は第三者証明制度が併用されているが，CPTPP，日 EU 協定，日米貿易協定，日英協定では，第三者証明制度は利用できない。

（2）アジアに広がる自己証明・自己申告制度

　これまで，日本や ASEAN を含むアジア地域では，第三者証明制度が主流であった。しかし，これは，あくまでアジア地域に限った傾向である。世界税関機構（WCO）が 2020 年 6 月に発表した報告書によれば，1994〜2019 年の間に世界で発効した FTA209 件のうち，141 件（67.5％）は，認定輸出者制度を含む自己申告制度を採用している。表 5-1 から，地域別の特徴をみると，欧州・地中海域内の FTA では認定輸出者制度が，また米州の FTA で

---

gensanchi/approved.html〉参照。

20)　RCEP では，締約国が協定発効後 10 年以内，カンボジア・ラオス・ミャンマーの 3 か国については 20 年以内に，輸出者・生産者による自己申告制度を実施する（通報により，期限の 10 年間の延期を求めることが可能）ことが規定された（3.16 条）。ただし，日本については，協定発効日から，輸入者による自己申告を認めている（同）。

表 5-1　世界主要地域別 FTA の原産地証明制度

	全地域	欧州・地中海域内	米州域内	アフリカ域内	アジア域内	地域横断型
第三者証明制度	68	2	7	5	34	20
認定輸出者制度	82	48	3	0	0	31
自己申告制度（輸出者）	43	0	15	0	7	21
自己申告制度（輸入者）	16	0	5	0	2	9
合計	209	50	30	5	43	81

注：1）認定輸出者制度は，一般的に第三者証明制度を併用。
　　2）自己申告制度（輸入者）は，輸出者・生産者に加え，輸入者も申告が可能な制度。
出所：WCO, *Comparative Study on Certificate of Origin*（June 2020）をもとに作成。

は米国を中心に，自己申告制度が主流である。一方，アジア域内では域内完結型の FTA の約 8 割で第三者証明制度を採用していることがわかる。

　しかし，近年では，アジア各国と，米国や EU との間の地域横断型 FTA の発効などにともない，シンガポールや韓国を中心に，自己証明・申告制度が多く採用されている。さらに，2020 年 9 月には，日系企業の利用率が高い ATIGA でも，修正議定書の発効により，認定輸出者自己証明制度の運用が開始された。また 2020 年 8 月に発効した EU・ベトナム協定でも認定輸出者自己証明制度が導入されている。アジア域内でも，各国の制度構築と体制整備によって，徐々に自己証明制度や自己申告制度の導入が進展していくと考えられる。

（3）自己申告制度のメリットと注意点

　自己証明制度の導入によるユーザー企業にとってのメリットは，原産地証明書の発給に関わるコストの削減，ならびに原産地の判定から証明の申請・発給までにかかる時間の節約などがある。日本の場合，第三者機関である日本商工会議所に支払う発給申請費用は，基本料が申請 1 件につき 2,000 円，これに 1 品あたり 500 円の加算額が発生すため，1 件あたり最低 2,500 円の費用が必要となる。

　また，日本商工会議所が原産品判定に関して必要な情報を受理してから原産品判定番号を付与するまでの期間は原則 3 営業日，くわえて，証明書発給に必要な情報を受理してから審査結果を通知するまでの期間は原則 2 営業日と公表されている[21]。週を跨ぐことを想定すれば，多くのケースにおいて，1 週間程度の日数をみておく必要がある。くわえて，日本では 2021 年 3 月

現在，日本商工会議所が発給する原産地証明書の電子化（ペーパーレス化）は申請段階においては実現されているが，発給段階においては日豪 EPA を除き実現しておらず，原産地証明書の原本受領や輸入者への発送にかかる管理・手続き業務も発生する [22]。

　認定輸出者自己証明制度を活用する場合，毎回の申請にかかる手続きは不要となり，リードタイムの短縮がメリットとなる。他方，コスト面においては，日本の場合，認定輸出者としての申請・登録にあたり，9 万円の登録免許税が必要となる。また，3 年ごとに認定の更新が必要となり，その際に5,000 円の更新手数料が必要となる。これに加え，認定の条件として，第三者証明制度のもとで原産地証明書の発給実績があること（おおむね半年間で8 回以上）や，社内における事業責任者や担当者の配置，連絡体制の整備などが求められる。

　これに対して，CPTPP や日 EU などで採用された自己申告制度の場合，「輸出者または輸入者が，自らの責任で原産性を証明すること」が前提となるため，政府や第三者発給機関との間での事務手続きや費用は発生せず，上述のコスト・時間の観点からはメリットがある。

　他方，第三者である日本商工会議所が書類のチェック・審査を行い，適宜相談にも対応する第三者証明制度や，経済産業省が管理する認定輸出者制度とは異なり，自己申告制度においては，原産性を証明する輸出者・輸入者側がすべての責任を負担することになる。とりわけ書類作成などを担う輸出側企業の実務担当者の責任とリスクが増大することが懸念される。後述の「検認」対応も含めた社内体制構築と取引先企業も含めた書類の適切な作成・管理の徹底が重要となる。

---

21)　日本商工会議所「EPA に基づく特定原産地証明書発給事業」〈https://www.jcci.or.jp/international/certificates-of-origin/〉。

22)　日本商工会議所は，PDF フォーマットでの原産地証明書発給を可能とするよう準備を進めている。また相手国税関で，PDF フォーマットが恒久的に受け入れられるよう，第三者証明制度を採用している各 EPA 締約国との調整を進めている。経済産業省『2021 年版不公正貿易報告書』（2021 年 6 月）〈https://www.meti.go.jp/shingikai/sankoshin/tsusho_boeki/fukosei_boeki/report_2021/honbun.html〉。

（4）原産地証明に盛り込むべき記載事項

　認定輸出者制度による自己証明，もしくは輸出者・生産者・輸入者のいずれかによる自己申告制度は，第三者証明制度とは異なり，原産地証明書の所定フォームが存在しない。インボイスなどの商業書類上に定められた申告の文言を記載する方法，最低限の記載項目に従い輸入者の裁量で申告内容を記載する方法など，協定によって異なる方法が採用されている。

　表5–2は，自己申告制度を採用するCPTPP，日EUの両協定，日本企業の関心の高いAJCEPの第三者証明制度，およびRCEP協定の認定輸出者自己証明制度に関し，それぞれ規定されている原産地証明の主な記載事項を比較したものである。

　このうち，日EU協定では，申告者が輸出者（生産者を含む）である場合は，申告文の記載文言が協定（付属書3–D）に定められており，それをインボイスなどの商業書類上に転載し，その他の必要事項（以下表）を空欄に記載する必要がある。一方，申告者が輸入者の場合は，「輸入者の知識に基づく申告」として，輸出者申告の場合に必要な申告文等の記載は求められず，申告文以外の必要記載事項も協定上では規定されていない。ただし，輸入国税関の要請に従って，原産地に関する根拠資料（追加的な説明資料）を提供することになる。

　日本税関は，自己申告制度が導入されている協定のもとで輸入者が申告を行う場合，「（a）追加的説明資料が（輸出者から）入手できる場合は，輸入申告時に提出する，（b）様式は任意だが，「原産品申告明細書（産品が原産性を満たすことの説明）」を使用することが可能，としている。また，利用者のための詳細な手続きと，上述を含む各種申告様式データへのリンクをウェブサイトで紹介[23]している。

　なお，申告に用いられる言語の要件として，CPTPPやRCEP協定では英語による作成が原則となっている。一方，日EU協定では原産地申告文は，英語，日本語，およびEU加盟国公式言語の24言語のいずれかで作成すればよい。ただし，原産品であることの確認など，事後対応の可能性を考慮す

23）〈https://www.customs.go.jp/roo/procedure/index.htm〉参照。

表 5-2　原産地証明の記載事項（比較表）

項目	CPTPP 自己申告制度（生産者／輸出者／輸入者）	日 EU・EPA	RCEP 認定輸出者制度[1] （第三者証明制度併用）	AJCEP 第三者証明制度
所定フォーム	なし。協定付随書 3-B の「必要的記載事項」に従い，原産地証明書を作成 言語：原則英語	なし。ただし，輸出者・生産者申告の場合，協定附属書 3-D の書式「原産地に関する申告文」を使用し作成 言語：EU 各国語＋日本語	協定上，特定の様式指定はなく，締約国が決定。付属書 3B の「必要的記載事項」を満たす情報を記載 言語：英語	あり：Form AJ 言語：英語
①証明者	輸出者・生産者・輸入者の何れかを明記	—	各締約国の法令に従い，認定された輸出者（生産者または輸入者）	各国発給機関が記載
②証明者情報	氏名／名称，住所，電話番号，メールアドレス等	—	（認定輸出者の）氏名／名称および住所認定番号または識別番号	
③輸出者情報	証明者ではない場合，上記②と同等の情報を記載	輸出者の氏名／名称，輸出者参照番号（日本は法人番号など）		氏名／名称，住所，電話番号，メールアドレス等
③生産者情報	証明者／輸出者ではない場合，②と同等の情報を記載（秘匿も可能）[2]	—	認定輸出者でない場合，氏名／名称および住所	
④輸入者情報	輸入者（特定可能な場合のみ）	—	輸入者または荷受人の氏名／名称，住所	氏名／名称，住所，電話番号，メールアドレス等
⑤原産地		EU もしくは日本を記載	協定 2・6 条（関税率の差異）に規定する RCEP 原産国（必要な場合）	原産国を記載（11 欄）
品目名・品目情報	対象製品を表すのに十分な品名，HS コードを記載		品目名，HS 番号（6 桁），固有の参照番号産品の数量，価格[3]	項目番号（5 欄），荷印・荷番号（6 欄），包装個数・種類，品名，HS 番号（7 欄），グロス重量／数量，価格[3]
インボイス情報	1 回限りの証明の場合，わかればインボイス番号を記載	※輸出者・生産者申告の場合，インボイス等の商業書類上に所定の申告文を記載	※輸出者・生産者申告の場合，インボイス等の商業書類上に所定の申告文を記載	インボイス番号，日付を記載
原産性判定基準	基準を記載	基準ごとに定められた記号を記載（A, B, C 等）	基準を記載	基準（CTH, RVC など）を記載（8 欄）
対象期間（期限）	複数回の輸送の場合，その期間。原則 12 か月上限	複数回の輸送の場合，その期間。原則 12 か月上限	有効期間は発給から 1 年間	有効期間は発給から 1 年間
署名・日付	証明者による署名と日付を明記	場所と日付 署名は不要	権限を与えられた署名者による証明であって，原産地申告に記載された産品が，協定に定める全ての関連要件を満たす旨を記載	輸出者申告として，申告文，原産国名，輸入締約国名，日付，署名場所，署名を記載（11 欄）
宣誓文	所定の宣誓文の文言を記述	申告文があれば不要		

注：1）日本については，協定発効日から，輸入者による自己申告を認める。RCEP の各項目の記載は，認定輸出者制度を利用する場合。
　　2）秘匿する場合，"Available upon request by the importing authorities"（輸入締約国の当局の要請があれば提出）と記載。また生産者が複数の場合，"various"と記載。
　　3）原産性を与える基準として，域内付加価値基準を採用している場合のみ価格記載が必要。それ以外の基準の場合は不要。
出所：外務省（各協定本文へのリンク），ジェトロ解説書などをもとに作成。

れば英語での申告文作成，必要事項の記載が推奨される。

（5）検認への対応

　輸入締約国の税関は，原産地証明を通じFTA税率の適用を申告された輸入品に対して，本当に原産性を満たしているかの確認や検証を行うことができる。いわゆる「検認」制度である。日本が締結するほとんどのFTAが採用する第三者証明制度のもとでは，輸出品の原産性に輸入国の税関が疑義を持った場合，原則として，①輸出国の権限ある政府当局（日本では経済産業省）に情報提供を要請，②必要に応じ，情報提供に関する追加質問，③質問への回答に満足しない場合のみ，輸入国税関は，政府当局立ち会いのもと，輸出者もしくは生産者を訪問し確認を行う，という手順が取られる。

　一方，自己申告制度のもとでは，輸入国税関が直接，輸入者，輸出者，生産者に対して，書面や訪問による検認を行う場合がある。輸入国税関から確認の要請があった場合，輸入者・輸出者・生産者は，原産性を証明する情報を一定期間内に提出する必要があるため，必要に応じた翻訳作業なども含め，迅速な対応が肝心となる。たとえばCPTPPの場合，書面での検認の要請を受けた輸出者，生産者，輸入者は，「少なくとも30日間の回答期間」が与えられるため，その間に書面による回答を行う必要がある。

　検認の結果，輸入国の当局が，（a）産品に特恵待遇を受ける資格がないと決定する場合，（b）産品が原産品であると決定するのに十分な情報が得られなかった場合，（c）要請に回答しなかった場合，などに，関税上の特恵待遇を否認することが可能となる。その場合，各国の国内法の定めにより，追徴課税や罰則金が発生する可能性もある。原産地の申告を行う輸出者・生産者・輸入者は，万一の検認に備え，適切な関連情報・書類の回収，保管，保存などを適切に行っておく必要がある。

　また，輸入者が輸入締約国の事前教示制度（後述）を利用し，申告前に貨物の原産性について回答を得ておくことは，事後的に原産性や特恵税率を否認される事態を回避する有効な手段になる。自己申告制度のもとでは，事前教示制度の重要性はますます高まるとものと考えられる。

第 3 節　通関手続き・貿易円滑化

1　税関手続きや円滑化に資する主な規定

（1）輸入者にとって意義のある「事前教示制度」導入

　FTA において，税関手続きを含む貿易円滑化関連のルールは，多くの場合，輸入にかかる税関手続きの一貫性・透明性を確保することや申告手続きの簡素化を図ること，ならびに締約国税関の相互協力・情報交換を推進することなどが規定される。物品貿易に関するルールのなかでは，締約国に具体的な義務・負担を課す側面よりも，努力目標を通じ，関税撤廃・削減を通じた市場アクセス改善を補完する側面が強い。

　しかし，2016 年 2 月に署名された TPP[24) の第 5 章（税関当局・貿易円滑化）にて，ユーザー企業にとって意義のある具体的措置が，拘束力を持つかたちで規定され，それ以降，日本が締結・発効する主要 FTA においても同様の規程が盛り込まれるようになった。なかでも意義が大きいのは，事前教示制度の導入（5.3 条）である。同協定では，「事前教示」として，輸入予定貨物の関税分類番号（HS コード），関税評価（課税評価額），および原産性（原産地認定の適用）について，例外なく，輸入国税関が輸入者に書面で回答する制度の導入が義務づけられた。また，原則として申請後 150 日以内に税関から回答を得られることや，税関から提示された回答が少なくとも 3 年間有効であることが規定された。

　また，RCEP 協定においては協定本文第 4 章「税関手続及び貿易円滑化」の「事前教示」（4.10 条）に関するルールのなかで，関税分類・評価・原産性のいずれについても，必要な情報の受領後，可能な限り，90 日以内に書面で回答を行うに行う義務や，教示された内容を原則として，少なくとも 3 年間有効なものとする義務が規定された。また，付属書（4-A）として，ブ

---

24)　米国を含む 12 か国で合意された環太平洋パートナーシップ（TPP）協定。2018 年
　12 月に，米国を除く 11 か国で，CPTPP として発効。

ルネイ，カンボジア，中国，インドネシア，ラオス，マレーシア，ミャンマー，ベトナムの 8 か国が，第 4 章に規定された一部の措置について，いわば猶予期間としての「約束の実施のための期間」を各国別に特定している。そのなかで，事前教示についてはインドネシアにおいて 2022 年 2 月 28 日，ベトナムについては 2021 年 12 月 31 日という期限が定められたほか，ラオスやミャンマーにおいても，制度の有効性や法的拘束力を持つ制度の導入の期限が発効から 5 年以内と定められている。

（2）到着貨物引き取り期限を規定

　事前教示制度に加え，TPP で合意した貿易円滑化措置のなかで，もうひとつユーザー企業にとって意義が大きいルールに，到着貨物の引き取り許可に関する期限の明示がある。急送貨物の場合，必要な税関書類の提出から 6 時間以内の貨物引き取りを認めることが義務づけられた（5.7 条）ほか，通常貨物についても，可能な限り，48 時間以内の引き取りを許可することが規定された。くわえて，貨物到着前に情報の提出が電子的に行えるようにすることや，保税倉庫等に移送せず到着地での引き取りを認めること，などが規定された。

　同様の貨物の引き取り許可の期限は，RCEP 協定においてもほぼ同等に規定されている。一般貨物について可能な限り，貨物の到着後かつ必要な税関書類の提出後「48 時間以内」（4.11 条），急送貨物については通常の状況において貨物の到着後かつ必要な税関書類の提出後，可能な場合には「6 時間以内」（4.15 条），の引取り期限が明示された。

　その他，前出の付属書（4-A）では，カンボジア，ラオス，ミャンマーの 3 か国においても，貿易手続きにかかる電子システムの利用や関連書類等の電子化，認定事業者のための貿易円滑化措置の導入，などの措置に関し，いずれも発効から「5 年以内」に導入することが規定されている。今後，各国に対して，制度導入に向けた国内法の整備や関連インフラの整備を促すという側面で，意義は大きいと考えられる。

2　利用企業にとっての課題と留意点（ルールと運用の乖離）

　CPTPP や RCEP 協定での約束にもとづく締約国間の統一ルールとして，事前教示制度の導入や，通関の迅速化・電子化など具体的措置が進展すれば，締約国における通関手続きの透明性，ビジネスの予見性を高める効果が見込まれる。また，その恩恵は，関税措置等とは異なり，締約国間だけで相互に享受するものではない。締約国の制度構築や手続き改定を進展させ，全般に締約国の事業者と貿易投資関係を有するすべての国の事業者に，恩恵をもたらすことになる。

　貿易円滑化に関する措置は，WTO の枠組みで，2017 年 2 月に「貿易円滑化協定」が発効している。しかし，同協定には，前出の事前教示制度のもとでの税関当局による回答期限や，到着貨物引き取り期限などは具体的に規定されていない。広域 FTA を通じたルール形成が，同じ対象分野の WTO ルールに先行する形で，自由化を深化・進展させている事例といえる。

　他方，既存の FTA においては，通関手続きに関わるルールや細則の運用で，各国特有の問題が生じるケースも発生している。とりわけ多国間協定の場合，協定本文や運用上の証明手続きの記載事項の解釈が，締約国の間で異なる事態が生じやすい。すなわち，一方の締約国では認められる運用が，もう一方の締約国では，厳格な条文解釈や独自の運用によって認められない事案である。

　日本企業が現場で同様の問題に直面した際には，協定文や附属書のなかで根拠となる規定の照会や，他の担当官の見解聴取，他の締約国での運用事例の提示等の対応が推奨される。また事案によっては，現地のジェトロや大使館などを通じた相手国当局への照会等のルートも検討の余地がある。

　以下，ジェトロへの代表的な相談事例をもとに，貿易円滑化関連措置の運用上の課題とリスク対応策を示す。

（1）通関での解釈の相違

　ジェトロに寄せられる FTA 関連相談のなかで，最も頻発に発生する問題のひとつに，輸入国税関による関税分類等の解釈に起因する FTA 特恵税率の適用否認がある。すなわち，輸出国で取得した原産地証明書に記載された

HS コードなどが，輸入国で分類・評価が異なると判断され，FTA 税率の適用が認められないという事案である。

　関税分類の相違は，（a）輸入通関時に指摘される場合，（b）事後調査において指摘される場合がある。とりわけ（b）の事後調査については，FTA のルールのもとでの検認に限らず，より頻度の高い各国の国内法にもとづく税務調査を通じた疑義を契機に，過去の関税分類・評価にもとづく特恵税率適用が否認される事例もある。

　ジェトロが 2016 年 10〜11 月に ASEAN に進出する日系企業を対象にした調査では，有効回答 2,218 社のうち 21.6％ が「税関で輸入申告内容と異なる関税分類の判断を受けた経験がある」と回答。またその判断を受けた時点については，そのうち約 4 割（39.3％）の企業が，「事後調査時点」[25] としている。事後調査による問題発覚のリスクは大きく，当該製品を輸入していた期間を対象に，過去に遡及して罰金を支払うよう命じられ，想定を大きく超える罰金額が輸入者側に課される事案も複数発生している。

　今後，従来の第三者証明制度に加え，自己申告制度等の利用機会が増えれば，申告企業の責任はこれまで以上に大きくなる。特恵関税の適用を予定する輸入品目に関しては，可能な限り，各国税関の事前教示制度を活用し，適用否認のリスクを最小限にしておくことが望まれる。

（2）国内関税法の定める書類の保存期限と FTA の規程の相違

　FTA を活用し，輸入締約国において関税減免の適用を受ける場合，原産地証明を行った輸出者（もしくは生産者）は，原産性を証明する各種の関連書類等（部材輸出入に関する書類，原産品を確認するために作成したすべての記録，サプライヤーからの宣誓書など）を一定期間，保存することが義務づけられている。

　書類の保存期限は FTA によって異なり，CPTPP であれば 5 年間，日 EU 協定であれば原則 4 年間，AJCEP であれば原則 3 年間と規定されている。他方で，各国の関税法上にもとづく輸入書類の保存期限は，必ずしも FTA

---

25)　「事後調査時点」，「輸入通関時点と事後調査時点の両方」と回答を合計した割合。

の規程とは一致しない。たとえば，タイやベトナムにおいては，関税法上の書類保存期限が 5 年と，AJCEP の定める書類保存期限よりも長いため，注意が必要である。過去にジェトロに寄せられた相談でも，輸入日から 3 年以上が経過した書類を保存していないことを，事後調査において指摘された事例が報告されている。また事後調査の対象となる期間も，FTA との規定と関税法上の定める事例は異なり，関税法上の定める期間の方が長期に設定されている国が多い。

　一部の国・地域においては税関当局による恣意的な制度の運用や職員の裁量によるペナルティなどの事例が依然として残る。リスク回避のためには，各国の関税法上の書類保存期間や事後調査対象期間を把握し，念のため，万一の調査に備えた保存期間の設定などをしておくことが望ましい。

（3）経由地での積み替えが発生した場合の「積送基準」の見解相違
　FTA の特恵関税適用要件のひとつである「積送基準」では，輸出国から輸入国までの製品の原産性を維持したまま輸送することが要求される。かりに第三国で蔵置，積替えて輸送する場合は，原産品の資格を失っていないことを証明する書類が必要であり，日本が締約する FTA では，一般的に，(a) 通し船荷証券（B/L）の写し，(b) 経由地で加工など無いことを示す政府当局発給の証明書，(c) その他税関長が適当と認める書類，が証明書類として認められている。

　この積送基準の運用は，受け入れ国側によって差があり，経由国の保税域内で積み替えのみの場合，証明書類を要求されない国もあれば，経由地がある場合は条件を問わず，きわめて厳格に証明書類を要求するケースもある。

　過去に，インドネシアにおいては，通し船荷証券を提出した場合でも，それに加えて，経由地当局の発行の非加工証明書が要求され，それを提出できないことによる特恵税率適用の否認事例が多数発生した。経由貨物に対する非加工証明書の発行は，多くの国の税関当局が対応不可としており，「インドネシア政府の要求が満たせず，特恵税率が認められない」という相談がジェトロにも数多く寄せられた。

　くわえて，同国では，「通し船荷証券上に，経由地や積替え後の船名など

の記載がない」ことを理由に，特恵税率が否認される事例も数多く発生している。

　同事案に対してはジャカルタの日本商工会議所組織・ジャカルタジャパンクラブ等を通じた周知により，（a）通し船荷証券および原産地証明書所定欄に見込みの経由地等を記載すること，（b）通し船荷証券に「Through Bill of Lading」と明記する，ことを徹底する対応が取られている。

　第三国経由で積み替えや分割のある貨物の「原産性」が問われる事例は数多いことから，輸入者は，経由地の税関当局による非加工証明書の発行可否なども含め，十分な事前確認が求められる。

（4）その他原産地証明書の記載内容に起因する問題

　特恵税率利用の申告を行う輸入通関の現場では，前出の事例に加え，原産地証明書の記載不備を理由とする特恵税率の適用否認がたびたび発生する。日本税関は，日本との間で発効する相手国・地域別 FTA の原産地証明書の記載方法の詳細や注意点を，各所定フォームの記載例とともに公開 [26] している。また第三国間の FTA のうち，日本企業の利用頻度の高い協定の原産地証明書の記載方法は，ジェトロウェブサイト上の「EPA 活用法・マニュアル」[27] のなかで紹介している。

　ジェトロに日々寄せられる貿易相談では，記載項目のうち，（a）品目名の記載の不受理（インボイスとの相違など），（b）当該輸入品の FOB 価格記載が要件となっている場合の，FOB 価格記載をめぐる輸入税関と輸入者との認識の不一致，（c）第三国インボイス取引の場合の記載不備，記載内容の見解相違（発行者名，価格など），（d）遡及発給原産地証明書 [28] による申請の適用否認・不受理，（e）輸送手段や経路に関する記載内容の不受理，などの特恵税率適用否認の事例が複数国から報告されている。また，原産地証明

---

26)　日本税関原産地証明書ポータル「各原産地証明書の記載要領，記載事項の比較表」〈https://www.customs.go.jp/roo/procedure/kisai/index.htm〉。

27)　ジェトロ「EPA 活用法・マニュアル」〈https://www.jetro.go.jp/theme/wto-fta/epa/〉。

28)　FTA の特定原産地証明書の発給申請は，原則，船積みまでに行うこととなっているが，貨物を緊急に輸出しなければならない場合等を想定し，一定期間（日本の FTA の多くは船積み後 12 か月間），遡及発給（事後発給）手続きが可能となっている。

書上のチェック欄が手書きであることを理由に不受理となるケースもある。

　価格やインボイス情報などに関しては，取引当事者間の関係性により，記載が難しい場合もあることから，代替が可能な根拠書類やその要件などをあらかじめ輸入税関に確認しておくことが望ましい。また，書類の受理／不受理や特恵税率適用の可否は，最終的には輸入税関の判断になることから，原産地証明書の発給側で記載内容を事前調整・修正できる場合は，発給機関に相談のうえ，輸入税関側の要求に従った記載とするのがスムーズである。

　また，国によっては，協定の定めと異なる輸入国税関の独自の慣行や税関担当官個人の判断による，不透明・不適切な理由により，申請が受理されない事案が発生することもある。そのような事案が発生した際には，協定にもとづく根拠規定の照会，他の担当官の見解聴取等の対応が推奨される。また，現地のジェトロ事務所等を通じ，税関当局へ当該事案の照会等を図った結果，問題の解決に至る事例もある。

【コラム】域外パートナー国のリソースを活用した貿易円滑化の推進

　ASEAN 加盟 10 か国は，2025 年を目標年とする ASEAN 経済共同体（AEC）の深化へ，統合分野別のアクションプランを設定している。そのアクションプランの実現に不可欠な存在が，日本や米国，欧州などの ASEAN ダイアログパートナー（対話国）[1] だ。制度・インフラ構築や技術・ノウハウの供与，人材育成等を含む包括的な協力を通じ，アクションプランの効果的・効率的な実施を後押しする。

　物品貿易分野の協力でひときわ存在感を放つのが EU だ。ARISE[2] Plus と銘打つ貿易円滑化プログラムにより ASEAN 域内のシームレスな貿易の実現と域内取引コストの大幅な削減を目指す。同プログラムを通じた支援により，とくに成果を上げているのが，以下の 3 プロジェクトである。

①　ASEAN 税関トランジットシステム（ACTS）〈https://acts.asean.org/〉：域内輸送をシームレス化するための通関書類の共通化・電子交換，同一車両の域内通行許可等を認めるシステム。2020 年 11 月より（一部国内批准未完了の国を除いて）正式運用開始。

②　ASEAN 貿易レポジトリ（ATR）〈https://atr.asean.org/〉：各国の貿易関連情報のデータベースを整備・集約し一元的なポータルサイトとして公開。「情報アクセス」の改善に貢献。

③　ASEAN 投資・サービス・貿易解決システム（ASSIST）〈https://assist.asean.org/en/home〉：専用サイトを通じた民間企業の申立により，ASEAN 域内の貿易投資関連の課題解決を図るメカニズム。

　特筆すべきは，これら貿易円滑化アクションプランの推進体制における，対話国の民間企業の積極関与である。ASEAN は，物品貿易に関する各種プロジェクトの実施において，①10 か国の貿易・通関等の実務・政策担当者による調整委員会での議論→②調整委員会を統轄する貿易円滑化合同諮問委員会（ATF-JCC）での詳細計画の策定，を経て→③経済局長級会合→④大臣会合での承認・ルール化，という段階的なアプローチを取る。このプロセスにおいて，EU 企業が構成する EU・ASEAN ビジネス協議会は，分野別の調整委員会や ATF-JCC の定期会合に積極的に参画し，ARISE プロジェクトを円滑かつ効果的に推進するための方向性や必要な協力・支援の内容をともに協議する体制を

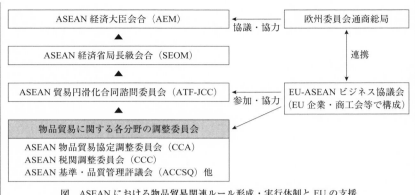

図　ASEAN における物品貿易関連ルール形成・実行体制と EU の支援
出所：ASEAN 事務局，欧州委員会等の情報をもとに筆者作成。

構築している。（図を参照）

　域外の対話国との合意にもとづき，各統合分野における対話国の経験・ノウハウおよび資金面でのリソースを有効活用しながら，アクションプランを着実に実行するアプローチは，ASEAN 特有の効果的な経済統合の推進手段といえるだろう。

　1)　外交上の協力枠組みとして 10 か国・地域（オーストラリア，カナダ，中国，EU，インド，日本，韓国，ニュージーランド，ロシア，米国）を「対話国」と位置づけている。
　2)　ASEAN Regional Integration Support from the EU の略。EU は 2016〜22 年の 6 年間で同プログラムに 4,000 万ユーロを提供。

第6章

サービス貿易
市場アクセスの改善を事業拡大の足掛かりに

┌─ ポイント ─────────────────────────────
│ ◆サービス貿易の国際的な規律は，WTO 協定の一部であるサービスの貿易に
│ 関する一般協定（GATS）によって定められる。しかし 1995 年の発効以
│ 来，さらなる自由化に向けた追加交渉が停滞しており，サービス貿易の自由
│ 化は FTA を中心に進む。
│ ◆世界の FTA サービス章は，対象業種の範囲や，水準という点で，GATS よ
│ りも自由化を達成しやすい方法で自由化約束を行う傾向にある。また，日本
│ は同一国と複数の異なる FTA サービス章を締結し，相手国市場の段階的な
│ 開放を実現している。
│ ◆FTA で自由化が約束されても，その企業は特恵的待遇を自動的に受けられ
│ るとは限らない。まずは自由化の内容を理解したうえで，国内法レベルでそ
│ の自由化がどう反映されているかを確認する必要がある。
└─────────────────────────────────────

第1節　サービス貿易

1　特徴と推移

　サービス貿易とは国境を越えたサービスの取引を指す。物品貿易と比較したサービス貿易の特徴としては，(a) 無形性（売買の前後で形が目に見えない），また，サービスの提供と消費が同時に行われるため，(b) 不可逆性（一度購入すると返品できない），(c) 非貯蔵性（貯蔵や在庫することができない）を挙げることができる。この特徴ゆえに，サービス貿易は基本的に生産者と消費者の近接性（近くにあること）を必要とするが，情報通信技術の

進展により，一部のビジネスにおいては，その制約が軽減されつつある。

　一方でサービス貿易では，サービスの提供や消費に係る国内規制が障壁になりやすく，その撤廃が貿易の自由化に向けた課題となる。この点，関税などの国境措置を課題とする物品貿易とは対照的である。国内規制はインフラの安定性維持や，文化や伝統の保護，消費者の保護といった各国の公共・政策目的にもとづくものが多い。さらに国内規制は可視化・定量化しにくく，各国の状況を比較しにくいこともあり，サービス貿易の自由化は物品貿易とは異なる難しさがある[1]。

　世界の貿易におけるサービス貿易の存在感は高まりつつある。世界貿易機関（WTO）によると，2020 年の世界のサービス貿易額（輸出ベース）は 4 兆 9,138 億ドルとなり，世界貿易額（物品＋サービス）に占めるサービス貿易額の割合は 21.8% を占めた。2020 年は新型コロナウイルス感染症（以下，新型コロナ）の影響で貿易が縮小したが，2019 年までサービス貿易は物品貿易を上回るペースで拡大を続けていた[2]。2010 年から 2019 年にかけての平均成長率は，物品貿易が 2.4% であるのに対し，サービス貿易は 5.2% だった。

　サービス貿易拡大の要因としては，情報通信技術の発達や，経済のサービス化等を挙げることができる。たとえば，インターネットの登場は，国境を越えて取引できる商品の範囲を広げ，生産者と消費者間に生じる距離の障壁を取り除き，電子バンキングや E ラーニング，遠隔でのソフトウェア開発やコンサルタント，アドバイザリーを可能にした[3]。

---

1)　ただし，近年ではサービス貿易の障壁を定量化する試みも存在する。たとえば，OECD は主要国別・サービス分野別のサービス貿易関連規制の制限度を測る指標として，サービス貿易規制指数（Services Trade Restrictiveness Index: STRI）を公表している。STRI は 0 から 1 の数字を取り，1 に近いほど貿易環境が制限的であることを示す。OECD, "Services Trade Restrictiveness Index," ⟨https://stats.oecd.org/Index.aspx?DataSetCode=STRI⟩.

2)　2020 年は新型コロナの影響で，「旅行」が前年比 62.6% 減と縮小したことからサービス貿易は同 20.1% 減となった。新型コロナの影響が及ばない，2019 年のサービス貿易は前年比 2.3% 増の 6 兆 1,502 億ドル，世界貿易額に占めるサービスの比率は 24.4% だった。

3)　WTO, "Introduction to the GATS"（January 2013）⟨https://www.wto.org/english/tratop_e/

2　サービス貿易のルール

(1)　GATS の概要

　サービスの貿易に関する一般協定（GATS: General Agreement of Trade in Services）は，サービス貿易に関する世界で初めての多国間協定である。ウルグアイ・ラウンド交渉の結果，WTO 協定の一部として 1995 年に発効した。GATS は，透明性と漸進的な自由化を確保しながらサービス貿易を拡大させることを目的とし，WTO 加盟国（以下，加盟国）の権利義務を定める。後述する FTA サービス章は GATS をもとに発展してきたため，まずは GATS の概要から紹介をする。

　GATS は，前文，本文（6 部構成），8 つの附属書および各国の「特定の約束に係る表（約束表）」からなる。GATS はまずサービス貿易の態様（モード）を（a）越境取引（モード 1），（b）国外消費（モード 2），（c）商業拠点（モード 3），（d）自然人の移動（モード 4）の 4 つに定義する（GATS 第 1 条）[4]。対象となるサービスの範囲は，政府の権限の行使として提供されるサービスを除くすべての分野としている（同 1 条）。

　GATS は各国の公共・政策目的に配慮し，すべての分野のサービス貿易に関して守るべき義務（一般的義務）を定めつつ，自由化に関する義務は加盟国が自由化を約束した範囲にだけ適用することを認める。他方で自由化水準を漸進的に高めるべく，協定発効後も自由化約束の見直しに向けた交渉を進めることが確認されている（同 19 条）。

　一般的義務としては最恵国待遇（同 2 条）と透明性（同 3 条）の確保がある。GATS 第 2 条は加盟国に対し，すべての加盟国のサービス提供者に同等

---

serv_e/gsintr_e.pdf〉.

[4]　モード 1（越境取引）は，サービスの生産者，消費者ともに自国にいたまま行う取引を指し，電話やオンラインでの情報提供等が当てはまる。モード 2（国外消費）は，消費者が国境を越えてサービスを消費する形態で，旅行者が海外でサービスの提供を受けることなどが挙げられる。モード 3（商業拠点）はサービスの生産者が消費者先に拠点を設立し，現地でサービスを提供する場合である。モード 4 はサービスを生産する自然人（個人）が消費者のいる国へ一時的に移動して取引を行う形態を指し，日本人歌手が海外でコンサートを実施することなどが含まれる。なお，モード 4 において，自然人が雇用などを求めてサービス消費国に長期的に滞在する場合は GATS の適用対象外となる。

の待遇を与えることを義務づけ，国籍にもとづく差別を禁止する。また GATS 第 3 条はサービス貿易に関連する国内法令の透明性を確保するため，加盟国に当該法令・措置を公表することなどを義務づける。

　つぎに各加盟国は自由化を約束した範囲で，市場アクセス（同 16 条）と内国民待遇（同 17 条）に係る義務を負う。とくに市場アクセスは GATS 特有の規定である。加盟国は主に国内産業の保護などを理由に，サービス提供に係る数量制限や業務拠点の形態規制，また外資規制を行うことがあるが，これらは外国企業の市場参入障壁となる [5]。そこで GATS 第 16 条は市場アクセスを確保するため，加盟国がとるべきではない 6 つの類型の措置を明示する [6]。加盟国は自由化約束時に約束の対象とした分野については，約束表に何らかの留保を付さない限り，これらの措置を維持，実施してはならない。また市場アクセスと内国民待遇の対象外となる措置についても，サービス貿易に影響を及ぼすものであれば，追加的約束として各国が自発的に自由化の対象にできる（同 18 条）。

　なお，金融，電気通信，航空運送サービスについては，各分野の特別なルールが GATS の附属書に定められている。これらは GATS 本文に加えて追加的に適用されるもので，主な内容としては各分野における用語の定義を明らかにするもの，加盟国の約束表に掲載される追加的な義務を定めたもの，GATS の適用除外を定めたものなどがある。

（2）自由化約束

　加盟国は各分野における自由化約束を「約束表」としてまとめる。これは物品貿易において賦課できる関税率の上限を定めた譲許表に相当する。

　GATS の約束表は（a）各分野に共通の約束と，（b）分野ごとに行う特定の約束に分かれる。それぞれ「市場アクセスに係る制限」，「内国民待遇に係

5）　もっとも数量制限（脚注 6 の a〜d）は外国企業のみならず，国内企業にも影響を与えるものである。

6）　措置の類型として，（a）サービス供給者の数に関する制限，（b）サービスの取引額または資産総額に関する制限，（c）サービスの総産出量に関する制限，（d）サービス提供の雇用者数の制限，（e）企業形態制限，（f）外国資本制限等の 6 種類の措置が限定的に列挙されている。

表 6-1　約束表（分野別）の記載例

分類 (Sector or subsector)	市場アクセスに係る制限 (Limitations on market access)	内国民待遇に係る制限 (Limitations on national treatment)	追加的な約束 (Additional commitments)
d）経営相談に関連するサービス（Services related to management consulting）	1）約束しない（Unbound）	1）Unbound（約束しない）	（注）この欄は，第16条（市場アクセス）および第17条（内国民待遇）の義務の対象とならない措置で自発的に自由化意思を表明する措置を記入。
（注）本表には，何らかの自由化約束を行う分野のみ記載。	2）制限しない（None） 3）サービス提供者に与える許可の数は，制限され得る（The number of licenses conferred to service suppliers may be limited.）	2）None（制限しない） 3）各分野に共通の約束における記載を除くほか約束しない（Unbound except as indicated in HORIZONTAL COMMITMENTS.）	
したがって，この欄に記載されていない分野は，特定の約束に係る義務（市場アクセス，内国民待遇等）を負わない（ただしMFN義務は負う）	4）各分野に共通の約束における記載を除くほか約束しない（Unbound except as indicated in HORIZONTAL COMMITMENTS.）	4）約束しない（Unbound）	

供給形態（Modes of Supply）：1）越境取引（Cross-border supply），2）国外消費（Consumption abroad），3）商業拠点（Commercial presence），4）人の移動（Presence of natural persons）
出所：経済産業省『2020年版不公正貿易報告書』（2020年7月），359頁より引用。

る制限」，「追加的な約束」の3項目について自由化約束の内容が記載される。（b）はWTO事務局が示す12分野155業種の業種分類をベースに記載される。表6-1は（b）の一例として「経営相談に関連するサービス」に関する特定約束の例を示す。

　「市場アクセスに係る制限」には，4つの貿易モード別に，加盟国が16条に示す6つの類型の措置を取らずに完全に自由化することを約束するか〔「制限しない」（None）と記載〕，全てまたは一部の措置を留保するかが記載されている[7]。同じく「内国民待遇に係る制限」についても，加盟国は内

7）　措置の類型は脚注6参照。約束表の記載方法としては，一部留保（「～を除いて制限しない」〔None except～〕），一部自由化（「～を除くほか自由化約束しない」〔Unbound expect～〕），完全留保（「約束せず」〔Unbound〕）がある。

国民待遇の義務を受け入れるか否かを記載する。「追加的な約束」には，た
とえば基準や資格，免許についての条件などが記載される。

　約束表はあくまで加盟国の国際協定（GATS）上で行う最低限の自由化水
準を示す。加盟国は，約束表で示された自由化水準を超える規制緩和・撤廃
を行うことや，逆に約束表の水準まで規制を強化することもできる。それゆ
え各国の実際の自由化状況については，国内法令を確認する必要がある。

3　GATS 体制の課題

（1）停滞する自由化交渉とルール策定

　GATS 発効から 5 年後の 2000 年，加盟国は GATS 第 19 条にもとづき漸進
的な自由化交渉を開始した。2001 年 11 月にはドーハ開発アジェンダの枠組
みで，サービス交渉を農業や非農産品（NAMA）といった他分野の交渉と
一体的に行うことが決定された。しかしサービス交渉自体に対する先進国と
途上国の姿勢の違い，加盟国の新たな自由化約束に関する提案の遅れ，農業
など他分野の交渉進展とのバランスなどが重なり，今日まで自由化交渉に進
展はみられない。

　GATS のもとで自由化交渉が停滞するなか，2013 年 6 月には WTO の有志
国による新たなサービス貿易協定（TiSA: Trade in Services Agreement）に向
けた交渉が本格化した。TiSA は 2016 年中の妥協を目指して交渉が進められ
ていたものの，現在までその実現には至っていない。

　自由化交渉に加えて，GATS ルールの未整備も大きな課題である。GATS
は国内規制（同 6 条 4 項），セーフガード措置（同 10 条），政府調達（同 13
条），補助金（同 15 条）などについて，協定発効後に詳細なルール策定に向
けて交渉を開始するとしている。しかし WTO の国内規制作業部会および
GATS ルール作業部会を中心に検討は行われているものの，目立った成果は
みられていない 8)。

---

8)　WTO の有志国は 2017 年 12 月，第 11 回 WTO 閣僚会議においてサービスの国内規
　　制に関する閣僚声明を発出した。日本を含めて 64 の加盟国（2021 年 7 月時点）が，
　　第 12 回 WTO 閣僚会議に向けて，閣僚声明にもとづく交渉を継続している。

（2）FTA を通したサービス貿易の自由化が活発化

　GATS 体制下での交渉が行き詰まるなか，世界では 2000 年代から FTA にサービス章を設け，さらなる自由化や新たなルール策定を行う動きが活発化している。今日，WTO に通報された FTA の約半数がサービス章を規定している [9]。

　サービス章の FTA を締結する動きは先進国のみならず途上国にも広がる。ある研究によれば，2014 年末までに WTO に通報されたサービス章を含む FTA のうち，締約国の一方または両方に途上国を含むものの比率は 90% であった [10]。物品貿易のみを規定する FTA におけるこの比率は 78% であることを踏まえると，多国間交渉の場では消極的な姿勢をみせてきた途上国が，FTA を通したサービス貿易のルール形成に意欲的であることがわかる。

　さらに同研究によれば，物品貿易のみを規定する FTA は 56% が地域横断型（異なる地域間で締結される FTA）であったのに対して，サービス章を含む FTA は 72% が地域横断型だった [11]。サービス貿易は物品貿易に比べて地理的近接性を必ずしも必要としないため，異なる地域間での FTA 締結がより容易に進んだものと考えられる。

第 2 節　サービス章を含む FTA の特徴

1　GATS 型と NAFTA 型に分かれる FTA サービス章

　本節では GATS が発効した 1995 年から 2017 年までに WTO に通報されたサービス章を含む FTA（135 件）をもとに，FTA サービス章の特徴を整理する [12]。

---

9)　詳細は第 2 章を参照されたい。

10)　P. Latrille, "Services rules in regional trade agreements: how diverse or creative are they compared to the multilateral rules?" in Rohini Acharya（ed.）, *Regional Trade Agreements and the Multilateral Trading System*（Cambridge: Cambridge University Press, 2016）, pp. 421–493.

11)　Ibid.

12)　本節では世界銀行が公開するデータベース "Content of Deep Trade Agreements" にも

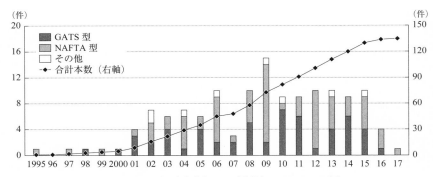

図 6-1　サービス章を含む FTA（発効年，1995〜2017 年）
出所：World Bank, "Content of Deep Trade Agreements"（2.0 ver）から作成。

　FTA サービス章は，サービスの自由化に向けた約束方式により，大きく GATS 型と NAFTA 型に分類できる [13]（図 6-1 参照）。GATS 型は GATS の約束表と同じように，自由化を約束する分野を列挙して自由化を目指す。こうした自由化約束の方法はポジティブリスト方式（以下，ポジリスト方式）と呼ばれる。FTA サービス章全体の 41.5%（56 件）がこの GATS 型である。

　他方，原則すべての分野を自由化するという前提のもと，自由化を約束しない分野・法令を列挙する方法をネガティブリスト方式（以下，ネガリスト方式）と呼ぶ。ネガリスト方式は北米貿易自由協定（NAFTA）を踏襲した自由化方式で，この方式を採用する FTA サービス章は NAFTA 型と呼ばれる。約束内容にもよるが，一般的にネガリスト方式の方がより自由化に資する枠組みであるとされる。さらに自由化されない現行措置が明示されることで，参入障壁に関する予見可能性が高まるとの見方もある。NAFTA 型に分類される FTA サービス章は全体の 52.6%（71 件）を占め，その比率は GATS 型を上回る [14]。

　　とづき FTA サービス章の特徴を整理する。第 2 章で紹介した DESTA に比べて，より詳細にサービス章のルールが類型化されているのが本データベースの特徴である。
13)　協定によっては GATS 型に分類されても，一部ルールの適用をネガリスト方式で定めるもの，またはその逆のケースもある。
14)　なお，GATS 型，NAFTA 型いずれにも分類されず，サービス貿易の自由化をまったく違ったアプローチで規定する FTA も 8 件（5.9%）ある。このうち 4 件は EU が西バルカン諸国と締結する FTA（安定化・連合協定）である。安定化・連合協定は EU が

2　GATS と比較した FTA サービス章の特徴

(1) 最恵国待遇

　最恵国待遇は FTA サービス章のうち 85.2%（115 件）で規定される。GATS の最恵国待遇は自由化約束などの恩恵をすべての加盟国に無差別に与えることを義務づける。一方で FTA サービス章に最恵国待遇を規定する理由は，締約相手国が自国以外の第三国との間でより自由化度の高い FTA を締結した結果，自国に対する自由化約束が第三国との関係で劣後することを防ぐ点にある。ある FTA における自由化約束を別の FTA 締約国にも無差別に適用することは，全体としての自由化レベルの引き上げに貢献する。他方で，自由化約束はそれぞれ二国間・複数国間交渉の結果を反映したものであり，約束の対象を無差別に広げることは FTA 交渉の柔軟性を損なう恐れもある。そのため FTA サービス章の最恵国待遇には，その適用に制約や条件が課されていることも多い。たとえば，日タイ経済連携協定（以下，日タイ協定）や日インド協定の最恵国待遇条項は，締約国が別の FTA で第三国に対してより水準の高い自由化約束を行った場合，その自由化約束を当該 FTA に組み込むことを考慮することを定める[15]。

　ただし，附属書（MFN 留保表）で適用除外とする分野を指定しつつ一般的な最恵国待遇を約束する野心的な FTA サービス章もある[16]。このタイプの FTA では，留保された分野を除き，FTA 締約相手国が第三国に対して行った最も高度な自由化約束が自動的に当該 FTA に組み込まれる。その結果，当該 FTA の自由化約束は締結後に更新され，常に最高水準の自由化度を維持することができる。

　たとえばフィリピンは鉄道運送機器の保守および修理のサービスにおいて，

　締約相手国との単一市場形成を目指すべく，人・企業・サービス・資本の自由移動という観点からサービス貿易の自由化が規定されている。

15)　このほか，最恵国待遇を FTA のもとで約束される特恵的な待遇に対しては適用しないことを原則規定しつつ，特恵的な待遇に関する協議（日ベトナム協定第 63 条）やその付与に関する努力義務（日スイス協定第 45 条）を定めるものもある。

16)　日本はメキシコ，フィリピン，チリ，ブルネイ，ペルー，オーストラリア，モンゴル，EU との FTA および環太平洋パートナーシップに関する包括的および先進的な協定（CPTPP，いわゆる TPP11）でこのタイプの最恵国待遇を定めている。

ASEAN 加盟国に対して最大 100% の出資を認めているが，日フィリピン協定ではこうした約束がされていない。しかし同協定の最恵国待遇を利用すれば，日本企業がフィリピンの ASEAN に対する自由化約束を活用して，同国に進出することが可能になる。

（2）自由化規定（内国民待遇，市場アクセスなど）

　FTA サービス章は，GATS と同趣旨の内国民待遇・市場アクセスを規定する。ただしその自由化約束の方法は，上述のとおり，ポジリスト方式（GATS 型）とネガリスト方式（NAFTA 型）に分けられる。

　NAFTA 型では，留保表で列挙されない措置・分野に自由化規定が完全に適用される。留保表は（a）現行の法令・措置のうち自由化規定に適合しないものを留保する「現在留保」，（b）将来的に規制強化や新規制定する可能性のある分野を留保する「将来留保」の 2 種類がある。（a）で列挙した措置については，継続して適用することが許容されるが，原則として協定の発効時点よりも制限的な措置を取らない義務（スタンドスティル約束）を負う [17]。他方，（b）で示した分野については，協定発効後も自由化規定に服することなく，新たな規制の導入・維持・修正が許容される。

　NAFTA 型の約 4 割は市場アクセスに関する規定を設けず内国民待遇のみを規律する。この特徴はとくに初期の NAFTA 型に多くみられる [18]。また市場アクセス規定が設けられる場合でも，GATS で禁止される措置のうち，モード 3（対内直接投資）に関連する措置（外国資本制限など）はサービス章における自由化約束の対象外とされることがある [19]。たとえば環太平洋パートナーシップに関する包括的および先進的な協定（CPTPP，いわゆる TPP11）や日ペルー協定の市場アクセス規定がこのタイプに該当する。

　さらに FTA サービス章のうち 46.7%（63 件，すべて NAFTA 型）は，国境を越えるサービス提供に際して，現地拠点の設立要求を禁止する規定を設

---

17)　さらに（b）では列挙した措置につき，いちど自由化水準を引き上げたら後戻りできないという規定（ラチェット約束）を設けることもある。

18)　たとえば，日メキシコ協定や日チリ協定では市場アクセス規定がない。

19)　この場合，外国資本制限は投資章の内国民待遇で規律される。

ける[20]。現地拠点を設立せずともサービス提供が可能な業種について，こうした要求がサービス貿易の障害になるのを防ぐ目的がある。

（3）国内規制（許可，免許，資格）

　各国は消費者保護などの政策目的から，資格要件や資格の審査に係る手続き，技術上の基準などを定める。しかし運用次第では，こうした国内規制が外国企業の参入障壁になる可能性がある。GATS はこの点を踏まえて，(a) 客観的で透明性の高い基準を設けること，(b) サービスの質を確保するために必要である以上に大きな負担にならないこと，(c) 免許手続き自体がサービス提供への負担とならないようにすることを要件とする新たなルール策定に取り組むとするが，今日までその実現には至っていない。

　こうした背景から FTA サービス章では (a) ～ (c) を努力義務とするものや，特定約束の分野に限定するなどして義務として明記するものがある[21]。その他，FTA サービス章全体の 82.2%（111 件）が当局による審査・手続き状況の報告義務を定め，66.7%（90 件）が資格付与に係る決定に要する期間を設けている。こうした規定は GATS 型と NAFTA 型の両方にみられる。

（4）セーフガード，政府調達，補助金

　先述のとおり，この分野に関するルール策定は GATS 作業部会を中心に議論が継続するも未整備の状態である。ただし，補助金分野についてサービス章の適用除外とすることを定める FTA は全体の 80.0%（108 件，うち GATS 型 42 件，NAFTA 型 66 件），政府調達の分野への適用除外を定めるものが 92.6%（125 件，うち GATS 型 54 件，NAFTA 型 70 件）にのぼる。

　セーフガード規定は FTA サービス章全体の 25.9%（35 件）で設けられる。

---

20)　日本はメキシコ（第 100 条），チリ（第 109 条），ペルー（第 107 条），オーストラリア（第 9.6 条）との FTA（すべて NAFTA 型）で拠点設置要求の禁止を定めている。

21)　たとえば，前者のタイプとして日マレーシア協定（第 102 条），日インドネシア協定（83 条），後者のタイプとして日シンガポール協定（64 条），日タイ協定（80 条）などがある。

とくに ASEAN の FTA サービス章（ASEAN 加盟国が単独で締結する FTA を含む）でセーフガードを規定する FTA の比率は 58.6%（29 件中 17 件）と高い。シンガポールを除く ASEAN 加盟国は WTO でサービス分野のセーフガードの導入を主張しており，この方針が FTA に反映されている。ただしこうした規定は，自由化の結果，自国のサービス産業に悪影響が発生した場合，締約国間で協議を行うことなどを定めるにとどまり，具体的なセーフガード手続きを規定してはいない。たとえば，協定発効後に具体的な交渉を進めること [22]，WTO でのセーフガード規定に係る交渉結果を当該 FTA に反映させること [23] などとされる。

（5）分野別規定

GATS では附属書で分野別の追加規定がおかれたが，FTA でも附属書や独立した章としてこれらが設けられることがある。追加規定が設けられる分野としては，金融，電気通信サービス，国際海上運送サービスなどがある。

第3節　日本の FTA サービス章

1　ネガティブリスト方式への転換が進む

日本はこれまでに発効させたすべての FTA でサービス章を設けている。サービスの自由化に慎重なアジア諸国との二国間 FTA は GATS 型であるが，欧州・中南米諸国やオーストラリアとの二国・地域間 FTA は NAFTA 型である。

ただし最近は，従来ポジリスト方式で自由化約束をしていた国々とネガリスト方式で自由化約束を結び直すケースもみられる（図 6-2 参照）。たとえば 2018 年 12 月に発効した CPTPP では，ブルネイ，マレーシア，ベトナム，シンガポールとの間で新たにネガリスト方式にもとづく自由化が約束された。

---

22)　たとえば，日マレーシア協定（第 106 条），日タイ協定（第 84 条）
23)　たとえば，日インドネシア協定（第 89 条），日ベトナム協定（第 73 条）

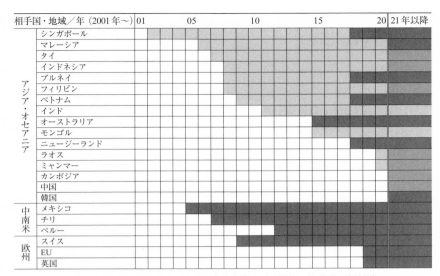

図 6-2　日本の FTA サービス章の自由化方式（発効年，相手国・地域別）

注：1）薄い塗りつぶしはポジリスト方式，濃い塗りつぶしはネガリスト方式，斜線は RCEP 協定のもと，将来自由化約束をネガリスト方式に切り替えることを約束した箇所を示す。

　　2）マレーシアは CPTPP の批准手続きを完了させればネガリスト方式による自由化約束が適用される見通し。

　　3）カンボジアとは 2021 年 2 月に日 ASEAN 包括的経済連携協定第一改正議定書（ポジリスト方式）を発効させた。

出所：各協定から作成。

　また 2020 年 11 月に署名された地域的な包括的経済連携（RCEP）協定は，締約国により自由化約束の方式が異なる混合方式を採用する。このうちポジリスト方式を採用する国については，協定発効後から 6 年以内（フィリピン，タイ，ベトナム，中国およびニュージーランド）または 15 年以内（カンボジア，ラオス，ミャンマー）に自由化約束表をネガリスト方式に切り替えることを定める [24]。それゆえ将来的には，これらの国々ともネガリスト方式にもとづく自由化約束が行われる。なお，韓国は RCEP のもとで，ネガリスト方式で自由化約束を行う。

　自由化約束の方式が切り替わったことで実際にどの程度自由化が進んだかは，既存の約束表との比較が不可欠である。しかしアジア地域を中心にサー

24）　RCEP 協定第 8.12 条。

ビス貿易の自由化に向けた動きは着実に進んでいるといえよう。

2　FTAによる自由化内容を把握する

　FTAサービス章にもとづく自由化が進むなか，自社の事業分野に関する自由化内容を把握し，それをビジネス機会につなげることが重要である。自社が図6-2で示した国・地域に対してサービスを提供する場合，まず当該国・地域とのFTAの自由化約束方式を確認したうえで，附属書にある締約相手国側の約束表（ポジリスト方式）または留保表（ネガリスト方式）を確認する。

　約束表（ポジリスト方式）の確認方法はGATSの約束表と同じで，すべての分野に共通の約束表と特定分野の約束表の2種類を確認する。特定分野の約束表ではFTAでは業種名とともにCPC（標準産業分類）コードや各国が定める産業分類コード（日本はJSIC）が併記されることもあり，自社の業種の特定をする際の参考になる。他方でFTAにおける特定分野の約束表はすべての業種を網羅しているわけではない。自社の事業分野が約束表で記載されていない場合，当該FTAでは自由化約束がされていないと理解する。

　留保表（ネガリスト方式）の場合，まず将来留保表で自社の事業分野が自由化の対象外とされていないかを確認し，現在留保表の確認に進む。現在留保表の該当業種で，関連措置と適用が留保される自由化規定（内国民待遇，市場アクセス，現地拠点設置要求の禁止など）が明示されている場合，当該措置は留保内容以上に制限的なものにはならないと理解できる。留保表に自社の事業分野に係る記載がない場合，各FTAで規定された自由化規定が完全に適用される。

　また，留保表では当該措置が政府のどのレベル（中央政府または地方政府）で維持されるのか，またその根拠となる現行の法令名・条文番号が何かが記載されている。新たに当該国向けにサービス提供を検討する際，自社の事業分野における関連規制を特定する際にも有益である。

　なお，近年は同一国と複数の異なるFTAサービス章を締結されFTAの重層化が進む。新たなFTAでは自由化の範囲・水準が改善されることもあり，複数のFTAの自由化約束を比べることも重要になる。さらに当該FTAの締

約相手国がよりハイレベルな自由化を第三国との FTA で約束すると，最恵国待遇条項を介してその特恵的待遇を要求できる可能性もある。リソースが許す限り，相手国が第三国と締結する FTA サービス章の内容も確認すべきである。

3 FTA サービス章による自由化事例

　FTA サービス章による自由化は，とくにモード 3（商業拠点の設置）において GATS を超える自由化約束がされることが多い。以下ではベトナムとタイの事例をもとに，サービスの自由化が日本企業にもたらすメリットや留意点を紹介する。

（1）ベトナム：小売店舗数に係るエコノミック・ニーズ・テストの撤廃

　ベトナムは 2007 年の WTO 加盟にともない，GATS の自由化約束において小売サービスの外資 100％ での参入を認めた。ただし市場アクセス（モード 3）については，2 店舗目以降の設立をエコノミック・ニーズ・テスト（ENT）にもとづき検討するとし，サービスの供給者数に関する制限を自由化の対象外としていた。ENT では省級人民委員会が出店予定地域の小売店舗数，市場の安定性，人口密度などの基準をもとに審査を行い承認の可否を決定する。日本企業は小売店舗設立許可書の申請時にこの承認を受ける必要があるが，審査基準は必ずしも明確ではなく，事実上 2 店舗以上の出店が困難な状況にあった。

　日本とベトナムとの間で 2018 年 12 月に発効した CPTPP では，ベトナムが現在留保表において，協定発効から 5 年以内に ENT を完全撤廃することを約束した。これにより日本企業は将来的に当該承認を受ける必要がなくなり，小売店舗数を増やす際のハードルが引き下がる。ENT の撤廃は CPTPP 加盟国にのみ約束されており，日本企業は韓国や中国を含む CPTPP 非加盟国の企業との関係で優位性を確保できる。

　ベトナムの小売市場は急速に拡大しており，2019 年の小売売上高は 2010 年比でおよそ 2.4 倍だった[25]。これまで日本企業は ENT を回避するために，フランチャイズ契約を通して現地拠点の拡大を図ることもあった。しかし

ENT の廃止により，日本企業の独資による小売店舗の拡大が期待できる。

（2）タイ：外資規制の緩和

　タイの外国人事業法は外資比率が 50％ 以上の企業を外国企業と定義する。同法は国家安全保障や国内産業保護の観点から計 43 業種につき表 1〜3 に分類し，それぞれ外国企業の参入を禁止または規制する。このうち第 3 表には外国企業に対して国内産業の競争力が不十分であり，外国企業の参入が禁止される業種を挙げる。第 3 表には会計・法律サービス，卸・小売業，飲食物販売，観光業など幅広い分野を含まれており，これらの業種に進出する際にはタイ投資委員会（BOI）の投資奨励許可を得るか，タイ地場企業が 50％ 以上を出資する形で合弁企業（内国企業）を設置する必要がある。なお，タイは GATS 約束表で，全業種において外国企業による出資比率の上限を 49％ までと約束する。

　2007 年 11 月に発効した日タイ協定サービス章では，タイの国内法および GATS の水準を上回る自由化約束がされ，外国企業に対する上記出資規制が緩和された。たとえば観光分野である「ホテルサービス」では，ホテルの部屋数や従業員の最低賃金に係る条件を満たせば，外国企業での出資比率の上限を 49％ から 60％ に引き上げることが約束された。ほかにも，タイで生産された自社製品（自動車の場合は日本で生産されたものを含む）を扱う卸・小売業の出資比率を 75％ に引き上げること等も約束されている[26]。

　この協定上の特恵的待遇を利用する場合，タイ商務省に外国事業証明書（Foreign Business Certificate）を申請し証明書の交付を受ける必要がある[27]。ただし 2021 年 1 月末時点で，日タイ協定のもとで交付された外国事業証明

---

25)　阿部智史「ベトナム市場開拓のヒント──商品価値の理解を促し，買い手のリスクを下げるためのアプローチ」ジェトロ，地域・分析レポート（2020 年 9 月 11 日）〈https://www.jetro.go.jp/biz/areareports/2020/f242cb1236a61fab.html〉。

26)　日本・タイ間では 2020 年 8 月に，日本 ASEAN 包括的経済連携（AJCEP）協定改訂議定書が発効した。この協定では日タイ協定で日本企業の出資比率が 49％ から 50％ まで引き上げられていたコンピュータ保守・修理サービスの業種で，その出資規制が 70％ まで緩和された。

27)　タイ外国人事業法第 10 条，省令（B.E 2546）第 1 条。

書の件数は 3 件と利用実績は限定的である。

　このように FTA サービス章のもとで，外資規制が緩和・撤廃されたとしても必ずしも特恵的待遇を自動的に与えられるとは限らない。FTA により新たに自由化約束がされた際には，実際にその運用が国内法レベルでどう反映されるのかも合わせて確認し，使い漏れがないようにすることが重要になる。

【コラム】FTA サービス章と４つのモード

　GATS はサービス貿易を４つのモードに分類し，サービス貿易を規律してきた。しかし FTA サービス章は必ずしもすべてのモードに適用されるわけではなく，協定ごとにその適用範囲が異なるので注意が必要だ。

　たとえばサービス貿易のモード３（商業拠点の設置）は進出先国における事業拠点の設置をともなうため，対外直接投資に相当する。FTA では外国投資に関する投資章が設けられることもあり，モード３をサービス章または投資章でどのように扱うかが問題となる。

　サービス章を含む FTA のうち，投資章を規定する FTA は 88.9%（120 件）を占めるが，このうちすべてのモードをサービス章で規定する FTA は 40.7%（55 件）を占める[1]。この場合，サービス章と投資章の規定がモード３に対して重複して適用されるが，日本の FTA では２つの章のもとで同じ自由化約束を行うなどして非整合性が生じさせないこととしている。

　また，サービス章でモード１・２・４を規定し，投資章でモード３を規律する FTA は 48.1%（65 件）ある。NAFTA 型の８割が後者のタイプを採用する。この FTA の場合，モード３の自由化約束は投資章の附属書として定められる。また投資章ではサービスの提供者の定義（投資章では投資家）や自由化規定がサービス章と異なるため，それらも合わせて確認する必要がある。

　なお，GATS でモード４（自然人の移動）に区分されるサービスについて，FTA では附属書や他章に特別な規定を置くこともある。たとえば EU・カナダ包括的経済貿易協定（CETA）では，モード４をサービス章ではなく商用目的の人々の一次入国・滞在に関する章で規律する（第９条第１項）。

　サービスに関連する事業分野において FTA の活用を検討する際には，自社の事業形態に相当するモードを確かめたうえで，該当するモードがサービス章で規定されているのか確認することが重要である。

　1)　集計対象は第６条第２節を参照。

第7章

投　　資
海外事業展開に投資協定をどう生かすか

┌─ ポイント ─────────────────────────────────┐

◆投資協定とは外国投資の保護や投資の自由化を約束した国際協定である。
FTA の投資章も同じ機能を果たす。日本は 79 の国・地域と投資協定を署
名・発効させており，その数は今後も増える見込み。

◆企業が投資受入国政府との間で抱える課題を解決すべく，投資協定はさまざ
まな手段を提供する。自社のリソースや戦略に合った課題解決手段を知るこ
とでリスク管理の幅を広げることができる。

◆投資仲裁制度の活用が世界で広まり，投資協定は外国投資の保護に一定程度
貢献した。他方，投資受入国の政策裁量を確保すべく，投資仲裁制度や投資
協定のルールを改革する動きが加速している。

└───────────────────────────────────────┘

第1節　世界と日本の投資協定

1　投資協定とは

　投資協定は締約国間で外国投資の保護や投資の自由化を約束した国際協定
である。投資協定は従来，投資受入国（以下，ホスト国）による収用（国有
化）などのリスクから，そのホスト国に進出した企業とその投資財産を守る
ために締結されてきた。このように投資保護のみを目的とする伝統的な投資
協定は「保護型」と呼ばれる。他方で 1990 年代頃から，投資保護に加えて
投資の自由化についても規定する「自由化型」の投資協定が登場した。

　保護型は投資事業の維持など投資設立後における外国投資の待遇を規定す
る。他方，自由化型は事業許認可の取得など投資設立前における待遇につい

ても定めるため，保護型よりも幅広い段階の外国投資活動をカバーする。

　投資協定とほぼ同様のルールは，自由貿易協定（FTA）や経済連携協定（EPA）でも投資章として規定されており，投資協定と同じ役割を果たしている。投資ルールのみを定めた投資協定と投資章を含む EPA や FTA はまとめて投資関連協定と呼ばれるが，本章では便宜上，両者を投資協定と表記する。

　海外に進出する企業にとって投資協定にはどういったメリットがあるのか。まず投資協定のもとで投資の自由化が実現すれば，企業の投資機会が拡大する。たとえば投資設立前の段階で内国民待遇が約束されると，ホスト国は外国企業と自国企業を同一に扱う必要が生じるため，外国企業のみに課される出資率規制など投資参入規制を撤廃する。この結果，外国企業は国内企業と同じように事業設立をすることができ，ホスト国市場へのアクセスが改善される。

　他方，投資協定の保護規定はその実務的な有用性が認識されにくい。保護規定は主としてホスト国政府との課題解決を目的としており，自由化規定のように企業に即時的な利益をもたらすわけではないからである。ただし投資協定はトラブルの解決に向けてさまざまなオプションを用意している。こうした枠組みを理解し，自社のリソースや戦略に合った問題解決手段を把握していれば，企業は進出先国におけるリスク管理の幅を広げることができる。

2　国際投資ルールと投資協定

　国連貿易開発会議（UNCTAD）によれば，世界の発効済の投資協定は2021 年 6 月時点で 2,614 件であり，署名済の協定を含めるとその数は 3,264件に達する。投資協定は 1959 年に西ドイツとパキスタンの間で初めて締結された。その後 1980 年代まで，投資協定の大半は欧米諸国と途上国の間で締結されてきた。しかし 1990 年代になると社会主義体制の崩壊や新自由主義的な政策の浸透を背景に，外国投資を誘致する機運が高まり，他地域や途上国間でも投資協定の締結が大きく進んだ。投資協定の署名数は 1990 年代半ばでピークを迎え，1996 年には 228 件の投資協定が署名された。その後，署名数は落ち着きを取り戻し，2010 年代は年間で 50 件程度となった。

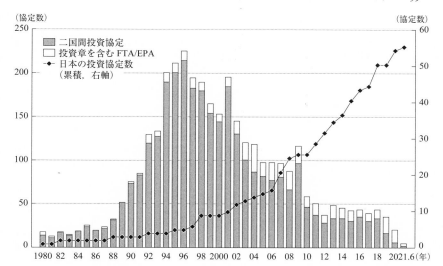

図 7-1　署名済み投資協定数の推移（世界：署名年別〔棒グラフ〕，日本：累計〔折れ線グラフ〕）
注：1）2021 年は世界，日本ともに 6 月時点での協定数。
　　2）日本の投資協定数にはエネルギー憲章条約と日モンゴル投資協定（2015 年に失効）を含む。
出所：UNCTAD, "Investment Policy Hub"〈https://investmentpolicy.unctad.org/〉から作成。

　同時期には経済協力開発機構（OECD）や世界貿易機関（WTO）で多国間の国際投資ルールを策定する動きもみられたが，交渉国で足並みがそろわず，いずれも交渉は決裂している。他方で投資協定は主に二国間ベースで拡大を続け，実質的に国際投資ルールとしての地位を確立している。

　なお，WTO では投資に関連する多国間ルールとして貿易関連投資措置（TRIMs）協定がある[1]。ホスト国は外国投資に対して自国産業を保護し，また外国企業が有する技術やノウハウの国内企業への移転を促すため，外国企業にさまざまな要求（特定措置の履行要求）を行うことがある。TRIMs 協定はこのうち貿易に関連する特定措置の履行要求を禁止する[2]。ただし

1）　その他，WTO のサービスの貿易に関する一般協定（GATS）は第 3 モード（商業拠点）で対外直接投資をともなうサービス分野につき，自由化約束を定めている（第 6 章第 2 節参照）。また WTO では，2017 年から有志国が投資円滑化に関するルール策定を進める動きもある。

2）　たとえば，国内産品の購入・使用を要求する現地調達要求や現地生産した製品の輸出制限など貿易に関連する要求を禁止する。前者は GATT3 条第 4 項（内国民待遇

TRIMs 協定は WTO ルールの基本原則が貿易に関連する投資措置に適用されることを確認しただけで，投資措置全体を網羅したものではない点には留意すべきである。

3　日本の投資協定

日本は 2021 年 6 月時点で 54 本，79 か国・地域と投資協定を署名・発効させている。一部主要国が早期から協定の締結を進めてきたなか，関係省庁は 2016 年 5 月に「投資関連協定の締結促進等投資環境整備に向けたアクションプラン」を公表し，協定のカバー国・地域数を 35（当時）から 2020 年までに 100 に引き上げることを確認した。こうした背景もあり，表 7–1 に示すとおり，日本の投資協定の締結ペースは 2010 年代から加速しはじめた。

1990 年代までに締結された日本の投資協定はすべて保護型の二国間投資協定であった。一方，2000 年代以降に締結された投資協定は自由化型が 7 割以上を占め，FTA や EPA の投資章の形態が増加した。また 2010 年代からは CPTPP（環太平洋パートナーシップに関する包括的および先進的な協定〔TPP11〕），日本・EU 経済連携協定，地域的な包括的経済連携（RCEP）協定など，より大規模な投資協定（いずれも FTA/EPA 投資章）が締結されている。

2021 年 3 月の政府発表では，投資協定に係る今後の政府方針として，①交渉中の協定の早期妥結に取り組むこと，②新規の投資協定締結に向け，交渉開始にむけた検討を進めること，③締結済みの投資協定の見直しを検討すること，④締結済協定のさらなる活用促進を進めることなどが示されている。②の新規締結先国・地域としてはアフリカや中南米が例示されている。

第 2 節　投資協定のルールとその活用事例

本節では投資協定に含まれる代表的なルールを概説する。あわせて，ルー

違反であり，後者は GATT 第 11 条第 1 項（数量制限の禁止）違反となる。

表 7-1　日本の投資協定

自由化型協定	保護型協定
パキスタン（2002 年 5 月発効）	エジプト（1978 年 1 月発効）
● シンガポール（2002 年 11 月発効）	スリランカ（1982 年 8 月発効）
韓国（2003 年 1 月発効）	中国（1989 年 5 月発効）
ベトナム（2004 年 12 月発効）	トルコ（1993 年 3 月発効）
● メキシコ（2005 年 4 月発効）	香港（1997 年 6 月発効）
● マレーシア（2006 年 7 月発効）	バングラデシュ（1999 年 8 月発効）
● タイ（2007 年 11 月発効）	ロシア（2000 年 5 月発効）
● チリ（2007 年 9 月発効）	パプアニューギニア（2014 年 1 月発効）
● フィリピン（2008 年 12 月発効）	中国・韓国（2014 年 5 月発効）
● インドネシア（2008 年 7 月発効）	イラク（2014 年 2 月発効）
● ブルネイ（2008 年 7 月発効）	カザフスタン（2015 年 10 月発効）
カンボジア（2008 年 7 月発効）	ウクライナ（2015 年 11 月発効）
ラオス（2008 年 8 月発効）	サウジアラビア（2017 年 4 月発効）
ペルー（2009 年 12 月発効）	オマーン（2017 年 7 月発効）
ウズベキスタン（2009 年 9 月発効）	ケニア（2017 年 9 月発効）
● スイス（2009 年 9 月発効）	イラン（2017 年 4 月発効）
● インド（2011 年 8 月発効）	アルメニア（2019 年 5 月発効）
クウェート（2014 年 1 月発効）	ヨルダン（2020 年 8 月発効）
ミャンマー（2014 年 8 月発効）	UAE（2020 年 8 月発効）
モザンビーク（2014 年 8 月発効）	モロッコ（2020 年 1 月署名）
コロンビア（2015 年 9 月発効）	
● オーストラリア（2015 年 1 月発効）	注：1）● は FTA/EPA 投資章。塗りつぶし
● モンゴル（2016 年 6 月発効）	は署名段階。
ウルグアイ（2017 年 4 月発効）	2）ベトナム，ペルーとの EPA には二
イスラエル（2017 年 10 月発効）	国間投資協定を準用。
● CPTPP（2018 年 12 月発効）	3）日モンゴル投資協定（2002 年 3 月
● EU（2019 年 2 月発効）	発効）は日モンゴル EPA の発効に
● ASEAN（2020 年 8 月発効）	ともない失効。
● 英国（2021 年 1 月発効）	4）ASEAN は日・ASEAN 包括的経済
コートジボワール（2021 年 3 月発効）	連携協定第一改正議定書を示す。
● TPP（2016 年 2 月署名）	5）EU と英国は投資自由化章のみ。
アルゼンチン（2018 年 12 月署名）	6）台湾との間では，2011 年に日台民
● RCEP（2020 年 11 月署名）	間投資取り決めを作成。
ジョージア（2021 年 1 月署名）	資料：経済産業省資料などから作成。

ルの具体的な運用事例に関しても，投資協定にもとづく仲裁判断をもとに紹
介したい 3)。

---

3)　投資仲裁については第 3 節 3 を参照。本章で紹介する仲裁判断は，あくまで個別の
　投資協定と事実関係にもとづくものである点に留意されたい。

1　投資家と投資財産の定義

投資協定はまず冒頭で，協定上保護される「投資家」（investor）とその「投資財産」（investment）を定義する。投資家には締約国の国籍を有する自然人（個人投資家）と締約国内で設立された法人（企業）の両方が含まれる。ただし実質的な事業活動や経営実態をともなわない法人（いわゆるペーパーカンパニー）は，協定上投資家として保護されない場合がある[4]。日本企業の海外子会社（特別目的会社など）が日本以外の第三国間の投資協定上の保護を受けようとする場合，こうした点を検討する必要がある。

投資財産については「投資家により直接又は間接に所有され，又は支配されている全ての種類の資産」などと非常に広範な定義が設けられている。この定義の具体例として，支店を含む企業，株式，出資，契約にもとづく権利，金銭債権，知的財産権，その他法令または契約によって与えられる権利（免許，承認，許可）などが例示されることも多い。一般的な意味での「投資財産」には含まれない財産や権利も対象になるのがポイントである。

投資財産に関する投資仲裁判断をみると，たとえば英国企業がキルギスの準国営企業と 20 トンのガスを調達して供給する契約をしたが，一部代金の不払いにより生じた紛争につき，当該契約から生じた金銭債権が投資協定上の投資財産と認定された事例[5]，スペインの投資ファンドらが米国市場（米国預託証券）を介して間接的に所有していたロシア最大手の石油企業の株式（持ち分比率は 0.0003％）が，投資財産と認定された事例[6] などがある。

2　収用と補償

収用（expropriation）とはホスト国が外国企業の投資財産を国有化することである。たとえば環境政策や都市計画等を理由に当局が外国企業に対して工場の立ち退きを求め，用地を国有化する事例が挙げられる。収用は外国企

---

4)　その他，投資家の定義とは別に，ホスト国がペーパーカンパニーに対して投資協定上の利益を否認することができるとする条項が設けられることがある（利益否認条項）。

5)　*Petrobart Ltd. v. Kyrgyz*, Arbitration Institute of the Stockholm Chamber of Commerce (SCC), Case No.126/2003, Award, 29 March 2005 [p. 68~72].

6)　*Renta 4 S.V.S.A and others v. Russia*, SCC, Case No.024/2007, Award on preliminary objections, 20 March 2009 [para 135~144].

業の投資活動を侵害する最も深刻な干渉であることから，投資協定は収用が
(a) 公共の目的にもとづき，(b) 差別的ではなく，(c) 適正手続きに則った
形で，(d) 迅速，適切，実効的な補償を行うことを定める。

　収用規定は，投資財産に係る財産権の直接移転をともなう国有化（直接収
用）のみならず，財産権の移転をともなわなくとも収用と同等の効果を有す
る（投資財産を経済的に無価値にする）措置（間接収用）にも適用されるこ
とがある。間接収用が疑われる局面では，政府は収用自体の存在を否定し，
補償の支払いを拒むことも多く，投資仲裁でも大きな争点になる。

　どのような政府の行為・措置が間接収用に相当するかは，必ずしも条文か
らでは判断できず，仲裁判断の蓄積や収用規定の明確化を通してその基準が
明らかになりつつある。たとえば，フランス企業がアルゼンチンの地方政府
から上下水道事業を請け負った事例では，同政府が当該企業に水道料金の値
下げを強要したり住民に対して水道料金不払いの呼びかけなどを行ったりし
た結果，当該企業は深刻な経営難に陥り，コンセッション契約の解除に追い
込まれた。仲裁廷[7] は同政府による一連の妨害行為が間接収用に該当する
と判断し，投資協定違反を認めた[8]。また，オランダ企業がチェコの現地子
会社を介して同国で放送免許を有する国内企業と放送サービス提供契約を結
び，放送事業を行っていた事例では，チェコ政府・メディア委員会の圧力に
より当該契約の内容が修正され，当該企業が放送事業を継続できなくなった。
仲裁廷は同政府の干渉行為が間接収用に該当するとし，投資協定違反を認め
ている[9]。

3　外国投資の待遇

　ホスト国が外国企業に与えるべき待遇（保護）の水準を定める。投資の自
由化に関する規定もこの群に含まれる。主要な規定は以下のとおりである。

---

7)　1 人の仲裁人または 2 人以上の仲裁人の合議体。

8)　*Vivendi v. Argentina*（*I*），ICSID, Case No. ARB/97/3, Award, 20 August 2007 ［7.5］.

9)　*CME v. Czech Republic*, SCC, Partial Award, 13th September 2001 ［Para 591-609］.

（1）内国民待遇，最恵国待遇

　内国民待遇（national treatment）は締約相手国の企業を自国企業に劣後しない待遇を与えることを定める。同様に最恵国待遇（most-favored-nation treatment）は，締約相手国の企業に第三国の企業に劣後しない待遇を与えることを定める。通常，保護型の投資協定は内国民待遇，最恵国待遇の適用を投資設立後（投資財産の運営，維持，経営，使用など）に限定し，既存の投資財産のみを対象とする。他方，自由化型の投資協定は，さらに，対象を投資設立前（投資財産の設立，取得，拡張）にも拡大し，投資参入時から差別的な措置を撤廃することで投資の自由化を実現する。

　2020 年 7 月末までの投資仲裁事例において，ホスト国による内国民待遇違反が認められたのは 9 件，最恵国待遇違反が認められたのは 3 件である。リビア政府が住宅地建設のため工業団地を国有化する命令を出した事例では，キプロス企業が所有する食品工場について収用の実施の有無を明確にさせないまま同社を廃業に追い込んだのに対し，一部の国内企業には収用の対象外となる旨が正式に通知されていた。仲裁廷はキプロス企業と当該国内企業が同一の工業団地に立地し同一の業種を営んでいたにもかかわらず，前者に不利な待遇を与えたとして，政府の対応を内国民待遇違反と認定した [10]。

（2）一般的待遇（公正衡平待遇，十分な保護および保障）

　投資協定ではホスト国が外国企業の投資財産に「公正衡平待遇」（fair and equitable treatment）や「十分な保護および保障」（full protection and security）を与えることを定めている。前者は包括的な投資保護に関する規定であるのに対し，後者は武力紛争や国内争乱などから投資財産の物理的安全を守ることを定める。これらはまとめて「一般的待遇」と呼ばれることもある。

　内国民待遇や最恵国待遇は他国企業や内国企業との差別を禁じる相対的な待遇水準を定めるため，その具体的な内容は個々の状況により異なる。他方で，一般的待遇はいかなる状況であっても絶対的に維持すべき，最低限の待

---

10)　*Olin Holdings Ltd. v. Libya*, ICC, Case No. 20355/MCP, Final Award, 25th May 2018.［Para 182–218］.

遇基準を意味する。

　ただし一般的待遇，とりわけ公正衡平待遇については統一的な定義はなく，その具体的な内容は投資仲裁判断の蓄積を通して明確化されてきた。その内容は主に（a）投資財産の保護に対する慎重な注意，（b）適正手続き，（c）裁判拒否の禁止，（d）恣意的措置の禁止，（e）投資家の正当な期待の保護などである。投資仲裁では約半数の事例で公正衡平待遇にもとづくホスト国の協定違反が主張されており，外国投資の待遇規定のなかで最も重要な規定である。

　たとえば，チリで発生したクーデターにともない収用された投資財産について，スペイン国籍の投資家がチリ国内裁判所に民事訴訟を提起したものの，7年間にわたり何ら決定されなかった事例では，チリ政府の裁判拒否が認められるとし，公正衡平待遇違反が認定されている[11]。また，スペインでは2007年から太陽光発電事業者に対し，固定価格買い取り制度（フィード・イン・タリフ〔FIT〕制度）を導入したが，2010年からは複数の立法を通して同制度の運用に制限をかけはじめ，2013年に同制度の全廃を決定した。この措置をめぐりスペイン政府に対して付託された複数の投資仲裁では，投資の前提となる規制枠組みを大幅に変更することは投資家の正当な期待に反するものであったとし，同政府の公正衡平待遇違反が認められている。

（3）特定措置の履行要求の禁止

　特定措置の履行要求（performance requirement）の禁止は TRIMs 協定でも規定されるが，投資協定ではその水準を超える規定として，ロイヤリティ規制[12]，自国民雇用要求，役員国籍要求などが禁止されることがある。

　たとえばベネズエラ政府が金鉱採掘業を国有化し，金の輸出を制限した措置につき，同政府が輸出制限の禁止に違反したとされた事例[13]，メキシコ

---

11)　*Pey Casado and Allende Foundation v. Chile*, ICSID, Case No. ARB/98/2, Award, 8th May 2008.

12)　民間企業間の契約で決まるロイヤリティ（技術提供の対価）率などに介入すること。

13)　*Rusoro Mining Ltd. v. Venezuela*, ICSID, Case No. ARB（AF）/12/5, Award, 22nd August 2016. ［Para 584-593］.

政府が砂糖以外の甘味料を使う飲料品等に 20% の課税を行った措置につき，この課税措置が同国で調達される原材料（砂糖）を優遇しており，実質的に原材料調達要求に等しいとして，メキシコ政府の原材料の国内調達要求違反が認定された事例などがある[14]。

4　紛争解決手続き

　締約国が約束した上記ルールの実効性を担保すべく，協定上で生じる紛争についてその解決手続きを定める。紛争解決手続きは通常，国家間紛争解決手続き（SSDS: State-State Dispute Settlement）と投資家対国家紛争解決手続き（ISDS: Investor-State Dispute Settlement）の 2 種類がある。SSDS 条項は協定の解釈や適用に関する国家間の紛争に関する解決手続きを規定するが，実際に運用された事例はほとんどない。他方，ISDS 条項はホスト国と外国企業の紛争解決手続きを定めたもので，ホスト国が投資協定上の義務に違反し外国企業に損害が生じた場合に活用される。とくに ISDS 条項にもとづく投資仲裁の件数は 1,000 件を超えるなど，企業による活用が活発である。

5　その他（例外規定，留保表など）

　投資協定上の義務について，その適用除外や違反の正当化が認められることがある。たとえば租税に係る課税措置については，適用除外とする場合や公衆衛生や安全保障などを目的とした措置の協定違反は正当化される場合がある。

　また自由化型協定では，締約国があらかじめ指定した分野や法令には自由化規定が適用されないという例外もある[15]。適用除外となる分野や措置は投資協定の付属書に留保表（ネガティブリスト）として定められる。留保表を確認することで当該協定における自由化の範囲や程度が把握できる。

---

14)　*ADM v. Mexico*, ICSID, Case No. ARB（AF）/04/5, Award, 21st November 2017.［Para 214–227］.

15)　適用が除外される自由化規定としては，内国民待遇や最恵国待遇，特定措置の履行要求などがある。ただし，日タイ EPA 投資章は投資設立前の内国民待遇を定めるものの，その適用範囲はポジティブリストで自動車製造分野のみとされている。

第 3 節　海外事業展開における投資協定の活用

　投資協定は投資の自由化と投資保護という 2 つの恩恵をもたらすが，本節ではとくに後者に焦点を当てて，具体的にどのような局面や手順で投資協定を活用しうるかを紹介する。

1　投資協定の認知状況

　ジェトロが海外進出企業を対象に，投資協定の認知度を尋ねたところ，約半数が「投資協定を全く知らない」と回答した[16]。回答比率を企業規模別にみると，大企業が 3 割強，中小企業は約 6 割となり，中小企業による認知度が低いこともわかった。つぎに回答割合が多かった選択肢は「投資協定の概要は知っている」で全体の 3 割弱を占めた。協定の概要は知りつつも自社事業の文脈で検討するほど内容を知らない企業や，協定の活用を検討する必要がない（ほかにリスクヘッジ手段があるなど）企業が一定数存在する。

　また，「自社の海外での事業展開において，投資協定との関係性を考えたことがある」企業は回答企業全体の 1 割にとどまった。この割合を企業規模別にみても，その傾向に差異はなかった。大企業は投資協定をより認知する一方で，実際に海外事業において協定との関係性を検討する企業の割合は中小企業と変わらない。大企業ほど投資協定以外の手段でリスク管理体制を整えている可能性はあるが，少なくとも投資協定が海外事業展開の文脈で検討されていないという点は，海外進出企業全体の傾向であるとみられる。

2　自社の海外ビジネスをどう守るか

（1）協定上で解決し得る課題を知る

　投資協定の活用に向けた第一歩は，協定のもとで具体的にどういったトラ

---

16)　山田広樹「海外進出企業の半数以上が投資関連協定を知らず，普及に向けた余地大きく（世界，日本）」ジェトロ，地域・分析レポート（2021 年 3 月 10 日）〈https://www.jetro.go.jp/biz/areareports/special/2021/0203/a15e708b69e53e15.html〉。

表 7-2　日本企業がホスト国で直面する課題と対応するルールの例

投資受け入れ国の措置・対応により 直面した課題	回答比率 （複数回答）	対応する 投資協定ルールの例
不透明な制度や突然の規制変更が原因で，事業の継続に支障をきたした	41.8	透明性の確保（法令の公表義務など）
適当な理由なく事業許認可の更新を拒否されたり，手続きに遅延が生じたりした	24.3	公正衡平待遇
事業の利益を日本に送金することが制限された	17.5	資金の移転（送金の自由など）
現地労働者の雇用や現地人の役員への任命を求められた	16.4	自国民雇用要求の禁止
		役員国籍要求の禁止
技術移転やロイヤリティへの介入を受けた	14.1	技術移転要求の禁止
		ロイヤリティへの介入の禁止
他国の企業が事業許認可を受ける中，自社の事業許認可が明確な理由なく拒否された	5.1	最恵国待遇
十分な補償を受けないまま，土地の明け渡し要求や営業権剥奪など（収用）を被った	4.5	収用及び補償
現地政府と約束した投資条件（補助金や免税などの投資優遇を含む）を破棄された	4.5	契約などの約束遵守（アンブレラ条項）

注：集計対象は海外に拠点を有する日本企業 966 社のうち，現地政府の措置・対応により課題に
　　直面したと回答した 177 社。
資料：ジェトロ「2020 年度日本企業の海外事業展開に関するアンケート調査」（2021 年 2 月）など
　　から作成。

ブルやリスクから自社の海外事業を守れるかを知ることだ。投資協定はホスト国の措置や対応が原因で生じた課題から企業を守るが，先述の調査によると，海外に拠点を有する日本企業の約 2 割がこうした課題に直面している。

　課題としては不透明な制度や突然の規制変更を指摘する声が最も大きかった。調査では，「所管官庁により外資規制の解釈が異なり支障をきたした」（電気・ガス・水道，大企業）や「現地（進出先）の法律が細かく網羅されていないため，現地行政機関からの言いがかり的場面に遭遇した」（商社・卸売り，中小企業），「法律，規制などが急に変更になり，ビジネスを中断せざるを得ない状況が発生」（プラスチック製品，中小企業）などの事例が寄せられた。

　日本の投資協定締約国・地域で，自社が表 7-2 で示したような課題に直面する場合，投資協定の枠組みで解決を検討する余地がある。ただし，検討にあたり，自社内に法務・リスク管理部門がないなど，十分なリソースを確保

できないケースもある。その場合には，現地コンサルタントなどに加えて，ジェトロの現地事務所や日本大使館にこうした課題を相談することも選択肢となりうる。後述するとおり，投資協定には問題となる措置・対応の改善を相手国政府に求める政府間のチャネルが用意されているためだ。

（2）進出先国・地域の協定を確認する

投資協定の枠組みで課題解決を検討する場合，まずは日本が進出先国と締結する投資協定を確認する。日本の投資協定はすべて和文で公開されており確認が容易である[17]。なお，経済産業省が作成する投資協定要素の一覧表を用いると，各協定の内容が一目で確認ができる[18]。

確認すべき点は大きく2点ある。自社と自社の投資財産が協定上保護されるか，また課題に対応するルールが協定に規定されているかである。

協定上保護される「投資家」と「投資財産」について，日本の投資協定は第2節1で示した幅広い定義を設けている。ただし，協定によっては細かな例外を設けていることもあるので注意が必要だ。たとえば投資財産の定義から除外される資産として，日インドネシアEPA投資章はポートフォリオ投資を（第57条），日コロンビア投資協定は公的債務（第1条）を挙げている。

つぎに，自社が直面する課題に対応するルールがあるかを確認する。たとえば，不透明な制度や突然の規制変更が問題視される場合，「透明性の確保」というルールが活用できる。このルールはホスト国が投資活動に関連し，または影響を与える法令や行政手続きなどを速やかに公表し，または公に利用可能なものにする義務を定めている。ホスト国が法的根拠を示さないまま投資活動を阻害する措置を実施した場合，同ルールにもとづいて根拠法令を示すよう，ホスト国に主張できる。ほかにも表7-2に示したとおり，投資協定のルールは企業が実際に直面する多くの課題をカバーしている。

日本と進出先国の間で複数の投資協定が結ばれている場合は，それらを複

---

17) 条文の和文と英文との間に齟齬がある場合には，英文が優先すると規定されていることが多い。具体的な案件を検討する際には念のため英文も参照されたい。

18) 経済産業省『投資協定の参考資料（投資協定要素の一覧表）』〈https://www.meti.go.jp/policy/trade_policy/epa/investment/〉。

合的に参照し，最も有利なルールを見つけ出すこともポイントになる。たとえば，日ベトナム投資協定では，ホスト国によるロイヤリティ介入が禁止されていない。他方，両国間で発効済みの CPTPP では，この介入が禁止されている。またタイは，日本 ASEAN 包括的経済連携（AJCEP）改正議定書（EPA 投資章に相当）で新たに国内販売制限要求や役員国籍要求の禁止を約束した。これらは日タイ EPA 投資章にはない新たな約束である。2020 年 11 月に署名された RCEP 協定が発効すれば，ASEAN 構成国を中心に投資協定の重層化がさらに進むため，こうした協定間の比較も重要になる。

　なお，内国民待遇など自由化規定を援用する際は，ホスト国の留保表で自社の投資分野や問題視する法令が適用対象外とされていないかも確かめたい。

（3）課題解決に向けた方法を検討する

　ホスト国政府の措置や対応が投資協定に違反することが疑われる場合，企業はどのようなアクションを取れるのか。まず自社単独で現地政府との対話を進めて課題解決を目指すケースでは，上記ルールを引き合いに対話を有利に進めていける可能性が高まる。また，自社だけでホスト国政府と折衝をすることが難しい場合でも，経済産業省や現地の日本政府系機関（日本大使館，ジェトロ事務所など）を経由して申し入れすることも可能だ。2000 年以降に日本が締結した投資協定のほとんどは，締約国間で協定の運用について討議する合同委員会（またはビジネス環境整備小委員会）の設置を規定する。合同委員会は締約国政府の代表者で構成されるが，協定によっては両締約国の同意のもと，産業界の代表者なども参加が可能になる。これにより民間企業も合同委員会で問題視する措置の改善を要求できる。これらのアプローチは法的拘束力をともなうものではない。しかしホスト国との良好な関係を保ちつつ，ルールにもとづいた効果的な課題解決を目指すことができる[19]。

　実際に，日本企業が投資協定を引き合いに課題解決を有利に進めた事例もある。一例として，中国の上海市嘉定区に進出した日系企業が 2006 年に，商業・住宅地の開発にともなって地元政府から工場の立ち退きを求められた。

---

19)　詳細は第 9 章第 3 節も参照されたい。

しかし，現地政府が示した補償条件が明確ではなく，日系企業の間では補償金額が不十分ではないかという懸念が広がっていた。そこで，日本総領事館から地元政府に対して，日中投資協定第 5 条にもとづき投資財産の収用（国有化）にともなう十分な補償を求めたところ，これが功を奏して補償交渉が決着した[20]。日系企業の関係者らはこの交渉を振り返るなかで，投資協定を根拠とした交渉に加えて，日頃から地元政府と良好な関係を築くことや，複数の企業でまとまって交渉にあたったことが効果的だったと指摘した。

3　投資協定にもとづく仲裁制度

ホスト国の措置・対応が原因ですでに大きな損害が生じており，上記で示した方法で解決できる見通しが立たない場合，「伝家の宝刀」として投資協定の ISDS 条項にもとづく投資仲裁制度（以下，投資仲裁）を活用し，損害の金銭的補償を求めていく手段も考えられる。司法制度が未発達であったり，恣意的な政治介入を受けたりする可能性が高い国では，第三者の仲裁人により実施される仲裁の方が公平な紛争解決を進めることができる。

ISDS 条項のもとで投資仲裁手続きを開始する場合，まず申立企業とホスト国は通常 3〜6 か月ほど協議を行う必要がある。紛争当事者は協議を通して和解の可能性を探りつつ，双方の主張の違いを整理し争点を明確にしていく。

さらに，協議を経ても仲裁開始に一定の条件が設けられる場合がある。たとえば，同一の投資紛争につき国内裁判所での訴えの取り下げを求める規定（訴訟場所の一本化），仲裁に付託できる紛争の範囲を限定する規定などがある[21]。

これらの条件を満たすと，当事者間で仲裁の付託先機関（事務局）と仲裁規則を選択し，仲裁人を選定する。付託先機関として最も代表的なのが世界

20）　日中投資協定第 5 条 3 項は，土地収用などにあたっての補償の水準について，「（国有化または収用などの）措置が取られなかったとしたら，当該国民および会社が置かれたであろう財産状況と同一の状況に当該国民および会社を置くものでなければならない」と規定している。

21）　たとえば日ジョージア投資協定は，投資設立前に生じた紛争については仲裁に付託できないとする（第 23.4 条）。

銀行の投資紛争解決センター（ICSID）だ。ICSID 仲裁は比較的仲裁コスト
が安価で，仲裁判断の執行が ICSID 条約により担保されており，世界の投
資仲裁の約 6 割が付託される。ICSID に仲裁が付託されると，通常，ICSID
仲裁規則が採用される。ICSID のほかには，常設国際司法裁判所（PCA），
国際商業会議所（ICC）などの仲裁機関もある[22]。これらの機関に仲裁が付
託される場合，国連国際商取引委員会（UNCITRAL）仲裁規則が採用され
ることが多い。

　投資仲裁でホスト国の協定違反が認められると，申立企業はホスト国に賠
償請求をすることができる。ICSID 仲裁では仲裁判断（金銭上の請求）がホ
スト国における最終的な判断とみなされ，当該国は仲裁判断を承認・執行す
る義務を負う（ICSID 条約第 54 条 1 項）。ICSID 仲裁以外の仲裁判断につい
ても，ホスト国はその承認・執行を行う義務を負う（外国仲裁判断の承認及
び執行に関する条約〔ニューヨーク条約〕第 2 条）。ただし同条約のもとで
は，仲裁判断の承認が一定の条件のもとで拒否される可能性も残る（同条約
5 条）。どの仲裁規則を利用するかにより，仲裁判断の執行可能性，仲裁人
の選定手続き，仲裁に係る諸費用の負担配分などが異なるため注意が必要だ。
投資紛争を仲裁に付託する際は，こうした点も専門家と相談しながら検討す
る必要がある。

第 4 節　近年の投資協定の動向

1　転換期を迎える投資協定

　企業は ISDS 条項にもとづき，積極的に投資仲裁制度を活用する。仲裁件
数は 2020 年 7 月末時点で計 1,061 件となり，同時期までに WTO で開始さ
れた紛争解決手続きの件数（596 件）と比較しても，その件数の多さがわか

---

22)　なお，紛争当事者が自ら仲裁廷と仲裁手続きを決めることができる（アドホック仲
　　裁）。アドホック仲裁は全体の 7.1% を占める（2020 年 7 月末時点）。ただし，アドホ
　　ック仲裁の場合でも，仲裁規則については UNCITRAL 仲裁規則が採用されることが
　　多い。

る。

　投資仲裁は，不当な収用や恣意的・差別的な措置から外国企業を保護するために一定の役割を果たしてきた。しかし被申立国となるホスト国を中心に，投資仲裁制度の改革を求める声も高まっている。投資仲裁に要する金銭的・時間的負担，上訴機会の欠如，仲裁判断の一貫性の欠如などが問題視されているためだ。

　仲裁判断の正当性の確保も課題だ。仲裁では投資家の保護とホスト国の政策裁量のバランスが審査される。しかし，仲裁判断は投資家保護に偏り，ホスト国の政策裁量が軽視されているとの批判もある。仲裁で扱う投資措置には環境保護や人の健康保護，インフラ整備など公共目的にもとづくものもあり，外国投資を保護しつつ，いかにホスト国の政策裁量を尊重できるかが鍵となる。

　改革の波は投資協定のルール全体に広まる。外国投資の待遇に関するルールは，投資仲裁においてホスト国の措置の正当性を判断する重要な基準となる。しかし，これまで締結された多くの投資協定はこの基準を曖昧に規定しており，この曖昧さが投資家寄りの仲裁判断を生み出す一因になっている。UNCTAD は 2011 年以前に締結された投資協定を旧世代（old-generation）とし，改革の内容が反映された 2012 年以降の投資協定と区別するが，これまでの投資仲裁の約 99% がこの旧世代型の投資協定のもとで行われているという。

　そうしたことから，世界の投資協定の大半を占める旧世代型をどう現代化するか，また新たに締結する投資協定をいかにデザインするかが大きな焦点となっている。

2　投資協定改革に向けた動き

　投資仲裁制度とその他の投資協定ルールの改革に向けて，世界では UNCTAD や UNCITRAL などの国際機関で議論が行われている。投資仲裁制度については，①既存の ISDS 制度を改善する，② ISDS 制度をベースに新たな制度的要素を加える，③ ISDS 制度を廃止する，といった方向性が議論されている。

①では，ISDS 制度の枠組みを維持しつつ，投資家が投資仲裁の利用に際し満たすべき条件を強化し，ホスト国の仲裁リスクを軽減する。たとえば，投資家が付託できる投資紛争の範囲を制限したり，国内裁判所で救済手続きを終えることを仲裁開始の条件としたりすることなどが検討される。②は，ISDS 制度を発展させる形で上級審の導入や調停などの代替手段の設置が提案される。

③では，ISDS 制度を廃止して，投資紛争の付託先を SSDS や国内裁判所に限定する提案，ISDS 制度に代わり常設の国際投資裁判所を設置する提案がある。とくに EU はこの制度を多国間投資裁判所（MIC: Multilateral Investment Court）と呼び，各国に採用を呼び掛ける。EU によれば，MIC は厳しい倫理基準と高い任用資格を有する判定官（adjudicators）と専門事務局からなる常設の機関である。ISDS 制度の仲裁廷のように，民間の仲裁人で構成されるアドホックな機関ではなく，裁定の公平性や一貫性が実現できるという。また控訴審を含む二審制とすることで裁定の正確性も担保されると主張する。

その他の投資ルールの改革については，曖昧な条文を明確化する，正当な政策目的で講じた措置についてはホスト国の責任が問われないように例外規定（正当化事由）を追加するなど，ホスト国の規制権限に配慮した内容が多い。また投資保護・自由化規定に加えて投資促進に関する規定を追加したり，締約国政府のみならず外国企業に対しても企業の社会的責任（CSR）を求めたりするような，従来みられなかった新たなルールも議論されている。

投資協定改革はまさに現在進行中であり，国際機関での議論や各国の投資協定政策も注視していく必要がある。

【コラム】投資協定と安全保障

投資協定ではホスト国が協定上の義務にかかわらず，自国の安全保障上の利益の保護のために必要な措置を取ることができるとする規定がある。これを安全保障例外というが，ホスト国がこの例外を投資仲裁で援用した事例はこれまでに少なくとも2件ある。

一つ目の事例では，モーリシャス企業らが出資するインド企業が2005年，高速インターネット通信サービスを提供するため，インド国営企業と同事業に必要な周波数帯（Sバンド）のリース契約を締結した[1]。しかしインド内閣安全保障委員会（CCS）は2011年，過去数年でSバンドに係る安全保障上の重要性やその他の社会的需要が高まったとし，同契約を一方的に解除する決定をした。同社はこの決定が収用にあたるとし，インド政府から十分な補償がなかったことを理由に同政府の投資協定違反を主張した。他方，インド政府は同決定が安全保障上の利益にかなうもので許容されると主張した。

仲裁廷は当該決定の目的に注目し，Sバンドの防衛・軍事目的での利用は安保利益の保護にかなうとしたが，その他社会的需要に対応する目的は安保利益の保護とは無関係であるとした。その結果，申立企業に割り当てられた周波数帯のうち60%分にのみ安全保障例外が適用され，40%分には投資協定上の義務が適用されると判断した。本事案ではこの40%部分について，インド政府の収用規定と公正衡平待遇義務違反を認めている。

二つ目の事例は，上記インド会社に約20%出資していたドイツ企業がインド政府に対して同種の申し立てを行ったものである。この事例でもインド政府は安全保障例外を援用したが，その主張は全面的に退けられた[2]。

近年，各国は経済安全保障を理由とした外国投資規制を強化する傾向にある。とくに2010年代以降，自国の安全保障や公の秩序に影響を与える外国投資を排除するため，対内直接投資の審査制度を導入・強化する動きが相次いでいる。同制度は主に外国企業による国内企業の買収（M&A）を想定するが，経営意思決定や機密情報・個人情報へのアクセスを可能にする取引も審査対象に含む場合がある。

安全保障上の利益は当事国のみが判断すべき事項であるが，安全保障を理由とする投資制限的な措置を無制限に認めると保護主義を助長する恐れもある。

今後は安全保障の文脈で投資協定が外国投資の保護にどのような役割を果たす
か，議論を深めていく必要がある。

1) *Devas v. India*, PCA, Case No. 2013-09, Award on Jurisdiction and Merits, 25th July 2016. ［Para 211-374］.
2) *Deutsche Telekom v. India*, PCA, Case No. 2014-10, Interim Award, 13th December 2017. ［Para 183-291］.

第**8**章

デジタル貿易関連ルール
FTA で目指す自由な越境データ流通

┌─ **ポイント** ───────────────────────────────
│
│ ◆国際ルール形成に先行してデジタル関連の規律を FTA に設ける動きが主流
│ 　となってきている。2000 年代に登場した電子商取引関連ルールは近年,
│ 　より高度で深化したものに発展してきた。
│ ◆各国の電子商取引に関するルール形成には立場の違いがあるものの,FTA
│ 　ではデジタル技術の発展にともない,一部の国家によるデータの囲い込みの
│ 　動きも顕在化しており,それらに対抗すべく,ハイレベルなルールづくりが
│ 　重要となる。USMCA や日米デジタル貿易協定などでは CPTPP の電子商
│ 　取引（EC）章を超える規定もある。
│ ◆FTA のデジタル関連ルールが存在していることにより,国・地域ごとに異
│ 　なる法規制に対応するためのコストの低減や,予見可能性の確保が期待でき
│ 　る。
│
└──────────────────────────────────────

第 1 節　デジタル関連の国際ルール形成の動き

　デジタル関連のビジネスがつぎつぎと創出される一方,それを規定する国
際ルールの不在が顕在化している。その事実は 2020 年の新型コロナの拡大
により,あらためて注目されるようになった。

　WTO では,インターネットが普及しはじめた 1990 年代から電子商取引
の貿易ルールに関する議論を開始した。1998 年の閣僚会議では「グローバ
ルな電子商取引に関する閣僚宣言」で電子的送信には関税を課さないとする,
関税不賦課のモラトリアムを合意[1] した。WTO では現在も有志国による複

表 8-1 国際的な枠組みによる電子商取引ルール形成

機関	WTO	G20	OECD	APEC
主な論点	電子商取引の自由化	データの自由な流通確保	デジタル課税ルール	プライバシー保護の調和
内容	電子的送信に対する関税不賦課と EC に関する作業計画の作成。「統合交渉テキスト」にもとづいた交渉が開始している。	大阪サミットでは，データ流通・EC に関する国際的なルールづくりを進める大阪トラックを立ち上げ，DFFT（Data Free Flow with Trust）を提唱する。	物理的拠点を持たない多国籍企業に課税できない当該国から，公正を欠くといった批判が高まり，電子商取引の課税についての検討が行われている。	越境プライバシールール（CBPRs）の策定が進む。個人情報保護の水準を国際的に判断する手段のひとつとして評価がある。

出所：各機関資料，Centre for International Governance International（CIGI）資料〈https://www.cigion
line.org/〉などを参考に作成。

数国間交渉が進められているが，モラトリアム合意に対する姿勢は途上国と先進国でも分かれている。先進国はこのモラトリアム合意を WTO 下での恒久的な多国間ルールとしたい意向だが，電子商取引を含むサービス貿易の自由化に消極的な途上国は反発を繰り返してきた。途上国では，WTO の枠組みや FTA のルールにデジタル貿易自由化のルールを組み込まず，代わりに国内ルールを強化することで自国のデジタル産業の保護や育成を進める傾向にある。

WTO のみならず，OECD ではデジタル課税ルール，APEC では越境プライバシールールについての協議が行われており，各国際機関やフォーラムで世界共通基準の策定作業が進む（表 8-1）。

日本が議長を務めた 2019 年の G20 大阪サミットでは，データ流通・電子商取引に関する国際的なルールづくりを進める「大阪トラック」の立ち上げを提唱した。これはデジタル経済，とくにデータ流通や電子商取引に関する国際的なルールづくりを進めていくプロセスである。

OECD では 2012 年には国際課税ルール全体を見直す「BEPS[2] プロジェク

1) 電子的送信に関税を課さないとの慣行を一定の期間継続する約束をすること。有効期間は原則 2 年間。現在まで閣僚会議の決定により追認・延長している。
2) BEPS（税源浸食と利益移転）とは，多国籍企業が租税条約や各国規制の差異を利用して税務上の所得を極小化させたり，経済活動の実態のない無税や軽課税の国・地域に所得を移転させたりすることで各国の税源が侵食される，または本来課税権を持つ国で適切に課税できなくなること。

白水 図書案内

No.915／2021-11 令和3年11月1日発行

白水社 101-0052 東京都千代田区神田小川町3-24／振替 00190-5-33228／tel. 03-3291-7811
www.hakusuisha.co.jp/ ●表示価格は消費税10%が加算された税込価格です。

それでも選挙に行く理由

アダム・プシェヴォスキ
粕谷祐子・山田安珠訳
四六判■2090円

毎度の選挙で味わう怒り、失望、そして落胆……政治学の世界的権威が選挙の意味をゼロからわかりやすく語りつくす!

それでも
Why Bother
選挙に
with
行く理由
Elections?

アダム・プシェヴォスキ
粕谷祐子・山田安珠訳

寝るまえ5分のパスカル「パンセ」入門

アントワーヌ・コンパニョン
広田昌義・北原ルミ訳
四六判■2090円

「考える葦」「賭け」「クレオパトラの鼻」……忘れがたい名句やイメージを数多く残した天才の、その思想の真髄に迫る刺激的な41章。

寝るまえ
5分の
パスカル

ト」が発足した。恒久的施設（PE）を前提とする現行の課税制度では，物理的拠点を持たない多国籍企業に当該国は課税できず，国内企業との待遇差が指摘されていた。一部の国が国際合意を待たずに独自課税に踏み切る動きもあるなか，2021年7月にデジタル課税については閾値を「売上高200億ユーロ，かつ売上高に占める利益率の割合10％」とすることで大枠合意に至った。同年10月の最終合意に向け調整が進むとみられ，2023年中の実施を目指す。

　APEC では2004年に採択された「データプライバシーフレームワーク」[3]をベースに，越境プライバシールール（CBPRs）の策定が進む。2021年6月時点では，日本のほか，米国，カナダ，メキシコ，シンガポール，韓国，オーストラリア，台湾，フィリピンの9か国・地域が参加している。これは域内で事業者のプライバシーフレームワークの適合性を認証する仕組みであり，個人情報保護の水準を国際的に判断する手段のひとつとなる。

第2節　近年の FTA にみるデジタル関連規定

1　FTA で先行するデジタルルール形成
（1）電子商取引章（EC 章）で規定する内容

　WTO をはじめとするさまざまな枠組みでデジタルルールが議論される一方，FTA においても関連の規律を設ける動きが主流になっている。2001年に発効したシンガポール・ニュージーランド FTA では，初めてデジタル関連の規定が確認できる。初期にみられる規定ではペーパーレス取引や電子署名など貿易の電子化，関税不賦課，EC の促進などにとどまっていたが，その後消費者保護や電子署名といった分野にも拡大している。ビッグデータの利用や SNS，IoT などの技術発展に対応して FTA の条項も近代化した。2000年代後半以降の比較的新しい規定では，国境を越えるデータの移転や

---

3)　APEC 域内において，整合性のある個人情報保護への取り組みを促進し，情報流通のための不要な障害を取り除くことを目的とした規則。

プロバイダの責任に加え，サイバーセキュリティやソース・コードに関する
ものがある。各国で台頭する規制もにらみ，デジタル貿易に関するより広範
な規律を実現している。FTA における電子商取引関連の規定は増加傾向に
あり，電子商取引章のみならず，サービス章や投資章，貿易円滑化章，知的
財産章など，横断的に取り扱われている。

　電子商取引章で扱うルールの目的は主として，（a）電子商取引の促進，
（b）関連ルールの国際的な浸透，（c）対内投資の促進などに分類できる。
（a）電子商取引の促進は，FTA では目的規定等に含まれ，促進のための協力
方法や協力のための機関などを定める。締約国間で適切なルール整備を行う
ことで，消費者や企業による電子商取引の利用拡大を目指す。（b）関連ルー
ルの国際的な浸透は，FTA を通じてルールの国際的浸透を図るもので，と
くに米国が積極的に取り組んできた。関税不賦課の恒久化や紛争解決手段と
いった WTO プラスの規定や WTO ルールの範囲外の規定を含むケースが多
い。（c）対内投資の促進はとりわけ途上国において関心が高い。FTA で国内
市場の自由化水準の高さをアピールすることで，外資系企業の呼び込みが期
待できる。

　その他，FTA の電子商取引ルールのなかでも比較的共通する項目として，
プライバシー保護の観点を中心とした消費者・個人情報保護に関する枠組み，
自由な越境データ流通を確保する枠組みがあり，締約国間の国境を越えるデ
ータ移転の重要性に対する認識や移転の許容義務，協力などを定めている。
近年では事業実施区域内でのデータ保管やコンピュータ関連設備の設置・使
用を要求する，いわゆるデータローカライゼーションへの関心が高まってい
る。国境を越えた電子商取引をともなう企業への義務は，追加コストが発生
することから，ビジネスの予見性を高めるためにもルール形成が求められる。

（2）FTA における電子商取引章
①広がるハイレベルなルール

　FTA を通じたデジタルルール規定に関しては，とくに米国，シンガポー
ル，オーストラリアが積極的であり，これらに続くのが EU，日本，韓国な
どである。とくに米国は 2004 年に発効した米国・シンガポール FTA，米

国・チリ FTA 以降すべての FTA に電子商取引章を設け，電子的送信に対する関税不賦課，デジタル・プロダクトの無差別待遇などを定めており，ハイレベルなルールの規定が広まりつつある。シンガポールやオーストラリアなど米国と FTA を締結した国は，それをひな型に他国との FTA にも電子商取引章を設置している。

　米国は世界中で事業を展開するグーグルやフェイスブックなど巨大テック企業を擁しており，WTO や FTA 交渉などの多国間の枠組みにおける議論の場でも，貿易ルールは制約のないデータの越境移転を保証すべきであると主張してきた[4]。FTA でのルール整備を通じて，他国へのマーケットアクセスを確保することが自国企業の国外展開で重要となる。米国は電子商取引を電子的なコンテンツととらえ，「デジタル・プロダクト」[5]という概念を定義している。電子商取引の自由化を志向する米国は，恣意的・差別的な制限のない自由な越境データ流通を確保する立場を取っている。

　2020 年に 7 月に発効した米国・メキシコ・カナダ協定（USMCA）では，NAFTA にはなかったデジタル貿易章が新設された。

② EU はサービス分野で電子商取引を規定

　デジタル関連ルールを規定する FTA において，米国が電子商取引を独立した章として扱う傾向にある一方，EU は電子商取引を「投資・サービス・電子商取引章」として扱うことが多い。EU の FTA は規制に関する対話に重点を置いており，デジタル貿易の自由化を推進する項目は多くない。

　その背景として，米国や中国で影響力を強めるオンライン・プラットフォーマーの台頭がある。EU はこれらの企業を念頭に，マーケットアクセス拡大を見据えたデジタル貿易の自由化については慎重な姿勢をみせている。EU の競争法のもとでは，欧州委員会によるグーグルやフェイスブック等へ

---

4)　WTO, "Joint Statement on Electronic Commerce Initiative Communication From the United States," JOB/GC/178（April 2018）.

5)　米国はデジタルコンテンツのうち物品と類似するもの（例：電子書籍）をデジタル・プロダクトと定義し，GATT で規定される無差別原則をデジタルコンテンツにも適用するアプローチをとる。

の審査が進められてきた。2019 年にはオンライン仲介サービスや検索エンジンに対し，情報開示等の義務を課す「オンライン仲介サービスのビジネスユーザーを対象とする公平性・透明性の促進に関する規則」，2020 年には，プラットフォームを提供する事業者とその利用企業との取引関係（plat-form-to-business relations）を規制する初の EU 規則が施行されている。EU における信頼性および安全性に関するルールが刷新され，競争政策面でのルール整備が本格的に進んでいる[6]。

　EU は越境データの流通や市場アクセスの拡大を支持しつつ，消費者の信頼がデジタル市場の発展に不可欠とし，基本的権利である個人情報等の保護に対する適切な措置の採用を維持する立場を取っている。信頼性が担保されたデジタル市場構築に向け，2018 年から「EU 一般データ保護規則（GDPR）」の運用を開始した。米国との関係では，2016 年から「プライバシー・シールド」と呼ばれる情報移転に関する枠組みに合意している。同枠組みは，原則的に個人情報を含むデータの域外移転を禁止している EU から，米国企業が自国内にそのデータを移転することを可能にする。登録する米国の企業者数は約 4100 社（2021 年 6 月時点）[7]と年々増加している。域外への個人情報の移転を厳しく規制する GDPR が過度な貿易障壁となることを懸念する米国にとって，同枠組みは米・EU 間での円滑なビジネス活動を確保する重要な仕組みとなっている[8]。

　一方，日本とは，第三国へのデータ移転に関してデータ保護の十分な水準を満たしているという「十分性認定」の運用を 2019 年から開始しており，EU と日本の間で，相互の円滑な個人情報を含むデータ移転を図る枠組みが存在している。

---

6)　European Commission, *Competition Policy for the Digital Era*（May 2019）〈https://op.europa.eu/en/publication-detail/-/publication/21dc175c-7b76-11e9-9f05-01aa75ed71a1〉.

7)　ITA,〈https://www.privacyshield.gov/list〉.

8)　欧州司法裁判所（ECJ）は，2020 年 7 月に「プライバシー・シールド」を無効とする判断を示した。一方，「標準契約条項（SCC）」と呼ばれるデータ移転契約のひな型の有効性を認めている。

③自由化水準の高いルール形成を目指す日本

日本の FTA で初めて電子商取引章が確認できるのが 2009 年に発効した日本・スイス FTA である。その後，日本・オーストラリア（2015 年），日本・モンゴル（2016 年），「環太平洋パートナーシップに関する包括的及び先進的な協定（CPTPP）」（2018 年），日 EU（2019 年），日米（2020 年），日英（2021 年）にて電子商取引章を設けている。最近発効した日英の電子商取引ルールでは，日 EU をベースとし，コンピュータ関連設備の設置要求の禁止，暗号情報の開示要求の禁止などを新たに規定するとともに，ソース・コード開示要求の禁止の対象にアルゴリズムが追加されるなど，より踏み込んだ内容が盛り込まれている。

日本は CPTPP 交渉参加を機に，国際交渉の場においても自由化水準の高いルール形成に積極的な姿勢をみせている。WTO への提案[9]では，各国の国内規制が電子決済の信頼性に大きく影響するとし，各国は適切かつ柔軟な国内規制の制定を検討すべきと主張している。CPTPP で定めるような自由化水準の高い規定は，ビジネスの観点からみて各国・地域市場における公正な競争環境（レベル・プレイングフィールド）の確保を目的としたものである。当該国で公正に競争が行われれば，FTA 締約国間で電子商取引を活用した海外での販売やサービスの提供を行う，あるいは今後の検討を図る企業にとっては，参入障壁が下がりルールの予見可能性が高まる。結果として，より競争しやすい環境がもたらされる。他方，日本市場におけるレベル・プレイングフィールドが確保されることで，外資系企業による日本進出が活発化することも考えられる。

④中国その他新興国で広がるデータ保護主義

EU や米国が自由化や信頼性に重きを置くのに対し，中国はサイバーセキュリティやインターネット空間における主権の確保，プライバシーや安全保障上の重要な利益の保護などのために，必要と考える措置を維持することを

---

9) WTO, "Joint Statement on Electronic Commerce Initiative Proposal For The Exploratory Work by Japan," JOB/GC/177（April 2018）.

主張する。中国の EC 市場は米国を抜いて世界最大であり，主要企業の成長は国内市場規模によるところが大きい。デジタル保護主義とも指摘されるほど多くの関連国内規制を設け，外国企業の参入には障壁が多い。デジタル貿易に関連の強い分野での外国企業の資本や製品の参入がきわめて困難となるような規制も存在する。2017 年に制定されたサイバーセキュリティ法では，重要情報インフラの運営者に対し，国内で収集・生成した個人情報および重要データを国内に保存することを義務づけている。日本企業にとっては，同法の関連法規が不透明であることから対応に苦慮する場面もあり，ビジネスの阻害要因になる可能性がある。

　中国の FTA をみても，情報保護の措置については，国ごとに適切な規制を設ける権利の確認に主眼が置かれており，国内規制を緩和してマーケットアクセスを拡大することには消極的な姿勢をみせている。電子商取引が独立して扱われる韓国との FTA やジョージアとの FTA をみると，電子的な送信に対する関税不賦課については現在の慣行の維持に言及する一方，WTO の議論次第では必ずしも継続する必要がないとしている。一方，2020 年に署名された地域的な包括的経済連携協定（RCEP）では電子商取引章が設けられ，情報の電子的手段による国境を越える移転，コンピュータ関連設備の設置要求の禁止が盛り込まれた。自由な越境データ流通が確保される同協定の発効は，東アジア圏におけるデジタル経済の伸長に期待が高い。

　中国は WTO に，貿易円滑化や開発協力の分野で途上国のネットワーク環境や，デジタル技術等の改善に貢献する対策・能力開発支援を推奨する提案を提出しており，途上国へ配慮する姿勢を取っている[10]。

　電子商取引を盛り込んだ FTA は途上国でも存在するが，それらの内容は限定的な規定にとどまる。たとえば，ユーラシア経済連合（EAEU）とベトナムとの FTA では，電子的送信に対する関税不賦課には直接言及せず，その代わり WTO の電子商取引に関する国際的な慣行に従うとの記述に留まる。一方，途上国も含まれる CPTPP（後述）には，自由化の水準を高めるため

---

10)　WTO, "Joint Statement on Electronic Commerce Initiative Communication From China," INF/ECOM/19（April 2019）.

表 8-2　デジタル関連規定を含む先進的な FTA の例

類型	項目	CPTPP	日米デジタル	USMCA
		2018 年 12 月	2020 年 1 月	2020 年 7 月
一般	定義	○	○	○
	適用範囲および一般規定（重要性の確認）	○	○	○
自由化	デジタル・プロダクトの無差別待遇	○	○	○
	電子的な送信に対する関税不賦課	○	○	○
	情報の電子的手段による国境を越える移転	○	●	○
	コンピュータ関連設備の設置要求の禁止	○	●	○
	金融サービスにおけるコンピュータ関連設備の設置要求の禁止		●	●
	ソースコード開示要求の禁止	○	●	○
	アルゴリズム開示要求の禁止		●	●
	インターネットへの接続およびインターネット利用に関する原則	○		
信頼性	オンラインの消費者の保護	○	○	○
	個人情報の保護	○	○	●
	要求されていない商業上のメッセージに対する措置	○	○	○
	サイバーセキュリティに係る事項に関する協力	○	●	●
	コンピュータを利用した双方向サービスの提供者や利用者の責任		●	●
円滑化	国内の電子的な取引の枠組み	○	○	○
	電子認証および電子署名	○	○	○
	貿易に係る文書の電子化	○		○
	政府公開データへのアクセスおよび利用拡大		●	●
	インターネットの相互接続料の分担交渉の認可	○		
その他	協力	○	○	○
	紛争解決	○		
	透明性（法の公開など）	○		

注：1）年月は発効年月を指す。
　　2）該当する条文があれば○表記とした。●は CPTPP を超える水準のルールを規定した項目。
出所：各協定文，米ビジネス・ソフトウェア・アライアンス資料〈https://ustr.gov/issue-areas/services-investment/telecom-e-commerce/e-commerce-fta-chapters〉から作成。

に，政府や当局が課すことのできる規制が，必要以上に企業の負荷とならないように定める項目が規定されている。これらの国では国内規制の改正が必要とされる国もあるが，デジタル関連ルールの高い水準を規定する FTA に参加することで国内市場の自由化をアピールでき，外資系企業を呼び込む効果が期待できる。

2　先進的な FTA の事例

　デジタル関連規定を含む FTA では，項目に応じて一般規定，自由化，信頼性，円滑化などに分類することができる（表 8-2）。近年では，これらの項目をさらに深化させた FTA や，より広範囲をカバーする FTA も締結されており，以下では特徴的なものについて紹介する。

（1）CPTPP における電子商取引ルールの近代化

2018 年に発効した CPTPP の電子商取引章（14 章）では，既存の FTA が定める電子商取引ルールを深化させた点，および新たな規定を定めた先進性が評価されている。TPP から米国が離脱した後，知的財産などに関する項目が凍結された一方で，電子商取引章は自由化水準の高い規定をそのまま CPTPP に引き継いだ。のちにデジタルルールの基準となる「TPP 三原則」，つまり「情報の電子的手段による国境を越える移転」（第 14.11 条），「コンピュータ関連設備の設置」（第 14.13 条），「ソース・コード」（第 14.17 条）が規定されている。

新規性のある規定としては，サイバーセキュリティに係る事項に関する協力（第 14.16 条）がある。締約国は，サイバーセキュリティに関する現行の協力の仕組みを利用すること等の重要性を認識することが明記されている。

（2）TPP 三原則以上を規定する FTA

① USMCA

米国はデジタル貿易の自由化を推進する立場を取っており，FTA でも電子商取引関連のルール形成を積極的に進めてきた。2020 年 7 月に発効した USMCA は，デジタル関連規律について世界の FTA のなかでも最も広範なルールを規定する。従来の NAFTA にはデジタル貿易に関する規定は含まれておらず，再交渉の目的のひとつとして近代化を掲げるなかで，デジタル貿易章が新設された。米国通商代表部（USTR）は NAFTA 再交渉のデジタル貿易に関する交渉目的として，①デジタル・プロダクトに対する関税の不賦課，②電子的に送信されたデジタル・プロダクトの無差別待遇，③国境を越えるデータの移転やコンピュータ関連設備の設置要求の禁止，④ソース・コードまたはアルゴリズムの開示要求の禁止，⑤第三者のコンテンツについてのオンライン・プラットフォームの知的財産関連を除く民事責任の制限，の 5 つの項目を掲げた[11]。

---

11) USTR, *Summary of Objectives for the NAFTA Renegotiation*（July 2017）〈http://www.sice. oas.org/tpd/USMCA/Modernization/USTR_NAFTA_Objectives_e.pdf〉, pp. 8–9.

　CPTPP を超える規定としては，たとえば，個人情報の保護に関し参照すべき国際指標として，APEC の CBPR や OECD の枠組みを特記している。また，データの越境移転については CPTPP 以上に円滑なデータ移転を可能とする文言を使用している。さらにサイバーセキュリティに関しては，米国立標準技術研究所（NIST）のガイドラインにもとづき，CPTPP よりも明示的にサイバーセキュリティへの対応を規定した。

②日米デジタル貿易協定

　日米デジタル貿易協定は，日米貿易協定とともに 2020 年 1 月に発効した。CPTPP と比較すると，たとえば情報の電子的手段による国境を越える移転（11 条）について，電子的手段による情報移転を禁止し，または制限してはならないなど，より自由度を高める文言が使用されている。個人情報の保護の観点では，個人情報保護に関する情報の開示は担保されるものの各締約国の保護の法的枠組みを尊重しつつ，個人情報を含む情報の越境移転を制限しないことが規定されている。さらにはインターネット・サービス提供者に対する民事上の責任に関する規定についても強化された。コンピュータを利用した双方向サービス（18 条）は第三者が発信した情報コンテンツによる名誉棄損などについて，その情報を媒介したインターネット・サービス提供者は民事責任を負わないことを規定したものである。そのほかにもアルゴリズムや暗号の開示要求の禁止を規定したソース・コード（17 条）や一定の条件下で金融サービスに関するデータのサーバ国内設置要求を禁止する対象金融サービス提供者のための金融サービスのコンピュータ関連設備の設置（13条），暗号法を使用する情報通信技術産品の移転要求の禁止を規定した，暗号法を使用する情報通信技術産品（14 条）など，CPTTP の規定を強化する義務が明記されている。

　日米デジタル貿易協定は CPTPP や USMCA などの包括的な協定としてではなく，デジタル貿易という特定分野のみを規定する。同協定は，電子商取引を抜き出し，デジタル分野の横断的なルールを策定したものとして新しい形をとっている。国際社会において情報の越境移転の制限やデータの管理・統制などが国家的に行われる行為が懸念されるなかで，同協定はその懸念に

対応するものであり，デジタル貿易の規律に関する検証的な意義が認められる[12]。同協定の有用性が確認されれば，国際ルールとして WTO の交渉においてもひとつのモデルを示すものと評価できる。

③その他のデジタル規定を含む FTA と課題

そのほか，デジタル分野に特化した協定の例として，2020 年 1 月に基本合意に至った「デジタル経済パートナーシップ協定（DEPA）」がある。シンガポール，ニュージーランド，チリによって交渉が開始され，2021 年 1 月にシンガポール・オーストラリア間で先行して発効した。企業や投資を呼び込む狙いで，国境を越えたビッグデータの移転や先端分野に関するルールを盛り込んでいる。たとえば，AI 技術の活用に際しては「AI ガバナンス枠組み」という国際的に認められた原則を考慮した，倫理とガバナンスの枠組みの採用の促進が規定されている。フィンテック分野では民間企業間の協力の促進が盛り込まれている。さらには政策面についても締結国の協力を規定する要素がみられる。イノベーティブなデータ利活用に向けたデータ共有やデータサンドボックスの協力，デジタル経済に対応した競争政策に向けた情報交換等の協力など，USMCA を超えるルールも盛り込まれた。

同様の動きとして，「オーストラリア・シンガポールのデジタル経済協定」（2020 年 12 月発効）や「英国・シンガポールのデジタル経済協定（DEA）」（2021 年 6 月交渉開始）がある。DEA では，両国間の金融サービスやデジタル経済を促進するほか，サイバーセキュリティや先端技術における効果的なグローバルスタンダードを構築する。これらの先進的なデジタル関連のルール形成は，海外進出企業からビジネス展開の予見性が高まるとして歓迎されている。

FTA によるデジタル関連ルール形成が進む一方，二国間，複数国間協定でのルール乱立による規律の煩雑化の弊害も懸念される。これらのルールが WTO などの多国間ルールに転用される可能性は現状では低く，FTA や各国

---

12) 飯野文「日米貿易協定及び日米デジタル貿易協定の意義と課題――CPTPP との比較及び WTO 協定との整合性の観点を中心に」『商学集志』第 89 巻第 4 号（2020 年 3 月），34-35 頁。

からの提案を軸に，当面は均衡点を探る動きが続くとみられる。

第 3 節　デジタル関連ルールが企業活動にもたらす影響

　近年，とくに新型コロナ感染が拡大した 2020 年以降，越境 EC やクラウドを利用したサービスが急速に発展した。企業も新しい生活様式に対応した需要を取り込むべく，他企業との協業や連携を始めている。ジェトロでは海外ビジネスに関心のある企業にアンケートを行い，デジタル技術を活用した新しい事業領域，商品・サービス，ビジネスモデル開拓等を目的とした国内外企業・機関との協業・連携の取り組みについて聞いた。「取り組んでいる」もしくは「取り組んでいないが検討中」と回答した企業は 35.7% にのぼり，海外との協業・連携を模索する企業も一定数あることがわかる（図 8–1）。

　国を横断する個人・企業情報の取り扱いについては，徴税やプライバシー保護・自国産業育成などの観点から各国ごとにさまざまな規制が導入され，海外展開を図る企業がデータ移転の対応に苦慮する場面がみられる。とくに，日本では 2014 年から起こった第四次ベンチャーブームにより新しいデジタル技術を活用したスタートアップが勃興している。これらの企業はボーン・グローバル企業として，起業時から海外展開を狙うことが多い。データを活用する企業の海外への進出または海外企業との協業・連携において，自由な越境データ流通を確保できるかどうかは，生産性向上やイノベーション創出を推進する企業にとって決定的な重要性を持つ。これらのベンチャー企業は，スタートアップ・エコシステム[13] が充実する中国の深圳にも多数進出しているが，国外にデータを持ち出すことができず撤退を決める企業もある。外国企業にとって不利な規制やその他政策関連の課題，規則の解釈と執行の不一致，不透明かつ不明瞭な法律などの問題が指摘される。

---

13)　スタートアップ・エコシステムとは，事業の高い革新性，イノベーションの追求を得意とするスタートアップを継続的に生みだし，企業の新陳代謝を促進させる働きを持つ。起業する人材をはじめ，資金，周辺の企業基盤や法規制など，さまざまな要素が偶発的または必然的に重なり合って形成される。

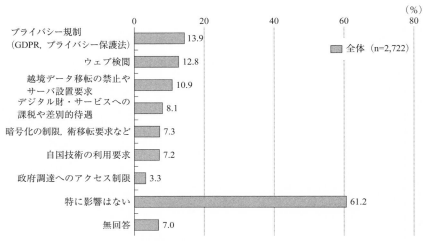

図 8-1　国内外企業・機関との協業・連携の取り組み
出所：ジェトロ「2020 年度日本企業の海外事業展開に関するアンケート調査」（2021 年 2 月）から
　　　作成。

　海外進出する際にも各国によってさまざまなルールが乱立するようになり，企業活動についてはいっそうの注意が求められる。上記でみたような各国・地域の国内ルールを注視しつつも，協業や連携を含んだデジタルトランスフォーメーションを進めるうえで越境データの共有の必要性は高まっている。新たなビジネス創出や機会拡大のためにデジタル技術の活用が不可欠とされるいま，海外ビジネスを行う企業にとってはますます進出先の国・地域での法規制対応やリスク管理が求められるだろう。

　FTA でのルール形成は，このような各国・地域で発生する法規制に対応するコストや，ルールが不透明なことによる予見可能性の低さを解消するメリットがある。先述の DEPA や DEA などでは，電子商取引拡大や技術革新に対応したルールを確立し，ビッグデータの移管や AI など先端分野に関するルールを盛り込んでいる。企業からは「AI やデータといった重要な論点を含む画期的な協定である」（グーグル〔米国〕），「フィンテック企業にとって規制当局間での信頼と共通性が高まり，より多くの製品を顧客に提供できる」（リヴォルト〔英国〕）といった声があり，企業活動の促進が期待できると歓迎されている。

【コラム】デジタル通貨をめぐる議論

デジタル通貨は，最初に開発した国の先行者利益が大きいとされ，経済圏構想のひとつの要素として議論される。フィンテックの台頭やキャッシュレスの推進，暗号資産への関心の高まりなどから，企業のデジタル通貨への認識も深まってきた。

中国がデジタル人民元の導入準備を進める背景には，基軸通貨であるドルへの対抗意識も垣間見える。深圳や上海などの4都市ですでに大規模な実証実験が行われ，将来的には「一帯一路」を中心とした独自の経済圏を広げていく方針で，米国主導の金融秩序からの脱却を模索している。いままで慎重だった米国も検討を始め，国際社会もデジタル通貨への対応を迫られている。

2020年10月，G20はIMFと世界銀行，国際決済銀行（BIS）と協力して，銀行システムにおける中央銀行デジタル通貨（CBDC: Central Bank Digital Currency）のルールを策定すると発表した。報告書によると，2021年12月までに国際規格制定作業を完了し，国レベルでの当局間の協力協定を確立するアクションプランを策定している。G7でも，2020年10月の会合でCBDCに関する共同声明を発表した。①透明性，②法の順守，③健全な経済ガバナンスを，必要な3つの要素として明示している。

バハマ諸島とカンボジアは2020年にデジタル通貨の発行を始めた。新興国では銀行口座を持たない国民も，携帯電話を使って簡単に支払いができるようにする，いわゆる金融包摂の促進からデジタル通貨の発行に前向きな傾向がある。

日本銀行は，現時点で発行計画はないとしながらもさまざまな環境変化に的確に対応できるよう必要な準備を進めていく方針を示した[1]。一般利用型CBDC[2]に関して実証実験を通じて，より具体的・実務的な検討を行うとしている。CBDC発行にあたっては日本銀行法，個人情報保護法をはじめとする関連法の整備が必要となり，今後も議論が続くとみられる。

---

1) 日本銀行「中央銀行デジタル通貨に関する日本銀行の取り組み方針」の公表について（2020年10月）。
2) CBDCには大口取引型（卸売り）と，一般利用型（小売）の2つの形態がある。

第9章

知的財産，基準認証，その他非貿易分野

┌─ ポイント ─────────────────────────────┐

◆先進各国は，WTO の枠組みのもとでの知的財産権の国際的保護が不十分で
あるとの理由から，FTA を通じた規律強化を進めてきた。ただ，FTA の大
型化とともに先進国間の関心の違いも浮き彫りとなった。

◆日本が結ぶ FTA の一部では，対象分野・製品を限定した相互認証が規律さ
れている。締約国間で，適合性評価のプロセスを相互に受け入れる規定とな
っており，事業者の負担する試験や認証などのコストが下がることが期待さ
れる。

◆持続可能な開発という視点をサプライチェーン全体で強化する動きが広まる
なか，労働や環境といった社会的条項もその一端を担いつつある。FTA の
関連章がとくに新興国の国内関連法改正を要求する側面を持つことから，締
約国内企業もこうした新規律へのいっそうの配慮が必要である。

└────────────────────────────────┘

第1節　知的財産

1　FTA における知的財産関連の規定

　WTO 協定付属書として 1995 年に発効した「知的所有権の貿易関連の側
面に関する協定（TRIPS 協定）」は，知財の保護水準を底上げし，知財問題
にも紛争解決手続きを可能とした点で評価される。しかし，侵害抑止の面で
は実効性に欠けるため，先進国を中心に，規律の強化を求める声が大きい。
他方，TRIPS 協定にもとづく保護強化に対しては，途上国からの反対が強く，
先進国は TRIPS 協定を上回る約束やエンフォースメントの強化（いわゆる

TRIPS プラス）を FTA に導入する動きを加速させた。TRIPS プラスを相手に求め，その相手国が以降他国と締結する FTA にもそれと同等以上の水準の TRIPS プラスを要求する，いわゆる知財条項の輸出が行われている[1]。企業活動における FTA の知財条項の意義として商標の保護強化を例に取ると，RCEP は，悪意で行われた商標出願を拒絶する，あるいは取り消す権限を当局に与えた。たとえば中国では，無関係の第三者が日本の著名な商標に類似した商標を登録し，日本企業がそれらを使った商品を現地で販売できなくなる問題が頻発しているが，RCEP の知財条項によりこうした商標の盗用問題の改善が期待される。

　FTA の条文に最初に知財関連規定が認められるのは 1985 年発効の米国・イスラエル FTA であるが，TRIPS 協定発効を境に知財条項を盛り込む FTA が増加した。先進国が詳細な保護やエンフォースメントを相手国に求めるのに対し，途上国の多くは，一般に規律強化に消極的であり，他分野との包括合意のために譲歩する側面が強い。他方で今や知財は FTA における標準的な項目のひとつであり，知財制度の国際的な調和，とくにエンフォースメント強化に関しては FTA が主導的な役割を担う[2]。WTO によれば，知財条項の規定水準を高・中・低に分類した場合，1990 年代に 10% 未満であった「高」の割合は 2009 年以降 30% 超にまで拡大した[3]。不正商品問題に長らく改善の動きが乏しく，むしろネット環境の発達により侵害の深刻さが増し

---

1)　TRIPS 協定第 1 条「加盟国は，この協定に反しないことを条件として，この協定において要求される保護よりも広範な保護を国内法令において実施することができる」との規定が，TRIPS プラスを可能とする根拠とされる。FTA 上の TRIPS プラスは最恵国待遇により他 WTO 加盟国にも均霑される。たとえば，著作権保護期間が 50 年であった A 国が，米国との FTA で同期間の 70 年への延長を約束すると，70 年の保護期間は米国のみならず普遍的に適用される。結果，その後 A 国が第三国と締結する協定では，70 年間の保護期間を求めることが想定され，米国型ルールが FTA を通じて広く輸出される。

2)　TRIPS 協定や FTA を補完する枠組みとして，2011 年に署名された偽造品の取引の防止に関する協定（ACTA）がある。発効には至らなかったが，エンフォースメント強化，国境措置，デジタル環境下での対応などに関する規律は後の FTA にも影響した。

3)　Raymundo Valdés and Maegan McCann, "Intellectual Property Provisions in Regional Trade Agreements: Revision and Update," *WTO Staff Working Paper*, ERSD–2014–14（June 2014）〈https://www.econstor.eu/bitstream/10419/104752/1/797426418.pdf〉.

たことも背景にある。

2　国・地域により異なる注力分野

　このように一部の先進国は，FTA の知財章を通じて，国内ルールを輸出してきた。しかしながら先進国間でも関心事項はそれぞれ異なり，先進国同士のメガ FTA が増えるにつれ思惑の違いがより鮮明化している。

　まず米国の締結する FTA は知財条項がきわめて充実しており，規定水準も高い。DESTA（Design of Trade Agreements）データベースによれば，2017年までに締結された FTA の知財章で用いられた用語数は，日本が平均 2,108語であるのに対し，米国は 1 万 403 用語にのぼる。製薬やデジタルなど，米国の競争力が高い産業の貿易交渉に対する発言力が，知財条項の形成に大きく影響する。たとえば TPP12 の知財章では，医薬品テストデータの保護期間設定や，販売承認の不合理な遅延を補償するための特許期間の延長など強力な規定を盛り込み，米国離脱後の環太平洋パートナーシップに関する包括的及び先進的な協定（CPTPP）では凍結されるに至った。結果として，CPTPP における TRIPS プラスは大幅に縮小された形である。

　デジタルに関しては，たとえば USMCA や日米デジタル貿易協定で，デジタル環境での知財権侵害への対処や衛星信号・ケーブル信号保護，インターネット・サービス・プロバイダ（以下，ISP）の協力義務に関する規律を充実させた[4]（表 9–1）。

　それに対し，EU の FTA の知財章では従来，関連条約への加盟推奨など一般規定が多く，相手国が知財保護の義務を FTA により直接負うことは少なかった。しかし，2009 年発効のリスボン条約で欧州委員会の交渉権限が拡大して以降は，より高度で幅広い規律を要求している。特徴的なのが地理的表示（以下，GI）の保護である。欧州では伝統的に，地名により付加価値が高まる食品が多く，GI の保護強化は知財分野での最重点事項と位置づけられる[5]。EU が締結した 6 つの FTA に関する検証では，GI に関する条項

---

4)　その過程で，デジタル企業のような私的な主体がデファクトルールを形成する側面があるとの指摘もある。たとえば，上野達弘「知的財産保護の多層化と自由の確保」『日本国際経済法学会年報』第 28 号（2019 年 11 月），53–69 頁。

表 9-1　最近のメガ FTA にみる TRIPS プラス条項

メガ FTA	条文数	TRIPS プラスの類型			
		①手続きの簡素化・透明化	②知的財産の保護強化	③エンフォースメントの強化	④デジタル環境への対応
CPTPP（2018 年 12 月発効）	TPP12 で は 83（うち 11 項目は凍結）	・商標権の取得円滑化	・知財関連条約への加入義務 ・特許権に関する新規性喪失の例外規定の導入 ・地理的表示の保護	・職権による模倣品差し止め ・商標の不正使用に対する法定損害賠償制度	・デジタル環境下の商標と著作権侵害に対し民事，刑事罰を適用
日 EU・EPA（2019 年 2 月発効）	55	・商標権の取得円滑化	・特許期間延長制度，新薬試験データ保護期間の設定 ・著作権の保護期間を延長 ・双方合わせ約 200 品目の地理的表示を保護対象に規定	・民事救済の拡充 ・営業秘密に対する司法当局の権限 ・国境措置の強化	—
USMCA（2020 年 7 月発効）	89	・著名商標と同一または類似の商標の出願を拒絶，または登録を取り消すための適切な措置	・特許期間延長制度，新薬データ保護期間の設定 ・著作権と意匠の保護期間を延長 ・地理的表示に関する異議申し立て手続き	・商標と著作権の不正使用に対する法定賠償制度 ・営業秘密の不正使用に対する民事，刑事罰を適用	・技術的手段回避と権利管理情報保護につき民事措置を具体化 ・ISP：著作権者との協力と免責条件を規定，著作権者による要求手続き
RCEP（2020 年 11 月署名）	83	・商標の処理や登録のための電子出願システム整備 ・商標出願と登録に関するオンラインデーベースの整備	・悪意で行われた商標出願を拒絶，取消する権限を当局へ付与 ・周知商標の条件として，自国や他国における商標登録の要求を禁止	・職権による模倣品差し止め ・当局に対する廃棄命令権限の付与	・ネット上で公衆に利用可能な情報が，先行技術や先行意匠の一部を構成し得ることを認識
参考：日本の二国間 FTA	平均 17.5（※）	・出願や登録などに関する情報公開の推進 ・相手国に対する知財関連条約への加盟推奨	・保護対象の知財を拡大 ・地理的表示の保護 ・商標の早期審査請求	・国境措置の侵害品差し止めや刑事罰の対象となる権利を拡大 ・職権による模倣品差し止め	・コンピュータ・プログラムを含む発明を特許対象に ・ISP による著作権侵害コンテンツの削除を奨励

注：日本の二国間 FTA は，知財章が存在する協定のみを参照した。
出所：経済産業省「不公正貿易報告書」（各年版）および各 FTA 条文から作成。

が知財章に占める比率は 2 割ほどあり，エンフォースメント関連に次ぐ分量を割いている 6)。多国間で議論が進まないなか，GI 保護網をまず FTA 締約

5)　EU は，GI の相互保護を韓国，ニュージーランド，カナダ，日本，シンガポール，ベトナムとの FTA で求めており，いずれの協定でも相手国を大幅に上回る品目数を対象として定めている。

6)　大熊靖夫「知的財産保護と国際的なエンフォースメント——主要 EPA 等における権利行使の規律比較」『日本国際経済法学会年報』第 28 号（2019 年 11 月），29–52 頁。

国間で構築する思惑がある。一方，強力なデジタル企業を擁していないことから，デジタル関連の規律強化には慎重である。

　日本の FTA については，初期の協定では表 9–1 の①や②にあたる規定を置くのが一般的であった。しかし，スイスなど先進国との FTA 締結以降，実効的なエンフォースメント確保のため，権利行使の対象となる権利種別の拡大や，差し止めに関する規律の充実にも注力してきた。日本は，EU における GI といった相手の関心も尊重しつつ，基本的には米国型ルールに歩調を合わせる形で知財ルールを FTA に盛り込んでいる。

第 2 節　基準認証

1　基準認証手続きの概要と意義

　WTO 交渉では従来，関税引き上げや輸入許可制度などの国境での水際措置を中心にルール化が進められてきた。一方，国・地域ごとに異なる品質等の「基準」やその適合を判断する「認証」制度が貿易を阻害する側面が顕在化し，非関税措置のひとつと認識されるようになった。これらの国内措置は，貿易の技術的障害（TBT）と衛生植物検疫措置（SPS 措置）に大別される。

　TBT（Technical Barriers to Trade）措置とは，一般に国家が製品安全の確保や，人と動植物の生命または健康の保護，環境の保護，製品間の互換性，生産の効率化など，さまざまな合法的な目的のために定めた製品の基準や規格，および規格への適合性を評価する手続きを指す。

　SPS 措置（Sanitary and Phytosanitary Measures）とは，人・動物・植物の生命や健康の保護を目的として各国が適用する基準や規格，またこうした基準や規格への適合性を評価する手続きを指す。WTO では，TBT および SPS の両措置が，それぞれ協定で規律されている。各国の基準や適合性評価手続きなどの技術的な要件を規律対象とするため，実務上両協定にまたがる措置も多い。SPS 措置には最終製品の規格，生産工程および生産方法，試験などの手続き，検疫，食品安全に関連する包装や表示の要件に関するすべての法令，要件，手続きが含まれるが，適用目的は表 9–2 で示す 4 つのいずれかである

表 9-2　SPS 措置とみなされるための目的

①	有害動植物，病気，病気を媒介する生物又は病気を引き起こす生物の侵入，定着又はまん延によって生ずる危険から加盟国の領域内において動物又は植物の生命又は健康を保護すること。
②	飲食物又は飼料に含まれる添加物，汚染物質，毒素又は病気を引き起こす生物によって生ずる危険から加盟国の領域内において人又は動物の生命又は健康を保護すること。
③	動物若しくは植物若しくはこれらを原料とする産品によって媒介される病気によって生ずる危険又は有害動植物の侵入，定着若しくはまん延によって生ずる危険から加盟国の領域内において人の生命又は健康を保護すること。
④	有害動植物の侵入，定着又はまん延による他の損害を加盟国の領域内において防止し又は制限すること。

注：「動物」には魚類，野生動物，「植物」に樹木，野生植物，「有害動植物」に雑草，「汚染物
　　質」に農薬・動物用医薬品の残留物，異物も含まれる。
出所：SPS 協定附属書 A から作成。

必要がある。それ以外の目的の場合は TBT 措置の対象として扱われる。

2　FTA と基準認証手続き

（1）国・地域における傾向

　FTA で基準認証に取り組む方法として，相互認証を設定する場合がある。これは FTA において TBT 協定との同等性を確保しつつ，製品の原産地を問わず，合意した締約国・地域間で登録された適合性評価機関の認証結果などを互いに受入れる規定である。WTO が規定する以上の内容（WTO プラス）でみられる特徴としては，SPS 協定では透明性，地域化 7)，認証手続きがあり，紛争処理に関するルールや手続きへの専門家の関与などが規定される。TBT 協定についても，一方の締約国が導入を検討する強制規格案や適合性評価手続き案に関し，相手国への事前通報を義務化することで，透明性の向上を図るものが多い。地域横断的な FTA では，地域間の気候や風土の相違から，動植物の健康状態や食品の安全性基準など，地域性を鑑みた詳細なルールが定められる傾向がある。

　米国，EU が締結する FTA では，基準認証分野について，WTO プラスの

---

7)　たとえば，ある国で病害虫が発生していたとしてもその国のほかの地域で未発生であればその地域で生産された産品については輸入を認めるというもの。

規定が存在する。たとえば，米国の FTA では TBT 分野に関して，速やかな相互通報や同等性承認をしない場合の説明義務を規定するなど，透明性の確保に力点を置いている。EU が締結する FTA においては，国際規格の重視が大きな特徴であり，たとえば EU・ベトナム FTA では国際標準化機構（ISO）や国際電気標準会議（IEC）など欧州の影響力の強い機関の名を具体的に挙げて，それらの国際規格を双方の強制規格の基礎としている。また，日 EU の TBT 章でも国際規格を策定する具体的な標準化機関名を列挙している。貿易における優位性を確保する手段として，影響力を強めたい意向がうかがえる。

（2）日本が結ぶ FTA における基準認証

　日本が結ぶ FTA では，インドネシア，ブルネイを除いて，TBT 協定にもとづく権利義務を再確認し，一部の協定においては強制規格，適合性評価手続きおよび透明性に関して WTO プラスの要素を盛り込んでいる。メキシコ，マレーシア，チリ，ASEAN，スイス，ベトナム，ペルーとの各 FTA では強制規格，任意規格および適合性評価手続き章が設けられている。シンガポール，タイ，フィリピンとの各 FTA では，相互認証章が設けられた。輸出国側において政府が指定した機関が，輸入国側の基準および手続きにもとづいて適合性の評価を行った場合，その評価結果を相互に受け入れる[8]，つまり輸入国政府が，当該国内で行われた適合性評価と同等のものとして扱う規定となっている。ただし，これらの相互認証はそのほとんどが製品の安全技術に関する規制それ自体の承認ではなく，適合性評価手続きでの相互承認となっている[9]。輸出国の適合性業過機関による「輸入国基準に基づく」試験結果，あるいは認証結果を受け入れるものであり，相手国の規制の同等性を承

---

[8]　適用範囲は，タイ，フィリピンは電化製品。シンガポールは，シンガポール国内の適合性評価機関を日本の電気用品安全法にもとづいてシンガポール政府が指定し，当該機関が発行した証明書を日本政府が受け入れる制度となっている。なお，日本国内での相互承認協定（MRA）の的確な実施を確保するため，MRA 法を制定している。

[9]　内記香子「地域貿易協定における『技術的貿易障壁』の取り扱い——相互承認の制度を中心として」RIETI Discussion Paper Series 06–J–042（2006 年 5 月）〈https://www.rieti.go.jp/jp/publications/dp/06j042.pdf〉。

認するわけではない点には注意が必要である。締約国間で基準が異なる場合，企業は複数回の試験を行わなければならない可能性もある。

　CPTPP では TBT 章として，初めて分野別の附属書を設置しており，(a) ワインおよび蒸留酒，(b) 情報通信技術産品，(c) 医薬品，(d) 化粧品，(e) 医療機器，(f) あらかじめ包装された食品および食品添加物の占有されている製法，(g) 有機産品の 7 分野に関するルールを規定している。適合性評価の認証については自国内の適合性評価機関に適用するのと同等の承認手続きを締約国の同機関への適用を義務づけており，CPTPP 域内で事業者の負担する試験や認証などのコストが下がることが期待されている。結果の受け入れについては，他国の結果を受け入れられない場合には理由の説明義務を課すなど，相互認証手続きの利用が可能となっている。

　WTO の TBT 協定では各国に照会所を設置することを義務づけており，日本では外務省とジェトロが登録されている。各国は WTO の TBT 情報データベースや照会所の情報にもとづき第三国の規制情報を入手し，TBT 委員会などを通じて意見を表明することが可能だ。FTA で設置されるメカニズムは，情報公開の機能に加え，個別の作業部会の設置など締約国間の調整機能も担っている。

第 3 節　その他非貿易分野

1　競　　　争

　支配的地位にあるグローバル企業などの反競争行為が，世界貿易に悪影響をもたらすとの認識が広がったことから，WTO では 1996 年のシンガポール閣僚宣言にもとづき，「貿易と投資」，「政府調達の透明性」，「貿易円滑化」とあわせて「貿易と競争政策」について調査・検討がなされてきた。しかし，WTO 上の義務の増大を懸念する途上国や米国の消極的な姿勢などから，「貿易と競争」についてはドーハ・ラウンドの交渉議題から除外された経緯がある。その後も競争に関する議論は 2003 年の閣僚会合後に凍結されており，WTO における規定はない状況が続いている。一方，1990 年以降，競争

法を導入する国・地域が拡大しており，当局間の直接協力が進んでいる。競争法を導入する国・地域が拡大するにつれ，自国以外の第三国間の企業同士による国際カルテル等の事案に対し，各国・地域の競争当局が不当に制裁を課すなど，企業結合の支障となる案件が多く発生するようになった。

FTA においても，主に先進国の間で独占禁止協定の整備が進んでいる。地域協定における競争関連規定は主に，米国型と EU 型の 2 つのタイプに分類 10) することができる。(a) 米国型は，域内での競争問題解決のために実体規定についてどのように扱うかを定めるタイプ，(b) EU 型は条約・協定自体に加盟国法から独立した禁止・規制の共通競争法，つまり実体規定を持つタイプである。

日本の FTA の競争関連規定は貿易の自由化を目的とすると同時に，反競争的行為取り締まりの必要性について，相手国と連携・協力を重視する姿勢を取っている。日本が締結する FTA のほとんどに競争規定が含まれる。競争政策関連規定は (a) の米国型に属するものが多く存在しており，透明性の確保や情報の機密性を定めている。競争法が比較的最近整備されたアジアの国との FTA においては，当局間での通報や協議といった基本的な協力関係が規定されている。そのほか，日本・スイス経済連携協定においては相手国領域において行われた反競争的行為が自国に悪影響を及ぼす可能性が高い場合に，相手国当局に適切な執行活動の開始を要請できる積極礼譲や，証拠隠滅を防ぐための立ち入り調査の実施を可能とする執行調整など，より高度な執行協力を含んでいる。2018 年に発効した CPTPP では 16 章で「競争政策」を規定する。基本的な協力関係に加え，「消費者の保護」や「反競争的な事業行為に関して適当な手段をとる」こと，さらには「技術協力」に関する規定も存在し，より広範な内容となっている。

2　政府調達

政府調達とは，政府などの公共機関のために物品やサービスを調達するこ

---

10)　経済産業省『2020 年版不公正貿易報告書』(2020 年 7 月)〈https://www.meti.go.jp/shingikai/sankoshin/tsusho_boeki/fukosei_boeki/report_2020/honbun.html〉。

とを指す。各国の政府調達の GDP に占める割合は国によって異なるものの，OECD 加盟国・地域の場合，対象国・地域全体の GDP の約 12％ に達する [11]。内外差別的な措置は自由なモノやサービスの流れに歪曲的な効果をもたらしかねない。近年の電子商取引の増加やサービス化の進展を勘案すると，政府調達が世界経済に及ぼす影響は拡大傾向にあるといえる。

　WTO の政府調達協定（GPA）には先進国を中心に 48 の国・地域が加盟（2021 年 4 月末現在）しており [12]，中国，ロシアを含む 35 か国・地域が参加交渉中およびオブザーバーとなっている。対象範囲は，中央政府機関，地方自治体，政府関係機関という 3 つのカテゴリーに区分され，調達内容は，物品の購入，サービス，建設および関連エンジニアリングサービスである。こうした公的な調達については安全保障や自国産業育成の観点から，貿易ルール上も内国民待遇原則の対象外として扱われてきた。現在でもとくに途上国では政府調達の市場開放に消極的な国が目立つ。

　一方，GPA のカバーする政府調達の規定には，物品貿易やサービス貿易の自由化分野で GATT や GATS が定めるような地域貿易協定に対する例外規定がない。そのため，FTA において締約国間で政府調達に有利な待遇を約束する場合，最恵国待遇条項によりその待遇がすべての加盟国に付与される [13]。FTA において政府調達の規律を設ける動きが GPA に加盟しない国・地域も含めて広く拡大すれば，それらの国・地域の政府調達市場の自由化につながる。加盟国同士の FTA においても，対象基準額の引き下げや，対象期間の拡大など，規律を強化できるなどの意義がある。

　日本が締結する FTA では，マレーシア，ASEAN との FTA を除くすべての FTA に政府調達に関連する規定を設けている。しかし，GPA 非加盟国は政府調達の自由化に消極的であり，将来的に国際水準に合致するような協力や努力義務を規定するだけの内容も多い。日本は，相手国の政府調達市場に

11)　OECD,〈https://www.oecd.org/governance/public-procurement/〉.

12)　加盟国・地域は，日本，米国，EU と 27 加盟国，アルメニア，オランダ領アルーバ，香港，カナダ，アイスランド，イスラエル，リヒテンシュタイン，ノルウェー，シンガポール，韓国，スイス，台湾，オーストラリア，ニュージーランド，モルドバ共和国，モンテネグロ，ウクライナ，英国。

13)　経済産業省『2020 年版不公正貿易報告書』。

成熟度を考慮しながら，積極的に政府調達の規定を含めるよう交渉してきた。日本は，GPA 非加盟国に対しては政府調達に関する規律の順守および市場の開放を求めていく姿勢を取っている。近年締結された FTA をみると，CPTPP では公開入札を原則とすることとともに，入札における内国民待遇および無差別原則，公正かつ公平な入札手続きなど，GPA 並みの規律を規定している。マレーシア，ベトナム，ブルネイは GPA 非加盟かつ既存協定で規定がないもしくは水準が低いため，日本との間の FTA では実質的に初めてのルール適用となる。

3　労　　働

　労働や環境といった非貿易的関心事項については，FTA によって国内関係法の改正をともなう約束が行われると，締約国の履行プロセスのなかでビジネスへの影響が出る部分もある。とくに昨今の世界の「サステナビリティ」のトレンドにより今後ますます厳格化される可能性があり，関連条項への意識と適切な配慮が必要である。

　通商の枠組みに労働基準を取り込む社会条項論は古くから存在したが，とくに近年では，サプライチェーンにおいて労働者の人権確保や労働条件の改善を促す動きが強まるなか，FTA の労働条項は増加した。労働条項を含む FTA の件数は，1995 年の 3 から 2016 年には 77 にまで増え，全 FTA に占める比率も 7.3％ から 28.8％ にまで上昇した [14]。1995 年の北米労働協力協定を皮切りに，とくに先進各国が労働条項を積極的に FTA に導入した。先進国の基本的な考えとして，主に途上国での劣悪な労働環境で生産された製品はソーシャルダンピングにあたり，こうした不公正な貿易を是正するため労働基準違反を理由に輸入を制限できるとの認識がある [15]。労働問題が WTO の交渉対象から外れるなか，貿易の社会的側面に関する規律を強化したい先

---

14)　International Labour Organization（ILO），*Handbook on assessment of labour provisions in trade and investment arrangements*（July 2017）〈https://www.ilo.org/wcmsp5/groups/public/---dgreports/---inst/documents/publication/wcms_564702.pdf〉.

15)　労働も含め生産工程に着目した貿易制限は，因果関係の証明が困難であることなどから基本的に認められない。一方，GATT20 条（e）は囚人労働の産品への貿易制限，つまり生産工程に起因する輸入制限を例外として認める。

進国は，FTAの労働章をそのツールとして活用することとなった。企業の社会的責任（CSR）の文脈で企業活動における労働基準尊重に重きが置かれるようになったことも大きい[16]。

　とくに米国は労働条項の導入に一貫して積極的である。上述の北米労働協力協定では，国内法上の労働基準の順守や義務違反に対する執行手続きの整備を要求した。その後ヨルダンとのFTAで初めて労働条項を協定本文に編入した後は，必ずFTAに労働条項を入れている。内容も拡充傾向にあり，たとえばCPTPPでは，従来置かれていた労働者の権利確保，労働法例の執行，相互協力に加え，強制労働による製品輸入の回避，CSRの推進，労働評議会の設置，連絡部局の設置など幅広い規定を盛り込んだ。さらにUSMCAでは，自動車の原産地規則に賃金要件を加えたり，労働組合の組織化をメキシコに約束させたりと，経済的関心と社会条項とのつながりをさらに強めた。EUも，責任あるサプライチェーン管理を貿易政策における重要課題と位置づける。たとえば2015年に発表した通商政策「万人のための貿易」では，労働も含めた社会的要素を重視する姿勢を強化した。その後のFTAの多くが，環境や労働に明示的に言及するなど，貿易と持続可能な開発に関わる条項を有している。

　労働条項の実効力も強まる傾向にある。FTAに条項が入ると，労働法の改悪や労働基準の引き下げができず，違反があれば紛争解決手続きも活用し得る。旧来労働条項は，努力目標にとどまっていたり，物品貿易に関心が集中したりしたことから，実効性に乏しい側面もあった[17]。ただ近年では労働条項を争点化する動きも出ている。2017年6月のCAFTA-DRにもとづく米国・グアテマラ間の仲裁パネル[18]がその例である。直近では，USMCA

---

16)　ILOによると，CSRに関連した規定は2010年以降急増（ILO, *Handbook on assessment of labour provisions*）。

17)　箭内彰子「世界を見る眼　貿易だけではない貿易協定——労働法の執行を怠ると貿易協定違反になるのか？」『IDEスクエア』（2019年6月）〈https://www.ide.go.jp/Japanese/IDEsquare/Eyes/2019/ISQ201920_025.html〉。

18)　2010年，グアテマラにおける低水準の労働慣行につき政府間協議を開始。仲裁パネルでは結果的にグアテマラ側のCAFTA-DR違反が認められず，米国内で労働条項の強化を求める声が高まるに至った。

の紛争解決章にもとづき，2021 年以降，メキシコ国内での労働者の団結権・団体交渉権の侵害の疑いに関し，米 USTR がメキシコ政府に対し複数案件で事実確認要請を行ったことが注目されている。EU・韓国 FTA においても，EU の申し立てを受け設置された専門家パネルが 2021 年 1 月に，韓国の労働組合法の一部条項が協定違反にあたるとして是正勧告を出した例がある。FTA の労働条項は，責任あるサプライチェーンを実現する手段として実体化しつつある。

4　環　　境

　環境問題に対する各国の意識高まりを反映し，FTA で環境に関する規律を設ける例も増えている。ドイツ開発研究所（DIE）などの共同研究 [19] によれば，2016 年時点で世界の FTA が有する環境条項の数は平均 100 程度であり，2010 年時点の 20 程度から実に 5 倍増となった。FTA に環境条項を設ける経済的背景として，価格競争上の理由から環境規制の緩和合戦が起こること（いわゆる「底辺への競争」）を防止する，また各企業による環境規制の順守状況の差異を無くすことで公平な競争環境を整備する，といったことが指摘される。一方で，FTA 相手国，とくに途上国に対し環境規制の整備を要請する際には，技術指導などの協力が同時に規定されることが多い。

　米国の FTA の環境章では，加盟国が義務として従うべき，いわゆる明示的なエンフォースメント関連規定が多いのが特徴である。DIE によれば米国の環境章におけるエンフォースメント規定は 219 にのぼり，次点のカナダ（169 規定）や第 5 位の EU（95 規定）を大きく引き離している。たとえば NAFTA 環境協定は，定期的な環境報告の義務や，国内法制による高い環境保護の確保と強化に向けての断続的な努力，法律等の公開等を規定する。USMCA ではこの協定を環境章として本体へ編入したが，CPTPP を上回る規

---

19)　ドイツ開発研究所（DIE）とカナダのラヴァル大学による共同プロジェクト "Trade & Environment Database-Trend Analytics"〈https : //klimalog.die-gdi.de/trend/index.html〉は，国別の FTA 件数および環境条項数を取りまとめたデータベース。環境保護，履行確保，多国間環境条約への加入義務，開発，エンフォースメント，規制の整合性等の詳細分野に下りて条項を分類。

定として，環境影響評価のための適切な手順の確保，大気環境のデータや情報の公表，海洋ごみ削減のための措置，持続可能な森林管理を促進するための情報交換や協力等が盛り込まれた。

　EU の FTA は米国とアプローチが異なり，持続可能な発展を主目的に，その手段のひとつとして環境協力の原則と範囲が規定される。具体的には，環境保護と改善，天然資源と生態系の汚染防止，持続的開発のための生態系の有効活用を掲げ，これに関連したルールを定めるのが一般的である。日EU・EPA の「貿易と持続可能な開発」章では，高い環境保護水準の追求，多国間環境条約の順守，環境物品・サービスの貿易投資促進，環境法の執行などを規定している。協定違反が申し立てられた際は，政府間協議や専門家パネルなどで解決を図る。

　日本については，協定あたり平均 46 の環境条項を有し，ルールの水準は比較的高いとされる。主な要素として，環境規制の緩和による投資促進の禁止，環境に関する協力，相互認証との関連で自国が適切と考える環境規制の採用を妨げないこと，などがある。独立した環境章を設けたのは CPTPP が初であり，ここでは高水準の環境保護や効果的な環境法令の執行促進，各環境条約の重要性の確認，オゾン層保護のための措置，船舶による汚染からの海洋環境の保護，漁業の保存・持続可能な管理などを規定した。問題が生じた際には，上級代表者あるいは閣僚級による協議が可能であり，分野別小委員会で問題解決を求められる。一方，日 EU・EPA でも，「貿易と持続可能な開発」章で諸ルールが規定され，とくに市民社会との対話が明記されたことが特徴である。紛争解決手続きは適用されず，協議を経て専門委員会を開催，それで解決に至らなければ専門家パネルの招集を要請できる。これまでに係争に至った実例はないが，貿易の社会的側面が重視されるとともに，FTA の環境条項の存在も意識しながら企業活動を行うことが重要となる。

5　紛争解決・ビジネス環境整備

　多くの FTA で紛争解決の章が設けられている。紛争解決の章では，協定の実施，解釈，または適用に関する両締約国の紛争を対象とする，「国家対国家」の紛争解決手続きが規定されている。FTA は深化を遂げて，WTO 協

定より深い内容を定めたり，新たな分野を規律対象としていたりする。協定の一部を対象とせず，紛争解決手続きを利用できない場合があるが，協定の履行を促すことによる協定の実効性の担保，また，紛争解決の過程を通した協定解釈の明確化という，重要な役割を担っている。

　日本企業が進出国で直面する課題は多岐にわたるが，相手国政府の措置是正を求める手続きとしての FTA の紛争解決の制度は，協定整合性を問題とする場合にのみ利用可能となる。また，「投資家対国家」の紛争を規定するFTA の投資章や投資協定にもとづく紛争解決は，必要なコスト等を考慮すると，容易ではない[20]。もっとも，日本企業の進出国におけるビジネス環境の改善を図る取り組みは，FTA 発効前から広く行われてきた。しかし，こうした活動自体に法的な裏づけがないと，一方通行となりかねない。

　上記のような課題の解決策となるのが，両国政府・企業がともに参加し，相手国の貿易・投資関連制度などを議論することができるビジネス環境の整備に関する委員会（以下，委員会）だ。日本が 16 か国 3 地域との間で発効済みの 19 の FTA などの貿易協定のうち，シンガポール，ASEAN，EU，英国，米国との協定を除く 14 の協定で，委員会の設置が規定されている[21]。

　委員会において取り上げることのできる事項は，貿易や投資など，ビジネス活動に関連した幅広い課題である。参加者は，両国政府代表者に加え，民間企業代表者も招請によって参加可能となっている。また，多くの FTA で連絡事務所の設置義務が定められている。FTA 相手国でビジネスを行っている企業が法令や規則上の問題を抱えている場合，この連絡事務所に照会・申し入れなどができる。また，企業と連絡事務所間をスムーズに行うために

---

20)　FTA の投資章や投資協定の詳細については，第 7 章参照。

21)　メキシコとの協定（第 137 条）では「ビジネス環境の整備関する委員会」，スイスとの協定（第 134 条）では「経済関係の緊密化に関する小委員会」など，FTA ごとに呼称が異なる。なお，EU および英国との協定にて，ビジネス環境整備に関する委員会の設置を定めた規定はないが，規制協力に関する専門委員会は，利害関係者の参加を招請することが可能（いずれも第 18. 14 条 2）。
　また，CPTPP（第 22 章）では，各締約国の政府の代表者から成る「競争力およびビジネスの円滑化に関する小委員会」の設置，当該小委員会によるサプライチェーンの発展および強化を促進する方法の探求などが規定されている。締約国の利害関係者が意見を提供する機会を設けることも規定されている。

連絡円滑化機関が設けられている場合がある。同機関を介して連絡事務所に
申入れを行うことも可能だ。

　たとえば，日・マレーシア経済連携協定の場合，日本企業は，連絡円滑化
機関である在マレーシア日本大使館（ジェトロクアラルンプールと協力）経
由で，事案を管轄するマレーシア当局からの回答を得ることが可能である。
日本の公的機関のバックアップやフォローアップ面の協力を得ることできる。

　FTA のビジネス環境整備に関するルールを活用した相手国政府への要望
についても，改善のための措置の履行を強制することはできない。しかし，
これまでの成果は，模倣品の取り締まりや治安の向上など多岐にわたる。
FTA にもとづいたビジネス環境整備の枠組みを活かすことで，ビジネス環
境の改善につなげることが可能だ [22]。

---

22)　ビジネス環境整備に関する委員会の情報は，経済産業省ウェブサイトで確認するこ
　　とができる。経済産業省「ビジネス環境の整備に関する委員会」〈https://www.meti.go.
　　jp/policy/trade_policy/epa/about/business.html〉。

【コラム】FTA と農林水産物・食品輸出

　世界の FTA で関税障壁の撤廃が進められてきた。しかし，工業品の関税撤廃が進む一方，農林水産物・食品は関税撤廃・削減の対象から除外される品目が少なくない。115 件の FTA を検証した結果によると，品目ベースの即時撤廃率（品目数ベース）は非農産品が 71％ であるのに対し，農産品は 52％，約束された関税撤廃・削減が完了した際の自由化率（関税撤廃率）はそれぞれ 93％ と 72％ であった[1]。

　上記研究と単純に比較できないものの，たとえば，日 EU 経済連携協定では，EU 側の即時撤廃率は工業製品が 96％ であるのに対し，農林水産物は 95％，関税撤廃率はそれぞれ 100％ と 98％ と高水準である[2]。市場アクセスの改善は，日本からの輸出拡大に寄与した。EU では日本からの醤油や緑茶の輸入関税が即時撤廃され，協定を利用した輸入が拡大した（表を参照）。

　ルール面でも農林水産物・食品輸出環境の整備が進む。第一種特定原産地証明書について，「申請手続における提出書類等の例示と留意事項（農林水産品編）」が 2019 年 7 月に公表され，申請時提出書類の統一化・簡素化などが進められた。2021 年 4 月からは，地理的表示（GI）保護制度の特性により，あらかじめ日本原産であると確認できる特定農林水産物など（GI 産品）について，輸出業者は，GI 登録名称が記載された仕入書や納品書などを生産証明書の代

表　EU における日本からの主な農林水産物・食品の輸入動向

品目名 （HS コード）	関税率（％）		日本からの輸入額（万ユーロ，上段：通年，下段：2 月～12 月）						
	MFN	日 EU 協定	2018 年	2019 年			2020 年		
			MFN		MFN	日 EU 協定		MFN	日 EU 協定
醤油（21031000）	7.7	即時 撤廃	1,382	1,590	345	1,246	1,649	73	1,576
			1,252	1,473	227	1,246	1,459	65	1,394
緑茶（09021000）	3.2		797	850	396	455	1,023	266	758
			739	786	331	455	967	242	724

注：1）輸入額は 27 か国ベース。小数点以下を四捨五入して表記しているため，足し上げが合わない場合がある。
　　2）緑茶（0921000）は正味重量が 3 キログラム以下の直接包装にしたもの。
　　3）「MFN」は実行最恵国税率，「日 EU 協定」は日 EU 経済連携協定税率。
出所：TARIC Consultation および EUROSTAT（いずれも欧州委員会，2021 年 8 月 7 日アクセス）から作成。

わりに利用して，日本商工会議所に特定原産地証明書の発給申請ができるようになった[3]。

　地域的な包括的経済連携（RCEP）協定では，日本にとって初めて同一 FTA に参加することとなる中国と韓国との間でも農林水産物・食品の関税撤廃を獲得した。また，ルール面では，当局に対し，悪意による商標の出願を拒絶・登録を取り消す権限を付与する義務を規定（第 11.27 条）するなど，TRIPS 協定を上回る内容が盛り込まれた。SPS・TBT 措置についても，通報された措置の全文，またはその要約の英語による提供などが規定された（第 5.12 条 8，第 6.11 条 2）。WTO では，先進国のみに規定されている内容（SPS 協定附属書 B8，TBT 協定第 10.5 条）であるため，相手国制度の透明性向上が期待できる。日本産農林水産物・食品輸出で RCEP 協定の活用を検討する声が聞かれる。日本からの農林水産物・食品輸出の加速が期待されるところである。

1)　原典の「agricultural products」を農産品，「non-agricultural products」を非農産品とした。詳細は，Jo-Ann Crawford, "Market Access Provisions on Trade in Goods in Regional Trade Agreement," in Rohini Acharya (ed.), *Regional Trade Agreements and the Multilateral Trading System* (Cambridge: Cambridge University Press, 2016), pp. 21–57 参照。

2)　ジェトロ『日 EU・EPA 解説書──日 EU・EPA の特恵関税の活用について』（2020 年 3 月改訂）〈https://www.jetro.go.jp/ext_images/world/europe/eu/epa/pdf/euepa202003.pdf〉。原典は経済産業省資料。

3)　日本と EU・英国との間では，協定発効にともない，GI の相互保護が始まった。相互に認めた産品の呼称が相手国内でも保護される。保護対象となる日本の産品は 2021 年 1 月時点で，「夕張メロン」（北海道）や「神戸ビーフ」（兵庫県）など 47 産品。詳細は，農林水産省「地理的表示法について」〈https://www.maff.go.jp/j/shokusan/gi_act/outline/〉を参照。

第**III**部
主要国・地域の FTA 戦略と動向

第10章

東南アジア

┌─ ポイント ─────────────────────────────────┐

◆東南アジアのFTAは，東南アジア諸国連合（ASEAN）としての協定と各
国が独自に締結している協定に大別される。ASEANは加盟10か国によ
るASEAN経済共同体（AEC）を深化させるとともに，域外に対しては，
近隣諸国とのプラスワンFTAを形成している。

◆AECは2018年1月1日に域内関税撤廃を完了し，原産地証明にかかる
自己申告制度の導入など貿易円滑化が進展。サービス貿易分野でも，自由化
の取り組みが本格化している。2020年11月にASEANを含む15か国
で署名した地域的な包括的経済連携（RCEP）協定は，既存のサプライチェ
ーンを強化するものであり，さまざまな活用が期待される。

◆東南アジアのFTA網はアジアから欧米などに拡大しはじめている。企業の
視点では，ASEAN各国それぞれのFTAの特徴を把握し，自社にとって最
もメリットのある協定を利用することが望まれる。

└──────────────────────────────────────┘

第1節　東南アジア（ASEAN）の通商政策とFTA動向

1　東南アジアの通商政策

　東南アジアの通商政策の動向をみる場合，大きく2つの動きをみることが
必要だ。ひとつは東南アジアそれぞれの国の動きであり，もうひとつは
ASEANとしての動きである。東南アジア諸国の順調な経済成長により，
ASEANの対外的なプレゼンスは高まっており，通商交渉においても大きな
力を持っている。各国のFTA締結の状況を見渡すと，各国独自の協定は，

表 10-1　東南アジア（ASEAN）の FTA 発効状況（2021 年 6 月時点）

	2000~2005 年	2006~2010 年	2011~2015 年	2016~2020 年	2021 年~	合計
ASEAN	1　●	5　◎◎■		1		7　◎◎●■
シンガポール	7　◎■★	4　◎●	3	3　☆C	1	18　◎◎●●■☆★C
ベトナム		1　◎	2　○	3　☆C	1	7　◎○☆C
マレーシア		3　◎	4　■			7　◎■
タイ	3　■	1　◎	1			5　◎■
インドネシア		1　◎		2		3　◎
ブルネイ		2　◎				2　◎
フィリピン		1　◎		1		1　◎
ラオス						0
ミャンマー						0
カンボジア						0
合　計	11	18	10	10	2	51

注：締結先：◎日本，●中国，○韓国，■インド，☆欧州，★米国，CCPTPP
　　ASEAN としての協定は一部の加盟国での先行的な批准・発効年。その後，順次全加盟国で発効。
出所：世界貿易機関（WTO），ASEAN 事務局，経済産業省，アジア開発銀行（ADB）の資料から作成。

シンガポールなど一部の国を除くと比較的少なく，ASEAN として締結しているFTA が重要な位置を占める。

　表 10-1 は ASEAN に加盟している東南アジア各国の FTA の発効状況を表しているが，カンボジア，ラオス，ミャンマー以外の 7 か国では，ASEANとして締結する FTA と，各国が独自に締結する FTA が併存している。

　とりわけ，2011 年以降はベトナム，マレーシアが二国間協定の発効を進めている点が目立つ。とくにベトナムは 2021 年までに協定発効数でタイを超え，マレーシアと並んだ。インドネシアは 2016 年以降，新たな協定を発効する動きがうかがえる。

　これまで，ASEAN および ASEAN 各国による FTA ネットワークはアジア・オセアニア域内を中心に形成されてきた。他方，近年はアジア以外の主要国・地域との FTA も進みつつある。協定相手国・地域別にみると，EU は，シンガポール（2019 年 11 月），ベトナム（2020 年 8 月）との FTA を発効済みであり，英国も 2021 年 1 月，同 2 か国と FTA を発効させた。

　また，米国は，シンガポールとの FTA を発効（2004 年 1 月）させている。残りの ASEAN 加盟国とは貿易投資に関する枠組み協定（TIFA）に加え，タ

イ，インドネシア，フィリピン，カンボジアとの一般特恵関税（GSP）にとどまる。その他主要国・地域では，ロシアと中央アジア諸国が加盟するユーラシア経済連合（EAEU）との FTA が，ベトナムにおいて発効（2016 年 10月），シンガポールで署名済み（2017 年 10 月）だ。トルコは，マレーシア（2015 年 8 月），シンガポール（2017 年 10 月）との FTA を発効済みである。中東地域では，湾岸協力理事会（GCC）とシンガポールとの FTA が発効（2013 年 9 月）している。

　複数の国・地域が係る広域的な FTA として，「環太平洋パートナーシップに関する包括的及び先進的な協定（CPTPP）」がシンガポール（2018 年 12月），ベトナム（2019 年 1 月）で発効した。日本，オーストラリア，ニュージーランドに加え，カナダ，メキシコも加わった FTA が開始された。ブルネイ，マレーシア，ペルー，チリも同協定の批准手続き中だ。このうち，マレーシアについては協定署名後に政権が交代し，その後，批准手続きを保留にした状態が続いている。

2　ASEAN の通商政策

　ASEAN は東南アジアの国々による政府間組織として 1967 年 8 月に形成され，1999 年 4 月のカンボジアの加盟をもって，現在の 10 か国の体制が整った。加盟交渉中の東ティモールを除くすべての東南アジアの国々が加盟している。2015 年 12 月末には ASEAN 共同体が発足し，「政治・安全保障（APSC）」，「経済（AEC）」，「社会文化（ASCC）」の 3 つの側面で統合の度合いを深めている。ASEAN 共同体の中核を担う AEC は，物品貿易の自由化に加え，サービス，投資，熟練労働者の移動などの自由化を目指している。

　共同体という名前から EU が想起されるが，同共同体の基本法と位置づけられる ASEAN 憲章（2008 年 12 月発効）において，内政不干渉を原則とする[1] ことを明記している。その点で，加盟国の国家主権の一部移譲をともなう EU とは異なる。ASEAN の経済統合の度合いや範囲は FTA と類似している[2]。なお，ASEAN における意思決定は，同首脳会議を頂点とする各会

---

1)　The ASEAN Charter（2007 年 11 月採択），第 2 条 e の規範。

合において，全会一致方式で採択される。ASEAN としての協定署名後は，各国議会での批准を経て，それぞれの国で発効に至る。

　ASEAN の通商政策は，AEC と ASEAN プラスワン FTA に大別される。AEC は，物品貿易の自由化を目指す従来の ASEAN 自由貿易地域（AFTA）の完成形であり，さらに貿易円滑化やサービスや投資の自由化を進めることで，経済統合を深化させている。他方，ASEAN プラスワン FTA は，ASEAN が第三国・地域と締結する協定を指す。これまでに，中国（2005 年 7 月），韓国（2007 年 6 月），日本（2008 年 12 月），豪州・ニュージーランド（2010 年 1 月），インド（2010 年 1 月），香港（2019 年 6 月）との協定が発効している。さらに 2020 年 11 月，ASEAN は ASEAN プラスワン FTA を締結する国々（インドと香港を除く）と地域的な包括的経済連携（RCEP）協定を締結，FTA を広域化した（4．参照）。

　ASEAN 経済統合についての 2016 年から 2025 年までの中期ビジョンを記した「AEC ブループリント 2025」でも FTA がその中核となっていることが読み取れる。同ブループリントでは大項目として，A.「統合され，高度に結束した経済」，B.「競争力があり，革新的でダイナミックな ASEAN」，C.「強化された連結性と分野別協力」，D.「強靭で包摂的，人本位で人が中心にある ASEAN」，E.「グローバルな ASEAN」の 5 点が掲げられている。このうち A が ASEAN 加盟国間の FTA の深化を，E が対話パートナーとの新たな FTA や，既存の FTA 見直しなどを志向している。

3　ASEAN 経済共同体（AEC）の概況

　AEC ブループリント 2025 の A.「統合され，高度に結束した経済」は，さらに 6 つの主要分野にわかれる。(1) 物品貿易，(2) サービス貿易，(3) 投資環境，(4) 金融統合・金融包摂・金融安定化，(5) 熟練労働者および商用訪問者の移動の促進，(6) グローバル・バリューチェーン（GVC）への参加強化だ。この分野に該当する基本条約をみると，それぞれ，物品貿易の自

---

2)　石川幸一「ASEAN 経済共同体 2025 の概要と方向性」国際貿易投資研究所編『深化する ASEAN 経済共同体 2025 の基本構成と実施状況』（同研究所，2019 年 3 月）が詳

由化を定めた ATIGA（2010 年 1 月発効，2020 年 9 月第 1 改定議定書発効），サービス自由化に関する ASEAN サービス枠組み協定（AFAS，1998 年 8 月発効，2019 年 2 月最終（第 10）パッケージ発効）および ASEAN サービス貿易協定（ATISA，2021 年 4 月発効）がある。さらに投資分野で ASEAN 包括的投資協定（ACIA，2012 年 3 月発効，2020 年 7 月第 4 改定議定書締結），データ移動について ASEAN 電子商取引協定（2019 年 1 月締結），熟練労働者の移動に関して ASEAN 自然人移動協定（2016 年 6 月発効）などが挙げられる。いずれの協定においても，高所得国であるシンガポールから，後発開発途上国であるカンボジア，ラオス，ミャンマーまで経済発展レベルの異なる国々が参加するなか，一般的に後発国などに対して広範に留保事項を認めている。

　ATIGA は，AEC の根幹をなす協定だ。2018 年 1 月 1 日に CLMV 諸国（カンボジア，ラオス，ミャンマー，ベトナム）の除外品目以外の関税撤廃猶予品目の関税を撤廃したことで ASEAN 域内の物品貿易の自由化が完了した。2019 年 5 月時点で ATIGA における関税品目ベースの関税撤廃率は ASEAN6（ブルネイ，インドネシア，マレーシア，フィリピン，シンガポール）で 99.3％，後発 ASEAN 加盟国（カンボジア，ラオス，ミャンマー，ベトナム）で 97.7％，ASEAN 全体で 98.6％ と報告[3]されている。AEC ブループリント 2025 の具体的なアクションプランである「AEC2025 統合戦略アクションプラン」（CSAP: The Consolidated Strategic Action Plan）では，①ATIGA の強化，②原産地規則の簡素化・強化，③貿易円滑化措置実施の加速化・深化の強化を掲げ，貿易円滑化に重点が移っている。また，2021 年の ASEAN 議長国であるブルネイは，優先的に取り組む事項の一番目に「非関税措置（NTMs）の合理化に向けた包括的評価」を掲げるなど，NTMs の取り扱いが最大の論点となっている。

しい。

3)　ASEAN Secretariat, *ASEAN Integration Report 2019*（November 2019）〈https://asean.org/wp-content/uploads/2021/03/8.-ASEAN-integration-report-2019.pdf〉, p. 19 参照。

4　ASEAN プラスワン FTA から RCEP へ

RCEP は，2012 年 11 月から交渉が開始され，2020 年 11 月に ASEAN10 か国に，日本，中国，韓国，オーストラリア，ニュージーランドを加えた 15 か国によって署名された。15 か国の GDP（2019 年）の合計，貿易総額はそれぞれ，世界全体の約 3 割に達する。RCEP の関税撤廃率は締約国全体で 91％（品目数ベース）[4] にのぼる。これは ATIGA（98.6％）と比べると低いが，ASEAN プラスワン FTA と比べると，特定の物品で追加的な関税撤廃が行われている。日本を例にみると，工業製品について ASEAN に対する日本側の関税撤廃率は 99.1％ になり，従来の日 ASEAN 包括的経済連携協定（AJCEP）（98.5％）から 0.6％ 上昇した。さらに ASEAN 側では，新たにインドネシアで鉄鋼製品の一部，タイとフィリピンで自動車部品の一部，カンボジアとラオスで乗用車，ミャンマーで貨物自動車などの関税が撤廃された。農林水産品では，インドネシアで新たに牛肉や醤油などの関税が撤廃される。

ASEAN にとって RCEP の大きな意義は，ASEAN 中心のメガ FTA を形成したことだ。RCEP 締結時の共同首脳声明には，「ASEAN により開始された最も野心的な自由貿易協定であり，地域的な枠組みにおける ASEAN 中心性の増進および ASEAN の地域パートナーとの協力の強化に寄与する」[5] ということが記された。日中韓，豪州，ニュージーランドとは，既存の ASEAN プラスワン FTA に加え，RCEP で共通の原産地規則やサービス・投資などのルールが追加された [6]。ASEAN 加盟国にとって外国投資を誘致する機会ともなっている。さらに，電子商取引など，従来の協定には必ずしも含まれていない項目で統一のルールが形成された点も注目される。

4)　外務省，財務省，農林水産省，経済産業省，「地域的な包括的経済連携（RCEP）協定に関するファクトシート」（2020 年 3 月）〈https://www.mofa.go.jp/mofaj/files/100115475.pdf〉。外務省の RCEP ウェブページには，日本と締約国における関税撤廃項目が掲載されている。

5)　外務省「地域的な包括的経済連携（RCEP）に係る共同首脳声明（仮訳）」〈https://www.mofa.go.jp/mofaj/files/000534732.pdf〉。

6)　RCEP 発効後も，既存の ASEAN プラスワン FTA と RCEP は併存し，引き続き前者を使うことも可能。

第 2 節　近年の東南アジア（ASEAN）の推進する FTA の特徴

1　AEC における貿易円滑化

　ASEAN 域内の物品貿易は，貿易円滑化と非関税措置に議論の中心が移っている。ASEAN は，貿易円滑化枠組み（ATFF）を 2017 年に採択し，2025年までに ASEAN 域内の貿易倍増，および 2020 年までの貿易コスト 10% 削減を掲げた。さらに同枠組みにもとづく貿易円滑化共同協議会（ATF-JCC）では，各国の通商担当者と産業界との対話の機会が設けられ，現場での問題を貿易円滑化の協議に取り入れるなど，意欲的な取り組みを進めている。

　AEC の貿易円滑化における近年の主要な成果として，2020 年 9 月に運用開始となった ATIGA 第 1 改定議定書が挙げられる。同議定書により，認定輸出者による原産地証明の自己申告制度である AWSC（ASEAN-Wide Self Certification）が導入された。AWSC を利用する場合，まず，輸出者，生産者のいずれかが所在国における当局に登録し，認定輸出者（Certified Exporter: CE）としての認可を受ける。このとき原産地自己申告の対象となる物品（HS コード含む），署名権者（1 社 10 名まで）についても登録する。CE として認定されると，輸出時に署名権者の署名付きで原産地申告することで ATIGA 特恵税率の適用を申請できる[7]。申請情報は ASEAN 事務局が管理する AWSC データベースを通じて，輸入側税関が参照し，通関時の特恵税率の適用可否を決定する。なお，AWSC の運用開始後も，従来の第三者証明制度にもとづく特定原産地証明書（フォーム D）も引き続き利用できる。なお，フォーム D は，2020 年 1 月までに ASEAN 全加盟国において電子原産地証明書（e フォーム D）の運用が開始されており，発給にかかる手続き

---

7)　蒲田亮平「ASEAN 物品貿易協定（ATIGA）修正議定書のポイント」ジェトロ，地域・分析レポート（2020 年 10 月 13 日）〈https://www.jetro.go.jp/biz/areareports/2020/8c5 8a9cd83a71b70.html〉。シンガポール税関のウェブページでは同国企業向けに AWSC の CE 申請方法を英語で紹介している。〈https://www.customs.gov.sg/〉の Certificates of Origin を参照。

コストの軽減および時間の短縮が実現している。

また，ATIGA 第 1 改定議定書では，原産地申告書類の書式も変更し，付加価値基準（RVC）での申請時の FOB 価格の記載が原則撤廃された。これにより，輸入者に対して販売原価が露見するリスクが減少した。ただし，カンボジア，インドネシア，ラオスとの輸出入[8] については，引き続き FOB価格を記載する必要がある。

2　RCEP による地域サプライチェーンの強化

ASEAN が RCEP に最も期待する効果は，ASEAN を中心とした地域的なサプライチェーンの強化である。締約国間で共通の原産地規則が設定されたことにより，従来の ASEAN プラスワン FTA と比べて，ASEAN と複数の対話パートナーにまたがるサプライチェーンの構築が容易になった。

まず，RCEP の原産地規則を概観すると，最も多いのが「4 桁レベルの関税分類変更または 40% の付加価値基準」（CTH または VA40，約 2,400 品目），「2 桁レベルの関税分類変更」（CC，約 1,100 品目），「6 桁レベルの関税分類変更または 40% の付加価値基準」（CTSH または VA40，約 630 品目）と続く[9]。つぎに，ATIGA，ASEAN プラスワン FTA，RCEP の原産地規則を比較してみると（表 10-2），主要な原産地規則である「CTH またはVA40」は，ATIGA，日本，韓国，オーストラリアおよびニュージーランドとの FTA，RCEP で共通している。他方，中国については多くの工業製品でVA40 が原則であるため，輸出者にとっては RCEP によって CTH の選択肢が増えた。

さらに，繊維製品に関しては従来の ASEAN プラスワン FTA では，それぞれの締約国で製造された布地を用いて縫製を行うなど，締約国内で 2 工程

8)　ATIGA 第 1 改定議定書で「RVC 採用時，かつフォーム D の裏面条項の FOB 価格欄に記載の ASEAN 加盟国」は FOB 価格記載義務の対象と規定。同議定書付属のフォーム D 書式では，裏面条項にカンボジア，インドネシア，ラオスと記載されている。

9)　早川和伸「RCEP の貿易創出効果——原産地規則の観点から」アジ研ポリシー・ブリーフ No. 141（2021 年 2 月）〈https://www.ide.go.jp/library/Japanese/Publish/Reports/AjikenPolicyBrief/pdf/141.pdf〉。便宜上，例外・補足規定を考慮せず原産地規則を分類することで，RCEP と各協定の特徴を解説。

表 10–2　ASEAN が締結している主な FTA の原産地規則

	ATIGA	ASEAN + 1						RCEP
		日本	中国	香港	韓国	豪州・NZ	インド	
原産地規則 （主要なもの）	CTH または VA40	CTH または VA40	CTH または VA40 （注）	VA40	CTH または VA40	CTH または VA40	CTSH および VA35	CTH または VA40
デミニマス	適用	適用					非適用	適用
累積	適用 （2025 年までに完全累積を検討）	適用						適用 （全ての協定国で発効後に完全累積を検討）
原産地証明書の 発給手続き	第三者証明または 自己申請 （認定輸出者）	第三者証明						第三者証明または 自己申請 （認定輸出者）
Back-to-Back C/O	○			○				○
第三国インボイス	○			○				○

注：一部品目で VA40 のみ。
出所：ジェトロ資料，外務省，経済産業省，および各協定書ページから作成。

を経る必要があったが，RCEP では 1 工程（CC）とされた点も大きな特徴である。なお，直前で離脱したインドについては，ASEAN プラスワン FTAのなかで，最も厳しい「6 桁レベルの関税分類変更および35％ の付加価値基準」を原産地規則として採用していたうえ，僅少の非原産材料の使用を容認するデミニマス条項も非適用である。そのため，将来的に RCEP に参加した場合の貿易促進効果は高いと考えられる。

　原産地証明書の発給方法として，ASEAN プラスワン FTA が第三者証明を採用するなか，RCEP ではすべての締約国において第三者証明制度または認定輸出者による自己申告制度の選択式を採用した点も特徴だ。企業の観点からは，自己申告制度を採用することによって，従来の第三者証明のように発行機関での手続きが不要となり，原産地申告がより機動的に行えると期待できる。一方，申告内容に対する検認については，第三者証明の場合には，一般的に所在国の政府が行うのに対し，自己申告の場合は輸入国側政府が直接輸出者や生産者に行う形式となる。こうした点からも適切な社内体制の構築 10) と，正しい申請と書類の保管が肝要となる。RCEP に加えて ATIGA，

---

10)　企業が行うべき原産地証明書への具体的な対応については，経済産業委託事業

さらには CPTPP など主要なアジアの FTA が自己申告制を採用していること
に鑑みても，輸出者や生産者にとっては，自己申告制度の活用に向けた対応
を進めることが，自社製品の輸出競争力強化につながると考えられる。

　なお，RCEP では，ASEAN の FTA の特徴である「連続する原産地証明
書」（Back-to-Back C/O，後述）[11] や三国間貿易で用いる第三国インボイスも
認めている。

3　AEC，RCEP におけるサービス貿易の自由化

　AEC ではサービス貿易の自由化も進展している。ASEAN で初の包括的な
サービス自由化の協定である ASEAN サービス貿易協定（ATISA）が，2021
年 4 月に発効し，従来の枠組み協定である AFAS からの移行段階にある。
AFAS は最後の交渉となった 2018 年 11 月の第 10 パッケージにおいて，最
大 70％ までの ASEAN 資本の受け入れ（自由化）などを約束し，各国が自
由化する分野のポジティブリストを公開した。しかしながら，具体的に投資
を行った企業への待遇や，サービスを提供する際の権利・義務などについて
は規定しなかった。

　これに対し，ATISA は，サービス貿易自由化の原則として内国民待遇，
最恵国待遇，市場アクセスなどを規定し，さらに各国の国内法でサービス貿
易を阻害しないよう一定の規律を入れるよう求めるなど，内容が具体化して
いる[12]。大きな特徴として，各国に対し，サービス自由化を原則としつつ
留保する分野のみを記載するネガティブリスト形式で提出するよう求めた点

　「EPA 相談デスク」のウェブページに詳しい。同デスクに無料相談も可能〈https://
　epa-info.go.jp/〉。

11）　ジェトロ・ウェブページ「EPA 活用マニュアル」および「ASEAN の締結する FTA
　　活用マニュアル」。Back-to-Back C/O は，締約国である中継国でいったん輸入し再輸出
　　する際に，最初の輸出国で発行された原産地証明書をもとに当該中継国で発行される
　　証明書のこと。中継国での税関のコントロール下にあること，中継国で産品に実質的
　　加工が施されないことなどが条件。中継国で発行にあたるルールが異なるため留意が
　　必要。

12）　蒲田亮平「ASEAN サービス貿易協定（ATISA）のポイント」ジェトロ，地域・分析
　　レポート（2021 年 1 月 7 日）〈https://www.jetro.go.jp/biz/areareports/2021/b73e1550d3b86
　　31c.html〉。

が挙げられる。AFAS では自由化する分野を限定的に記載するポジティブリスト方式であっため，大きな転換がはかられた。また，ATISA ではネガティブリストによる自由化は AFAS で定めた水準を下回ってはならないとされた。今後は ATISA が発効してから 7 年間の移行期間（ベトナムで発効後 9 年間，カンボジア・ラオス・ミャンマーで同 15 年間を容認）が設定されており，その間は AFAS の内容が有効となる。

　同様の自由化は，RCEP でも定められている。同協定に参加する 15 か国は，自国のサービスと投資に関する約束をネガティブリスト形式で提出することが定められた。RCEP 署名時点で，ポジティブリストを採用する国のうち，フィリピン，タイ，ベトナム，中国，およびニュージーランドは発効から 3 年以内にネガティブリスト化の手続きを開始する義務を負う。一方，カンボジア，ラオス，ミャンマーについては，発効から 12 年以内とされた。さらに，サービスの貿易に影響を及ぼす国内規制については，合理性，客観性および公平性を確保することが記載され，既存の ASEAN プラスワン FTA における同様の規定を上回るものとなっている[13]。

　投資分野では，内国民待遇義務や最恵国待遇義務を規定したことに加え，ロイヤリティ規制や技術移転要求の禁止を定めた。また直近の改訂から自由化の程度を悪化させる改正を行わないこと（ラチェット義務），または協定発効時点よりも悪化させないこと（スタンドスティル義務）を定めた。このうち，後者はインドネシア，フィリピン，カンボジア，ラオス，ミャンマーで，その他の締結国は前者の義務を負う。なお，投資家と国との間の投資紛争の解決のための手続き（ISDS）については，発効から 2 年以内に協議を開始することも規定した。

　なお，電子商取引についても電子的な送信に対して関税を賦課しないという現行の慣行を維持することが定められたことに加え，例外事項は規定しつつもデータ・ローカライゼーションを要求しない義務，データ・フリーフローの義務を定めた[14]。知的財産分野では，広く認識されている商標（周知

13)　外務省「地域的な包括的経済連携協定の要約（仮訳）」〈https://www.mofa.go.jp/mofaj/files/100114949.pdf〉。

14)　外務省，財務省，農林水産省，経済産業省，「地域的な包括的経済連携（RCEP）協

表10-3 東南アジア進出日系企業の国・地域別原材料・部品調達の状況

(単位：%)

	現地	日本	ASEAN	中国	RCEP締約国
カンボジア（30）	5.4	25.4	34.1	27.7	94.0
インドネシア（320）	47.4	29.2	8.4	6.7	94.9
ラオス（15）	26.4	26.5	13.7	23.7	90.3
マレーシア（127）	37.1	30.2	11.3	11.3	92.5
ミャンマー（26）	24.2	17.9	21.3	32.6	97.1
フィリピン（46）	29.7	42.8	9.9	7.3	92.8
シンガポール（81）	22.3	37.6	14.9	10.2	86.8
タイ（318）	59.9	26.2	3.5	5.8	96.8
ベトナム（412）	37.0	33.3	9.0	12.0	93.2

注：国名の括弧は回答企業数。構成比は各社の原材料・部品調達額における各国からの調達割合。
出所：ジェトロ「2020年度海外進出日系企業実態調査（アジア・オセアニア編）」（2020年12月）。

商標）の条件として，自国・他国での商標登録を要求することを禁止するとともに，悪意による商標の出願を拒絶・登録を取り消す権限を当局に付与する義務を規定した。

第3節　主要な協定の経緯，特徴，実務上の問題点など

1　日系企業によるRCEPの活用

　東南アジアに進出している日系企業にとっては，RCEP域内における原材料・部品調達の円滑化は大きな意味がある。表10-3は，ジェトロが海外に進出した日系企業に対して実施したアンケート調査で，進出国ごとに原材料・部品の調達先の状況を示したものだ。進出国における現地調達率をみると，地場産業の集積度合いに応じて，カンボジアの5.4％からタイの59.9％まで大きく異なるが，現地を含むRCEP締約国からの調達率は，おおむね9割超となることがわかる。これは，日系企業のサプライチェーンがいかにRCEP域内で形成されているかを示している。RCEPが発効した場合，現地調達率が比較的低いカンボジア，ミャンマー，ラオス，シンガポール，フィ

定に関するファクトシート」（2021年3月）。

リピンなどで，締結国からの原材料・部品調達の円滑化効果が高いと期待される。

　つぎに，同調査から在 ASEAN 日系製造業の製造原価[15] をみてみると，原材料・部品等の比率は平均で 57.3％，人件費 20.8％，その他費用が 21.9％であり，計算上は原材料費を除いた付加価値（労賃，その他経費）のみで，販売価格（FOB 価格）の 40％ 超となると考えられる。そのため，RCEP における主要な原産地規則のうち，VA40 については原材料の原産性の判断をしなくとも満たせるケースが多いと思われる。ただし，実務的には，その他経費に関する原産地規則上の取り扱いや所在国の発給当局による運用については留意が必要であるうえ，付加価値基準の場合は販売価格における上記比率が変わると，原産性の判断を見直すことも必要となる。原材料が頻繁に変わらない場合は，関税分類変更基準（CTC）を用いる方が社内事務上，簡便であることも考えられる。

　製造原価に占める原材料・部品費の比率は，輸送機器（69.8％），電気・電子機器（67.5％），化学・医薬（64.5％）などで相対的に高く，部品点数も多いことが想定される。そのため，これらの産業で VA や CTC を採用する場合，原材料の原産性の判断が必要となり，主要部品についてサプライヤーから証明書を得るケースが出てくると考えられる。主要部品が輸入の場合，RCEP では，所在国を除く協定参加 14 か国からの原材料について，累積を認めている。そのため，在 ASEAN の企業の視点では，日本のみならず中国や韓国産の基幹部品も原材料として累積できる（ただし，サプライヤーからの証明が必要）。なお，販売価格の 1 割以下の原材料・部品は非原産でも原産性があるみなすことができる（デミニマス）。この点を製品開発の視点からみれば，従来よりも多様な国の原材料・部品を用いても特恵関税を受けることができるため，サプライチェーンの多元化を促す。

　つぎに，上記とは異なる RCEP 原産地規則が適用される繊維製品について，具体的な活用方法を考えてみよう[16]。ベトナムでニット製の女性用の

---

15)　ジェトロ「2020 年度海外進出日系企業実態調査（アジア・オセアニア編）」（2020 年 12 月）〈https://www.jetro.go.jp/ext_images/_Reports/01/b5dea9948c30e474/20200017.pdf〉。在 ASEAN 日系企業の製造原価については同調査の結果から算出。

ジャケット（HS コード 6104）を製造し，日本に輸入する。材料となるすべ
ての編地（第 60 類）は FTA 非締約国から輸入したものを使用し，ベトナム
では製品に縫製する工程のみを行う。この場合，従来の ASEAN プラスワン
FTA（日 ASEAN）を用いると，原産地規則（縫製に加え，非原産材料に対
して日本または ASEAN で編み工程の実施が必要：2 工程ルール）を満たさ
ず，特恵関税を利用することはできなかった。しかしながら，RCEP を利用
すると原産地規則を満たす（編み地から縫製することで CC を満たす：1 工
程ルール）ため，特恵関税を享受することができる。

　さらに Back-to-Back C/O を利用したストックオペレーションについても事
例を考えてみよう。カートンに梱包されたタイ原産品のサンダルをコンテナ
に入れてシンガポールへ輸送し，シンガポールの倉庫へ一旦搬入後，日本か
らのオーダーを受けカートン単位でシンガポールから日本へ輸出する。これ
は，日 ASEAN 協定を利用する場合，タイで原産地証明書を取得のうえ，シ
ンガポールで Back-to-Back C/O を取得した場合，特恵関税を享受できる。さ
らに，RCEP を用いて同様の手続きを行うと，日本のみならず，中国，韓国，
オーストラリアなどにもカートン単位で輸出し，特恵関税を受けることが可
能となる。

　これらは一例であり，実際は各社のビジネスに即した利用方法を，対象品
目の関税撤廃のスケジュールに応じて検討することが望まれる。なお，
RCEP ではすべての締約国で発効した後に，非原産材料の生産工程も累積対
象とする完全累積制度の導入を検討することになっており，さらにさまざま
なビジネスモデルに活用できる可能性がある。

2　非関税措置がビジネス上の大きな課題

　AEC の進展や RCEP の締結により，東南アジアで関税撤廃と貿易円滑化
が進むのに対して，自由貿易を阻害する最大の要因となっているのが各国の
非関税措置（NTMs）だ。特定物品に対する輸入ライセンス制度や，国内の

---

16)　税関ウェブページ「EPA 原産地規則マニュアル」〈https://www.customs.go.jp/roo/orig
　　in/epa.pdf〉を参考に作成。同マニュアルは具体的な事例をもとに日本の代表的な EPA
　　について原産地規則の適用・非適用を記載。

基準・認証取得の義務化などによって，特恵関税対象品目の輸入が妨げられ
ている。内政不干渉を原則とする ASEAN では，各国の国内法令による
NTMs について，一律撤廃するのではなく，各国が正当な政策目的を実施す
るうえで合理的な場合に，その導入を容認する姿勢を明確にしている。
ASEAN 加盟国における NTMs の数をみると，2018 年時点で 9,502 件あり，
2015 年の 8,237 件から増加しているのが実態だ[17]。増加する NTMs の合理
化について，AEC ブループリント 2025 の CSAP では，NTMs がもたらす貿
易歪曲化効果に対応し，貿易保護効果とコンプライアンス上のコストを最小
化するとしている[18]。そのうえで具体的なアクションとして，2019 年まで
に非関税障壁ガイドラインを作成すること，さらに，2025 年までに ATIGA
においてより強力な規律を探求すること，非関税措置を更新・見直すこと，
効果的に非関税措置に対応するためにビジネス界などとの関係を強化するこ
と，さらに ASEAN 非関税措置データベースを更新し，ASEAN 加盟国の貿
易制度のデータベースである ASEAN 貿易レポジトリ（ATR）と統合を確認
することなどを定めている。

　このうち，非関税障壁ガイドラインについては，2018 年の ASEAN 経済
相会議で承認された[19]。同ガイドラインでは，ASEAN 加盟国が非関税措置
を設定するにあたって順守すべき 5 つの原則として，（1）必要性と均衡性，
（2）協議と約束，（3）透明性，（4）無差別と公平性，（5）定期的な見直しを
掲げた。これら原則にもとづき，ASEAN 加盟国は必要以上に制限的になら
ないこと，民間セクターなどに対して事前に非関税措置の草案についてコメ
ントできるよう，十分な機会と時間を与えること，措置の運用開始から 60
日前までに ASEAN 高級経済実務者会合（SEOM）に諮ること，事後に見直
しを行うことなど，事務手続き面でも順守すべき事項を定め，各国の対応を

17)　Doan Thi Thanh Ha and Salvador Buban, "Managing Non-tariff Measures in ASEAN," in P. Intal and M. Pangestu（eds）, *Integrated and Connected Seamless ASEAN Economic Community*（Jakarta: ERIA and East Asia, 2019）, p. 24 Table 1: NTMs by Type, 2015 and 2018.

18)　ASEAN, "ASEAN Economic Community 2025 Consolidated Strategic Action Plan"（updated August 2018）.

19)　ASEAN, "Guidelines for the Implementation of ASEAN Commitments on Non-Tariff Measures on Goods"（December 2018）.

促している。

　各国に進出した日系企業が実際に直面している NTMs について，ジェトロが 2018 年に海外進出企業に対して行った調査結果[20] をみると，ビジネスを阻害する非関税措置があると回答した割合は，ブルネイを除く ASEAN 全体で 43.0％（母数：2,431 社）であり，半数近い企業が直面していることがわかる。とくに割合が高い国はインドネシア（64.9％），ミャンマー（53.3％），ラオス（50.0％），マレーシア（46.9％）である。代表的な事例として，インドネシアでは鉄鋼をはじめとする特定物品の輸入数量割り当て，ミャンマーでは輸入ライセンスの事前取得，マレーシアでは電気機械製品や鉄鋼製品に関する輸入ライセンスの取得や強制規格の適合義務が挙げられる。

　NTMs については，ASEAN が強制力を持った対応策を取れていないことに加え，各国の貿易・産業政策と深く関係しているため，解決が容易ではない。たとえばインドネシアでは，旺盛な内需に比べて国内産業の国際競争力が弱く，結果的に貿易収支が赤字になりやすい。そのため，国内産業の競争力強化の観点から，特定の産品について，国内生産が可能な原材料・部品の国産化を要求するとともに，輸入をライセンス制にするなどで数量・金額のコントロールを行う方向にある。たとえば，自動車鋼板など鉄鋼材の輸入にあたっては輸入者が事前に年間の輸入予定量，販売先などを当局に申請・承認を受ける必要があるが，承認までに時間がかかる，希望している輸入量の承認が受けられないなどの自体が恒常化しており，ジャパン・クラブ，ジェトロ，日本国大使館などで定期的な状況把握に加え，当局との折衝などの対応にあたっている。

　なお，こうした各国の NTMs は網羅的に把握することが難しかったが，ASEAN 加盟国の貿易制度のデータベースである ATR に英語で掲載されるようになっている[21]。

---

20)　ジェトロ「2018 年度 アジア・オセアニア進出日系企業実態調査」（2018 年 12 月）〈https://www.jetro.go.jp/ext_images/_Reports/01/117eb326c5a7e5fd/20180032.pdf〉。

21)　ASEAN Trade Repository, "Non-tariff measures"〈https://atr.asean.org/〉.

表 10-4　在タイ，ベトナム，インドネシア日系企業の FTA 等活用状況

(単位：社数，%)

FTA 等締結先	輸出入企業数		所在国における FTA 活用率 (活用企業数≧10 のみ表示)					
			タイ		ベトナム		インドネシア	
	輸出	輸入	輸出	輸入	輸出	輸入	輸出	輸入
ASEAN	433	436	58.3	62.0	54.2	48.4	70.7	74.6
日本	660	998	40.0	57.0	39.9	39.7	52.2	66.0
日本（GSP）	40				81.8			
中国	197	424	52.3	49.2	42.3	36.7	68.5	63.4
韓国	89	146	68.4	62.5	58.1	39.6	74.1	59.1
香港	47	56			34.5			
オーストラリア	54	24			61.1		54.2	
ニュージーランド	23	8						
インド	119	70	51.9	52.6	63.6	55.0	65.6	58.1
EU	61	25			41.0			
EU（GSP）	35						51.5	
米国（GSP）	69		46.4				41.5	
メキシコ	16	3			68.8			

注：10 社以上活用している場合のみ FTA 活用率を表示。
出所：ジェトロ「2020 年度海外進出日系企業実態調査（アジア・オセアニア編）」(2020 年 12 月)。

3　重層化する FTA を上手く活用するには

　ここまで ASEAN が主体となる FTA についてみてきたが，特恵関税の便益を最大限に享受するためには，東南アジア各国が独自に締結している二国間 FTA も含めた複数の FTA のなかから，自社にとって最もメリットの見込まれる選択肢を検討することが重要だ。表 10-4 は，日系製造業が集積するタイ，インドネシア，ベトナムにおける日系企業の FTA および一般特恵関税制度（GSP）の活用割合（2020 年）を示したものだ。日本との関係では，これら 3 か国ではいずれも二国間協定に加え，日 ASEAN 協定が発効している。表から，ASEAN 域内，日本，中国，韓国，インドとの輸出入について，すでに約 4 割から 7 割の企業が FTA を活用していることがわかる。

　つぎに，複数国にかかるサプライチェーンと生産拠点の立地を考える際には，上記に加えて，当該国が締結している FTA の数や相手先，締約国間の

累積基準などを検討する必要がある。日系企業のサプライチェーンの現状について，表 10-4 から，3 か国の輸出入企業数をみると，日中韓から調達（輸入）を行う企業数が販売（輸出）を行う企業数より多い一方，ASEANでは調達と販売で企業数が拮抗していることがわかる。さらに，インドに対しては販売を行う企業数の方が多い。また，欧米やオセアニアに対しては特定国のみ FTA や GSP を利用して販売を行う状況がみられる。RCEP は，まさに現状のサプライチェーンを後押しする形になるとみられる。一方，ベトナムに目を移すと EU やメキシコに対して FTA を利用した輸出が一定数みられる。EU とは二国間協定，メキシコについては日本含む CPTPP によるものである。これらの FTA はまだ新しい。同国では今後，最終製品の販売先に応じて，RCEP に加えてこうした FTA を並行的に活用したサプライチェーン構築が進むと考えられる。

第 4 節　今後の通商政策の行方

1　ASEAN 経済統合の進展と FTA 網の拡大

　今後，ASEAN の経済統合は AEC ブループリント 2025 とその行動計画である CSAP のもとで，さらなる深化が期待される[22]。まず，ATIGA の強化の議論のなかでは，自動最恵国待遇条項の導入が検討されている。同条項が入れば，ASEAN 加盟国が個別に締結する FTA において，ATIGA を上回る関税撤廃を行った場合に，ATIGA にも自動的にその自由化措置が反映されることになり，ATIGA が常に最も高い自由化率を保つことが期待される。つぎに，原産地規則を強化し，完全累積制度を導入することを検討している。現在の ATIGA では，原材料・部品の調達国（ASEAN 加盟国）での付加価値が 40% に満たない場合でも，20% 以上の付加価値があればその付加価値分を算出して累積することを認めている（部分累積）[23]。今後，完全累積に

---

22)　助川成也「ASEAN の経済統合と AFTA——AEC2025 の進捗と課題」『創設 50 周年を迎えた ASEAN の課題と展望』（亜細亜大学・アジア研究所，2020 年 3 月）。AEC ブループリント 2025 の進捗について解説している。

なると 20％ 未満の場合でも累積を行うことが可能となり，より柔軟にサプライチェーンを形成することができると期待される。さらに，主な貿易円滑化の分野は，ASEAN シームレス貿易円滑化指標（ASTFI）の導入が検討されている。ASTFI は，各国の貿易円滑化措置の進捗状況を計測するための指標で，2018 年までに研究を終え，導入に向けた検討が進んでいる。なお，在 ASEAN 企業が直面する運用上の問題についての個別相談・解決の仕組みである ASEAN サービス・投資・貿易課題解決枠組み（ASSIST）は，所掌範囲を従来の物品・サービス貿易から，今後，投資分野まで拡大する予定だ。

　ASEAN プラスワン FTA の見直しに関しては 2019 年 9 月，オーストラリア・ニュージーランドとは，早期の第 2 次改訂議定書の締結に向けた作業計画が採択された。韓国とはセンシティブ・トラックの自由化に向けた議論が継続している。さらにインドとは FTA 見直しを行うことで合意している。RCEP については，シンガポールが 2021 年 4 月に国内批准手続きが完了した。他の ASEAN 加盟国の批准動向に関する情報はまだ少ないが，今後 1〜2 年で総じて順調に進むと思われる。タイは 2021 年 2 月に国会での承認を終え，関連省庁で規定を準備する段階に入っているため，早期の批准手続き完了が見込まれる。また，ジェトロが 2021 年 1 月〜2 月，ASEAN 主要国の有識者対して行ったヒアリングによると，カンボジア商業省も 2021 年中の批准に向けて動くとしている。他方，インドネシアの現地有識者は 2022 年前半になるとみている。マレーシア，フィリピン，ベトナムの有識者は批准見通しの時期について明言していないが，総じて手続きに大きな問題はないとしている [24]。

　今後，ASEAN が貿易投資関係の強化を行う相手として，CSAP では，EU，ロシア，カナダ，米国に言及し，さらに新興地域・グループとして，アジア太平洋経済協力（APEC），ユーラシア経済連合（EAEU）をあげている。こ

---

23)　ASEAN Trade in Goods Agreement, 第 30 条第 2 項。ATIGA の考え方については，石川幸一「新 AFTA 協定の締結」『季刊 国際貿易と投資』75 号（2009 年 3 月）が詳しい。

24)　RCEP は ASEAN10 か国のうち 6 か国，および非 ASEAN 署名国 5 か国のうち 3 か国が寄託してから，60 日後に発効。

のうち，カナダは，2021 年の ASEAN 議長国であるブルネイによって FTA 交渉開始の優先国に位置づけられている。カナダ政府が発表している資料からこれまでの議論の進捗をみると，2019 年 9 月の ASEAN・カナダ経済相会議の結果，ASEAN・カナダ FTA の可能性について検討を進めている。なお，カナダ政府は 2021 年 1～2 月にインドネシアとの二国間 EPA の締結可能性について同国内のパブリックヒアリングを実施し，ASEAN と並行的に検討する姿勢を打ち出している。EU との FTA については，2009 年 3 月に交渉が中断していたが，2019 年 1 月の ASEAN・EU 閣僚会合の結果，将来的な FTA に向けたコミットメントを再確認し，動きを強化することを発表し，FTA に向けた枠組みを策定する方向で作業部会が検討を進めている。EAEU との間では 2018 年 11 月，経済関係強化のため覚書を締結するなど，進捗がみられている。

2　東南アジア主要国の FTA の方向性

　WTO の貿易政策レビューは，定期的に WTO 事務局や各国政府がそれぞれ特定国の貿易政策をまとめたものだ。直近の改訂ではベトナム（2021 年 3 月），タイ（2020 年 12 月），およびインドネシア（同年 12 月）がある。同レポートによると，ベトナムは，EFTA およびイスラエルとの FTA 交渉を継続中としている。インドネシアは，EU およびトルコとの EPA 交渉を進めている。また，2018 年 12 月に署名された欧州自由貿易連合（EFTA）との EPA は，インドネシア産パーム油の関税引き下げが環境破壊につながるとの懸念からスイス国内で問題視されていたが，2021 年 3 月，同国の国民投票において，持続可能性基準を満たすパーム油のみを関税削減対象とすることを可決[25] し，批准手続きが進められることになるなど，発効に向けた動きがでている。このほか複数の新興国と特恵関税協定を結ぶ動きを加速させており，チュニジア，モロッコ，バングラデシュ，モーリシャス，イランと交渉を行っている。他方，タイはパキスタン，トルコおよびチュニジアと

---

25)　城倉ふみ，マリオ・マルケジニ「スイス国民投票，EFTA・インドネシア包括的経済連携協定（CEPA）を可決」ジェトロ，ビジネス短信（2021 年 3 月 10 日）〈https://www.jetro.go.jp/biznews/2021/03/e4d6725a37cbbf8f.html〉。

FTA 交渉を行っている。さらに EFTA および交渉停止中の EU との交渉再開に向けた内部手続きを開始している。

　ほかの国については，直近で同様のレポートがないものの，シンガポールについては，企業の海外展開などの支援機関であるエンタープライズ・シンガポール（ESG）が同国の FTA についてのウェブサイトを運営している。同ウェブサイトによるとシンガポールが現在交渉中なのは EAEU と太平洋同盟だ。このうち後者は 2020 年 12 月に実質合意に至るなど進捗がみられる。シンガポールはすでにチリ，メキシコ，ペルーと CPTPP を締結していることから，太平洋同盟加盟国のうち，コロンビアとの間でのみ新たな FTA が発効する見込みだ。マレーシアは同国の国際貿易産業省（MITI）のウェブサイトにて現在 EU と交渉中とのみ記載している。フィリピンは，貿易産業省のウェブサイトにて，2016 年 4 月に署名した EFTA との FTA の批准手続き中であるほか，EU とも FTA 交渉中，と報告している。

第 11 章

中国，韓国，インド

┌─ ポイント ─────────────────────────────────────┐
◆中国では 2007 年の共産党全国代表大会を機に FTA ネットワーク構築を
　国家戦略に定め，推進する動きが本格化している。近年，周辺国・地域や
　「一帯一路」沿線国家との FTA 網の構築に加え，メガ FTA への加入にも意
　欲を示す。
◆韓国は，巨大経済圏である米国，EU，中国のいずれとの間でも FTA を発
　効する FTA 先進国であり，最近では「新南方政策」などを通じたアジア新
　興国への展開に注力している。企業の FTA 活用面では，関税や原産地証明
　関連の手続き支援から，非関税障壁対応へ支援の幅を拡大している。
◆インドは，2000 年代初頭までは積極的に，ASEAN，南西アジア中心に
　FTA を締結したものの，近年は貿易赤字の拡大などを一因に，FTA から距
　離を取るスタンスが続いている。
└──┘

第 1 節　中国の通商政策と FTA 動向

1　グローバル化を見据え，FTA を推進

　中国の FTA への取り組みは，アジア通貨危機の影響による輸出の停滞を
機に始まった。2000 年 11 月，朱鎔基首相（当時）は ASEAN ＋ 1 首脳会議
で ASEAN と FTA 締結に向けた共同研究を提案した。共同研究からわずか 2
年後の 2002 年 11 月，中国は ASEAN と「中国・ASEAN 自由貿易協定
（ACFTA）」を締結し，2005 年 1 月に発効した。ASEAN は中国にとって貿
易・投資面で重要な地域であるのみならず，インフラ建設や資源開発などの

分野でも関係強化を図りたい相手先であった。ACFTA 締結以降，中国は 2004 年に香港やマカオと経済・貿易関係緊密化協定（CEPA），2006 年にチリ，2007 年にパキスタンなどの国や地域と FTA を発効させたが，ASEAN を除き，締結先は依然として小規模な国や地域が中心だった。

　中国で FTA を推進する動きが加速しはじめたのは 2007 年以降である。同年 11 月に開催された中国共産党第 17 回全国代表大会の報告で「FTA 戦略を実施し，両国間または多国間の経済貿易協力を強化する」との方針が発表され，FTA ネットワークの構築は国家戦略に格上げされた。同方針では，世界的に FTA 交渉が進展し，自由化レベルが高まるなか，中国経済のグローバル化を進めるため，FTA を推進することが必然的な選択であり，FTA ネットワークの構築によって，貿易や外国直接投資の拡大などの経済的メリットの享受，および外交力の強化を目指すとした。

　2012 年に開催された中国共産党第 18 回全国代表大会の報告では，FTA 戦略の実施をさらに加速させることが発表された。そして，2014 年 12 月に開催された FTA 構築を加速させるための学習会に出席した習近平国家主席は「FTA 戦略を加速させることは経済グローバル化の新趨勢に適応するための新たな，かつ客観的なニーズであり，開放型経済の新体制を構築するうえで必然的な選択である」と述べ「FTA ネットワーク構築においては，傍観者や追随者になるのではなく，参加者や引率者になるべき」と，積極的に関わっていくことの重要性を強調した[1]。

　2015 年 12 月，国務院から「自由貿易区戦略の実施を加速させるための若干意見」（国発〔2015〕69 号）が発表され，FTA 戦略に関する具体的な方向性が示された。主要目標として，交渉中の FTA の推進や，自由化レベルの引き上げ，さらには，周辺国・地域，「一帯一路」沿線国家および五大陸の重要国家を含むグローバルな FTA ネットワークを構築することを掲げた。こうした流れを受け，中国は FTA ネットワークを拡大し，2021 年 6 月時点で発効済みおよび発効予定（署名済み）の FTA は 19 件，カバー率は 45.6%

---

1)　「習近平：加快実施自由貿易区戦略　加快構建開放型経済新体制」新華網（2014 年 12 月 6 日）〈http://www.xinhuanet.com/politics/2014-12/06/c_1113546075.htm〉。

に達している（表 11-1 参照）。また，新たに交渉を続けている FTA に加え，過去に締結した FTA のグレードアップに向けた交渉も行っている。

2　近年中国が推進する FTA

（1）「一帯一路」沿線国との FTA 締結に意欲

　前述のとおり，中国は周辺国・地域との FTA ネットワーク構築を加速させていくことに加え，「一帯一路」沿線国との FTA を積極的に推進したい考えである。「一帯一路」構想は 2013 年に習近平国家主席が打ち出した現代版シルクロードとも呼ばれる構想で，沿線国と経済協力関係を築き，政治，経済，文化などの面で利益共同体となることを目指している。国家信息中心の中国「一帯一路」網によると，2021 年 6 月時点で，「一帯一路」構想に参画している国は 140 か国にのぼるが，このうち，中国と FTA を締結しているのは ASEAN，パキスタン，シンガポールなど前述の国・地域に限定される。

　2017 年 5 月に開催された「第 1 回『一帯一路』国際協力ハイレベルフォーラム」の基調講演で，習国家主席は貿易や投資の利便性の向上を実現すべく，「一帯一路」の FTA ネットワークを構築したい意向を表明した。また，同フォーラム開催中にも関係国と FTA 協議を行うとした。

　一方，中国政府は「一帯一路」構想がそのまま FTA に変わることはないとしている。フォーラム前に開催された記者会見で，商務部の銭克明副部長は「『一帯一路』は政策の連携，インフラの連結性強化，貿易の円滑化，資金の融通，人民の心の交流という 5 分野の発展を重視している。FTA では貿易と投資を重視し，両者は異なる概念である」と説明した[2]。

　中国政府は，「一帯一路」構想にはそもそも参加条件がなく，希望すればどの国も参加できる。それゆえ参加国間で完全に統一した共通の基準やルールをつくるのは難しいとの認識を明らかにしている。中国（海南）改革発展研究院の夏鋒副院長は「参加国間の経済発展レベルに差があり，一つの基準，

2）「商務部『一帯一路』不会変成自貿区」新京報（2017 年 5 月 11 日）〈https://baijiah
ao.baidu.com/s?id=1567035313388424&wfr=spider&for=pc〉。

表 11-1　中国 FTA 締結・交渉・共同研究の実施状況

(単位：%)

対象国・地域	発効年月	中国の貿易に占める構成比 (2020 年)		
		往復	輸出	輸入
香港	2004 年 1 月	6.1	10.6	0.3
マカオ	2004 年 1 月	0.0	0.1	0.0
ASEAN	2005 年 1 月	14.7	14.8	14.6
チリ	2006 年 10 月	0.9	0.6	1.4
パキスタン	2007 年 7 月	0.4	0.6	0.1
ニュージーランド	2008 年 10 月	0.4	0.2	0.6
シンガポール	2009 年 10 月	1.9	2.2	1.5
ペルー	2010 年 3 月	0.5	0.3	0.7
台湾	2010 年 9 月	5.6	2.3	9.8
コスタリカ	2011 年 8 月	0.0	0.1	0.0
アイスランド	2014 年 7 月	0.0	0.0	0.0
スイス	2014 年 7 月	0.5	0.2	0.8
オーストラリア	2015 年 12 月	3.6	2.1	5.6
韓国	2015 年 12 月	6.2	4.4	8.4
ジョージア	2018 年 1 月	0.0	0.0	0.0
モーリシャス	2021 年 1 月	0.0	0.0	0.0
カンボジア	＊	0.2	0.3	0.1
モルディブ	＊	0.0	0.0	0.0
東アジア地域包括的経済連携協定（RCEP)[1]	＊	31.0	27.0	37.8
合計		45.6	42.1	51.6
湾岸協力理事会（GCC)[2]		3.5	2.7	4.4
日本，韓国		13.0	9.8	17.0
スリランカ		0.1	0.1	0.0
イスラエル		0.4	0.4	0.3
ノルウェー		0.2	0.1	0.4
モルドバ		0.0	0.0	0.0
パナマ		0.2	0.3	0.0
韓国（第 2 段階）		6.2	4.4	8.4
パレスチナ		0.0	0.0	0.0
ペルー（グレードアップ）		0.5	0.3	0.7
コロンビア		0.3	0.4	0.2
フィジー		0.0	0.0	0.0
ネパール		0.0	0.0	0.0
パプアニューギニア		0.1	0.0	0.1
カナダ		1.4	1.6	1.1
バングラデシュ		0.3	0.6	0.0
モンゴル		0.1	0.1	0.2
スイス（グレードアップ）		0.5	0.2	0.8

（左欄の区分：発効（予定含む）／交渉中／共同研究）

注：1）加盟国は，ASEAN と中国，日本，韓国，オーストラリア，ニュージーランドの 15 か国。
　　2）加盟国はサウジアラビア，クウェート，バーレーン，カタール，アラブ首長国連邦，オマーンの 6 か国。
　　3）＊は 2021 年 6 月末時点で未発効。
出所：中国税関総署，中国自由貿易区服務網，GTA をもとに作成。

表 11-2　中国の自由貿易試験区

設立時期	名称	設立時期	名称
2013 年 9 月	中国（上海）自由貿易試験区	2018 年 10 月	中国（海南）自由貿易試験区
2015 年 4 月	中国（広東）自由貿易試験区 中国（天津）自由貿易試験区 中国（福建）自由貿易試験区	2019 年 8 月	中国（山東）自由貿易試験区 中国（江蘇）自由貿易試験区 中国（広西）自由貿易試験区 中国（河北）自由貿易試験区 中国（雲南）自由貿易試験区 中国（黒龍江）自由貿易試験区
2017 年 3 月	中国（遼寧）自由貿易試験区 中国（浙江）自由貿易試験区 中国（河南）自由貿易試験区 中国（湖北）自由貿易試験区 中国（重慶）自由貿易試験区 中国（四川）自由貿易試験区 中国（陝西）自由貿易試験区	2020 年 9 月	中国（北京）自由貿易試験区 中国（湖南）自由貿易試験区 中国（安徽）自由貿易試験区
		合計	21

出所：中国政府の発表をもとに作成〈http://www.southmoney.com/caijing/caijingyaowen/202009/711003
4_2.html〉。

規則，モデルで「一帯一路」参加国の FTA ネットワークを構築するのは難しい。多層，多種類，流動的な二国間・多国間・地域間の枠組みが必要」と指摘している[3]。

（2）試験的な取り組みを行う自由貿易試験区

　FTA 戦略を進めていくと同時に，中国は各地に自由貿易試験区を設立している。自由貿易試験区は国際レベルの貿易投資の利便化や簡便で迅速な管理を目指す試験的なエリアである。具体的にはワンストップ受理など行政管理体制の改革を行うほか，外資企業に対するサービス業の開放や，条件を満たす企業が輸入した機器や設備などを免税にするなどの優遇策を実施している。2021 年 6 月現在，中国には 21 の自由貿易試験区がある（表 11-2 参照）。

　2013 年，上海市で最初に設立された自由貿易試験区は，金融，輸送，貿易，など 6 分野 18 業種のサービス業[4]に対し開放措置を行った。このうち，

3）「以構建自由貿易区網絡為目標推進『一帯一路』建設」中国経済時報（2017 年 4 月 24 日）〈http://finance.eastmoney.com/news/1350,20170424731917060.html〉。
4）18 業種は（1）銀行サービス，（2）専門健康医療保険，（3）ファイナンスリース，（4）遠洋貨物運輸，（5）国際船舶管理，（6）増値電信業務，（7）ゲーム機販売およびサービス，（8）弁護士サービス，（9）信用調査，（10）旅行業，（11）人材仲介サービス，（12）投資管理，（13）工程設計，（14）建築サービス，（15）演出ブローカー，

金融分野について，外国の金融機構は一定の条件のもと，自由貿易試験区内に金融機関を設立できるようになった。リスクコントロールが可能な範囲で人民元の自由化や，人民元のクロスボーダー取引実施を試験的に実施できる。また，同エリアにおける外資企業の投資については，ネガティブリスト方式を導入し管理することとした。

　上海市を皮切りに，広東省や天津市，福建省など各地で自由貿易試験区が設立され，それぞれが地域の特色や産業の強みを生かした目標を掲げている。たとえば 2020 年 9 月に設立された中国（北京）自由貿易試験区は，サービス業の開放をリードするとともに，北京市周辺の河北省や天津市と共同で発展していく京津冀一体化[5] に貢献することなどが目標に掲げられている。中国（湖南）自由貿易試験区は，先進的な製造業の発展を目標に，製造業のデジタル化や AI 化への転換を図っていくとしている。

　商務部国際貿易経済合作研究院が発表した「中国自由貿易試験区発展報告 2020」によれば，先行的に実施された開放措置のうち，すでに約 260 項目が全国に展開されている。自由貿易試験区内での試行措置は今後の FTA 戦略を意識したものであるといえる。

3　RCEP 署名を評価，早期発効を目指す

　2020 年 11 月 15 日，地域的な包括的経済連携（RCEP）協定が日本，韓国，中国，オーストラリア，ニュージーランドと ASEAN10 か国間で署名された。RCEP の交渉は 2012 年 11 月に始まり，妥結までの 8 年間で計 31 回の交渉が行われた。RCEP 締結国の GDP および人口はそれぞれ世界全体の約 30% を占め，発効すれば，環太平洋パートナーシップに関する包括的および先進的な協定（CPTPP）を上回る世界最大規模の自由貿易協定となる[6]。交渉の過程で，中国は一貫して RCEP の主導的な存在は ASEAN であり，中国は建

　（16）娯楽施設，（17）教育研修・職業技能研修，（18）医療サービスを指す。
5）　北京市（京），天津市（津），河北省（冀）3 地域の共同発展を目指す国家戦略。
6）　外務省，財務省，農林水産省，経済産業省「地域的な包括的経済連携（RCEP）協定に関するファクトシート」（令和 3 年 4 月）〈https://www.mofa.go.jp/mofaj/files/1001154 75.pdf〉。

設的な働きを発揮し，できるだけ早く合意できるよう推進していく立場であることを表明している。

　李克強首相は RCEP への署名について，「東アジア地域における協力の象徴的な成果であるだけでなく，多国間主義や自由貿易の勝利でもある」と評価した[7]。商務部のウェブサイトには，2020 年 12 月に，RCEP の発効は東アジア地域の経済一体化レベルの引き上げや，産業チェーン，サプライチェーン，バリューチェーンの融合促進に寄与するとの見方が掲載された。中国の専門家は RCEP のメリットとして「原材料の輸入価格低下により企業の生産コストが引き下げられ，最終財の輸入増加により，国内関連産業の競争が活発化し，中国企業の競争力強化につながる」との見解を示した[8]。こうしたメリットを享受するには企業の RCEP 活用率を引き上げることが必要で，商務部研究院区域経済研究センターの張建平主任は「活用率を高めるには，関連機関が企業などに対し研修の機会を増やしサービスを広げ，企業が積極的に活用して貿易をするようになることが重要」と指摘している[9]。

　RCEP は中国にとって初のメガ FTA であり，日本との間で成立した初めての経済連携協定である。日中両国はこれまで日中韓 FTA 締結を目指し包括的な FTA 交渉を続けてきたが，ルール分野における立場の隔たりが大きく妥結に至ってない。RCEP を機に両国の経済関係のいっそうの緊密化が進展することに期待が高まっている。

　2020 年の貿易額をみると，日本にとって中国は最大の貿易相手国であり，中国にとっても日本は米国に次ぐ第 2 位の貿易相手国である。RCEP が発効すれば，最終的に中国の日本に対する平均関税率は現行の 9.76% が 0.04%，日本の中国に対する平均関税率は現行の 7.47% から 0% に引き下げられる。関税撤廃は今後 20 年で段階的に行われるが，最終的に中国は日本に対し品

---

7)　小宮昇平「中国，RCEP により内需振興や企業の競争力強化などを期待」ジェトロ，ビジネス短信（2020 年 11 月 25 日）〈https://www.jetro.go.jp/biznews/2020/11/419ef814aacabefc.html〉。

8)　「全球最大自貿区落定　看 RCEP 如何冲破内巻」財経網（2020 年 11 月 7 日）〈http://news.10jqka.com.cn/20201117/c624792620.shtml〉。

9)　「RCEP 来了，外貿企業怎么幹」国際商報（2021 年 1 月 25 日）〈http://fta.mofcom.gov.cn/article/rcep/rcepgfgd/202101/44338_1.html〉。

目ベースで 86%，日本は中国に対し 85.6% の関税を撤廃する[10]。中国の日本に対する関税撤廃の品目をみると，自動車部品，鉄鋼製品，繊維製品などが対象になっている。このうち，日本の主要輸出品目である自動車部品については品目ベースで約 87% の関税が撤廃される[11]。サービス分野では，中国は理容，生命保険，高齢者向け福祉サービスなどの分野における外資出資比率にかかる規制を行わないことを約束している[12]。

　また，RCEP の署名が交渉中の日中韓 FTA に良い影響を及ぼすという見方もある。商務部の高峰報道官は定例の記者会見で，「RCEP への署名は日中韓 FTA の交渉を推進するうえで良好な条件をつくり出した。中国は日本や韓国と，交渉を進めて実質的な成果を得られるよう協力していきたい」と述べた[13]。

　商務部は 2021 年 4 月 15 日，中国が ASEAN 事務総長に RCEP の批准書を寄託し，同協定の国内批准手続きを正式に完了したと発表した。商務部の王受文副部長は，3 月 25 日に開催された国務院の定例政策ブリーフィングにおいて，「中国がいち早く協定を批准したことは，中国政府が協定の早期発効を非常に重視し，全力で支持していることを反映したもの」と発言した。

　RCEP が発効するのは，ASEAN10 か国の 6 か国以上と，自由貿易協定（FTA）パートナー国（日本，中国，韓国，オーストラリア，ニュージーランド）の 3 か国以上で承認され，また，対象国が批准書，受諾書または承認書を東南アジア諸国連合（ASEAN）事務局長に寄託した 60 日後となる。2021 年 6 月時点で寄託済の国はシンガポール，中国，日本となっている。

---

10)　「RCEP 為中日更高水平開放合作注入強勁動力」中国貿易報（2021 年 3 月 2 日）〈http://fta.mofcom.gov.cn/article/rcep/rcepgfgd/202103/44583_1.html〉。

11)　経済産業省「地域的な包括的経済連携（RCEP）協定における工業製品関税（経済産業省関連分）に関する内容の概要」（2021 年 2 月）〈https://www.meti.go.jp/policy/trade_policy/epa/pdf/epa/rcep/gaiyo.pdf〉。

12)　外務省，財務省，農林水産省，経済産業省「地域的な包括的経済連携（RCEP）協定に関するファクトシート」（令和 3 年 4 月）〈https://www.mofa.go.jp/mofaj/files/100115475.pdf〉。

13)　「商務部：RCEP 的簽署為推動中日韓自貿協定談判提速創造良好条件」央視新聞（2020 年 11 月 19 日）〈https://baijiahao.baidu.com/s?id=1683779809290137870&wfr=spider&for=pc〉。

前述の王部長は 3 月の記者会見で「RCEP 加盟国は 2021 年内に批准作業を終え，2022 年 1 月 1 日の発効を目標にしている」と発言している[14]。

4　今後の通商政策の行方

　世界的にメガ FTA 締結の動きが強まるなか，中国は CPTPP，いわゆる TPP11 への加入についても意欲的な姿勢をみせている。2020 年 11 月に開かれたアジア太平洋経済協力会議（APEC）首脳会議（オンライン）で，習近平国家主席は CPTPP への参加を「積極的に検討する」と発表した。中国は CPTPP につき「前向きで開放的な姿勢で臨む」と公式見解を発表していたものの，公の場での習主席による一歩進んだコメントに大きな関心が集まった。

　しかし，一般的には，中国が CCTPP に加入するのは，求められる自由化水準が高く，容易ではないとみる向きが多い。関税面でいえば，締約国の関税撤廃率は品目数，貿易額ベースともに 95〜100％ となっており，RCEP（品目数ベースで 91％）[15] に比べ高い。たとえば，日本の場合は，工業製品の関税は 100％ 撤廃される。また，既存規定のうち，「電子商取引」「国有企業および指定独占企業」「知的財産」などの基準も厳しく，中国が加入を実現するために越えなければならないハードルは高い。

　第 14 章「電子商取引」は WTO 協定で規定がない包括的で高いレベルの内容で，「事業実施のための国境を越える情報移転の自由の確保」「サーバー等コンピュータ関連設備の自国内設置要求の禁止」「ソースコードの開示・移転要求の禁止」（いわゆる TPP 三原則）を定めている[16]。先般締結された RCEP においても「電子商取引」の章は存在するが，上記 TPP 三原則のうち，「ソースコードの開示・移転要求の禁止」は含まれていない。過去に外資系企業が中国政府からソースコードの開示要請を受けたといった事例の

14)　中国商務部ウェブサイト〈http://www.mofcom.gov.cn/〉。
15)　外務省，財務省，農林水産省，経済産業省「地域的な包括的経済連携（RCEP）協定に関するファクトシート」（令和 3 年 4 月）。
16)　加藤康二・百本和弘「電子商取引の『TPP3 原則』と中国・韓国の法制度の比較」ジェトロ，地域・分析レポート（2019 年 5 月 20 日）〈https://www.jetro.go.jp/biz/areareports/2019/13a43c86eed15d2c.html〉。

報告もあり，同規定は中国の方針に隔たりがあるとの指摘もある。

　第 17 章「国有企業および指定独占企業」では，市場競争を平準化することを目的として他の締約国企業に対して無差別待遇を与えることの確保や，国有企業への非商業的な援助（贈与や有利な条件での貸し付けなど）の禁止を求めている。中国の場合，国際的な競争力を高めるために国や地方政府が一部の国有企業に補助金を出すことがあり，国有企業改革が進まない限り，当該規定をクリアすることは容易ではないとの見方もある。

　中国の CPTPP 参加について，日本の菅義偉首相（当時）は 2021 年 1 月に「ルールは非常にハイレベルで，今の体制では難しい」という認識を示した [17]。2021 年 3 月に開催された全国人民代表大会の政府活動報告で，李克強首相は CPTPP への加入を前向きに検討すると明言した。

　中国は，今後の経済発展の方向性として，国内大循環を主体とした国内・国際の 2 つの循環（双循環）が相互に作用するモデルの構築を目指す。FTAネットワーク構築は，国際循環を促進するうえで必要不可欠な手段とされ，中国は多国間や二国間の FTA ネットワーク構築を重視している。2021 年に3 月に公表された「第 14 次 5 カ年規画（2021〜2025 年）」でもグローバル志向の FTA ネットワークを構築することが掲げられている。

第 2 節　韓国の通商政策と FTA 動向

1　積極的に FTA を推進する韓国

　輸出依存度の高い韓国は，輸出拡大を通じた経済成長の加速を目指し，2003 年から世界各国・地域との自由貿易協定（FTA）を主要通商政策として掲げ，積極的に推進してきた。とくに，巨大経済圏（米国，EU，ASEAN，インド，中国）や，資源国および新興国を中心に戦略的に FTA を拡大してきた。2021 年 6 月現在，世界 56 か国と 17 件の FTA が発効済みである（表

17）「菅首相　中国の TPP 参加『今の体制では難しいと思う』」NHK NEWS WEB（2021年 1 月 3 日）〈https://www.nhk.or.jp/politics/articles/statement/50933.html〉。

表 11-3　韓国の FTA 発効・妥結・交渉状況

対象国・地域等		発効（妥結）年月	韓国の貿易に占める構成比（2019 年）		
			往復	輸出	輸入
発効済み	チリ	2004 年 4 月	0.5	0.2	0.8
	シンガポール	2006 年 3 月	1.9	2.4	1.3
	EFTA	2006 年 9 月	0.7	0.5	0.9
	ASEAN	2007 年 6 月	14.5	17.5	11.2
	インド	2010 年 1 月	2.0	2.8	1.1
	EU	2011 年 7 月	10.4	9.7	11.1
	ペルー	2011 年 8 月	0.3	0.1	0.5
	米国	2012 年 3 月	12.9	13.5	12.3
	トルコ	2013 年 5 月	0.6	1.0	0.2
	オーストラリア	2014 年 12 月	2.7	1.5	4.1
	カナダ	2015 年 1 月	1.1	1.0	1.1
	中国	2015 年 12 月	23.3	25.1	21.3
	ニュージーランド	2015 年 12 月	0.3	0.3	0.3
	ベトナム	2015 年 12 月	6.6	8.9	4.2
	コロンビア	2016 年 7 月	0.2	0.2	0.1
	中米 1)	2019 年 10 月	0.3	0.4	0.1
	英国	2021 年 1 月	0.9	1.0	0.8
合計			79.1	86.1	71.3
妥結済み	イスラエル 2)	2019 年 8 月	0.2	0.3	0.2
	インドネシア 3)	2019 年 11 月	1.6	1.4	1.8
	RCEP	2020 年 11 月	50.0	52.4	47.4
	カンボジア	2021 年 2 月	0.0	0.0	0.0
交渉中	日本，中国	―	30.6	30.4	30.8
	エクアドル	―	0.1	0.1	0.0
	メルコスール	―	1.0	1.0	1.1
	フィリピン	―	1.1	1.5	0.7
	ロシア	―	2.1	1.4	2.9
	マレーシア	―	1.7	1.6	1.8

注：1）ニカラグア，ホンジュラス，コスタリカ，エルサルバドル，パナマの 5 か国。完全発効
　　　　は 2021 年 3 月。
　　2）イスラエルとの FTA は 2021 年 5 月署名。
　　3）インドネシアとの FTA は 2020 年 12 月署名。
出所：産業通商資源部，韓国貿易協会の資料より作成。

11-3 参照）。

（1）輸出拡大狙いで巨大経済圏との FTA を推進

　韓国政府が FTA を推進する理由として，最も強調してきたのが輸出拡大
の効果である。統計庁によると韓国の 2019 年の輸出依存度 18) は 33％ と高

く，輸出は韓国経済の最大の牽引役である。したがって，海外市場で日本など競合国の企業に対していち早く有利なポジションを確保すべく，FTA 締結にまい進した。日本の初めての FTA として 2002 年にシンガポールとの経済連携協定（EPA）が発効したのに対し，2003 年時点で日本よりも FTA の進捗が遅れていた [19] 韓国は，複数の交渉を同時並行的に進めることで，短期間で遅れを挽回する戦略を採った。

　韓国の最初の FTA は 2004 年にチリとの間で発効した。続く，2006 年から 2010 年にかけて，シンガポール，EFTA（欧州自由貿易連合），ASEAN，インドとの FTA が立て続けに発効。その後，巨大経済圏である EU（2011年）と米国（2012 年）との FTA 発効により，韓国の FTA 政策は大きく進展した。さらに，2015 年 12 月には中国との FTA が発効したことで，韓国のFTA カバー率 [20] は 7 割まで拡大した。

　物品分野での関税撤廃に加え，韓国は FTA 効果を最大化するため，サービス，投資，政府調達，知的財産権，基準認証などを含む包括的な FTA 推進を図っている。また，世界貿易機関（WTO）の物品・サービス関連規定に相当する高レベルでの FTA を推進しており，FTA を通じ医療や教育分野などサービス産業の海外マーケティング支援の強化など国内制度の改善や高度化も図った。

(2)「ロードマップ」で地域統合の要を指向

　巨大経済圏との FTA が一段落した後，2013 年 2 月に発足した朴槿恵（パク・クネ）政権は，同年 6 月「新しい政府の新通商ロードマップ」（以下，「ロードマップ」）を発表した。「ロードマップ」は，現在に至るまで韓国FTA 政策の方向性を示した戦略である。

　「ロードマップ」では，FTA 推進の重点対象国・地域に関して「地域統合の要（Linchpin）」をキーワードに挙げている。「地域統合の要」について「（発表時に交渉中であった）韓中 FTA および発効済みの韓米 FTA を中心に

18)　名目 GDP に占める財・サービス輸出の割合。
19)　チリとの FTA は，1999 年 12 月交渉開始，2003 年 2 月署名，2004 年 4 月発効。
20)　輸出入総額に占める FTA 締結国との輸出入額の割合。

アジア太平洋経済統合のハブの役割を担い，環太平洋パートナーシップ協定
（TPP）と地域的な包括的経済連携（RCEP）協定の接続の役割を果たす」と
している。

　2015 年 12 月の韓中 FTA 発効により，「地域統合の要」をある程度構築し
たと判断した韓国は，ロードマップの他のキーワードである「新興国」の開
発，経済協力の需要に応じながら，産業，資源，エネルギー協力との連携を
通じた FTA 推進に舵を切った。とくに，ASEAN の中核国であり韓国企業の
輸出拡大や現地進出のニーズが高いベトナム，インドネシアとの FTA 交渉
を優先した。その後，ベトナムとの FTA は 2015 年 12 月に発効，インドネ
シアとの FTA は 2019 年 11 月に妥結，2020 年 12 月に署名した。

　2017 年 5 月に発足した文在寅（ムン・ジェイン）政権では，既存 FTA の
活用促進と FTA ネットワークの高度化に焦点を当てた。文大統領が同年 11
月に発表した「新南方政策」では，中国への過度な経済依存を緩和し，
ASEAN 諸国およびインドとの関係をいっそう強化する方針を打ち出した。
とくに ASEAN の FTA 未締結国との個別交渉を推進しており，2021 年 2 月
にカンボジアとの交渉が妥結。フィリピン，マレーシアとも交渉している。

（3）巨大経済圏との FTA の概要
①韓国 EU・FTA
　韓国 EU・FTA は，2011 年 7 月に発効した。品目数ベースの自由化率は韓
国 98.1％，EU99.6％と，高いレベルの FTA を実現した。工業製品の原産地
規則は「付加価値基準」「関税分類変更基準」「両者の選択型」のいずれかと
するなど，韓国企業にとって使い勝手のよい協定となった。最近の動きとし
ては 2021 年 1 月 1 日，英国の EU 正式離脱をもって韓英 FTA が発効した。
同 FTA 推進の目的は，英国の EU 離脱に備え，従来の韓 EU・FTA での特恵
関税制度を維持し，両国間の通商関係の連続性と安全性を確保することであ
った。

②韓米 FTA
　韓米 FTA は 2012 年 3 月に発効した。品目数ベースの自由化率は韓国

98.3％，米国 99.2％ と，ハイレベルな FTA となった。韓米 FTA 発効後に対米輸出が最も増えたのは自動車・自動車部品などであった。他方，日系を含む米国自動車メーカーが対韓輸出に注力したことから対米輸入が最も増えたのも自動車であった。

　発効以来，安定的に活用されていた韓米 FTA であるが，米トランプ政権の方針下，韓米 FTA の見直し交渉が 2018 年 1 月に開始され，2019 年 1 月には改定韓米 FTA が発効した。争点だった自動車貿易については，①米国の貨物自動車の関税（25％）撤廃時期を 2021 年から 2041 年に 20 年間延期すること，②韓国の米国車輸入に関し，メーカー別に年間 5 万台（改定前は 2 万 5,000 台）まで，米国の自動車安全基準を満たした車両を韓国の安全基準も満たしたとみなすこととし，韓国側が米国側に対して，大幅に譲歩した形となった。

③韓中 FTA

　2015 年 12 月に発効した韓中 FTA は，物品貿易，サービス・投資，ルール・協力など幅広い分野を取り扱っている。ただ，関税の扱いに関しては，韓国 EU・FTA や韓米 FTA と比べるとレベルの低い FTA となっている。即時撤廃を含め発効後 10 年以内に輸入関税が撤廃される品目数が全品目に占める割合は韓国側 79.2％，中国側 71.3％ にとどまった。これは，両国とも自国が相対的に弱い産業の関税を撤廃の対象外とするか，または撤廃時期を先延ばしすることを交渉の重点に置いたためである。韓国の主力産業のひとつである自動車（同部品含む）は，中国側で「高度センシティブ品目」に分類されたため，対中輸出増加効果はきわめて限定的とみられたことから，専門家やメディアによる韓中 FTA に対する評価は厳しい論調もあった。実際，2016 年以降の自動車の対中輸出は低調続きであるが，在韓米軍の THAAD[21] 配備に端を発した中国での韓国車不買運動など外的要因なども大きく影響したことから，韓中 FTA の内部要因の影響を見極めるのは困難とされる。他方，韓国の対中輸出額の多い品目で中国側の関税が撤廃されたの

---

21)　米軍による最新の地上配備型ミサイル迎撃システムの略称。

は，機械や電気機器などもともと無関税の品目が多い。関税が課せられている品目は，関税撤廃までの期間が 15 年以上のものや，関税の引き下げ・撤廃の対象外のものも少なくない。

（4）「新南方政策」で企業の ASEAN 展開を後押し

①企業のニーズが高いベトナム，インドネシアとの FTA

「ロードマップ」（2013 年）で言及した ASEAN については，既存の韓国 ASEAN・FTA（AKFTA）の自由化水準が必ずしも高くなかったため，それを補完すべく ASEAN 各国と個別に FTA 交渉を進めている。とくにベトナム，インドネシアとの FTA 交渉を積極的に推進し，ベトナムとの FTA は 2015 年 12 月に発効した。自由化率（品目ベース）は 89.2% と，2007 年に発効した AKFTA の 87.0% よりも 2.2 ポイント高い。自動車部品やタイヤ，排気量 3,000cc 以上の乗用車，化粧品などが順次自由化されるなど，市場アクセス環境が改善した。

2019 年 12 月には韓国・インドネシア包括的経済連携協定（CEPA）が最終妥結，2020 年 12 月に署名し[22]，インドネシアにおける自由化率は AKFTA における 80.1% から 93.0% に高まった。韓国政府は CEPA により，市場アクセス環境の改善に加え，インフラ，エネルギー，自動車，コンテンツなどの分野で両国の官民協力の強化を狙う。

②新南方政策で ASEAN 諸国との関係強化

韓国は 2017 年以降，対中国依存度が高い貿易構造の多角化を目的とし，ASEAN およびインド（新南方諸国）との経済連携の強化および外交・安全保障面での協力関係の強化を目的とする「新南方政策」を推進している。その一環として，ベトナム，インドネシアに続き，韓国政府はフィリピン，マレーシア，カンボジアとの FTA 交渉を進めてきた。3 か国のなかで最後に交渉を開始したカンボジアとの FTA が 2021 年 2 月に最終妥結した（交渉開始は 2020 年 7 月）。同協定は韓国にとって最短の交渉期間（7 か月）での締

---

22)　2021 年 6 月末時点で未発効。

結となり，新型コロナ禍の影響で交渉の全プロセスを非対面で進めた。韓国政府は，「（2020 年 11 月に妥結した）RCEP 協定との相互補完的な効果が見込め，新型コロナウイルスの影響によりリージョナル・バリューチェーン（RVC）の再編が進むなか，中国やベトナムを代替するカンボジアへの進出が円滑化される」としている。

(5) RCEP：日韓初の FTA は両国に恩恵も

ASEAN10 か国と韓国，中国，日本，オーストラリア，ニュージーランドの計 16 か国が交渉に参加した RCEP は，2020 年 11 月にインドを除く 15 か国で最終妥結・署名された。韓国から RCEP 参加 14 か国向けの輸出額は韓国の総輸出額（2019 年）の 53％ を占める。国別の輸出先をみると，中国，ASEAN，日本の順で高い割合を占めており，輸出品目では，電気・電子，石油製品，自動車，鉄鋼などが上位に並ぶ。

政府系シンクタンクの韓国産業研究院（KIET）は RCEP に関する報告書[23] のなかで，RCEP の妥結について「日韓貿易の 83％ で関税が撤廃[24] され，日本，韓国両国間の経済と貿易に大きな進展をもたらす。日本と韓国は双方の経済へのアクセスがいっそう高まり，両国は参加 15 か国のなかでも最大の恩恵を受ける」と評価した。また，ASEAN の関税撤廃水準が 90％ 台に高まることから，同報告書は「自動車，自動車部品，鉄鋼など日韓両国の競争力が高い分野において ASEAN 市場で多くの恩恵が得られる」としている。

(6) 中南米との FTA で米大陸ネットワークを構築

韓国政府は，「北米と南米をつなぐ米大陸 FTA ネットワークの構築を目指す」との方針[25] のもと，米大陸における FTA 交渉を継続している。中米 5 か国（ニカラグア，ホンジュラス，コスタリカ，エルサルバドル，パナマ）との FTA は 2019 年 10 月以降，各国と順次発効し，2021 年 3 月，パナマと

---

23)　KIET 産業経済「RCEP の主な内容と今後の韓国の対応」（2021 年 1 月 28 日）。
24)　日韓両国ともに相手国に対し，品目数ベースで 83％ の関税を撤廃。
25)　産業通商資源部「新 FTA 推進戦略」（2015 年 4 月発表）。

の FTA 発効により完全に発効した。5 か国の政府調達市場の開放により，韓国のエネルギー，インフラ，建設分野などの企業の同地域におけるプロジェクト参画の拡大が期待される。

　北米と中米のネットワークを構築した韓国政府に残された課題は，南米との FTA 交渉である。メルコスール（南米南部共同市場：ブラジル，アルゼンチン，パラグアイ，ウルグアイ）と 2020 年内の合意を目指し同年 3 月までに 5 回の交渉を行ってきたが，新型コロナの影響により合意には至らず，交渉は継続中である。

　その他の地域との FTA については，イスラエルとの FTA 交渉が 2019 年 8 月に最終妥結し，2021 年 5 月に署名した。韓国政府は，ICT，再生エネルギーなど先端産業分野で基幹技術を有する同国との産業技術協力の拡大を期待している。また，ロシアとは 2019 年 6 月にサービス・投資分野の FTA 交渉の開始を宣言，2020 年 7 月までに 5 回の交渉を開催した。韓国政府は，ロシアとの FTA 交渉に関し，資源確保に加え，同国を技術優位国と位置づけ，技術の確保も目標としている。

（7）注目される今後の CPTPP 対応

　韓国政府は 2013 年 11 月に TPP に対する関心を表明した。しかし，現地の各種報道によると 2017 年 1 月，米トランプ大統領が TPP からの離脱を決定したことで，韓国の TPP 参加に対する関心が薄れたとされる。その後，文大統領は 2020 年 12 月，「環太平洋パートナーシップに関する包括的及び先進的な協定（CPTPP）」[26] への参加の意向を初めて示した。中国の習近平国家主席が 2020 年 11 月，「CPTPP への参加を検討する」と表明した翌月の声明であった。文大統領は 2021 年 1 月 11 日に行った「新年の辞」においても，「CPTPP 参加を積極的に検討」と述べたが，2021 年 6 月時点で，韓国政府から具体的な予定や日程などは示されていない。

　KIET は，前出の RCEP に関する報告書で，「RCEP を通じて日韓間で実質初めての FTA が締結されたことで，これまで CPTPP への参加に慎重だった

---

26)　米国を除く 11 か国で 2018 年 12 月に発効。

表 11-4　協定別 FTA 利用率（2020 年）

（単位：%）

FTA	輸出	輸入	FTA	輸出	輸入
チリ	68.6	99.1	トルコ	76.0	67.2
EFTA	80.1	76.9	オーストラリア	80.9	88.4
ASEAN	49.2	81.5	カナダ	95.4	80.1
インド	74.6	55.6	中国	65.0	85.1
EU	87.2	80.0	ニュージーランド	42.8	92.7
ペルー	68.7	89.3	ベトナム	44.6	89.1
米国	84.4	76.7	コロンビア	47.9	89.3
全体				74.8	81.5

出所：韓国関税庁の発表をもとに作成。

韓国政府の姿勢が転換する」との見通しを示すなど，韓国国内では CPTPP への参加を予想する見方も出ている。

2　企業の FTA 利用促進に注力する韓国政府

　韓国政府は FTA 締結交渉と並行して，FTA 利用のための支援策も進めてきた。近年は大型 FTA 交渉がほぼ一巡したため，既存 FTA のいっそうの利用を促すとともに，韓国企業が直面する非関税障壁など新たな問題の解決支援のための体制整備に取り組んでいる。

（1）ワンストップの支援体制を拡充

　韓国関税庁の発表（2021 年 1 月 26 日）によると，韓国の FTA カバー率は上昇を続け，2010 年の 15% から 2020 年には 72% に達している。また，同資料によると，2020 年の韓国企業の FTA 利用率 [27] は輸出で 74.8%，輸入では 81.5% と高水準に達している（表 11-4）。

　韓国政府は発効済み FTA の利用拡大に向け，さまざまな支援策を展開してきた。支援実施の中心は，「FTA 貿易総合支援センター（以下「支援センター」）である。「支援センター」は 2012 年 2 月に設立され，政府の支援により韓国貿易協会（KITA），大韓商工会議所，KOTRA（大韓貿易投資振興公社）などがさまざまな支援を行う。また，17 の地方で「地域 FTA 活用支

---

27)　FTA 恩恵品目の貿易額のうち，実際に FTA を利用した貿易額の比率。

援センター」も運営し，FTA 利用の全過程をワンストップで支援する。

　さらに，韓国政府は，ウェブサイトを活用した支援サービスも拡充してきた。たとえば「FTA 統合プラットフォーム」[28] は，輸出企業が FTA を利用する際，あらゆる過程で直面し得る困難の解決を支援するため，ワンストップで必要な情報や解決策を提供する。同サイトは，① FTA の基礎知識を指南する「FTA 入門」，②関税品目分類と税率の検索，③原産地証明手続きの確認および発行支援，④認証輸出者の情報や支援を提供する。「FTA パス（FTA-PASS）」[29] は，製品の原産地判定や原産地証明書の発行支援のほか，オンライン研修プログラムを提供し，中小企業にとって業務負担が重い原産地管理を丁寧にサポートする。また「貿易ナビ（Trade Navi)」[30] では，技術基準・認証・環境規制など専門的な情報も提供する。

（2）海外拠点と非関税障壁対応を強化

　産業通商資源部が 2019 年 11 月に発表した FTA 戦略は，「FTA 活用促進対策」を打ち出し，既存 FTA の活用促進，高度化に焦点を当てている。

　韓国政府は 2015 年以降，韓国の輸出企業に加え，海外バイヤーの FTA 活用も促進する目的で「FTA 海外活用支援センター（以下，「海外センター」）」の設置を進めてきた。主として KOTRA 海外事務所に設置された「海外センター」では，FTA 活用相談・コンサルティング業務に加え，韓国輸出企業と現地バイヤーとのマッチング支援などを行っている。

　海外センターは 2021 年 6 月現在，8 か国 15 か所に設置されている。国別の設置拠点数は，中国（6)[31]，ベトナム（2），インド（2），インドネシア（1），タイ（1），フィリピン（1），メキシコ（1），英国（1）。2020 年に設置されたメキシコは FTA 活用相談を行うための中南米拠点の確保を，英国はブレグジット対応支援をそれぞれ目的としている。産業通商資源部は RCEP 参加国で新南方政策の対象でもあるマレーシア，カンボジアなどに 2021 年

---

28)　〈https://okfta.kita.net/main〉参照。
29)　〈https://www.ftapass.or.kr/index.do〉参照。
30)　〈http://www.tradenavi.or.kr/〉参照。
31)　カッコ内は海外センター設置国の国内事務所数。

中に海外センターの新規設置を予定している[32]。

　情報提供，コンサルティング，教育等の支援拡充により，韓国企業の FTA 利用率は改善しているが，中小企業はいまだ FTA 活用の難しさを訴えている。「FTA 活用促進対策」によると輸出企業の FTA 利用率（19 年 9 月）は 75% であるが，大企業 85% に対し中堅中小 60% と，その格差は大きい。「同対策」では，「新規 FTA が発効するたびに，新しい内容が追加されるため負担が増大する。とくに，新たに輸出を始めた中小企業や小規模企業は関連業務の経験不足に悩まされている」とし，政府の継続的な支援増強の必要性を強調する。

　また，最近の保護主義拡大の影響により世界各国で広がる非関税障壁が輸出韓国企業の新たな障害要因として指摘されている。これまでの支援は，原産地証明と関税分野に集中しており[33]，知的財産権や基準・認証分野など非関税障壁分野は，増加する企業のニーズに十分対応できていなかった。

　このため，韓国政府は支援センターの業務の重点を原産地証明と関税から非関税分野に拡げ，輸出の全過程をワンストップで支援する方針のもと，支援体制の整備を進めている。具体的には，知的財産権，基準・認証，サービス・投資，マーケティングなど各分野での問題を解決する専門部署を開設し，専門人材を配置している。また，政府対応が必要な海外の規制などは，当該分野の所管省庁や関係機関を通じて，当事国との政府間交渉の実施を促す仕組みの整備も進めている。

第 3 節　インドの通商政策と FTA 動向

1　インドの FTA 戦略

（1）2000 年代よりアジア域内を中心に FTA を推進

　インドの通商政策は，1990 年代初め頃まで，高い関税率設定や数量制限

---

32)　産業通商資源部プレスリリース（2021 年 2 月 25 日）。
33)　「FTA 活用促進対策資料」によると，2018 年の約 3 万 5000 件の相談の内 89% が原産地証明と関税関連。

措置などの保護貿易政策を採用し，自国産業の発展を阻害する外国製品の流入増を防ぐことに主眼が置かれていた。しかし，インドは 91 年の経済自由化路線への転換以降，輸入数量規制の部分的緩和や一部製品の関税引き下げを開始。2000 年代以降には，通商政策を本格的に転換し，高関税率の段階的な引き下げや輸入数量制限措置を撤廃する貿易自由化を進めてきた。同時にアジア大洋州地域を中心に，FTA の締結にも意欲的なスタンスを採り，たとえば，タイとは 2003 年 10 月に自由貿易地域設立のための枠組み協定を締結。同枠組み協定のもと，家電製品や自動車部品など 82 品目について，2004 年 9 月からアーリーハーベスト（EH: early harvest）[34] を実施した。また，シンガポールとの間には初の包括的 FTA となるインド・シンガポール包括的経済協力協定（CECA）を 2005 年 8 月に発効させた。対象分野は，物品貿易にとどまらず，サービス，投資，基準認証，ヒトの移動など幅広い内容を含む FTA となっている。さらに，多国間協定として，ASEAN との間で，2010 年 1 月にインド・ASEAN 自由貿易協定（IAFTA）を発効させ，段階的な関税率の削減・撤廃を進めた。2015 年 9 月には，モノの自由化に続き，サービスと投資分野の FTA が発効した。なお，日本とは，インド・日本包括的経済連携協定（CEPA）が 2011 年 8 月に発効している。

　インドが 2000 年代に入って，FTA 戦略を積極化させた背景 [35] には，アジア通貨・金融危機を背景に，東アジアにおいて共同体構想が持ち上がるなか，中国と ASEAN が FTA 締結を視野に関係強化を進めはじめたことが挙げられる。インドは地域統合の動きに乗り遅れることへの政治・外交的懸念を有していたとみられる。また，当時，経済改革を推進していたバジパイ政権が FTA を経済構造改革の推進力にしたいとの考えを持っていたことも，インドが FTA 締結に傾斜する要素となった。その結果，インドは 2005 年末には ASEAN，日本，中国，韓国，オーストラリアとニュージーランドとと

---

34)　新興・途上国間の FTA にみられる方式のひとつで，部分的に関税撤廃および削減を先行させる方式のこと。

35)　インドが FTA 戦略を積極化した背景や後述の「(2) 2010 年代より FTA 締結機運は一段落」の一部は，椎野幸平『インド経済の基礎知識──新・経済大国の実態と政策　第 2 版』ジェトロ（2009 年），椎野幸平・水野亮『FTA 新時代──アジアを核に広がるネットワーク』ジェトロ（2010 年）を参照。

表 11-5　インドの発効済み FTA

(単位：%)

締結相手国・地域		発効年月	貿易総額に占める割合	輸出	輸入
国	ネパール	1991 年 12 月	1.0	2.2	0.2
	スリランカ	2000 年 3 月	0.6	1.2	0.2
	アフガニスタン	2003 年 5 月	0.2	0.3	0.1
	タイ	2004 年 9 月	1.4	1.4	1.4
	シンガポール	2005 年 8 月	3.2	3.0	3.3
	ブータン	2006 年 7 月	0.2	0.2	0.1
	チリ	2007 年 8 月	0.2	0.3	0.2
	韓国	2010 年 1 月	2.6	1.6	3.3
	マレーシア	2011 年 7 月	2.1	2.2	2.0
	日本	2011 年 8 月	2.2	1.5	2.7
	モーリシャス	2021 年 4 月	0.1	0.1	0.0
地域	SAFTA	2006 年 1 月	3.5	7.0	0.9
	メルコスール	2009 年 6 月	1.6	1.7	1.6
	ASEAN	2010 年 1 月	11.3	10.7	11.8
FTA カバー率		—	21.5	22.8	20.5

注：1）WTO 通報ベース。アジア太平洋貿易協定（APTA），途上国間貿易特恵関税制度（GSTP），南アジア特恵貿易協定（SAPTA）は記載外としている。
　　2）各種割合は 2020 年の数値にて算出。
出所：WTO，Global Trade Atlas（GTA: IHS Markit 社）から作成。

もに初の東アジアサミットに出席した。このサミットの開催によって，アジアの広域的 FTA 構想として，それまで主体的構想とされていた ASEAN＋3（日中韓）とともに，ASEAN＋6（日中韓豪 NZ 印）が新たな広域 FTA 構想に浮上した。

（2）2010 年代より FTA 締結機運は一段落

　インドの通商政策の転換の背景が政治的・外交的要因に起因するために，実際のインド側の FTA 交渉スタンスは「総論賛成・各論反対」の構図となった。結果的に，インド側は関税譲許対象品目における多数の例外品目の設定，厳しい原産地規則を交渉相手国側に要求することとなり，交渉相手国・地域は厳しい交渉に直面することが多かった。実際のところ，インド産業界の一部は FTA に厳しい目を向けている。前出のタイとの枠組み協定にもとづく EH では，2004 年 9 月から 2006 年 9 月にかけて，対象 82 品目の基本

関税が完全撤廃された。対象品目数は 82 品目ながら，インドの対タイ貿易
収支は 2004 年まではインド側の黒字であったところ，2005 年からはカラー
テレビやエアコンなどの EH 対象品目の輸入増を背景に，貿易収支は赤字に
転換した。こうした一部のエレクトロニクス製品の輸入急増はインドの同業
界の反発を呼び起こした。結果的に，本事例はこの後のインドの IAFTA を
はじめとする FTA 交渉を硬直化させる要因となったともみられる。実際，
IAFTA における EH は延期の末に中止され，関税削減・撤廃の例外品目とし
てのセンシティブ品目（SL）や高度センシティブ品目（HSL）が多数設け
られることになる。

　2021 年 6 月時点でのインドの発効済み FTA 件数は，WTO 通報ベースで
は 17 件となっている。ほぼすべての FTA が 2000 年以降に発効している。
ただし，発効時期は 2000〜2011 年が大半で，それ以降のインドの FTA によ
る通商戦略は足踏みしている。対象相手国は，ブータン，スリランカなどの
南西アジア諸国，マレーシア，シンガポールなどの ASEAN 諸国，韓国，日
本といった東アジア諸国が主要パートナーとなっている。アジア地域以外の
締結国はチリ（2007 年 8 月発効），モーリシャス（2021 年 4 月発効）のみに
とどまる。地域間 FTA は ASEAN との IAFTA と，南西アジア諸国との広域
FTA の南アジア自由貿易地域（SAFTA：2006 年 1 月発効）の 2 つの FTA に
とどまる。貿易総額に占める FTA 締結国・地域とインドの貿易額をみる限
り，ASEAN 以外との FTA の経済的インパクトは限定的といえる（表 11–5
参照）。

2　在インド企業による FTA 活用の実態

（1）ASEAN との FTA 活用に積極的

　インドに進出する日系企業はどういった FTA を活用しているのだろうか。
ジェトロが 2020 年 8〜9 月にかけて実施した「2020 年度海外進出日系企業
実態調査（アジア・オセアニア編）」において，利用する FTA を在インド日
系企業に質問したところ，一定の回答数以上の条件下において，輸出で活用
率が高い FTA は ASEAN（50.0％），日本（36.4％）だった。輸入では，
ASEAN（71.8％），韓国（61.9％），日本（59.5％）が目立った。総じて，貿

易額の大きさも踏まえて，ASEAN との FTA との利用が目立つ結果だった。
この点は，ASEAN の視点からみても，対インド FTA の重要性は，とくに輸
出面で際立っている。たとえば，在インドネシアの日系企業がインドに輸出
する際に，IAFTA を利用する比率は 65.6％，同様に，ベトナムは 63.6％，
マレーシアは 57.7％，タイは 51.9％，シンガポールは 45.9％ と多くの企業
が IAFTA を活用している。

　インドの消費市場の大きさは，日系企業はじめ多くの企業にとって，魅力
的な要素となっている。しかし，インドは税制・税務手続きや，許認可など
行政手続きの煩雑さ，また，インフラ整備面でも電力問題など投資環境上の
リスクも有している。他方，ASEAN に進出している日系企業は ASEAN に
おいて集約生産を行い，当該地域からインドに輸出するサプライチェーンを
構築するケースがみられる。そのため，インドが比較劣位にあるエレクトロ
ニクスの完成品を中心に，IAFTA の利用率が高くなる結果となっている。
以下では，日系企業の利用も多い IAFTA に関わる貿易動向を確認する。

（2）ベトナム向けの鉄鋼製品輸出などが拡大

　インドの貿易統計から物品貿易の自由化が始まる前の 2009 年と 2020 年を
比較すると，同期間のインドの対世界貿易の増加率が 1.5 倍のなか，対
ASEAN 貿易額は 1.8 倍増加した。輸出面をみると，ASEAN 向け輸出のうち，
同期間の寄与度が最大の国はベトナムだった。2020 年のインドからベトナ
ムへの輸出額は 45 億ドルと ASEAN 向け輸出額の 15.2％ を占め，この約 10
年間でインドからベトナム向け輸出は 2.6 倍に拡大した。同期間における対
ベトナム輸出の商品のなかでも寄与度が大きい商品は，鉄鋼（HS72）だっ
た。インドからベトナムへの 2020 年の同品目の輸出は 10 億ドルと全体の
23.3％ を占める。インドは鉄鋼製品などの卑金属・同製品，石油製品などの
素材産業に比較優位を持っている。ベトナムは鉄鋼製品には，IAFTA 発効
前は除外品目を除いては最大 10％ の関税を課していたなか，IAFTA 発効に
よって，関税率は段階的に撤廃，あるいは削減されてきた。

　輸入について，2009 年と 2020 年の期間をみると，インドの輸入額におい
て，ASEAN のなかではシンガポール，インドネシアやベトナムからの輸入

の伸びが大きい。とくに，3 か国のなかでも輸入額が最大のインドネシアについてみると，2020 年にインドがインドネシアから輸入した金額は 2009 年比 1.5 倍の 120 億ドルだった。インドネシアからの輸入で増加が目立つ品目は 51 億ドルの鉱物性燃料（HS27）で，インドネシアからの輸入総額に占める割合は 42.5% と大きなウエートを占めている。2009 年から 2020 年にかけて，同品目は 1.9 倍増加した。鉱物性燃料のなかでも，無煙炭・歴青炭以外の石炭（HS2701.19）の輸入増加の寄与が大きい。当該品目の輸入関税は 2009 年時点では 5% であったところ，IAFTA 発効にともなって，段階的にインド側は関税を撤廃してきた。本品目はオーストラリアからの輸入が最大となっている。同期間におけるオーストラリアからの輸入額は 1.4 倍の増加のなか，インドネシアからの輸入の増加は 1.8 倍となった。

3　運用面における課題

（1）厳しい原産地規則などが FTA 活用の障害に

　インドが締結する FTA は件数が少ないなか，運用面での課題も散見される。ジェトロの「2019 年度アジア・オセアニア進出日系企業実態調査」によると，「貿易取引を改善するために必要と思われる貿易円滑化措置」について，インド進出日系企業による回答割合が最も高かった項目は「貿易制度や手続きに関する情報の充実」で，49.5% の企業が必要な措置に挙げた。これに次いで回答割合が高かった項目は「港湾当局や担当者間での関税分類評価などに関する解釈の統一」（46.2%）だった。

　FTA 利用にあたっては，税関の担当者の理解不足などによって，場当たり的な対応が散見される。たとえば，在インドの日系電機メーカーは「日本インド EPA を使って日本からインドに輸出しようとしたところ，日本の税関で適用した HS コードと，インド側の税関が主張する HS コードが異なり，結果として特恵税率を適用してもらえなかった」と指摘した。また，自動車部品メーカーからは「過去に同じ HS コードで通関していても，担当者が変わったら認識が変わるかもしれず，決して油断はできない」との見方もある。他方で，「本社が全世界的に HS コードの不一致がないように対策を講じた結果，最近はトラブルがなくなった」（電子機器メーカー）とする企業の声

も聞かれた。

　3 番目に回答率が高い項目として，「事前教示制度の導入と利用可能な運用」（40.6％）が挙げられた。インドにも HS コードなどの事前教示制度自体はある。税関のウェブ経由で HS コードの分類や関税評価額，原産地の確定などについて事前に税関に問い合わせることができるようになっている。しかし，実際の運用は不確かな点が多く，企業が FTA を利用する際に直面する問題のひとつとなっている。

　また，対インドの FTA 活用において問題となる点として，特恵税率享受の条件を満たすための厳しい原産地判定基準を指摘できる。元来，原産地規則は FTA ごとに異なるが，インドが締結する FTA は他の FTA と比較しても厳しい基準が適用されてきた。具体的には，原産地判定基準は大別すると，関税分類変更基準と付加価値基準の 2 つがある。多くの FTA は，それぞれの基準のみ，もしくは 2 基準のいずれかを満たせばよいとする選択型を採用している（第 5 章 2 節参照）。しかし，インドが関与する FTA は，原則，両基準を同時に満たさなければならない併用型を採用している。インドがシンガポール，ASEAN，韓国，マレーシア，日本などと締結した主要な FTA の原産地判定基準はすべて併用型となっている。併用基準が導入されると，企業の特恵税率享受の条件が難しくなるだけでなく，原産地認定基準を証明するための事務コストも単独の基準や選択型よりも増加してしまう問題もある。対インドビジネスを行う企業からは，原産地認定基準を選択型にするといった基準の緩和を望む声が挙がっている。しかし，インドは世界的に原産地規則が簡素化する流れのなかでも，併用基準へのこだわりは強い。

（2）原産地証明書の審査に関する新ルールを導入

　インド政府は 2020 年以降，FTA の運用をさらに厳格化しはじめた。2020 年 9 月，原産地証明書審査に関する新ルール「CAROTAR（カロタール：Customs（Administration of Rules of Origin under Trade Agreements）Rules）2020」[36] を開始した。本ルールの制定は，2020 年 2 月の 2020 年度インド国

36）「CAROTAR の手引書」（和文）は以下を参照。ジェトロ 海外調査部アジア大洋州課

家予算案発表時に方針が示され，2020 年財政法（3 月 27 日施行）により新
設された関税法 28DA をその根拠とする。従来，原産地証明にあたって輸入
者は輸出国の認定機関からの原産地証明書を提出するだけで事足りていた。
しかし CAROTAR 2020 適用以降は，原産地証明書を取得しただけでは輸入
者としての責務を果たしたことにはならず，追加で関連書類や情報の提出が
求められる場面が散見されている。FTA 締結国を介した迂回輸入などの不
正利用を警戒していたインド政府は，新ルール導入によって，FTA の適切
な利用を確保したい意向があるとみられる。

　新ルールの適用以降，日本企業がインドに輸出する際，通関に大きな影響
が出ている。輸入者は輸入品の原産性を証明する情報や書類の保持が求めら
れている。収集の過程で，輸入者は輸出者に原産性証明に必要な情報を求め
ることがある。また，税関職員は当該物品の原産性に疑義がある場合，輸入
者に対して関連する情報の提出を求めることができる。原産地基準を満たさ
ないと判断された場合は，税関職員は特恵税率の適用を否認することができ
るとされている。本ルールについて，政府は輸入者が輸入に先立って原産性
に係るデュー・デリジェンスを実施することを促すもので，原価情報などの
機密となるような情報の入手を求めるものではないとしている。しかし，企
業側の負担は諸面で増すとともに，現場の運用では機微な書類の提出を求め
られる事例も散見されるなど FTA 利用企業の懸念要因となっている。

（3）ますます硬直化する政府の FTA 交渉スタンス

　煩雑な原産性認定基準や既存 FTA への運用厳格化などからインドが FTA
に必ずしも積極的でない姿勢は，地域的な包括的経済連携（RCEP）協定交
渉からの離脱にも表れている。インドは当初から同協定の交渉に参加してき
たものの，2019 年 11 月にタイで開催された第 3 回首脳会合で「未解決のま
ま残されている重大な課題がある」として妥結に難色を示した。それ以降，
交渉のテーブルから遠ざかりはじめた。難色を示す最大の要因 [37] は，イン

　／ニューデリー事務所「2020 年貿易協定に基づく原産地規則に係る関税規則」（2020
　年 9 月）〈https://www.jetro.go.jp/view_interface.php?blockId=30928177〉。
37)　以下の要因については，磯崎静香「RCEP15 か国署名，インド政府は静観」ジェト

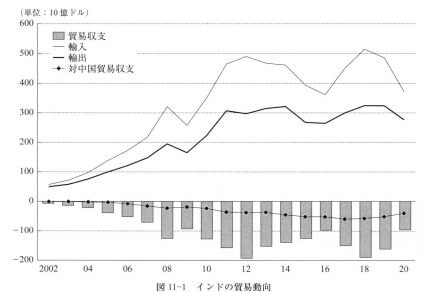

図 11-1　インドの貿易動向

出所：GTA（IHS Markit 社）から作成。

ドにとって最大の輸入相手国である中国からの輸入増加による貿易赤字の拡大とみられる。2020 年 6 月には印中国境係争地帯で両軍が衝突し，インド国民の対中感情は悪化した。その結果，RCEP へのインドの加入はさらに難しくなったとの見方が出ていたなか，インドが交渉に戻ることはなかった。

　インド側の FTA 交渉スタンスについて，RCEP を例にみると，現地の報道[38]からは，第 1 に，輸入増を警戒する様子がみられる。たとえば，インドは関税引き下げ交渉のベンチマークとなる譲許表の基準年を 2014 年から

ロ，ビジネス短信（2020 年 11 月 20 日）〈https://www.jetro.go.jp/biznews/2020/11/c3d57aca2b1ab430.html〉。

38)　インドの RCEP 交渉におけるスタンスは，Amit Shah, "By saying no to RCEP, PM Narendra Modi has kept India first," The Economic Times（November 13, 2019）〈https://economictimes.indiatimes.com/news/economy/foreign-trade/view-by-saying-no-to-rcep-pm-modi-has-kept-india-first/articleshow/72028437.cms〉や Mohan Kumar, "Rejecting RCEP was the easy part," Hindustan Times News（November 10, 2019）〈https://www.hindustantimes.com/analysis/rejecting-rcep-was-the-easy-part-ht-analysis/story-oM0QORymKE5CGUZo9GEAPP.html〉を参照。

2019 年へ変更することを要望していた。これは，ここ数年の関税率の引き上げを反映した 2019 年を基準とすることで，自由化の度合いを緩慢なものにする狙いがあったとみられる。自由化への躊躇は，これまでにインドが締結した FTA の自由化率からもうかがえる。たとえば，品目ベースでの ASEAN 中国 FTA における中国の自由化率は 95% に達する一方で，IAFTA のインド側の自由化率は 74% にとどまっている。原産地規則・原産性認定の基準厳格化もこの文脈上で位置づけられる。第 2 に，インドが強みを有する分野での攻めの姿勢がみられる。具体的には，インドが競争力を有する製品の輸出を ASEAN や中国の非関税障壁が阻害していると主張すると同時に，サービス貿易のヒトの移動において，IT エンジニア等の移動の自由化を求めた。

　インドの貿易赤字額は 2001 年から 2010 年の間における年平均は 557 億ドルだった一方，2011 年から 2020 年における年平均額は 1,464 億ドルに拡大した（図 11-1 参照）。とくに，対中国の貿易収支は，2020 年にはインドの貿易赤字全体の 41.6% を占め，そのウエートは大きい。モディ政権は，こうした貿易赤字の拡大を一因として，FTA の締結に消極的になっている。同政権は「メーク・イン・インディア」のスローガンのもと，国内製造業の強化を図るなか，国産化推進の名のもとで，繊維や縫製品などの軽工業品にとどまらず，鉄鋼や輸送機器など広範な製品・部品の関税率を引き上げてきた。2021 年 2 月の 2021 年度予算案発表においても，コンプレッサーやプリント基板，車載用強化ガラスなど，自動車や電気・電子部品で一部税率が引き上げられるなど自由貿易とは逆行する動きが継続している。これらを踏まえると，インドの FTA 締結含めた自由貿易の拡大につながる通商戦略の大幅な転換は，当面期待しづらいとみられる。

第**12**章

米国の FTA 政策
政権ごとに変容する価値観とアプローチ

┌─ **ポイント** ─────────────────────────────────┐

◆米国は戦後一貫して自由貿易を推進し，2000 年代以降は二国間または多
　国間の FTA も追求してきた。しかし，トランプ共和党政権下で自由貿易推
　進の機運は停滞し，バイデン民主党政権も「労働者のための通商政策」を掲
　げて新たな通商交渉は当面，先送りの方針。

◆トランプ政権の主導で開始した北米自由貿易協定（NAFTA）の再交渉は，
　自動車原産地規則や労働ルールの強化などを踏まえて米国・メキシコ・カナ
　ダ協定（USMCA）として発効。超党派での批准となり，米国が今後追求
　する FTA のひな型になるとの見方も。

◆活用されている FTA としては，USMCA が圧倒的な存在感を放つ。貿易額
　では米韓 FTA が続く。背景には自動車産業のサプライチェーンの存在があ
　る。

└──┘

第 1 節　米国の通商政策と FTA

1　揺らぐ自由貿易推進の信念

（1）戦後一貫して自由貿易を推進

　米国は第二次世界大戦以降，一貫して世界の自由貿易を推進してきた。各
国が高関税を課し合うことで生まれたブロック経済が，世界戦争を招いたと
いう反省にもとづき，1947 年に締結された「関税及び貿易に関する一般協
定（GATT）」の成立にも深く関与した。GATT が 1995 年に世界貿易機関
（WTO）に衣替えしてからも，中国やロシアの加盟を支持するなど，国際的

な自由貿易体制の推進を主導してきたといえる。

　他方，WTO のドーハ・ラウンド（2001 年〜）以降，先進国と開発途上国間での対立が先鋭化し，全加盟国が足並みを揃えて自由貿易を前進させることが困難ななか，米国は二国間の自由貿易協定（FTA）を追求するようになる。その背景には経済的側面のみならず，地政学的な側面もあった。たとえば，中東に関しては，2001 年 9 月に米国で発生した同時多発テロ事件を受けて，当時のブッシュ共和党政権はテロの原因のひとつとされる貧困の撲滅を意図して「中東自由貿易圏（MEFTA）」構想を立ち上げ，同地域の同盟・友好国との FTA 締結を進めた。中南米地域でも，同様の政策を進めた後，関心をアジア地域にも拡大し，オバマ民主党政権では，韓国との二国間FTA を発効させるとともに，多国間 FTA となる環太平洋パートナーシップ（TPP）交渉にも参加した。

（2）トランプ共和党政権で変わった風向き

　このように自由貿易を推進してきた米国だが，貿易赤字の削減を公約とするトランプ共和党政権が 2017 年 1 月に誕生したことを受けて，その流れに逆風が吹く。ドナルド・トランプ大統領は，自由貿易に懐疑的な中西部・南東部の労働者層を支持基盤として当選したことから，自由貿易が米国の製造業，労働者を苦しめてきたとして，他国との「公正で互恵的な」通商関係[1]を求めていくとの主張を展開した。主要な貿易相手国は米国の平均関税率よりも高い関税を課していると批判し，WTO にさえも疑義を呈していった。

　トランプがこのような主張を繰り返し公言することで，支持層にもそのような信念が浸透していった。こうした環境の変化を受けて，本来は企業の経営者寄りで自由貿易を推進してきた共和党の議員らも，とくに中西部・南東部ではトランプの支持を得られなければ選挙で勝てない状況が生まれ，政権の通商政策を批判するような動きができなくなった。民主党はそもそも，労働組合を主要な支持基盤とすることから自由貿易とは距離を置く傾向にある

1）　たとえば，2018 年 1 月の一般教書演説で「これからの通商関係は公正で，かつ非常に重要な点だが，互恵的であることを期待する」としている。

ため，表立って政権の方針に賛同しないまでも，是正もしないという事態となった。このように米国全体が自由貿易から遠ざかるなか，2021 年 1 月に発足したバイデン民主党政権も，オバマ政権時のように TPP 参加や他国との FTA 締結を優先政策に掲げられない状況下での船出となった。

2　オバマ民主党政権 2 期目の動向

（1）手薄なアジアとのメガ FTA に本格着手

① 1 期目までに中小規模の FTA に区切り

ドーハ・ラウンドに代表される多国間の交渉枠組みが停滞した 2000 年以降，米国は二国間による FTA を追求した（図 12-1）。中南米および中東との自由貿易圏構想にもとづき，ブッシュ共和党政権が FTA を矢継ぎ早に締結し，地政学的・経済的に重要なアジア太平洋諸国とも交渉を推進した。締結された FTA の大半はまもなく発効したが，韓国，コロンビア，パナマとの FTA は，2006 年の中間選挙で民主党が上下両院で勝利したことで，労働規律を問題視する同党の抵抗により，議会の批准手続きが停滞した。これら FTA は，オバマ政権が国家輸出イニシアティブ（NEI）を提唱し，2010 年の中間選挙で共和党が下院を奪還した後の，2011 年 10 月に批准された。

②アジア太平洋政策の目玉として，TPP を推進

オバマ政権の 1 期目は，リーマン・ショック対応など国内政策に終始したが，2 期目に入ると，アジア太平洋地域を重視する「リバランス政策」を展開した。ヒラリー・クリントン国務長官は，「アジアの成長と躍動を生かすことは，米国の経済・戦略的関心の中心」[2]と述べ，TPP を具体的な取り組みに挙げた。バラク・オバマ大統領も，2013 年の一般教書演説で，アジアでの競争条件を整備し，米国の輸出や雇用を後押しすべく，TPP 交渉を妥結する意向を示した。同演説では，EU との環大西洋貿易投資パートナーシップ（TTIP）交渉の立ち上げも宣言されている。

---

2)　Hillary Clinton, "America's Pacific Century," *Foreign Policy*（October 11, 2011）〈https://foreignpolicy.com/2011/10/11/americas-pacific-century/〉.

			6月末TPA失効		1月オバマ政権発足	
		2005 年以前	2006 年	2007 年	2008 年	2009 年	2010 年

			2005 年以前	2006 年	2007 年	2008 年	2009 年	2010 年
米州	FTAA*1		1998 年④……………………………………………………➡				交渉中断	
		NAFTA（USMCA）	1994 年①発効（米カナダ FTA は 1989 年①発効）					
		チリ	2004 年①発効					
		CAFTA-DR*2						
		中米 5 か国	2005 年⑦批准	③————————————順次発効—①				
		ドミニカ共和国			③発効			
		パナマ	————————➡ ⑫ ⑥署名					
		アンデス諸国						
		ペルー	————➡ ⑫ ④署名			⑫批准	②発効	
		コロンビア	————————➡ ② ⑪署名					
		エクアドル					交渉中断	
	FTAAP*3			⑪研究開始合意				
	TPP						③部分参加 ⑪正式参加 ——	
	EAI*4		2002 年⑩構想発表					
		シンガポール	2004 年①発効					
		タイ	————————————➡				交渉中断	
		マレーシア	⑥————————➡				交渉中断	
	韓国		⑥➡ ④／⑥署名					
	オーストラリア		2005 年①発効					
欧州	EU（TTIP）							
	英国							
中東アフリカ	MEFTA*5		2003 年⑤構想発表					
		イスラエル	1985 年⑧発効					
		ヨルダン	2001 年⑫発効					
		モロッコ	2004 年⑦批准	①発効				
		バーレーン	2005 年⑫批准		⑧発効			
		オマーン	2005 年③➡ ⑩	①署名⑨批准			①発効	
		アラブ首長国連邦	2005 年③————➡				交渉中断	
	SACU*6		————————➡				2006 年 4 月交渉	
	ケニア							

```
▨：FTA 発効済み　　丸数字：
```

図 12-1　米国の自由貿易

注：1）FTAA（米州自由貿易地域）キューバを除く米 34 か国。2）CAFTA-DR：
　　カ）とドミニカ共和国との FTA。3）FTAAP（アジア太平洋貿易圏）構
　　FTA の締結およびそのネットワーク化に向けたイニチアチブ。5）
　　間で FTA を推進する構想。6）SACU（南部アフリカ関税同盟）南アフリ

6月末TPA失効

6月TPA成立　　1月トランプ政権発足　　1月バイデン政権発足

2011年	2012年	2013年	2014年	2015年	2016年	2017年	2018年	2019年	2020年	2021年
						⑧ →	⑨妥結／⑪署名		①批准⑦発効	
批准	⑩発効									
批准	⑤発効									
→				⑪	②署名	①離脱				
批准	③発効						①→③⑨署名①発効			
②			→	⑩┈┈→	交渉中断					
									⑤ →	
り									⑦ →	

→：交渉期間　　┈▶：交渉中断中

協定（FTA）進捗状況

中米5か国（グアテマラ，エルサルバドル，ホンジュラス，ニカラグア，コスタリ
想：APEC ワイドで FTA を推進する構想。4）EAI：米国と ASEAN 諸国との二国間
MEFTA（米・中東自由貿易圏構想）西はモロッコ，東はイランまでの中東諸国との
カ共和国，ナミビア，レソト，エスワティニ（旧スワジランド），ボツワナの5か国。

　米国は，ブッシュ政権時から TPP に関与していたが，正式な参加表明はオバマ大統領が 2009 年に行い，2010 年 3 月から交渉に参加した。2013 年には，米国通商代表部（USTR）代表が，元ダラス市長のロナルド・カークから，オバマ政権で NEI の立案や FTA 政策の総合調整を担当していたマイケル・フロマンに交代するなど，人事でもテコ入れが図られた。その後，TPP は 2015 年 10 月，米国・アトランタでの閣僚会議で大筋合意に至った。

（2）通商権限を委譲されるも，批准には至らず

①交渉の基盤となる TPA を取得

　TPP が大筋合意に達した背景のひとつに，米国の大統領貿易促進権限（TPA）法の成立がある。米国憲法上，通商に関わる権限は議会の専権事項だが，行政府が TPA を有する場合，議会は，行政府が他国政府と合意した通商協定について，その実施法案を修正することなく，賛否のみを審議する。大統領は，交渉開始から 90 日前にその意思を議会に通知し，交渉中も議会と相談・調整しつつ，TPA が規定する交渉目的に沿うよう協議を進める。TPA がない場合，議会審議で修正要求される可能性があり，交渉相手国にとっては，TPA を有さない米行政府との合意は信頼性に欠ける。

　オバマ大統領は，2014 年の一般教書演説で，失効中の TPA の付与を議会に求めた。議会は TPA 法案の検討を進めたものの，2014 年の中間選挙を見据え，政治的に判断が難しい TPA 審議に慎重論が強まった。結果，TPA 法案は 2015 年 6 月に可決し，同月末に大統領の署名を経て成立した。

　成立した TPA では，議会による監視や交渉目的が強化された。交渉の透明性向上を目的に議会との調整ポストを USTR に新設し，実施法案と行政措置声明（SAA）を法案提出の 30 日前に議会に送付することが義務づけられた。交渉目的には，デジタル貿易や国有企業，人権などが追加された。

②国内の反発を乗り越えられず，政権交代で時間切れ

　TPP は大筋合意後，その協定文書が公開された。米国は，将来的にすべての関税撤廃を約束する一方で，対米自動車輸出国である日本に対しては，乗用車（最恵国（MFN）税率 2.5％）は 25 年，軽量トラック（同 25％）は 30

年の関税撤廃期間を確保した。また，日米で規制調和に対応する合意を交わ
している。自動車の原産地規則については，特恵関税待遇を享受するために
満たすべき付加価値基準として，算出方法は協定ごとに異なるものの，
NAFTA の 62.5% や USMCA の 75%（発効 4 年目以降）よりも緩やかな閾
値（純費用方式で 45%，控除方式で 55%）が設定された。

　協定内容の公開後，米国では，議会や産業界から反対の意見が強まった。
とくに問題視されたのが，(a) 生物製剤（バイオ医薬品）のデータ保護期間，
(b) コンピュータ関連施設の設置要求の禁止における金融サービスの適用除
外，(c) 国対投資家の紛争解決手続き（ISDS）におけるたばこ産業の適用
除外である。(a) については，TPP が実質 8 年としたのに対し，米国の国内
法が 12 年であるため，製薬業界の支持を得ていたオリン・ハッチ上院財政
委員長（共和党，ユタ州）などが難色を示した。(b) は施設を国内に集約し
たい金融業界から，(c) は TPP 交渉参加国の規制に不満を有するたばこ業
界から反発が高まった。これらの問題から，「十分な賛成票は得られない」
とポール・ライアン下院議長（共和党，ウィスコンシン州）が採決を見送っ
た。その後，2017 年 1 月に就任したトランプ大統領は TPP からの離脱を正
式に表明した。

3　トランプ共和党政権の動向

(1) 貿易赤字解消を至上命題として当選

　トランプ大統領は米国の貿易赤字解消を公約のひとつに掲げて当選し，就
任後もその公約に忠実に従い主要な貿易相手国との交渉や，一方的な措置を
行ってきた。基本的な交渉戦術は，相手国と一対一の交渉を進め，米国の莫
大な消費市場へのアクセスをテコに有利な条件を勝ち取るというものである。
そのための圧力として利用したのが追加関税である。主要なものとしては，
232 条追加関税（1962 年通商拡大法）と 301 条追加関税（1974 年通商法）
が挙げられる。前者は，特定の製品の輸入が米国の安全保障に脅威となり得
る場合，商務省が調査を行い，大統領が脅威を認めた場合，輸入制限措置を
採ることができるとする法律だ。トランプ政権では 2018 年 3 月，実際に，
鉄鋼製品とアルミ製品にそれぞれ 25% と 10% の追加関税が発動されるに至

った。

　後者の301条追加関税は，USTRが不公正と判断した他国の貿易慣行について調査を行い，大統領が必要と認めた範囲で制裁措置を講じる権限をUSTRに与える法律である。これは世界経済にも影響を与えた米中関税戦争に用いられたもので，最終的に中国からの輸入の約7割に高関税が課される事態となった。2021年1月に発足したバイデン政権も上記の追加関税いずれについても，当面は維持する姿勢を表明している[3]。

（2）マルチからバイへ

　トランプ政権の通商交渉スタイルのもうひとつの特徴は，二国間での交渉を追求した点にある。世界最大となる米国の国内市場をテコとした一対一の交渉であれば米国を凌駕する存在はないという前提のもとでの構想だ。トランプが大統領に就任して3日目となる2017年1月23日に，USTR代表に宛てた大統領覚書でも，TPPから永久に離脱するよう指示するとともに「今後の政権の方針として，個別の国々と一対一を基本に将来の貿易協定を交渉していく」ことを明記した。その方針のもと，トランプ政権の4年間で行われた貿易協定に関する交渉としては，オバマ政権時に発効済みの米韓自由貿易協定（KORUS）の改定交渉，日本と中国との個別の二国間通商交渉に加えて，カナダとメキシコと締結していた北米自由貿易協定（NAFTA）の改定交渉が挙げられる。結果，改定後のKORUSは2019年1月に発効，日本と中国とはいずれも「第一段階」と位置づける貿易協定に合意し，それぞれ2020年1月と2月に発効している。NAFTAは米国・メキシコ・カナダ協定（USMCA）と名前と内容を一部変えて，2020年7月に発効した。

　トランプ政権はこのほか，欧州連合（EU）とも包括的な通商交渉開始に向けて協議していたが，農業分野を交渉対象に含みたい米国と，外したいEUとで最終的な調整ができず正式な交渉開始には至らなかった。なお，環

3）『ニューヨーク・タイムズ』紙によるインタビューでのバイデン氏の発言（"Biden Made Sure 'Trump Is Not Going to Be President for Four More Years'," New York Times, December 2, 2020〈https://www.nytimes.com/2020/12/02/opinion/biden-interview-mcconnell-china-iran.html〉。

大西洋貿易投資パートナーシップ（TTIP）については，オバマ政権下で，2016 年 10 月までに 15 回の交渉会合を実施したが，トランプ政権により交渉は実質停止となった。EU 側は，FTA の締結相手国がパリ条約加盟国であることを条件としており，トランプ前大統領の同協定離脱により，EU は正式に TTIP 交渉の停止を表明している。

　その他，EU から離脱した英国および，アフリカのケニアとは 2020 年に入ってそれぞれ FTA の締結を目指した交渉を開始した。ただし，交渉が妥結しないまま，バイデン政権に引き継がれた形になっている。

第 2 節　近年米国が推進する FTA の特徴

1　TPP 以来の大型交渉となった NAFTA 再交渉

　第 1 節で振り返ったとおり，オバマ政権 2 期目以降に米国が交渉した FTA としては，日本を含む 12 か国が参加していた TPP が最大といえる。EU との TTIP もオバマ政権で交渉が行われたが，トランプ政権では仕切り直しの調整を続けるなかでとん挫した。また，トランプ政権では日本と中国とも二国間の貿易協定を発効させたが，厳密には米議会での批准を経ておらず，FTA という位置づけとはなっていない。その意味では，TPP 以来の最大の交渉は，NAFTA の改定交渉となる。そこで，本節ではまず，USMCA として結実した NAFTA 再交渉に焦点を当てる。

　（1）対メキシコが最大の狙い

　トランプ大統領は 2016 年の大統領選挙キャンペーン中から，カナダ，メキシコとの NAFTA 再交渉を公約に掲げており，「カナダとメキシコが再交渉に合意しないのであれば，NAFTA 第 2205 条にもとづき米国は協定から離脱する意思を通知する」と公言していた。その考えの根底には，NAFTA によってメキシコに雇用を奪われたとの認識がある。とくに製造業，なかでも自動車分野での雇用流出を食い止めるべく，USMCA では同分野で厳しい原産地規則が導入された（第 3 節で詳述）。さらには，メキシコに対して労働

基準を順守するよう執行力のあるルールを盛り込むに至った。

（2）修正議定書で労働，環境，知財などのルールを強化

　USMCAの交渉自体は2017年8月に開始して，2018年11月30日に妥結し，3か国の首脳が協定文書に署名するに至った。しかし，その後，2018年11月の米議会中間選挙で下院の多数党を奪還した民主党が，労働や環境，知財などの分野における内容の修正を要求したことで，ふたたび交渉を行う状況に陥った。最終的に，2019年12月にトランプ政権と議会民主党の交渉が妥結し，その後，3か国間で27ページの修正議定書が署名された。

　修正議定書の半分以上は，米議会民主党がもっとも重視した執行力のある労働ルール，「事業所特定の迅速な労働問題対応のメカニズム」が占める。これは，USMCA域内の事業所単位で労働基本権（結社の自由，団体交渉権）が侵害されている疑いがあり，専門家によるパネル（裁判機能を持った小委員会）で侵害が認められた場合，当該事業者が製造した物品の輸入に対して他の締約国が特恵関税の停止などの罰則を科すことを認める紛争処理機能である。修正議定書ではこのほか，環境関連では多国間枠組みをUSMCAより優位に扱うことや，知財関連では域内での薬価引き下げのために，生物製剤（バイオ医薬品）に関して，データ保護期間を最低10年などとしていた条項をすべて削除するなど，米議会民主党の主張が盛り込まれた。

（3）米産業界，本音は変更なしがベスト

　米国内の産業界の本音としては，20年以上変わらずに続いてきたNAFTAを基盤とした北米3か国内のサプライチェーンを今さら変えたくはないという意見が総体であった。とくに，自動車産業には，新型コロナウイルスによるサプライチェーンの混乱に加えて，USMCAで厳しくされた原産地規則の順守にともなうコストという二重の負荷がかかっている。自動車原産地規則と労働分野のルールを厳しく変更したことで，本来は保護される立場にある全米自動車労働組合（UAW）でさえ「貿易協定が，約束する雇用保護をもたらしてこなかったことをよく理解している。ゆえにUAWはこの協定が，雇用の保護と創出という目的を果たすか注意深く監視していく」とUSMCA

の評価には慎重である。

（4）超党派合意を受けて，今後の貿易協定のひな型となるか

　上下両院において圧倒的賛成多数で USMCA 実施法案が可決されたことをもって，USMCA は今後米国が追求すべき貿易協定のモデルだとする見方が出てきている。有識者のなかには，バイデン政権に対して TPP への復帰を提言し，USMCA はそのための礎石となると指摘する者も出てきている。たとえば，USMCA で強化された労働ルールに関して，元 USTR 代表補のウェレス・オーは，途上国は概して労働問題を抱えているとし，米政府は USMCA で交渉した労働に関する条文が今後，その他の途上国と交渉するうえでのひな型になると主張していくとみる。

　他方，米上院財政委員会で通商担当の首席法務官を務めたナジム・フセルは，USMCA の労働や環境のルールはメキシコ固有の問題に対応するためのもので，必ずしも米国が締結する将来の貿易協定にそのまま応用できるとは限らないと指摘している。米議会調査局（CRS）も，USMCA を分析・解説した報告書[4] のなかで，米議会は NAFTA からの重要な変更点である投資家対国家の紛争解決（ISDS），労働，環境，自動車・同部品の原産地規則，政府調達，協定のサンセット条項などについて，これら条項が将来の貿易協定のモデルとなるべきかいっそうの検証が必要としている。とくに，自動車産業に影響を与えることとなった自動車・同部品の原産地規則については，「各種の経済分析や産業界の意見において，厳格な原産地規則は自動車・部品価格の高騰と米国の輸出減を招き，米国とメキシコの雇用いずれにもマイナスの影響を与えるという結論が出ているなか，議会は協定が北米の自動車産業に与える影響を注視していく必要がある」としている。

2　韓国からの自動車輸入増への不満から改定交渉へ

　貿易赤字を問題視するトランプ大統領は就任当初から，米韓自由貿易協定

---

4)　Congressional Research Service, "The United States-Mexico-Canada Agreement（USM-CA）"（July 27, 2020）〈https://sgp.fas.org/crs/row/R44981.pdf〉.

（KORUS）によって対韓貿易赤字が増えているとして不満を示していた。実際に，韓国からの対米輸出額は KORUS 締結以降，増加しており，とくに自動車の輸出額がその大半を占めた。こうした背景から，米国からの働きかけを契機に両国は自動車分野のルール改定を主眼として，2018 年 1 月に KORUS の再交渉を開始した。交渉は約 3 か月の短期間で大筋合意に至り，自動車分野に関して主に，(a) 米国がピックアップトラックに課している 25% の関税撤廃の時期を改定前の 2021 年から 2041 年まで延期する，(b) 韓国は，米完成車メーカーあたり年間 5 万台（改訂前は 2 万 5,000 台）まで，米国の自動車安全基準を満たした車両を，韓国の安全基準を満たしたものとみなす，(c) 韓国は，燃費・温室効果ガス関連の現行基準を 2020 年まで維持し，2021〜2025 年の次期基準設定時には米国基準などグローバル・トレンドを考慮する，など米国側に有利となる形で妥結し，2019 年 1 月 1 日に発効した。

3　日本との「第一段階」協定を妥結・発効

　日米貿易協定は，2018 年秋の交渉開始から約 1 年後に交渉妥結となり，2020 年 1 月 1 日に発効した。米国は日本から輸入する工業品の一部について，関税を撤廃・削減した。関税譲許の対象品目は，(a) マシニングセンタや旋盤を含む日本の高い「ものづくり」の力を体現する高性能な工作機械・同部品等，(b) エアコン部品や鉄道部品など，日本企業による米国現地事業が必要とする関連資機材，(c) 燃料電池など今後市場規模が大きく伸びることが期待される先端技術の品目，(d) 楽器や眼鏡・サングラスなど，地域経済を支え，米国消費者のニーズが高い品目の 4 分野に分かれる。

　自動車・同部品に関しては，「関税の撤廃に関してさらに交渉」することを協定に明記した。また，両首脳間で，米国は日本からの自動車・同部品輸入には 232 条追加関税を課さないことを確認し，日米共同声明にも「日米両国は，これらの協定が誠実に履行されている間，両協定および本共同声明の精神に反する行動を取らない」とその趣旨を記載した。

　農水産食品については，米国の輸入額約 4,265 万ドル（2018 年）に相当する 42 品目に対する関税の撤廃・削減に加えて，日本産の牛肉輸入について

低関税の輸入枠を現行の 200 トン（日本のみ）に 6 万 4,805 トン（複数国枠）を追加した合計 6 万 5,005 トンに拡大するに至った[5]。また，日本から米国に輸出可能な酒類の容量を追加するよう，サイドレターで合意した。米当局は合意にもとづき，2019 年 12 月に蒸留酒で 4 種類（700 ml，720 ml，900 ml，1.8 L），ワインで 3 種類（200 ml，250 ml，355 ml）を流通可能な容器として認め，今後も種類の追加を検討するとしている。

　一方で日本は，約 72 億ドル（2018 年）相当の米国からの農産品輸入の約 90% について，関税の撤廃・削減等を認めるに至った。有税の工業品については，今回の交渉では関税譲許していない。

　日米間の交渉におけるもうひとつの成果として，高水準のデジタル貿易協定の発効（物品貿易協定と同日）が挙げられる。「締約国間のデジタル製品の送信に関税を課さない」，「他方の締約国のデジタル製品に対し，他の同種のデジタル・プロダクトに与える待遇よりも不利な待遇を与えてはならない」，「自国における事業を行うための条件として，データのローカライゼーションを要求してはならない」，「ソースコード，アルゴリズムの移転要求禁止」といった，環太平洋パートナーシップに関する包括的及び先進的な協定（CPTPP）と同様またはそれ上回るルールを創設した。

4　中国とも第一段階の経済・貿易協定を妥結・発効

　日米貿易協定が市場アクセスにおける関税譲許も扱ったことに対して，米中の第一段階の経済・貿易協定（2020 年 2 月発効）は知的財産権の保護や食品・農産品貿易，金融サービスに関するルール合意に留まる。

　しかし，特筆すべき点として第一に，中国による米国製品・サービスの輸入に関して期限と目標額を設定したことが挙げられる。これに対しては米国内の通商関連の識者から，中国における購入主体の大半は国有企業となるため，米国が改革を求める国家資本主義を逆に助長するという矛盾に満ちたものとの批判が出ていた。第二に，米中両国は協定に合意したにもかかわらず，

---

5)　日米貿易協定を活用した日本から米国への輸出については次を参照。ジェトロ『日米貿易協定解説書――日米貿易協定の特恵税率の利用について』（2020 年 2 月）〈https://www.jetro.go.jp/ext_images/world/n_america/us/us-japan/us-jp.pdf〉。

双方ともそれまでに発動した追加関税のほとんどを撤回しなかった。これはトランプ大統領が，中国による国家資本主義体制の改革を含む第二段階交渉が妥結に至るまでのテコとして温存する意向を示したことによる。しかし，トランプ政権は第二段階交渉を開始しないまま退陣となった。

第3節　米国の FTA の活用状況と課題

1　在米日系企業の約3割が USMCA を活用

①ジェトロ調査からみる在米日系企業の貿易協定活用状況

ジェトロが毎年実施している「進出日系企業実態調査」の 2020 年度北米編[6] によると，回答した在米日系企業の FTA 利用率は 4 割弱で，うち利用率が最も高いのが USMCA（31.1％）と日米貿易協定（24.1％）だった。ビジネス上のつながりから当然だが，本節ではこれら FTA に焦点を当てる。

他方，米国が締結する全 FTA の利用率をみた場合どうか。米国国際貿易委員会（USITC）の貿易統計では，米国の輸入に限って FTA 利用率を算出でき，表 12-1 は FTA ごとに直近 3 年間の実績をまとめたものである。輸入総額が大きく，FTA 利用率も高いものとしては，NAFTA/USMCA が圧倒的で，それに続くものとして米韓 FTA が挙げられる。両 FTA で取り扱いが多いとみられる自動車・同部品に関しては，本章末に掲載したコラムで実態を分析する。

② USMCA における複雑な自動車原産地規則に懸念が集中

USMCA は活用率が高い一方，厳しくかつ複雑になった自動車原産地規則[7] には懸念の声も上がる。前述のジェトロ調査によると，USMCA につ

---

6)　ジェトロ「2020 年度海外進出日系企業実態調査（北米編）」（2020 年 12 月）〈https://www.jetro.go.jp/world/reports/2020/01/37952b4a0de0eeb8.html〉。

7)　USMCA の原産地規則に関する詳しい解説については，ジェトロの『NAFTA から USMCA——USMCA（米国・メキシコ・カナダ協定）ガイドブック』（2021 年 7 月）を参照。

表 12-1　米国の FTA 締結国からの総輸入額と FTA 利用率

（単位：100 万ドル，%）

	2018		2019		2020	
	金額	利用率	金額	利用率	金額	利用率
NAFTA/USMCA[1]	663,629	49.6	677,082	48.3	596,286	46.1
韓国	74,702	44.7	75,865	48.0	75,029	47.0
シンガポール	26,628	16.8	26,342	19.4	30,782	18.0
米国・中米間自由貿易協定 (CAFTA-DR)[2]	25,200	58.4	25,781	57.9	23,792	52.7
イスラエル	22,231	13.0	20,036	14.4	15,803	17.9
オーストラリア	10,040	37.3	10,901	36.2	14,401	26.3
コロンビア	14,263	40.1	14,639	41.3	11,515	39.1
チリ	11,570	55.4	10,385	52.4	10,123	53.3
ペルー	7,848	47.6	6,118	57.9	5,612	62.1
日本[3]	—		—		5,495	50.5
ヨルダン	1,819	88.6	2,175	85.7	1,886	82.6
モロッコ	1,558	15.3	1,589	16.2	1,071	28.6
オマーン	1,368	66.2	1,164	64.0	817	63.9
パナマ	418	11.9	459	10.8	699	7.1
バーレーン	979	52.0	1,007	59.9	602	58.1

注：1）締約国であるカナダ，メキシコからの輸入額を合計。
　　2）締約国であるコスタリカ，ドミニカ共和国，エルサルバドル，グアテマラ，ホンジュラ
　　　ス，ニカラグアの 6 カ国からの輸入額を合計。
　　3）協定が関税削減・撤廃対象とする品目に限定した輸入額で算出。
出所：米国国際貿易委員会（USITC）の資料より作成。

き「マイナスの影響がある」との回答率は全体で 3.0% にとどまったが，自動車・同部品等に絞ると 13.3% と業種別で最大となっている。複雑化した規則をどう解釈し，自社の製品が域内原産と認められるにはどのような要件を満たせばよいのか，NAFTA 時代のサプライチェーンのままでは特恵関税が認められないのかといった点が最大の関心事項となる。また，USMCA に関心を向ける背景として，米中摩擦の存在を挙げるケースもある。これまで中国から米国に輸入していた部品が 301 条追加関税の適用を受けたため，メキシコからの調達へ切り替えるというアイデアにもとづく。以下，USMCA で改定された規則の要点を解説する（表 12–2）。

A）完成車における域内付加価値割合（RVC）が純費用方式（NC）[8] で75% 以上あること

表 12-2　USMCA で厳しくなった自動車原産地規則の要点

NAFTA

- 完成車の RVC が純費用方式で 62.5%
- Annex403.1 のトレーシングリストに掲載の無い品目は，域外からの輸入でも非原産材料価格に計上しなくてよい

USMCA

A）域内付加価値率（RVC）の引き上げ	［New］B）コアシステムごとの RVC 達成
・完成車の RVC が純費用方式で 75%　※発効年の 66% から段階的に引き上げ ・トレーシングリストは廃止　→域外からの輸入は全て非原産材料価格に計上する必要あり	・コアシステム（①エンジン，②トランスミッション，③車体・シャーシ，④駆動軸・非駆動軸，⑤サスペンション，⑥ステアリング，⑦先端バッテリー）ごとに，純費用方式で 75% の RVC を達成　※⑦のみ関税分類変更基準が適用可 ・①～⑦をひとつの部品とみなして，全体で RVC75% を達成する救済措置あり

［New］C）鉄・アルミの域内調達	［New］D）労働付加価値率（LVC）の達成
・完成車メーカーが域内で購入する鉄とアルミの 70% 以上が域内原産 ・あくまで「鉄」「アルミ」として購入するものが対象 ・企業グループ単位で算出 ・2027 年 7 月以降，「鉄」は域内で鋳造されていることが追加で要求される	・乗用車では 40%（発効年の 30% から段階的に引き上げ），ライトトラックでは 45% の付加価値を，時給 16 ドル以上（直接工員の基本給平均）の地域（域内）で付加 ・研究開発，IT スタッフの賃金によっては最大 10% ポイント，パワートレイン系を域内で生産していれば最大 5% ポイントのクレジットを付与

注：乗用車とライトトラックに関する条件に限定。
出所：USMCA 協定本文などを参考にジェトロが作成。

　NAFTA 時代にはトレーシングリスト（Annex 403.1）に掲載されている品目のみを非原産品の対象として計算し，62.5% を達成すれば原産性が認められていた。USMCA では同リストが廃止されたため，域外からの輸入品はすべて非原産材料価格（VNM）に計上せねばならなくなり，75% 以上に引き上げられた RVC の基準値と相まって二重の負担が課されることになった。

　B）重要な自動車部品（コアシステム）が全て北米原産品であること

---

8)　FOB 価格から利益を除いた総費用から，販売促進費，マーケティングおよびアフターサービス関連費用，使用料，輸送費および梱包費ならびに不当な利子を減じた純費用（NC）を分母とし，NC から非原産材料価額（VNM）を控除して残った付加価値が NC の何パーセントに相当するかで計算する方式。
　　$RVC（\%）=（NC-VNM）／NC×100$

エンジン，トランスミッション，車体・シャーシ，駆動軸・非駆動軸，サスペンションシステム，ステアリングシステム，電気自動車用先端バッテリー（電気自動車の場合のみ）の 7 種類の「コアシステム」は，「原則」すべて域内原産品でないと完成車が原産品にならないというルール。「域内原産品」かの判断には，バッテリー以外は個々の「コアシステム」ごとに NC 方式で RVC75％ 以上の達成が必要という厳しい条件が課されるが，救済規定として，すべての「コアシステム」を 1 つの部品（スーパーコア）とみなして，全体で RVC が 75％ 以上であれば原産性が認められる。

C）購入する鉄とアルミニウムの 7 割以上が北米原産材料であること

　対象はあくまで，「鉄」，「アルミ」として購入した金額であり，サプライヤーから購入した自動車部品に含まれていても，それらは対象とならない（ただし，車両のボディー用プレス部品およびトラックのシャーシ用プレス部品の場合は，そのなかに含まれる鉄やアルミの価格について北米原産かどうかを考慮する必要がある）。購入した「鉄」，「アルミ」が域内原産かを判断する際の基準は，基本的には USMCA で定められた品目別原産地規則（PSR）に従うことになる。また，調達基準をクリアしているかは，企業グループ単位で計算して判断する。そうしたことから，域内に複数拠点を持つ場合は，全拠点での購入金額に占める域内原産品の割合を算出する必要がある。さらに，「鉄」に関しては修正議定書により，協定発効から 7 年後の2027 年 7 月 1 日以降は，それらが域内で鋳造されていなければ域内原産と認めないとする条件が追加される。

D）貿易協定として初めて「労働付加価値割合（LVC）」を導入

　これは世界におけるこれまでの貿易協定にはなかった概念だ。具体的には，直接工の基本給（福利厚生費などを含めない，時給）が 16 ドル以上の地域での付加価値が，乗用車・SUV の場合は 40％（3 年間の経過措置あり），ピックアップの場合は 45％ 以上なければならないとのルールだ。米加に比べて賃金が低いメキシコでの達成を難しくする狙いがあった。

　ただし，域内で研究開発（R&D）スタッフおよび IT 関連スタッフを雇用

している場合，また，域内の賃金時給 16 ドル以上の地域にエンジン，トランスミッション，バッテリーを規定数量（エンジンとトランスミッションは 10 万基，バッテリーは 2 万 5,000 個）以上組み立てる能力を持つ工場を所有している場合は，それぞれ最大で「R&D/IT 開発クレジット」として 10% ポイント，「パワートレイン組立クレジット」として 5% ポイントの合計 15% ポイントのクレジットが認められる。

　このように，ルールが厳しくかつ複雑になったことで，完成車メーカーとサプライヤーの双方は，製品の原産地や賃金，価格構成などサプライチェーンに関する情報を洗い直し，域内での関税ゼロを勝ち取るためにサプライチェーンを見直すのか，関税分のコストを受け入れるかの判断が迫られる。また，関税ゼロを享受するための情報管理および証明に関する手続き的なコストも格段に増えたといえる。米政府は USMCA の運用を税関国境保護局（CBP）に一任しており，CBP は産業界向けのワンストップの情報提供・相談機能として，USMCA センター[9]を開設している。

2　日米貿易協定の活用状況

　日米貿易協定について，その特恵関税の対象品目の対日輸入額（2020 年）は 54 億 9,535 万ドルにのぼる。そのうち，協定を利用した輸入額は 27 億 7,301 万ドルで，全体の 50.5% を占める（表 12-3）。協定利用額が多い品目としては，機械類（HS84 類）が突出しており，個別品目としては，マシニングセンタや旋盤，ゴム・プラスチック加工機械の利用額が大きい。一方，写真機用レンズや蒸気タービンなど，一定の貿易額を有しながらも，協定利用率が 2，3 割にとどまる品目もみられる。日本政府は，日米貿易協定の発効初年に 212 億円，関税率の引き下げ等がすべて終了する最終年に 2,128 億円の関税支払額が減少すると試算しており，活用が進むことでさらなる節税や輸出促進の効果が期待される。

---

9)　U.S. Customs and Border Protection（CBP），"U.S. - Mexico - Canada Agreement（USM-CA）"〈https://www.cbp.gov/trade/priority-issues/trade-agreements/free-trade-agreements/USMCA〉。

表 12-3　日米貿易協定の特恵対象品目の対日輸入実績および同協定の利用実績が多い品目群（2020 年）

(単位：100 万ドル，％)

協定利用	対日輸入額		商品分類 (HS2 桁)	品名	対日輸入額		
	金額	利用率			全体	協定利用	利用率
日米貿易協定	2,773	50.5	機械 (84 類)	マシニングセンタ，旋盤，ゴム・プラスチック加工機械など	2,441	1,402	57.4
その他特恵制度 （注）	98	1.8	卑金属 (82 類)	工具など	592	286	48.3
利用なし （MFN 適用）	2,625	47.8	電気機器 (85 類)	溶接機器，電気回路関連機器など	531	199	37.6
合計	5,495	100.0	ゴム・同製品 (40 類)	産業用タイヤ，ガスケットなど	269	177	65.8

注：民間航空機貿易協定と薬品貿易協定を含む。
出所：米国際貿易委員会（ITC）の資料をもとにジェトロが作成。

3　紛争解決手続きの活用状況

①国同士の紛争解決手続き（DS）での FTA 利用は少数

　米国の FTA は，協定義務の違反があった場合の DS を有する。一方，国同士の貿易紛争は WTO にもとづき行われることが通常で，米国の FTA を根拠とする DS の例は少ない。稀な例として，グアテマラによる労働法違反に関する，中米自由貿易協定（CAFTA）にもとづく DS 適用がある。米国が2011 年にパネル設置を要請した後，2017 年 6 月に最終報告が行われ，労働組合への参加を理由にする解雇などに関わるグアテマラの労働法違反を認定する一方，協定違反にはあたらないと判断した。このほかにも，FTA を有する中南米諸国を相手に，労働ルールに関する異議申し立ては複数あるものの，調停や和解にとどまり，パネル設置には至っていない。

　一方で，USMCA は DS 活用を阻害する手続きを改善している。NAFTAでは，締約国がパネリストの選定を拒否することでパネルが設置できなかったのに対し，USMCA はパネリストの抽選制を修正するなど，設置の意図的な阻止を防ぐよう設計された。米国は，USMCA 発効から半年後の 2020 年12 月に，カナダの乳製品の関税割当制度を協定違反として，紛争解決章（31 章）にもとづく協議を申請し，2021 年 5 月にはパネル設置を要請した。一方，カナダも同年 6 月，米国の太陽光パネルに対するセーフガード関税に関する協議が決裂した結果，パネル設置を要請している。

②投資家対国家の紛争解決（ISDS）は米企業が積極的に利用

ISDS については，UNCTAD（2020 年 7 月）によると，全世界の 1,061 件中 84 件が米国の FTA を根拠法（うち 70 件が NAFTA）としている。そのうち，在米投資家が提訴した案件は 63 件を占め，鉱石業（14 件）や製造業（12 件）に関するものが多い。TPA は投資に関わる紛争解決手続きを貿易協定に求めており，米国の FTA の大半は ISDS 手続きを有する。一方，USMCA は，発効 3 年後に米国・カナダ間の ISDS 適用を停止し，対メキシコでも，石油ガスやインフラなどの分野の政府契約を除き，適用範囲を内国民・最恵国待遇と直接収用に限定するなど，これまでの FTA と異なり，ISDS の利用を制限する。国内では，共和党議員が ISDS の設置を志向する一方，民主党を支持する市民・環境団体は ISDS の排除を求めるなど，立場が一様ではない。

4　米国の FTA 活用における役立ち情報

米国政府はいずれも無料で以下のサービス・情報を提供している。

①商務省 FTA Tariff Tool[10]：米国の FTA 締結国との物品貿易における関税率と品目別原産地規則を検索できるデータベース。日米貿易協定もカバーされている。検索時点の関税率のみならず，協定発効時から撤廃に至るまでの毎年の関税率も一覧できる点が特徴。

②国際貿易委員会 dataweb[11]：FTA 締結国にかかわらず，米国の貿易関連のさまざまなデータが入手できるオンラインツール。ただし，関税関連では，米国の輸入関税の情報に限られる。

③商務省 CustomsInfo[12]：FTA 締結国にかかわらず，世界各国の関税率，その他諸税を検索できる。米国から他国への輸出時の検索仕様となっている。初回にログイン情報の登録が必要。

---

10)　U.S. Department of Commerce, "FTA Tariff Tool"〈https://trade.gov/fta-tariff-tool-home〉.

11)　United States International Trade Commission, "dataweb.usitc.gov"〈https://dataweb.usitc.gov〉.

12)　U.S. Department of Commerce, "Customs Info Database Tariff Lookup tool"〈https://www.trade.gov/customs-info-database-user-guide〉.

④税関国境保護局（CBP）関税分類の事前教示制度[13]：米国に輸入する製品の関税分類が不明，FTA の原産地規則を満たしているか判断がつかないときなどに，事前に判定を求められる制度。書面かオンラインでの申請が可能だが，該当品目のサンプルの提出が求められる場合もある。なお，過去の事前教示の裁定結果がデータベースで公開されており，キーワードで検索可能[14]。

⑤商務省 Free Trade Agreements Help Center[15]：FTA 関連の包括的な情報提供のためのワンストップのウェブページ。FTA の仕組みの動画解説や，締約している各 FTA の概要や上記のオンラインツールへのリンクなどが掲載されている。

第4節　バイデン民主党政権の政策の見通し

1　バイデン民主党政権の基本方針

①国内を優先し，新規の貿易協定は当面見送り

2020 年の大統領選で，民主党のジョー・バイデン前副大統領が現職のトランプ大統領に勝利したことで，民主党は政権に返り咲いた。民主党は，大統領選のさなかである 2020 年 8 月に発表した党綱領で，国内の競争力のための国内投資が行われるまでは，新たな貿易協定に向けた交渉は行わないと明記した。バイデン大統領も同年 12 月，「国内で労働者や教育への大規模な投資を行うまで，新たな貿易協定は締結しない」と発言[16]している。

---

13)　CBP, "What are Ruling Letters?" 〈https://www.cbp.gov/trade/rulings/ruling-letters〉.

14)　CBP, CUSTOMS RULINGS ONLINE SEARCH SYSTEM（CROSS）〈https://rulings.cbp.gov/home〉.

15)　U.S. Department of Commerce, "Free Trade Agreement Help Center" 〈https://www.trade.gov/free-trade-agreements-help-center〉.

16)　Tomas Friedman, "Biden Made Sure 'Trump Is Not Going to Be President for Four More Years'," *The New York Times*（December 2, 2020）.

②「労働者中心の通商政策」を志向

　民主党は，通商政策で労働者を最優先に置くと党綱領で示している。通商交渉において，労働・人権・環境分野で高水準かつ執行可能な基準を求めるとし，将来の貿易協定では USMCA をベースにすると記載した。

　バイデン大統領は，「2021 年の通商政策課題と 2020 年の年次報告」（2021年 3 月 1 日）で，「労働者中心の通商政策」を掲げ，通商交渉の労働ルールの検討時には労働者の代表を同席させることを約束した。対中政策では，包括的な戦略が欠けていたとトランプ政権を批判する一方，中国との第 1 段階の経済・貿易協定について「効果的な（執行）枠組み」と評価しており，当面は協定を維持することを示唆している。

　③民主主義にもとづく同盟国との取り組みを重視

　バイデン大統領が，対外政策で強調するのが，同盟国との連携である。「中国などが成果を独り占めしないよう，他の民主主義国と連携してルールを作る必要がある」と述べ，「国家安全保障戦略の暫定指針」（2021 年 3 月 3日）では，民主国家による同盟・友好関係や多国間枠組み・ルールにもとづく，安定的で開放された国際システムを主導すると記載した。経済安全保障を重視し，同盟関係をベースにすることを明らかにしている。

　こうした戦略のもと，3 月 12 日には，日米豪印（Quad）首脳会議を開催し，民主的価値を共有する同盟国として，多方面で協力を強化することを発表した。新型コロナウイルス対応や気候変動のほか，経済面でも重要・新興技術に関する連携や，同技術のサプライチェーンに関する対話を実施することに合意している。

2　TPA 更新の見通し

（1）失効後，当面の再付与は見通せず

　TPA は，2018 年に延長され，2021 年 7 月 1 日に期限を迎えた。バイデン大統領は TPA 付与を議会に要請しておらず，議会による法案審議も公式には開始されていない（2021 年 8 月末時点）。交渉中の英国とケニアとの二国間 FTA について，TPA による実施法案の審議を行うには，協定署名から 90

日以上前の議会通知が必要だが，2021 年 4 月 1 日の期限に間に合わなかった。失効した TPA で批准したのは USMCA のみとなる。

　TPA の法案審議では，貿易環境の変化や過去の通商政策を踏まえた交渉目的や議会の関与などが議論され，一定の期間を要する。また，議会では，2020 年末に期限切れとなった一般特恵関税制度（GSP）や 2018 年諸関税法（MTB）の更新が産業界から強く要請されており，こうした課題への対応がTPA よりも優先して行われることが想定される。

（2）更新に向けて想定される争点

　TPA 審議において，前回からの変更要求が予想されるのが，議会による監視・関与機能の見直しである。通商を所管する下院歳入委員会に所属するビル・パスクレル議員（民主党，ニュージャージー州）は，議会が行政府の通商権限を統治する「絶好の機会」と発言している。

　トランプ大統領は，日米貿易協定や米中経済・貿易協定などにおいて，TPA 手続きにもとづく議会承認を介さず，大統領権限の範囲内または米国の国内法制度を変更しない程度で，協定を発効させた。こうしたアプローチが議会軽視との反発を生んでおり，次の TPA では，議会の迂回を防止するための手続きが設定される可能性がある。

　議会軽視との意見は，USMCA の批准手続きでもあった。上院で，共和党で唯一 USMCA 実施法案に反対票を投じたパット・トゥーミー議員（ペンシルベニア州）は，模擬マークアップが行われなかったことを批判した。模擬マークアップは，実施法案提出前までに行われる議会の協議手続きで，議員にとっては，実施法案の草案に対する意見を述べ，変更を勧告する機会となる。模擬マークアップは，議会が伝統的に行ってきた非公式な手続きだが，次の TPA で公式に義務づけられる可能性がある。

　TPA 更新時には，議会から交渉目的の追加修正があるのが最近の通例である。民主党は，労働・環境分野について，USMCA を将来の基準にすると党綱領で示している。他方，前出のフセルは，2020 年の議会選挙で共和党が多数派に至らないながらも勢力を伸ばしたことに触れ，交渉目的はUSMCA とは異なる方向性で議論される可能性を指摘する。

　また，上院の超党派議員らは，通信インフラに関わる安全保障を交渉目的に追加する法案を提出している。国際的な通信インフラを構築する機器・技術が海外の国有企業によって危険にさらされることのないよう規律導入を求める内容で，起案者のジョン・スーン上院議員（共和党，サウスダコタ州）は，中国の華為技術（ファーウェイ）を念頭に，「英国その他の同盟国との通商協議を検討するうえで重要」と述べている。

3　米国の TPP 復帰論

（1）対中ツールとしての有効性で一致

　トランプ政権は，米中関係を「異なるシステム間での長期的な戦略競争」と捉え，対中追加関税や米中経済・貿易協定などの政策を実行した。対中強硬の傾向は，トランプ政権固有のものではない。米戦略国際問題研究所（CSIS）[17] によると，第 116 議会は 2019 年 1 月から 2020 年 8 月までに，366 本以上の中国関連法案を提出し，それ以前にも 2018 年輸出管理改革法（ECRA）や 2018 年外国投資リスク審査現代化法（FIRRMA）など [18]，立法措置を議会が行っている。バイデン政権も，中国の産業補助金や強制技術移転，知的財産の窃盗などの是正に手段を尽くすと表明するなど，対中強硬は継続するとみられる。

　米中間の対立を踏まえ，有識者は TPP を強力な対中ツールとみている。バイデン大統領は，多国間枠組みにもとづくルール構築を重視しており，TPP はその方針に合致する。元 USTR 代表のシャリーン・バーシェフスキーは，ASEAN と日本，中国，韓国，豪州，ニュージーランドによる地域的な包括経済連携（RCEP）協定が 2020 年 11 月に署名されたことを「米国にとっての警鐘」と述べ，TPP 復帰を促している [19]。

---

17)　Scott Kennedy, "Thunder Out of Congress on China," CSIS（September 11, 2020）〈https://www.csis.org/blogs/trustee-china-hand/thunder-out-congress-china〉.

18)　ECRA および FIRRMA は，中国以外の国・地域も適用対象である一方，チャック・シューマー上院院内総務（民主党，ニューヨーク州）など議会指導部は，中国による米国の重要技術の窃盗を念頭に置いた立法措置であることを明言している。

19)　"Online Event: A Conversation with Former USTRs," CSIS（December 17, 2020）〈https://www.csis.org/events/online-event-conversation-former-ustrs〉.

　バイデン大統領自身も，オバマ政権期に TPP を推進した主要人物で，選挙キャンペーン時には TPP を「不完全」としつつも，中国に対抗するルール構築の手段としては肯定的な評価を下している。大統領選の民主党討論会では，TPP 復帰の是非を問われた際，再交渉する意向を示した。

　バイデン政権のキャサリン・タイ USTR 代表は，上院の指名公聴会において，パートナー国と協働すべきという基本的な方程式は現在も妥当と述べる一方，「2016 年の（TPP）署名時から多くのことが変化している」として，政権の経済政策との整合性を精査するとの回答にとどめている。

（2）実際に復帰検討する場合の課題

①再交渉の場合は，複数の懸念点が想定される

　バイデン大統領は再交渉に向けて，具体的な課題を明言していない。一方，民主党が重視する労働・環境分野が再交渉の俎上に乗り，USMCA と同水準を求める可能性がある。また，バイデン政権は発足初日にパリ協定に復帰し，環境義務に違反する国で生産される環境負荷の大きい製品に対する「国境炭素調整措置」の導入検討を表明している。こうした環境に関する制度が，貿易協定においても追求される余地がある。

　議会承認の障壁となった TPP の規律にどう対処するかも重要である。生物製剤（バイオ医薬品）のデータ保護期間については，CPTPP で規律が凍結された。米国も，USMCA の再交渉で，最低 10 年を保護する条項を削除するなど，長期の保護を求めない可能性がある。コンピュータ関連設備の設置要求の禁止については，USMCA や日米デジタル貿易協定で金融サービスを含めるかたちで規律を導入している。ISDS からのたばこ分野の適用除外は，当時から反対派のミッチ・マコーネル上院小数党院内総務（共和党，ケンタッキー州）など，共和党が一定の勢力を保つ限り，争点になり得る。

　再交渉には時間を要し，米国の提案に対する CPTPP 加盟国の反対も予想されることから，TPP 復帰を急がず，限定的な合意を目指すべきとの論調が米国内にはある。元 USTR 次席代表代行のウェンディ・カトラーは，TPP 復帰の布石として，デジタル貿易や医薬品などの重要品目の貿易，環境などで分野別の合意を提案している。フロマン元 USTR 代表も，TPA が必要な

いデジタル貿易についてアジア諸国と協議すべきと述べている。

②国内批准は議会など政治環境に依存

　かりに再交渉を経た場合も，TPP 復帰には議会承認が必要である。議会承認の是非は，再交渉で米国に有利な譲歩を引き出せるかにも依存するが，各議員が包括的な貿易協定に対する支持を政治的に表明できるかも影響する。労働組合を支持基盤に有する民主党は，歴史的に FTA に消極的である。オバマ大統領も，上院議員時代に CAFTA の実施法案に反対票を投じた際，「協定が，労働者の権利と利益を守るうえで不十分である」ためと明かしている[20]。2016 年の大統領選に出馬したマルコ・ルビオ上院議員（共和党，フロリダ州）は，「（共和党は）多民族・多人種の労働者の政党になる」と語り，従来の自由貿易支持への回帰に反対している[21]。トランプ政権の USTR で法律顧問代表を務めたスティーブン・ボーンは，共和党は今後，伝統的な支持基盤である大企業や農家と，トランプ政権を支持した労働者との間の利害調整を行いながら，事案ごとに通商政策を判断すると予想している。

---

20)　Congressional Record（June 30, 2005）〈https://www.govinfo.gov/content/pkg/CREC-2005-06-30/pdf/CREC-2005-06-30-senate-bk2.pdf〉.

21)　Alayna Treene, "Rubio says the GOP needs to reset after 2020," Axios（November 11, 2020）〈https://www.axios.com/rubio-gop-reset-trump-872340a7-4c75-4c2b-9261-9612c590ee14.html〉.

【コラム】自動車分野における FTA の活用状況

　第3節の1でみたとおり，米国の FTA で貿易額が大きく，輸入時の利用率
も相対的に高いものとして，NAFTA/USMCA と米韓 FTA が挙げられる。その
背景には米国とこれら FTA 締約国との間に存在する自動車産業のサプライチ
ェーンが影響しているとみられる。実際に，FTA を利用した輸入額が大きい
品目をみると，自動車・同部品が上位に来ている。いずれの国からも，価格が
高い完成乗用車（HS コード 8703.23.01）が輸入額トップとなるが，部品につ
いてはどうか。同じく自動車産業で米国と強いつながりを持つ一方，自動車分
野の関税譲許を含んだ FTA を締結していない日本からの輸入実績とも照合し
て比較してみる。

　表は，米国が日本，カナダ，メキシコ，韓国の4か国から輸入している自動
車部品のうち3か国以上で輸入額が1億ドルを超える品目を抽出したものとな
る。これによるとギヤボックス系，パワートレイン系，車体用，駆動軸・非駆
動軸系，ブレーキ系の輸入額がとくに大きいことがわかる。これら品目の米国
への輸入に関しては日本からは 2.5%（HS コード 8302.30.30 のみ 2%）の関税

表　米国の日，加，墨，韓4か国からの自動車部品輸入

（単位：100 万ドル）

HS コード	品目名	日本	カナダ	メキシコ	韓国
8708.40.11	ギヤボックス	1,451	32	1,942	126
8708.99.68	パワートレインの部分品	680	215	830	195
8708.29.50	車体用の部分品	545	2,572	3,562	757
8708.99.81	その他の部分品	480	1,138	2,281	527
8708.40.75	ギヤボックス用の部分品	290	558	573	276
8708.50.89	駆動軸及び非駆動軸の部分品	277	175	282	120
8708.30.50	ブレーキ及びサーボブレーキ並びにこれらの部分品	249	198	1,354	135
8708.94.75	ハンドル，ステアリングコラム及びステアリングボックスの部分品	231	54	325	150
8407.34.48	自動車向けピストン式火花点火内燃機関（シリンダー容積が 2,000 cc を超えるもの）	231	1,480	2,021	354
8302.30.30	卑金属製の自動車用取付具	203	258	174	164

　注：カナダ，メキシコ，韓国は FTA を利用した輸入額。
出所：米国国際貿易委員会（USITC）の資料をもとに作成。

がかかる一方，カナダ，メキシコ，韓国の 3 か国からは関税なしとなる。自動車産業は販売先での現地生産が進んだとはいえ，部品ごとに最適地での生産をつないだサプライチェーンが引き続き健在といえる。そうしたなかでは，そのサプライチェーンのルート上に FTA があるかないかではコストに差が出てくることになる。

第13章

EU の通商戦略と FTA の動向

経済利益の追求に加え，利権擁護を重視する姿勢への変遷

ポイント

◆ EU の通商戦略は，任期 5 年の欧州委員会新体制が発足する度に，利益追求姿勢がより鮮明なものへと変化してきた。とくに，2015 年の「万人のための貿易」戦略以降は，暫定適用開始もしくは発効済み FTA の履行状況を評価，監視する年次報告を作成，見いだされた結果を改善につなげている。

◆ EU が近年締結したカナダや日本，シンガポールなどとの貿易協定では，持続可能な開発や，EU がリスボン条約により排他的権限を新たに獲得したサービス貿易，地理的表示制度（GI）などの知的財産権，外国直接投資などの規定が共通して盛り込まれるようになった。

◆ 2021 年 2 月に発表された最新の通商戦略「開かれた，持続可能で積極的な通商政策」では，EU の利権擁護を重視する姿勢を鮮明に打ち出した。暫定適用開始もしくは発効済み貿易協定の履行状況の監視をさらに強化するほか，EU 主導による新たな投資保護制度の導入を目指している。

第 1 節　EU の通商戦略と FTA 動向

1 「グローバル・ヨーロッパ」から「万人のための貿易」まで

　EU は 2006 年 10 月，WTO ルールに準拠しながらも，アジア等の新興国に対する市場アクセス改善手段として全方位的な通商戦略となる「グローバル・ヨーロッパ」戦略を打ち出した。多国間貿易を軸とする，それまでのWTO 交渉最優先の戦略から舵を切る転換点となった。その後，2010 年 11月に発表した「貿易，成長，世界問題」戦略では，通商戦略を EU の中期的

な成長戦略「欧州 2020」の対外的側面の中核要素に位置づけた。さらに，2015 年 10 月に打ち出した貿易投資戦略「万人のための貿易」において，経済的利益の追求を重視する戦略から，より広範な目的を網羅する戦略に発展させてきた。一貫していえるのは，任期 5 年の欧州委員会の新体制が発足する度に，利益追求姿勢がより鮮明になってきたことだ。くわえて，FTA の恩恵を受けられるよう配慮すべき対象関係者の範囲がより広範になり，かつ透明性ある形で FTA の効果を示すことが求められるよう変遷してきている。その帰着が文字どおり「万人のための貿易」戦略であり，同戦略で導入された FTA の履行状況を監視するメカニズムだ[1]。

　その背景には，EU 基本条約を改正するリスボン条約が 2009 年 12 月に発効し，EU の共通通商政策のもとで，サービス貿易や知的財産権の貿易的側面，および外国直接投資分野の協定の交渉・締結にまで EU の排他的権限が拡大したことが主に影響している。また，EU の貿易投資協定の承認において，リスボン条約により欧州議会の同意が必要となり，交渉過程や協定内容を EU 市民に対してもよりオープンに，透明性のある形で示すことが求められるようになったことも大きく影響している。

2　加盟国との「混合協定」から EU 単独協定へ

　前述した「グローバル・ヨーロッパ」戦略以前は，EU にとっての FTA は，近隣諸国や旧宗主国として歴史的につながりのある国々と締結してきた連合協定の一部であることが主流だった。また，従来の連合協定のほとんどは，将来的な EU 加盟準備や地域の安定，開発支援，政治協力などの加盟国との共有権限分野を含む「混合協定」であった。EU の共通通商政策でカバーされる経済的分野以外の政治や外交的要素が大きな比重を占めていたためだ。「混合協定」となる場合，発効には EU 理事会における全会一致での承認のほか，加盟各国の国会での批准手続きが必要となる。他方，EU の排他的権限のみで構成される FTA，もしくは連合協定の場合，欧州議会の同意と，

---

1)　田中晋「EU の新しい FTA 戦略と効果監視メカニズムの導入」『日本 EU 学会年報』第 40 号（2020 年 6 月），83–108 頁。

EU 理事会の承認（前者は特定多数決，後者は全会一致，という承認手続き
の違いはあるが）のみで決定することができ，加盟各国の批准手続きは不要
となる。

　最近の特徴としては，とくにアジア地域との関係で，2019 年に発効した
日本との経済連携協定（EPA）やシンガポールとの FTA，2020 年に発効し
たベトナムとの FTA のように，EU 加盟国との共有権限分野を含まない EU
の排他的権限分野のみで構成される協定の締結が増えてきたことが挙げられ
る。2021 年に暫定適用を開始（5 月に発効）した，英国との通商・協力協定
（TCA）についても，EU 機能条約第 217 条（連合協定の締結）[2] を法的基礎
としているが，EU の排他的権限分野のみで構成される協定となった。

　協定を EU の排他的権限のみで構成することで，正式発効までの時間が短
縮されるようになり，混合協定の際に，加盟国の批准を経た正式発効前に開
始される EU の排他的分野の暫定適用を行う必要がなくなった。

3　FTA の履行状況を監視する仕組みを導入

　欧州委員会は 2017 年 11 月，「万人のための貿易」戦略のもとで，既存の
FTA の履行状況を評価する「FTA 履行報告書 2016 年 1 月 1 日—2016 年 12
月 31 日」を発表した。暫定適用済み，もしくは発効済みの FTA の履行状況
や効果を監視し，改善につなげるものだが，2020 年 11 月には，4 年目とな
る「EU 貿易協定履行報告書 2019 年 1 月 1 日—2019 年 12 月 31 日」を発表
した。FTA 履行報告書には，履行状況を数値でモニタリングするため，FTA
による特恵関税の利用割合（金額ベース）の推移が一覧で添付されている。
特恵関税の利用割合（金額ベース）は，「万人のための貿易」戦略のもとで，
FTA の経済効果を図る重要業績評価指標（KPI）のひとつに位置づけられた。
同一覧が 4 年目には同履行報告書から切り離され，欧州委員会通商総局のウ
ェブサイト上に，別途掲載されるようになった。最新の数値として，EU27
か国の輸出時における FTA による特恵関税の利用割合（金額ベース）を表

---

2)　EU は，1 つ以上の第三国または国際機関との間で，相互主義的な権利と義務，共通
　　の行動，ならびに特別な手続きをともなう連合を設立する協定を締結することができ
　　る。

表 13-1　EU27 か国の輸出時における特恵関税の利用割合（金額ベース）の推移

（単位：％）

FTA 種類／地域		国　名	2017 年	2018 年	2019 年
新世代FTA	アジア	日本	—	—	53
		韓国	72	81	80
	米州	カナダ	—	38	48
		コロンビア	70	73	77
		ペルー	50	55	60
		ホンジュラス	55	56	42
		ニカラグア	18	24	19
		パナマ	—	—	31
		コスタリカ	—	—	60
		エルサルバドル	27	34	37
		グアテマラ	32	33	42
		エクアドル	58	69	58
		チリ	88	86	85
		メキシコ	75	70	71
第一世代FTA	EU 近隣諸国／地中海・中東諸国	エジプト	65	68	68
		レバノン	58	54	52
		ヨルダン	73	78	—
		モロッコ	76	77	77
		イスラエル	87	82	82
東欧（DCFTA）		ウクライナ	73	77	77
		ジョージア	84	84	86
第一世代FTA	西バルカン諸国（安定化・連合協定）	コソボ	60	66	70
		セルビア	92	90	90
		ボスニア・ヘルツェゴビナ	88	86	86
		モンテネグロ	86	86	87
		アルバニア	85	85	86
		北マケドニア	88	89	89
	スイス・ノルウェー・トルコ	スイス	80	79	78
		ノルウェー	79	77	69
		トルコ	94	90	80
ACP（EPA）		南アフリカ共和国	60	67	66
		マダガスカル	31	40	47
		ドミニカ	60	56	51

注：FTA の利用割合は，貿易相手国において FTA による特恵関税の適用対象になりうる品目の輸入総額に占める実際に特恵関税を利用した輸入額の割合。

資料：欧州委員会通商総局，EU の輸出における特恵関税の利用割合（2020 年 10 月 21 日更新データ）。

13–1 で示した。協定によって事情が異なるため，同 KPI についての特定の
目標値は定められていないが，各々の FTA の利用割合が上昇していくこと
を目標としている。主要な貿易相手国に対する輸出をみると，比較的高い利
用割合が確認された。また，FTA の暫定適用もしくは発効後，年月がたつ
につれ，一定割合までは利用割合が高まる国が多い。ちなみに，輸出時の特
恵関税の利用割合は貿易協定相手国から提供されるよう，EU の最近の FTA
には，利用割合の統計交換が規定として盛り込まれている。

　なお，4 年目となる最新の年次履行報告書では，報告書の名称が 3 年目ま
での FTA 履行報告書から貿易協定履行報告書へと改称されているほか，『新
世代の FTA』や『第 1 世代の FTA』といった言葉使いがなくなり，これま
での FTA の種類による記載順から，アジア，米州，EU 近隣諸国，ACP 諸
国，といった地域順の記載に変更されている。なかでも，アジアをトップに
記載していることから，経済的利益の追求という意味で，アジアを最優先地
域と位置づけていると考えられる（アジアとの主要な FTA は，第 3 節，第
4 節参照）。同報告書はまた，フォン・デア・ライエン委員長率いる現在の
欧州委員会が 2019 年 12 月に発足した後の最初の報告書であり，新体制によ
る新たな通商戦略の意向が反映されたものとみられる。

　なお，同最新履行報告書では，EU の 65 の貿易パートナーとの 36 の主要
な貿易協定の状況を取り上げている。2019 年の EU の域外貿易のうち，同
報告書でカバーされる暫定適用済み，もしくは発効済みの FTA の割合は
30.4% となった。この履行中の FTA による貿易に占める国別割合をみると，
スイス（20.8%），トルコ（11.2%），日本（10.0%），ノルウェー（6.5%），
韓国（7.3%），メキシコ（5.0%），カナダ（4.8%）の順で続く。

　欧州委員会は「グローバル・ヨーロッパ」戦略以降，経済的利益の追求を
目的に，優先交渉対象国に挙げられた韓国やコロンビア，ペルー，中米，カ
ナダ，日本，シンガポール，ベトナムなどとの FTA を『新世代の FTA』と
整理し，上記戦略以前の『第 1 世代の FTA』と区別してきた。しかしなが
ら，FTA による経済的利益の向上のためには，『新世代の FTA』のみならず，
貿易割合の高い国々との履行上の課題を解決していくことが，より重要とな
っている。

第 2 節　EU が FTA により推進する主要な分野

1　貿易と持続可能な開発

　EU が近年，推進する貿易協定では貿易と持続可能な開発に関する規定を必ず含めることとしており，EU の貿易協定において必要不可欠な要素といえる。これまで締結した多くの貿易協定にも「貿易と持続可能な開発（TSD）」章が含まれており，現在，韓国（2011 年 7 月暫定適用開始，2015 年 12 月発効）年，カナダ（2017 年 9 月暫定適用開始），日本（2019 年 2 月発効），シンガポール（2019 年 11 月発効），ベトナム（2020 年 8 月発効），メルコスール（2019 年 6 月，原則合意）など，12 の協定に含まれている。

　「貿易と持続可能な開発（TSD）」章で規定されている主な内容は，①国際労働機関（ILO）基本条約などの国際的な労働基準および環境基準の順守，②労働や環境に関する国内法の効果的な実行，③貿易投資を推進するために環境法や労働法から逸脱しないこと，④天然資源（木材，魚など）の持続的な取引，⑤絶滅危惧種の動植物の違法取引対策，⑥気候変動への取り組みを支援する貿易の奨励と，企業の社会的責任などの慣行の促進，などである。EU と締約国はこれらの課題に取り組むことを，貿易協定を通じて約束する。さらに，貿易協定によって，持続的な政府調達の促進と，再生可能エネルギー分野における貿易投資の障害を取り除くことも，EU は目指している。

　EU は，締約国と TSD 章の適切な履行や順守状況を確認するため，定期的に協議を行っており，EU 加盟国に対してもその進捗を報告している。さらに，協定にもとづき，EU と締約国それぞれの環境，労働，企業団体などで構成される「市民社会（civil society）アドバイザリー・グループ」を設置し，定期的に TSD 章の履行状況について協議している。また，欧州委員会は 2018 年 2 月，欧州議会や市民社会との協議を踏まえて，既存の貿易協定における TSD 章のより効果的な履行の促進と改善を図るための「15 のポイント」を発表した[3]。この「15 のポイント」で具体的な行動計画として，たとえば，より積極的な履行を通じて各締約国の約束順守の保証，市民社会が

監視する役割の促進，履行を支援するために EU 財源の利用を可能にすること，などを挙げている。欧州委員会は，各締約国の TSD 章における優先事項について，この「15 のポイント」にもとづき支援や助言を行っており，2019 年の成果として，ベトナムが ILO 基本条約第 98 号を批准し労働関連法の改正を開始したことなどを挙げている。このように，持続可能な開発の実現のため，EU は協定締約国に対して，積極的に履行を監視し，関与する方針を示している。

2　地理的表示（GI），農産品貿易

　EU の通商政策において，農産品の輸出を拡大し，EU 産品の地理的表示（GI: Geographical Indication）を国際的に保護することはきわめて重要である。EU が近年，締結する貿易協定には必ず，EU と締約国それぞれの GI 産品を相手国の市場においても相互に保護する規定が含まれている。GI とは，農林水産物・食品，酒類などの名称で，その名称から当該産品の産地を特定でき，産品の品質等の確立した特性が当該産地と結びついていることを特定する表示である。GI は国際的にも知的財産として認識されており，EU が近年締結した FTA では，韓国，カナダ，日本，シンガポール，ベトナムなどの協定で GI 保護規定を盛り込んでいる。日 EU 経済連携協定（EPA）の発効時には EU 側は農産品，ワイン・酒類など合計 200 件以上，日本側は合計 56 件の GI の相互保護を定め，2021 年 2 月には見直しにより，対象産品が追加された（第 3 節で詳述）。

　欧州委員会によると，EU の農産品輸出全体のうち，貿易協定締結国への輸出は年々増加している。2019 年の農産品輸出額の 30% を協定締結国が占め，国別ではスイス，日本，ノルウェー，カナダの順で輸出額が大きかった。EU の農業を保護し，農産品の輸出を後押しする GI は，グローバル市場に

---

3)　"Non paper with 15 points" として，① EU 加盟国と欧州議会との連携，②国際機関との協同，③市民社会による監視機能の促進，④市民社会の FTA 全体への関与拡大，⑤責任ある企業行動への対応，⑥国別優先項目の設定，⑦積極的履行の促進，⑧中核的国際協定の早期批准奨励，⑨ TSD 章履行効果の評価，⑩履行ハンドブックの作成，⑪財源の拡大，⑫気候変動対策，⑬貿易と労働，⑭透明性の確保とよりよい対話，⑮市民からの問い合わせ対応期限の設定，を挙げた。

おいても EU と締約国相互の産品を保護し，名称の不正利用を防ぎ，評価を維持する目的で，EU の貿易協定において欠かせない要素となっている。

3　サービス貿易，外国直接投資

　グローバル化の加速により，サービス貿易は貿易協定でも近年，重視されている。欧州委員会によると，EU は世界最大のサービス輸出地域であり，サービス貿易は EU の GDP の約 25％ を占め，輸出額は年間約 9 兆ユーロを超える。サービス貿易は EU 域内の約 2,100 万人の雇用を支えており，また，EU の対外直接投資の約 60％，対内直接投資の約 80％ をサービス分野が占めているという[4]。EU 経済にとってサービス分野は非常に重要である。EU が近年締結している貿易協定にはすべて，サービス貿易に関する規定が含まれており，双方の消費者を保護しながらサービス貿易を促進するための規制枠組みを構築する役割を果たしている。

　これまで EU は，サービス貿易に関する規定では主に，双方の既存の市場開放性レベルの維持を拘束してきたが，2017 年 9 月に暫定適用が開始されたカナダとの包括的貿易協定（CETA）では，カナダ側が，海上輸送サービスに関して既存のレベルを超える市場開放性を約束した。CETA 以降，EU は貿易協定の交渉においてサービス貿易の規定を強化しており，日 EU・EPA においてもサービスと投資に関する包括的な規定が含まれた。

　リスボン条約により EU の排他的権限が外国直接投資にも拡大し，欧州委員会は EU として投資協定の交渉権限を得た。外国直接投資に関しては現在，貿易協定の一部として規定している場合と，単独の投資保護協定（IPA）により規定，もしくは交渉している場合がある。外国直接投資に関する規定では主に，EU 企業が当該国で不当な扱いを受けずに，市場参入時やビジネスを行ううえで有利な規制枠組みを確保することや，既存の投資と投資家に対する保護を規定している。ただし，投資保護規定に関しては，EU 司法裁判所（CJEU）が 2017 年 5 月に EU と加盟国との共有権限とする意見書を発表

---

4)　European Commission, "Implementation of EU Trade Agreements, 1 January 2019 – 31 December 2019"（November 2020）〈https://ec.europa.eu/transparency/regdoc/rep/1/2020/EN/COM-2020-705-F1-EN-MAIN-PART-1.PDF〉.

したことを受けて，投資保護規定を含む貿易協定は EU 理事会と欧州議会だけでなく，全加盟国による批准手続きが必要となることが明確化された。そのため，シンガポール，日本，ベトナムとの FTA では，IPA を FTA と切り分けて締結しており，最近の EU の貿易協定ではこれが主流となっている（第 1 節参照）。2020 年 12 月に原則合意した中国との包括的投資協定でも，投資保護規定を切り離した。

　また，EU は近年，投資紛争の解決手続きとして，従来の投資家対国家の紛争解決制度（ISDS）に代わる新たな制度として投資裁判所制度（ICS）を提案している。ICS では，常設の独立した，控訴審への上訴が可能な「投資裁判所」を設置することで，投資保護ルールの順守を保証し，より透明性の高い，中立的な方法での投資家保護と締約国の権限保護を目指している。ICS は CETA で初めて導入されており，その適用は全加盟国の批准を経た正式発効後となる。また，シンガポール，ベトナムとの IPA でも導入されており，EU は ICS を多国間制度の枠組みに発展させていく意向を示している。

第 3 節　日 EU 経済連携協定（EPA）の内容と影響

1　日 EU・EPA の概要

　日 EU・EPA は，日本と EU との貿易や投資など経済関係を強化する目的で締結された貿易協定で，2019 年 2 月に発効した。2013 年 3 月に交渉開始が合意された後，同年 4 月の第 1 回交渉会合を皮切りに，2017 年 4 月まで 18 回の交渉会合が行われ，同年 12 月に交渉が妥結。その後，日本と EU 双方の議会での批准手続きを終え，2018 年 7 月に署名に至った。同協定は 5 年にわたる長期の交渉の結果，関税撤廃による双方の市場アクセスの確保だけでなく，投資ルールの整備等による相互の貿易投資の活発化を目指し，知的財産，地理的表示（GI）の相互保護，規制協力などの分野でもハイレベルなルールを規定した，包括的な内容となっている。

　また，EPA と同じタイミングで，日本と EU の将来にわたる相互の戦略的なパートナーシップを強化していくための法的基礎となる日 EU 戦略的パー

トナーシップ協定（SPA）の交渉が行われ，2019 年 2 月 1 日に一部規定の暫定適用を開始した。

　外務省は，2017 年 12 月に発表した日 EU・EPA に関するファクトシート[5]にて，EU は日本にとって，民主主義，法の支配，基本的人権といった基本的価値を共有する重要なパートナーであり，同協定が日本と EU との間で自由で，公正な，開かれた国際貿易経済システムの強固な基礎を構築するものであるとした。また，保護主義的な動きがあるなかで，日本と EU が自由貿易の旗手として，世界に向けた政治的意思を示す重要な成果であるとして，その戦略的意義を強調した。一方，欧州委員会は，発効に合わせて発表した声明において，同協定が関税撤廃などの恩恵に加えて，気候変動に関するパリ協定への順守や，労働者の権利，消費者保護などに関する高い水準を，初めて EPA に取り込んだことを成果として強調した。さらに，同協定が日本と EU 双方の消費者に対し商品の選択の幅を広げ，中小企業に新たな海外市場展開の機会を与え，地理的表示保護制度などを通じた生産者の権益保護などのメリットが期待できるものとしている。

2　日 EU・EPA の主な内容と特徴

　外務省によると，日 EU・EPA による関税撤廃・削減によって，EU 側は，全品目の約 99% の関税が最終的に撤廃され，日本側は，約 94% の関税が最終的に撤廃される予定だ。2019 年 2 月の発効時には，工業製品について，EU への輸入は品目数ベースで 96.3%，貿易額ベースで 81.7% の関税が即時撤廃され，日本への輸入に関しては品目数ベースで 96.0%，貿易額ベースで 96.2% の関税が即時撤廃された。最終的に双方で品目数，貿易額いずれも 100% の関税が撤廃される予定である。

　日 EU・EPA は，全 23 章と関連する附属書からなる包括的な協定である。協定は幅広い分野をカバーしており，サービス貿易・投資の自由化及び電子商取引（第 8 章），政府調達，補助金，地理的表示（GI），知的財産，規制

5）　外務省経済局「日 EU 経済連携協定（EPA）に関するファクトシート」（2017 年 12 月）〈https://www.mofa.go.jp/mofaj/files/000382020.pdf〉。

協力などの分野における高い水準のルールが合意された。また，EU が締結した貿易協定としては初めて企業統治（コーポレート・ガバナンス）（第 15章）が盛り込まれたほか，貿易及び持続可能な開発（第 16 章）では，初めてパリ協定への順守に関する規定が設けられた。さらには，農業分野における協力（第 19 章）についても，EU 側の要望を受けて規定された。投資に関する章は EPA から切り離され，投資保護基準と投資紛争解決についての協議が引き続き行われており，別途，投資保護協定を締結することを目指している。

　同協定の原産地規則の特徴としては，原産地手続きについて，日本がそれまで締結した多くの EPA と異なり，「自己申告制度」のみが採用されたことが挙げられる。日 EU・EPA を利用する事業者自身で，産品が原産地規則を満たす原産品であることを証明する仕組みで，輸出者自らが原産地に関する申告文（statement on origin）を作成する，もしくは輸入者がその知識（Importer's knowledge）にもとづいて輸入申告時に必要情報を提供する，のどちらかを選択できる。また，自動車・自動車部品の原産地規則について特別な規定が設けられたほか，日本および EU 域内の加盟国での生産，加工を累積できる規定や，原産品を締約国以外の第三国を経由して輸送する際の積送基準（変更の禁止）が定められている。

3　協定の履行状況と今後の見通し

　欧州委員会は 2020 年 8 月，日 EU・EPA の履行状況に関する報告書を公表した。同報告書では，2019 年 2 月～2020 年 1 月末までの発効後 1 年間の日本と EU 双方の取り組み状況に対する欧州委員会の評価がまとめられている。日 EU・EPA では，協定の確実な履行を推進するために，①合同委員会（Joint Committee），②専門委員会（Specialised Committee），③作業部会（Working Group）を設置することを規定している。合同委員会は，外相など日本の閣僚級の代表者と欧州委員会の委員が共同議長を務め，原則年 1 回開催される。また，分野別に設置されている専門委員会と作業部会も原則年 1回開催される。同報告書では，とくに成果があった分野として，原産地規則および通関手続きに関して，2019 年 12 月に日 EU・EPA の利用促進のため

原産地手続きに関するガイダンスを，日 EU の税関当局が公表したことを挙げている [6]。また，日本と EU 当局同士の連絡を容易にするホットラインと事業者との問い合わせ窓口を，それぞれ設置したことなどを挙げている。

　最近では，合同委員会の第 2 回会合が 2021 年 2 月にオンラインで開催された。協定のより効果的な運用に向け，地理的表示（GI）や自動車の安全基準に関する新たな決定を採択した。GI については，日本側，EU 側それぞれ 28 品目ずつ追加された。また，自動車および部品の輸出規制について，国連規則の適用状況を踏まえ，日本側と EU 側による二重の認可を不要とする安全基準のリストに，ハイブリッド車や水素燃料電池自動車などが追加された。これにより輸出手続きが一部簡素化され，輸出前に輸出国当局により安全基準の適合性証明書が発行されている場合，輸入国当局での適合検査は不要となった。さらに，新型コロナウイルス対策，グリーン，デジタル分野，WTO 改革など，日 EU 間の諸課題に関する意見交換が行われたほか，日本と EU の経済関係のさらなる深化に向け，引き続き緊密に協力していくことを確認した。

4　原産性自己申告制度の利用をめぐる多くの課題は解決に

　最後に日 EU・EPA で導入された原産地規則の自己申告制度の効果について紹介する。日本にとって，日 EU・EPA は 2018 年 12 月に発効した環太平洋パートナーシップに関する包括的および先進的な協定（CPTPP）に続いて，原産地証明が自己申告制度のみの二つ目の EPA となった。CPTPP を締結した多くの締約国とは，二国間の EPA，もしくは ASEAN との EPA など複数の選択肢があり，自己申告制度を利用しなくても，EPA による特恵関税の恩恵を享受することも可能だった。しかし，EU との EPA においては，自己申告制度を利用しなければ，特恵関税による関税の撤廃や減免が受けられない。そのため，EU 向けに輸出を行う企業の多くが初めて，自己申告制度に取り組むことになった。同利用企業は一様に，これまでの日本の EPA で主

---

6)　財務省関税局・税関「日 EU・EPA 自己申告及び確認の手引き」（2019 年 12 月）〈https://www.customs.go.jp/roo/procedure/riyou_eu.pdf〉。

流だった第三者証明制度と異なり，原産地証明書の発給を商工会議所に依頼する手間と手数料が不要になり，発給までの待ち時間がなくなったことをメリットしとして挙げている。

　他方，ジェトロが 2019 年 9〜10 月に実施した欧州進出日系企業実態調査では，日 EU・EPA 利用の課題として，在 EU 日系企業の 47.3% が「自己証明制度の手続き」を挙げ，多くの企業にとって初めて取り組む同手続きが最大の課題となった。しかしながら，2020 年 9 月の同調査では，この割合が 37.4% に減少し，同制度が徐々に浸透してきている様子が伺える。原産性申告に記載する内容は限定的で非常に簡易なものだが，原産性を証明するための基準を申告書に記載しなければならない点が，カナダやシンガポール，英国など EU が締結するほかの FTA と比較し難易度が高い要件になっている。原産性基準を証明するためのサプライヤーや取引先との協力体制を日 EU・EPA 利用の課題として挙げる企業割合が 2020 年 9 月の上記調査で 44.6% と，4 割を引き続き超えている。自己申告書のフォーマットはシンプルだが，構成する二次材料の点数が多い製品においてはサプライチェーンが多岐にわたり，原産性の証明のために，発効後も体制整備に時間を要している点が示された。

　また，日 EU・EPA 発効直前に，利用企業が課題に挙げていた，インボイス等商業上の書類に自己申告を作成することを規定する協定の解釈をめぐり，自己申告を別紙にすることの可否や，生産者でなく，商社が輸出を行う場合に自己申告書を書けるか，などの運用上の疑問について，日本政府と欧州委員会の間での協議・調整が図られ，2019 年 12 月には多くが解決され，両政府から各種関係ガイダンスが公表された。また，時折運用に差がみられた EU 加盟国の税関に対しても，欧州委員会が周知，徹底を図るに至っている。

第 4 節　アジア主要国との FTA

1　EU 韓国 FTA の概要

　EU は近年，通商政策において経済的利益を追求する姿勢をより鮮明にし，

アジアを最優先地域として位置づけている（第1節参照）。本節では，アジアとの『新世代の FTA』の例として韓国，シンガポール，ベトナムをみていく。

　EU 韓国 FTA は，物品貿易，サービス貿易，電子商取引，政府調達，知的財産等をカバーしており，全15章と附属書，議定書などで構成されている。2007年5月に交渉が開始され，8回にわたる交渉会合の後，2009年10月に仮調印に至った。その後，2011年7月に暫定適用が開始された。同協定の対象が，EU の権限に属するものだけでなく，EU 加盟国の権限に属する分野が含まれる「混合協定」であることから，正式な発効には全加盟国による批准が必要となった。協定の規定に従い，EU の排他的権限分野について，先行して暫定適用が開始された。全加盟国の批准手続きを経て，2015年12月にようやく正式発効した。同 FTA は，EU にとってアジア地域の国と締結した初の FTA であり，且つ，当時の欧州委員会が2006年に発表した通商戦略「グローバル・ヨーロッパ」以降，目指していた初の包括的で高度な FTA であり，「新世代の FTA」として位置づけられた。

　EU 韓国 FTA により，韓国側は品目ベースで81.7％，EU 側は94.0％の輸入関税を即時撤廃した。工業品については，EU は5年間，韓国は7年間で関税を撤廃し，農産品については，EU 韓国双方がコメを譲許対象から除外した。これにより，EU は暫定適用開始から5年後に品目ベースで99.6％の関税が撤廃され，韓国は10年目以降に99.6％の関税が撤廃される。

　原産地規則では，非原産材料を用いて加工された産品については，品目別規則が適用される。原産地手続きは，原則として認定輸出者による自己証明制度を採用している。認定輸出者は，輸出国の税関が輸出者を審査後，指定する仕組みとなっている。ただし，輸出品が6,000ユーロ以下の場合は，認定外の輸出者でも自己証明による原産地証明手続きが可能となっている。

　協定により設置された専門委員会や作業部会などを通じて，EU 韓国両政府はさらなる規制協力や市場アクセスの課題に対応している。2019年には，韓国がデンマークとオランダ産の牛肉を解禁するなどの動きがあった。

2　EU シンガポール FTA の概要

　EU シンガポール FTA は，EU が初めて ASEAN 加盟国と締結した協定である。EU は「新世代の FTA」を目指すとし，物品貿易，サービス貿易，電子商取引，政府調達，知的財産，持続可能な開発などの幅広い分野をカバーしている。2010 年 3 月に第 1 回交渉会合が開催されて以来，2012 年 3 月までに 10 回の交渉会合が開催された。最終調整に向け 2012 年 4 月と 7 月に閣僚級の会合が行われた後，同年 12 月に交渉が妥結した。その後，EU・シンガポール両政府は 2013 年 9 月に協定書案に仮調印した。

　同協定には当初，投資家対国家における紛争解決制度として投資裁判所制度（ICS）に関する規定が含まれていたため，欧州委員会は 2015 年 7 月，EU 司法裁判所（CJEU）に対して，EU と加盟国の責任範囲の明確化および同協定の正式署名のための法的裏づけを求めた。CJEU は 2017 年 5 月に，同協定のうち，証券投資（portfolio investment）と投資家対国家の紛争解決（ISDS）の 2 分野については，EU と加盟国の共有権限であるとの意見書を発表し[7]，同協定の正式な発効には EU 理事会と欧州議会だけでなく，全加盟国の批准が必要となった。

　これを受け，EU は妥結済みの協定を FTA と投資保護協定（IPA）に分け，あらためて 2018 年 10 月に署名した。それぞれ独立した協定として扱うこととし，FTA は 2019 年 11 月に発効した。IPA については 2021 年 6 月現在，批准手続きが完了した EU 加盟国は 9 か国である[8]。また，IPA が発効すると，シンガポールと EU 加盟 12 か国が個別に締結している既存のシンガポールとの投資協定は，新協定に置き換えられることになっている。

　なお，IPA は主に投資保護と紛争解決制度を規定する内容となっており，投資紛争解決制度として EU が近年の通商交渉で提案している投資裁判所制度（ICS）にもとづく紛争解決手続きが導入される。

---

7)　Opinion 2/15 of the Court, 16 May 2017, Court of Justice of the European Union〈https://curia.europa.eu/jcms/upload/docs/application/pdf/2017-05/cp170052en.pdf〉.

8)　2021 年 6 月時点で批准を完了した加盟国はチェコ，デンマーク，エストニア，ハンガリー，ラトビア，ルクセンブルク，スウェーデン，ギリシャ，リトアニア。

3　EU ベトナム FTA の概要

　EU ベトナム FTA は，EU がシンガポールの次に ASEAN 加盟国と締結した貿易協定である。関税，貿易円滑化など物品貿易のほか，サービス貿易，電子商取引，政府調達，知的財産等の領域をカバーし，全 17 章と議定書などから成る。EU とベトナムは 2012 年 6 月に正式に交渉開始を発表，その後，9 回の交渉会合を経て，2015 年 8 月に原則合意した。投資章における投資保護および紛争解決については同年 12 月に交渉が妥結した。当初は 2018 年中の発効が目指されていたが，EU 司法裁判所（CJEU）が 2017 年 5 月，EU シンガポール FTA に関して，投資保護等の分野は EU と加盟国の共有権限であるとの意見書を発表したことから，ベトナムとの協定についても FTA と IPA を分け，独立した協定とした。IPA については，2018 年 10 月に欧州議会に提出され，2019 年 6 月に署名された。FTA については，欧州議会で 2020 年 2 月に，EU 理事会では同年 3 月に承認された。その後，ベトナムの国会で 2020 年 6 月に承認され，同年 8 月に発効した。IPA については 2021 年 6 月現在，ベトナムと EU 加盟国での批准手続きが行われており，EU 側は加盟 8 か国で批准が完了している [9]。IPA には，シンガポールとの IPA と同じく，EU が近年，提案している投資裁判所制度（ICS）にもとづく紛争解決手続きが導入されている。

　同 FTA により，最終的に双方の貿易に課されている関税の 99% が撤廃される。EU 側は，同協定の発効時に品目ベースで 71% の関税を即時撤廃し，残りの品目については最長 7 年の段階的な削減期間を経て撤廃する。ベトナム側は，同協定の発効時に 65% の関税を即時撤廃し，残りの品目についても一部を除き，段階的に削減し，10 年程度の期間で撤廃する。また，EU は，ベトナムがこれまで締結した貿易協定のなかでは最も広範囲な規模で，サービス分野（郵便，環境，金融・保険，海運）および政府調達への市場アクセスを確保しており，サービス分野における自由化の促進を期待している [10]。

---

9)　2021 年 6 月時点で批准を完了した加盟国はチェコ，エストニア，ラトビア，スウェーデン，ルーマニア，ハンガリー，ギリシャ，リトアニア。

10)　European Commission, "Guide to the EU-Vietnam Trade and Investment Agreements"（May 2019）〈https://trade.ec.europa.eu/doclib/docs/2016/june/tradoc_154622.pdf〉.

　原産地規則では，EU またはベトナムの原産材料や生産工程を付加価値として累積可能な規定を採用している。また，繊維・テキスタイル製品については韓国産材料の拡張累積が，一部の水産加工製品については，EU と FTA 締結済みの ASEAN 諸国の原産材料の拡張累積が規定されている。ただし，拡張累積の適用には，ベトナムおよび韓国，或いは当該 ASEAN 諸国が同 FTA 実施に必要な行政協力を行い，EU 側に通知することなどが条件となっている。

　ベトナムは現在，EU の一般特恵関税制度（GSP）の対象国となっており，2022 年 12 月 31 日までは，ベトナム産品に対して GSP と同 FTA の特恵関税のいずれかの適用を選択することが可能。2023 年 1 月 1 日以降は，GSP の適用対象から除外される [11]。

第 5 節　EU 英国通商・協力協定（TCA）の締結

1　EU 英国通商・協力協定（TCA）の概要

　EU と英国は 2020 年 12 月 24 日，FTA を含む通商・協力協定（Trade and Cooperation Agreement）に合意した。2020 年 3 月に正式に開始された同協定の交渉は，同年 10 月までの間に 9 回に及ぶ正式な交渉ラウンドが開催された。その後，交渉が加速し，ほぼ毎日連絡を取り合い，英国の EU 離脱の移行期間終了に間に合わせる形で妥結に至った。英国は 12 月 30 日に議会を招集し承認したが，EU は欧州議会の承認手続きが間に合わないことから，2021 年 2 月末まで暫定適用を行うことを，EU 理事会が書面でのやり取りで 12 月 29 日に承認，同 30 日に署名した。その後，この暫定適用の期間は 4 月末まで延長され，4 月 27 日の欧州議会本会議の承認を経て，EU 理事会が同 29 日に TCA 締結の決定を承認，批准手続きが完了，5 月 1 日に発効した。

　同協定は大きく分けて，①新たな経済・社会パートナーシップとしての

---

11)　European Commission, "EU-Vietnam Free Trade Agreement（EVFTA）Guidance on the Rules of Origin"（February 2021）〈https://ec.europa.eu/taxation_customs/sites/taxation/files/evfta-guidance.pdf〉.

FTA, ②市民の安全確保のための新たなパートナーシップ, ③ガバナンスに
関する水平的協定, の3つの柱で構成される。①新たな経済・社会パートナ
ーシップとしての FTA は, 原産地規則を満たすことを要件に, 全品目で関
税, 割当を撤廃。物品貿易に加え, サービスと投資, デジタル貿易, 知的財
産権, 公共調達, エネルギー, 公正な競争と持続可能な発展のための公平な
競争条件, 航空・道路輸送, 漁業, データ保護, 社会保障の調整など, 幅広
い分野をカバーしている。②市民の安全確保のための新たなパートナーシッ
プは, 法執行と刑事司法協力に関する新たな枠組みを導入。警察と司法当局
の強力な連携の重要性を認識し, 英国では新機能の構築を図る内容になって
いる。なお, 英国が欧州人権条約を順守しない場合は安全協力が停止される。
③ガバナンスに関する横断的な協定は, 企業, 消費者, 市民に最大限の法的
確実性を与えるため, (a) 協定の運用・管理方法を明確にし, 合同パートナ
ーシップ理事会を設置, 協定が適切に適用, 解釈, また議論すべき課題が審
議されていることを確実にする。(b) 拘束力のある執行と紛争解決のメカニ
ズムにより, 企業, 消費者, 個人の権利を尊重。EU と英国双方の企業が公
平な競争条件で競争するために, 不当な補助金の提供や競争を歪曲させる自
律的な規制の利用を回避する。(c) 協定違反の場合には対抗措置の発動 (ク
ロス・リタリエーション) を認める内容となっている。
　また, EU 英国通商・協力協定をより詳細にみていくと, 7つのパート
(部) で構成され (表 13-2 参照), そのうち, 第1部と第6部は, それぞれ
制度的枠組みと紛争解決メカニズムという横断的な規定となっており, 第2
部から第5部が特定分野に向けられている。また, 第2部と第3部では, 貿
易, 輸送, 漁業, 法執行と刑事司法協力など, より具体的な分野を網羅して
いる。

2　連合協定としての TCA と拡張の可能性

　EU の執行機関である欧州委員会は, TCA の締結にあたり, 法的基礎とし
て EU 機能条約第217条を選択した。同条には, 「EU は, 1つ以上の第三国
または国際機関との間で, 相互主義的な権利と義務, 共通の行動, ならびに
特別な手続きをともなう連合 (Association) を設立する協定を締結すること

表 13–2　EU 英国通商・協力協定の構成

第 1 部：共通・制度規定	**第 3 部：法執行と刑事司法協力**
第 1 章：一般規定	第 1 章：一般規定
第 2 章：解釈原則・定義	第 2 章：DNA，指紋，車両登録データの
第 3 章：制度的枠組み	交換
第 2 部：貿易，輸送，漁業，その他の取り決め	第 3 章：乗客名簿記録データの移転と処理
第 1 款：貿易	第 4 章：運用情報に関する協力
第 1 章：物品貿易	第 5 章：ユーロポール（欧州刑事警察機
第 2 章：サービス・投資	構）との協力
第 3 章：デジタル貿易	第 6 章：ユーロジャスト（欧州司法機構）
第 4 章：資本移動，支払，為替，暫定セー	との協力
フガード措置	第 7 章：犯罪人引渡し
第 5 章：知的財産権	第 8 章：刑事共助
第 6 章：公共調達	第 9 章：犯罪経歴情報の交換
第 7 章：中小企業	第 10 章：マネー・ロンダリング対策とテロ資
第 8 章：エネルギー	金供与対策
第 9 章：透明性	第 11 章：資産凍結と没収
第 10 章：良い規制慣行と規制協力	第 12 章：その他の規定
第 11 章：オープンで公正な競争と持続可能な	第 13 章：紛争解決
開発のための公平な競争条件	**第 4 部：テーマ別協力**
第 12 章：例外	第 1 章：健康の安全
第 2 款：航空	第 2 章：サイバー・セキュリティ
第 1 章：航空輸送	**第 5 部：EU プログラムへの参加，健全財政管**
第 2 章：航空安全	**　　　　理と財政規定**
第 3 款：道路輸送	**第 6 部：紛争解決と横断的規定**
第 1 章：道路による物品輸送	第 1 章：紛争解決
第 2 章：道路による旅客輸送	第 2 章：協力のための基礎
第 4 款：社会保障調整と短期滞在査証	第 3 章：義務履行とセーフガード措置
（VISA）	**第 7 部：最終規定**
第 1 章：社会保障調整	**附属書／議定書／宣言**
第 2 章：短期滞在査証	
第 5 款：漁業	
第 6 款：その他の規定	

資料：EU 英国通商・協力協定，EU 官報 L444（2020 年 12 月 31 日）より作成。

ができる」と記載されており，いわゆる連合協定の法的基礎となっている。

　欧州議会は 2018 年 3 月にすでに，「新たな貿易関係を含め，共通利益を保護し，推進する将来関係の適切な枠組み」として，連合協定を勧告する決議を採択していた。他方，英国が EU を離脱した際に EU と締結した離脱協定に添付された「将来関係に関する政治宣言」では，貿易，経済協力，法執行と刑事司法，外交政策，安全・防衛など幅広い分野での広範で，深く，柔軟

なパートナーシップを締結することが想定されていた。英国下院が 2019 年
8 月にまとめたブリーフィング・ペーパーでも，連合協定が将来関係協定と
して適切かどうかの検証がなされ，当該検証には，北アイルランドとアイル
ランドとの国境問題解決に資するかといった論点も含まれていた。なお，連
合協定の場合，政治対話や経済支援などが加盟国との共有権限分野が含まれ，
全加盟国の批准手続きが必要な「混合協定」となるケースがほとんどだが，
TCA は EU の排他的権限のみで構成され，EU 理事会での採択時に全加盟国
の合意は必要だったが，加盟国の批准手続きは不要となった。

　つぎに TCA の特徴として，第 1 部の第 1 条（Article COMPROV.1）の目
的に，「本協定は，締約国間の広範な関係の基礎を確立する」とあり，第 2
条の補充協定の規定に，EU と英国はその他の二国間協定を締結した場合に，
当該協定は TCA の補充協定を形成し，TCA に規定される二国間関係全体の
枠組みに統合される旨が規定されている。このことから，現在含まれていな
い分野の協定を追加することが可能な拡張性があることや，将来の補充協定
が「混合協定」になり得る可能性があることも推察される。TCA は，先に
説明した EU 機能条約第 217 条の法的基礎とあわせて，非常に柔軟性の高い
協定の枠組み構造になっていると考えられる。他方，発効から 5 年ごとに見
直しを行うことや，どちらかが 12 か月前に書面で通知すれば，協定を終了
することができる規定が盛り込まれている。

　TCA では，協定の履行と適用を監督するためのパートナーシップ理事会
が設置されている（図 13-1）。同理事会は EU と英国の代表で構成され，欧
州委員会委員と英国政府の代表により閣僚レベルで開催される。

　物品や関税協力と原産地規則など特定分野の 10 の貿易特別委員会がパー
トナーシップ理事会を補佐する。くわえて，エネルギーや航空輸送などの貿
易分野ではない 8 つの特別委員会が設置されている。各委員会は協定の履行
状況を監視し，パートナーシップ委員会を補佐し，決定や勧告を採択するこ
ともある。さらに，TCA は 4 つの作業グループを設置しており，そのうち 3
つは貿易の技術的障害に関する貿易特別委員会の監督下におかれている。社
会保障調整に関する作業グループは，関係する特別委員会が監督している。

　協定は第 6 部で，仲裁裁判所の介入の可能性を想定した，国家間の紛争解

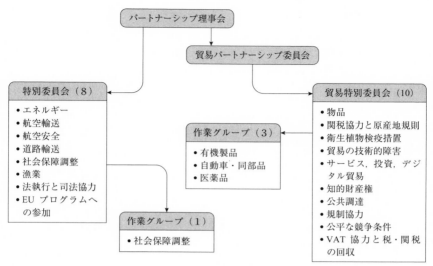

図 13-1　制度的枠組み
資料：欧州議会調査サービス資料から作成。

決枠組みを規定している。TCA 発効から 180 日以内に，パートナーシップ
理事会は仲裁裁判所のメンバーとなる 15 人以上の専門家をリストアップす
るとしている。同リストは，EU と英国双方がそれぞれ 5 人以上を指名する
サブリストと，議長を選出するための EU 国籍者でも英国国籍者でもない 5
人以上の専門家のサブリストで構成される。紛争時に，協議で問題が解決し
ない場合に，苦情を申し立てる当事者は，3 人の仲裁人で構成される「仲裁
裁判」の設立を要求できる。当事者が同裁判の議長の選定に同意しない場合，
苦情申立者側のパートナーシップ理事会の共同議長が第三国籍のサブリスト
から，同裁判の議長を選出する。仲裁裁判の審議は非公開だが，その決定は
公開され，拘束力を持つ。しかしながら，第 6 部で確立された紛争解決メカ
ニズムの対象とならない項目があることに注意が必要である。

3　EU として初めて関税なし，割当なしを実現した FTA

　最後に日本企業の関心が高いと思われる物品貿易と特恵関税の利用に関す
る内容をみていく。TCA では，すべての物品貿易に関し，関税なし，割当
なしを実現した。そのため，従来の FTA のように譲許表に関する附属書は

表 13-3　電気自動車とバッテリーに関する原産性基準の段階的引き上げ

	第 1 段階	第 2 段階	第 3 段階
適用期間	2021 年 1 月 1 日 〜2023 年 12 月 31 日	2021 年 1 月 1 日 〜2023 年 12 月 31 日	2027 年 1 月〜
蓄電池（8507）	CTSH（非原産セル・モジュールからバッテリーパックへの組立）もしくは，MaxNOM 70%（EXW）	CTH（非原産正極活物質からの変更を除く）もしくは，MaxNOM 40%（EXW）	CTH（非原産正極活物質からの変更を除く）もしくは，MaxNOM 30%（EXW）
バッテリーセル，バッテリーモジュール（8507）	CTH もしくは，MaxNOM 70%（EXW）	CTH（非原産正極活物質からの変更を除く）もしくは，MaxNOM 50%（EXW）	CTH（非原産正極活物質からの変更を除く）もしくは，MaxNOM 35%（EXW）
電気自動車（8702〜8704）	MaxNOM 60%（EXW）	MaxNOM 55%（EXW）	MaxNOM 45%（EXW）及び原産のバッテリーパック使用が条件

注：第 3 段階の品目別規則は，発効から 4 年目以降に，締約国からの依頼に応じて見直しを検討する規定がある。
資料：EU 英国通商・協力協定，附属書 ORIG-2 および 2A から作成。

　添付されていない。しかし，関税なし，割当なしの恩恵を受けるためには，TCA で規定された原産地規則を満たす必要がある。この点が，英国の EU 加盟時と大きく異なる点だ。くわえて，英国が EU 域外国になったことで，EU 英国間の通関手続きが新たに導入され，とくに在英日系製造業のサプライチェーンに大きな影響を与えることになった。

　TCA で規定される原産地規則では，累積は EU と英国という締約国での原産材料や生産工程・付加価値に限定され，英国が希望していた日本などを含めた第三国への拡張累積は除外された。原産品認定基準が，①完全生産品，②原材料のみから生産させる産品，③品目別原産地規則を満たす産品である点は，EU や日本が締結する FTA/EPA と同じだ。完全生産品が認定基準になっている食品や，品目別原産地規則のうち，加工工程基準が認定基準となっている一部の工業製品を除けば，全般的に，関税分類変更基準や付加価値基準が認定基準になっている品目が多い印象だ。付加価値基準では，非原産材料の最大割合を規定する MaxNOM での計算方式のみが採用されている。また，域内での生産・調達が現状では十分でない電気自動車と電気自動車用バッテリーは 2027 年 1 月までに 3 段階にわたり域内原産割合を段階的に引き

【原産性に関する申告文】1)

(Period: from＿＿＿＿＿＿ to ＿＿＿＿＿)2)

The exporter of the products covered by this document（Exporter Reference No ...)3) declares that, except where otherwise clearly indicated, these products are of ...4) preferential origin.

....5)

(Place and date)

....

(Name of the exporter)

1)　附属書 7: TEXT OF THE STATEMENT ON ORIGIN 参照。
2)　原産性に関する申告文を，同一の原産性製品の複数の出荷に利用する場合は，12 か月を超えない範囲で期間を記載する必要があり，製品のすべての輸入は，指定された期間内に行われる必要がある。複数の出荷に利用しない場合は，期間は空白のままでよい。
3)　輸出者を識別するための参照番号を記載するものだが，番号が割り当てられていない場合，空白のままでよい。
4)　EU もしくは英国と，原産地を記載する。
5)　場所と日付が商業上の書類文書に含まれている場合，省略できる。

上げていく基準が設定された。

　つぎに，原産地証明については自己申告制度が採用された。日 EU・EPA や日英 EPA のように，輸出者がインボイスその他商業文書上に，TCA で定められた形式で原産性に関する申告文を記載する，あるいは輸入者が原産性に関する知識にもとづいて特恵待遇の要求を行う，のどちらかを選択できる形式を採用。EU からの輸出時は，総額 6,000 ユーロを超える貨物の輸出者は REX システム（EU の登録輸出事業者システム）に登録し，REX 番号を記載することが必要となる。英国からの輸出時は，貨物の価格にかかわらず輸出者が作成する原産地申告文に GB で始まる事業者登録識別（EORI）番号を記載する。いずれの方法においても，とくに非原産材料が使用されている場合，原産性に関する申告文を作成した輸出者は原産性を証明するための要件や構成材料・部品の原産性に係る裏づけ資料としてサプライヤー宣誓書 12) の入手が必要になる。緩和措置として，2021 年 12 月 31 日までは，原産性に関する申告時点でサプライヤー宣誓書の提出は要求されないが，EU からの輸出の場合は，未取得分のサプライヤー宣誓書を 2022 年 1 月 1 日までに収集・保管しておく必要がある。

なお，TCA の付属書 ORIG-4 原産性に関する申告文に記載されるひな形は前ページのとおり。日 EU・EPA や日英 EPA と異なり，原産性に関する認定基準を記載する必要がないシンプルで，利用しやすい形式となっている。

第6節　今後の通商政策の行方

1　EU の利権を積極的に擁護

欧州委員会は 2021 年 2 月，「開かれた，持続可能で積極的な通商政策」(An Open, Sustainable and Assertive Trade Policy)」[12] を発表した。これは，2019 年 12 月に発足した，ウルズラ・フォン・デア・ライエン委員長率いる欧州委員会の方針を反映した新たな通商戦略となる。前体制が 2015 年 10 月に発表した通商戦略「万人のための貿易」を見直すもので，新通商戦略では，「開放性」，「持続可能性」，「EU の利権擁護」の 3 点を軸にしている。EU 経済の「開放性」という従来からの政策を維持しつつ，EU の成長戦略の柱となっている「グリーン化」と「デジタル化」を推進する政策に沿って，貿易の「持続可能性」を通商政策の中核に置きつつ，「EU の利益擁護」を積極的に行うという戦略を示している。

近年，米中貿易摩擦などに象徴される地政学的な緊張などによって，世界的に不確実性が増し，多国間制度やルールを尊重しない動きが高まっており，EU 企業の公平な競争条件が脅かされていると，欧州委員会は強調している。さらには，気候変動への対応とデジタル・トランスフォーメーションが持続可能な開発のためには必要不可欠な要素になるとし，それらは貿易にも変化をもたらし，物品よりもサービス貿易が担う役割が高まっていくとした。また，新型コロナウイルスの感染拡大は，安定的で予測可能な国際ルールや輸送チャンネルに対して新たな課題を生んだと指摘。このような国際情勢や課題に鑑み，通商政策は「より強い EU」の立場を示していく必要があるとし

---

12)　European Commission, "Trade Policy Review - An Open, Sustainable and Assertive Trade Policy"（February 2021）〈https://trade.ec.europa.eu/doclib/docs/2021/february/tradoc_159438.pdf〉.

ている。

　EU は域内・域外ともに開放的な市場であり，世界で最大の物品・サービス貿易の担い手だ。EU の 2019 年の輸出額は総額で約 3.1 兆ユーロ，輸入額は約 2.8 兆ユーロにのぼり，世界 74 か国にとって EU は最大の貿易相手である。また，主要経済圏のなかで貿易が経済に占める割合が最も大きい。

　新通商戦略では，こうした EU の開放性を維持しつつ，国際情勢の変化にも対応し，EU の権利を積極的に擁護するため，欧州委員会のフォン・デア・ライエン体制が政策立案における考え方として掲げる「開かれた戦略的自律性（open strategic autonomy）」を，通商政策でも重視すべきとしている。「開かれた戦略的自律性」とは，EU 独自の選択をしつつ，国際社会で主導権を握り，EU の戦略的な利益と価値を反映させていくという考えである。多様化された持続可能なグローバル・バリューチェーンと，開かれた公正な貿易を確保することが EU にとってとくに重要であり，通商政策においても，EU の開放性と単一市場の魅力を強みとして十分に利用する必要があると強調している。また，こうした開放性は，EU が国際協力，多国間主義，ルールにもとづく秩序の支持者であることを裏づけるもので，EU の利益を追求するために欠かせない要素になると説明している。さらに，EU は，普遍的な価値観の順守や人権の尊重と保護のため，中核的労働基準の順守，「欧州社会権の柱」[13] に沿った社会的保護，ジェンダーの平等，気候変動と生物多様性の損失との闘いを域外国のパートナーとともに進めるべきとしている。

2　地政学的利益にもとづく通商政策と今後の FTA

　EU は多国間主義とルールにもとづく国際秩序の実現には，域外国のパートナーとの緊密な協力が必要だが，既存の国際経済ガバナンスの枠組みは弱体化している。この状態が続けば，従来の経済や貿易関係，安全保障などに

---

13)　「欧州社会権の柱（European Pillar of Social Rights）」とは，雇用機会の均等，公正な労働条件，社会保障の確保といった欧州型の社会モデルを推進するため，EU が 2017 年に採択した 20 の基本原則。2021 年 3 月には行動計画を発表〈https://ec.europa.eu/info/strategy/priorities-2019-2024/economy-works-people/jobs-growth-and-investment/european-pillar-social-rights_en〉。

大きな影響を与えかねないとし，WTO 改革を推進する方針を示している。

　米国は，共通の利益と価値観にもとづく，EU にとって最大で，経済的にも最も重要な貿易相手国である。バイデン新政権の誕生により，WTO 改革をともに進める機会が与えられたとし，米国との連携強化を優先すると明言している。とくに，競争の歪みに取り組み，持続可能な開発に貢献するとともに，経済のグリーン化，デジタル化への移行に向けて緊密に協力していく可能性があるとしている。また，中国との貿易投資関係については重要かつ課題があるとし，より公正な，ルールにもとづいた経済関係を構築することを優先すると示した。中国が，国際貿易において，より大きな義務を覆うように求めながら，国家資本主義経済によって生じている負の流出に対応し，EU との貿易関係の再均衡を図るとした。2020 年 12 月 30 日に大筋合意した包括的投資協定はこうした取り組みの成果のひとつであるが，同協定の批准のためには，協定の効果的な実施，市場アクセス，公平な競争環境の確保，持続可能な開発について，より明確な関与を中国に対して求めるとした。

　貿易協定については，EU の地政学的な野心をグローバルに実現するために，EU は既存の貿易協定の幅広いネットワークを通じて，関係を多様化させ，立場を同じくする国々との同盟を構築する必要があるとしている。

3　通商政策の中期目標と 6 つの重点分野

　新通商戦略では，中期的な通商政策における中核目標として，次の 3 点に集中する必要があるとした。①「欧州グリーンディール」[14] などの環境とデジタル化の目標に沿って，EU 経済の復興と根本的な変革の支援，②より持続可能で，公正なグローバル化のための国際ルール形成，③より自律的に，EU の利益を追求し，権利を行使する能力を強化する。当該目標を達成するために，欧州委員会は 6 つの重点分野における行動計画を定めた（表 13-4）。

　これら重点分野のうち，「6．貿易協定の実施・履行の強化と公平な競争条

---

14)　EU の成長戦略「欧州グリーンディール」については，「新型コロナ危機からの復興・成長戦略としての『欧州グリーンディール』の最新動向」ジェトロ，調査レポート（2021 年 3 月 16 日）〈https://www.jetro.go.jp/world/reports/2021/01/331e9d95b330cf03.html〉参照。

表 13-4　EU の新通商政策における 6 つの重点分野

重点分野	主な行動計画
1.　WTO 改革	・WTO 改革に向けて，WTO の持続可能な開発への貢献を促進し，国家の仲介による競争上のゆがみを防止するルールに関する交渉を発足する。WTO 改革に関して米国との協力を優先する。 ・紛争処理解決制度と上級委員会の機能回復のために働きかける。
2.　環境対応への移行と責任ある持続可能なバリューチェーンの推進	・WTO で気候と持続可能性に関するイニシアチブを推進する。 ・G20 に対し，気候中立達成に向けた取り組み，生物多様性，持続可能な食糧政策，大気汚染，循環型経済など分野での協力強化と，将来締結する協定においてパリ協定順守を「不可欠な要素（essential element）」とする。 ・協定の持続可能な開発章の履行状況をレビューし，改善し，今後の協定の交渉に反映する。 ・持続可能で責任あるバリューチェーンの促進するために，EU 企業に対するガイダンスの提供。
3.　デジタル化への移行とサービス貿易の推進	・野心的で包括的な WTO のデジタル貿易協定の早期の妥結を図る。データ移転の規定と EU のデータ保護枠組みに沿った内容で，高度な消費者保護を確保する。 ・デジタル貿易の課題に関して，共通の考えをもつ国とより緊密な規制協力の可能性を探る。
4.　EU 規制の影響力強化	・戦略分野における競争力強化のため，立場を同じくする国々との規制に関する協議を推進する。規制協力の優先分野の特定と，国際標準機関とのより緊密な協議を実施。 ・EU 米国間の貿易技術評議会を通じ，環境とデジタル化におけるより緊密な EU 米国関係を発展させる。
5.　EU の近隣諸国や加盟候補国，アフリカとの関係強化	・西バルカン諸国等の高度かつ包括的な FTA（DCFTA）締結国を含む，欧州各国との貿易と経済関係の深化。特に環境対応とデジタル化における規制協力を重視する。 ・アフリカとの関係強化のため，アフリカ連合諸国との政治対話と協力，アフリカ大陸自由貿易圏（AfCFTA）の履行を推進する。既存のアフリカ地域経済圏との貿易協定の高度化と拡大を図る。 アフリカおよび近隣諸国との持続可能な投資協定の追求。
6.　貿易協定の実施・履行の強化と公平な競争条件の確保	・交渉中の協定の妥結や合意済みの協定の批准を進め，アジア太平洋，中南米地域などの成長地域との連携を強固にする。 ・主席貿易執行官（Chief Trade Enforcement Officer）を活用し，協定が適切に履行され，企業（特に中小企業，農家）がその利益を最大限に享受できるよう監視する。 ・欧州の企業と市民を不公正な貿易慣行から保護するため，新たな課題に対応するツールを強化する。加えて，輸出クレジットに関する EU の戦略を検討する。 ・ビジネス（特に中小企業）を支援する新たなオンラインツールを開発する。

出所：欧州委員会資料をもとに作成。

件の確保」に関して，近年，EU は多数の協定を締結してきたことから，欧州委員会は，締結済み貿易協定から得られる利益の活用と，市場アクセスと持続的な開発に関するコミットメントの積極的な履行を進めることに注力するとしている。欧州企業などのステークホルダーは，EU が締結した貿易協定によって得られる経済的機会を認識し，最大限に活用すべきだとし，とくにアジア太平洋地域や中南米地域は多くの機会があるとした。そのため，政治合意に達したメルコスール（ブラジル，アルゼンチン，パラグアイ，ウルグアイ）との FTA を含む連合協定と，メキシコとの現代化された貿易協定について批准ができる状況を整備する。また，交渉が順調に進んでいるチリとの FTA の更新や，オーストラリア，ニュージーランドとのそれぞれの FTA の合意を目指すとしている。とくに，EU・メルコスール連合協定の批准に関しては，パリ条約への履行と森林破壊問題に言及し，協定の持続可能な開発章に関するコミットメントを強化すべく，対話を進めていることを明らかにしている。

　既存の貿易協定の履行に関しては，欧州委員会は 2020 年 7 月に新たに首席貿易執行官（Chief Trade Enforcement Officer）を任命し，履行状況の監視に取り組むとしている。EU の「開かれた戦略的自律性」の実現と，中小企業の市場アクセスを支援し，さらには保護主義的な傾向への対抗や EU の輸出に影響を与える歪みを是正することを目的に，首席貿易執行官はさまざまな役割を担う。たとえば，貿易協定がもたらす機会を最大限に活用すること，中小企業等の EU 企業が貿易協定の利益を享受できるよう支援をすること，貿易協定の適切な履行と運用を監視し市場アクセスの障壁や持続可能な開発章への違反に関する申し立ての仕組みを容易にすることを挙げている。また，協定の不履行に関しては WTO や二国間協定にもとづく紛争処理制度に従い，それが機能しない場合には，EU からの対抗措置の実施を認める欧州議会・理事会規則 654/2014 の改正規則（2021/167）[15] を活用するとしている。さらには，EU の産業に不利益が及ばないよう必要に応じて貿易救済措置を実施

15）　通商協定の適用・執行に関する欧州議会・理事会規則 654/2014 を改正し，WTO の紛争処理制度の上級委員会の機能が停止している場合でも，EU が対抗措置を講じることができるように規定した。

することや，安全保障の観点から加盟国に対し投資スクリーニング制度[16]の導入を促進することなどに取り組むべきとしている。

16）「投資スクリーニング規則」（2020 年 10 月適用），"Regulation（EU）2019/452 of the European Parliament and of the Council of 19 March 2019 establishing a framework for the screening of foreign direct investments into the Union," Official Journal of the European Union 〈https://eur-lex.europa.eu/eli/reg/2019/452/oj〉。

第14章

中 南 米
継ぎはぎだらけの協定が乱立・存続

ポイント

◆不完全な関税同盟メルコスール。各国は対外共通関税の例外品目をそれぞれ
設定でき，定期的に入れ替えも可能。自動車はメルコスールの自由化対象外
であり，二国間で部分的な自由化を実施。そうしたなか，EU との間で
2019 年 6 月に包括的な FTA の締結で交渉を妥結させた。

◆政治的要因を背景に 2012 年に発足した太平洋同盟は 2014 年署名の追
加議定書で，既存の二国間 FTA より高水準な自由化を取り決めたほか，原
産地規則を加盟 4 か国で統一した。また，チリも近年，中国，インドとの
協定をアップグレードさせている。

◆中南米地域には，FTA として認知されていない「自由化範囲を限定した貿
易協定」が多数存在する。一方，中米共同市場，カリブ共同体といった完成
度の高い関税同盟も存在する。

　中南米地域には，域内最大規模の関税同盟メルコスール，太平洋側諸国 4
か国で構成される太平洋同盟が存在する。これに加えて，域内 13 か国によ
って構成されるラテンアメリカ統合連合（ALADI）の枠組みで，自由化範
囲が限定された二国間の協定が乱立している。メルコスールは近年，EU と
の FTA が妥結に至るなど開放的な政策に舵を切っており，太平洋同盟も域
内貿易円滑化を目指しながら，同盟国の拡大にも力を入れている。

第 1 節　メルコスールをめぐる FTA の動向

1　メルコスール概要

（1）自動車・同部品と砂糖はメルコスールの対象外

　メルコスールは，1991 年 11 月発効のアスンシオン条約によって設立された関税同盟である。正式加盟国はアルゼンチン，ブラジル，パラグアイ，ウルグアイの 4 か国[1]。域内 GDP は 2 兆 8,387 億ドル，域内人口は 2 億 6,649 万人[2]で，中南米最大規模の通商協定である。関税同盟としては，1995 年 1 月から機能している。

　メルコスールはしばしば，「不完全な関税同盟」，「例外の多い関税同盟」等と紹介される。その理由はいくつか挙げられるが，特徴のひとつが，自動車・同部品と砂糖が自由化の対象外であることだ。これらは産業として重要なため，また，自動車・同部品については 4 か国で産業集積状況に大きな違いがあること等から，加盟国が二国間で個別のルールとして「自動車協定」を締結している。なお，自動車・同部品と砂糖は，ともに将来的にメルコスールの枠組みでの域内自由化を目指すべく，現在も協議が続いている[3]。

（2）対外共通関税率の例外品目が多数

　メルコスールのもうひとつの特徴が，対外共通関税率[4]をすべての正式加盟国が採用している一方で，加盟国ごとに「対外共通関税率の例外品目」

---

1) ベネズエラは，2012 年にメルコスールに正式加盟するも 2016 年 12 月に加盟国資格停止を受けている。ボリビアは，正式加盟するべく 2012 年 12 月に加盟議定書に署名したが，現在も引き続き各国議会での批准承認手続き中。

2) World Bank, "World Development Indicators"（September 2020）〈https://databank.worldbank.org/source/world-development-indicators〉.

3) 砂糖について，メルコスール共同市場審議会（CMC）決議 7/94 および 16/96 で，「2001 年までに域内自由化に関するルールを策定する」と記されている。ただし，協議は現在も継続中。

4) スペイン語では，Arancel Externa Común（AEC），ポルトガル語では Tarifa Externa Comum（TEC）と呼ぶ。

設定が認められていることである。メルコスールは関税同盟のため，たとえば EU 等がそうであるように，非加盟国の産品に対し，加盟国は共通の関税率である対外共通関税率を適用する。しかし，メルコスールでは各国ごとに数百品目におよぶ例外品目を定めることが認められている。例外品目は，NCM コード[5] 8 桁ベースで加盟各国が指定できる。2021 年 3 月時点での各国の例外品目数の上限や，その期限は以下のとおり[6]。

・アルゼンチン　　上限 100 品目　　期限 2021 年 12 月 31 日まで
・ブラジル　　　　上限 100 品目　　期限 2021 年 12 月 31 日まで
・パラグアイ　　　上限 649 品目　　期限 2023 年 12 月 31 日まで
・ウルグアイ　　　上限 225 品目　　期限 2022 年 12 月 31 日まで

　これら例外品目は，半年ごとに全体の 20% を上限に入れ替えることが可能である[7]。また，例外品目の関税率は引き下げることも，WTO に申告している譲許税率を超えない範囲で引き上げることも認められている。ブラジルでは 2021 年 7 月時点で 96 品目が，アルゼンチンでは 100 品目が例外品目に指定されている。

　例外品目の規定はさらに複雑となっており，前述の例外品目以外にも，事実上例外品目とみなせるものがある。そのひとつが「資本財と情報通信財の例外」，もうひとつが「供給上の理由による一時的関税低減措置」である。「資本財と情報通信財の例外」は，国産の類似品がない資本財や情報通信財を「対外共通関税率の例外として扱うことができる」というもので，ブラジルとアルゼンチンは，原則，税率 0% を適用している。品目数の上限について特段の規定はない。「供給上の理由による一時的関税低減措置」は，国産の類似品があっても，「供給上の理由で一時的に関税が低減されるもの」で，

5)　8 桁のメルコスール共通関税番号。上 6 桁は世界税関機構（WCO）の HS コードに準拠。
6)　メルコスール共同市場審議会（CMC）決議 26/15 〈https://www.mercosur.int/documentos-y-normativa/normativa/〉.
7)　メルコスール CMC 決議 58/10 〈https://www.mercosur.int/documentos-y-normativa/normativa/〉.

下のとおり定められている⁸⁾。たとえば，新型コロナウイルス感染症拡大により国内で医療機器や薬剤が不足した際にも適用された。品目数の上限について特段の規定はない。

- ・域内での供給が十分でないとき
- ・国産類似品は存在するが，生産工程を拡大することや生産量を増やすことができない，または経済的に妥当でないとき
- ・国際類似品は存在するが，生産工程が十分でないとき
- ・原材料の域内での入手が困難なとき

　なお，これら例外品目の変更や追加などのプロセスは，民間企業や業界団体などの民間セクターからの要望にもとづいて行われる。

2　メルコスール域内の自動車協定

（1）域内自由化は限定的

　メルコスール各国が，自動車・同部品について個別に締結する自動車協定は，ラテンアメリカ統合連合（ALADI）の枠組みで締結される経済補完協定（ACE）のひとつとして位置づけられている（ALADI 詳細は第 3 節参照）。メルコスール域内の自動車協定には，「ブラジル・ウルグアイ自動車協定（ACE2 号）」，「アルゼンチン・パラグアイ自動車協定（ACE13 号）」，「アルゼンチン・ブラジル自動車協定（ACE14 号）」，「アルゼンチン・ウルグアイ自動車協定（ACE57 号）」，「ブラジル・パラグアイ自動車協定（ACE74 号）」が存在している（表 14-1）。

　これらの自動車協定では，協定ごとに定められた原産地規則を満たすことで，原則，無税で自動車・同部品が輸出入できる。ただ，現時点では域内で完全に自由化されているのは ACE2 号のみで，それ以外の自動車協定では，無税で輸出入できる金額や台数の上限が定められている。協定枠外になると，

---

8)　メルコスール共同市場グループ（GMC）決議 08/08〈https://www.mercosur.int/documentos-y-normativa/normativa/〉.

表 14-1　メルコスール域内の自動車協定概要

締約国	ALADI 枠組み内での協定番号	対象	域内付加価値割合（RVC）	上限	取引対象
ブラジル・ウルグアイ	経済補完協定（ACE）2 号	自動車・同部品	55% 以上	なし	ブラジルからウルグアイ向け
		自動車・同部品	50% 以上	なし	ウルグアイからブラジル向け
アルゼンチン・パラグアイ	経済補完協定（ACE）13 号	自動車	50% 以上	軽減税率を規定 軽減税率：75%	アルゼンチンからパラグアイ向け
		自動車部品			アルゼンチンからパラグアイ向け
		自動車部品	41% 以上	4,500 万米ドル	パラグアイからアルゼンチン向け
アルゼンチン・ブラジル	経済補完協定（ACE）14 号	自動車・同部品	50% 以上	均衡係数を規定	アルゼンチン・ブラジル双方
アルゼンチン・ウルグアイ	経済補完協定（ACE）57 号	自動車	60% 以上	20,000 台	ウルグアイからアルゼンチン向け
		自動車部品	60% 以上	6,000 万米ドル	ウルグアイからアルゼンチン向け
		自動車・同部品	60% 以上	なし	アルゼンチンからウルグアイ向け
ブラジル・パラグアイ	経済補完協定（ACE）74 号	自動車	35% 以上	3,000 台	ブラジル・パラグアイ双方
		自動車部品	40% 以上	4 億米ドル	パラグアイからブラジル向け
		自動車部品	45% 以上	なし	ブラジルからパラグアイ向け

注：1）記載の「上限」は 2021 年のもの。
　　2）軽減税率は，スペイン語で Margen de preferencia，ポルトガル語で Margem de Preferência のことで，いわゆる割引率のこと。ここでいう「軽減税率：75%」は，通常の関税率に対して 75% の軽減税率が適用される（75% 割引になる）を意味する。
出所：ALADI，パラグアイ商工省の資料より作成。

かりに原産地規則を満たしていても有税となり，関税を払って輸入しなければならない。完成車の原産地規則や上限枠は協定ごとに異なる。

（2）輸出入比率条件づけるアルゼンチン・ブラジル自動車協定

　ともに多くの完成車メーカーが進出するアルゼンチンとブラジル間のACE14 号は，両国における自動車関連製品の自由化を目指し，1991 年に発効した。両国には，日系の自動車および自動車部品メーカーも多く進出するため，当該協定を活用して関税無税で輸出入している自動車関連企業も多い。当該協定を活用する際に必要な書類作成言語は，スペイン語あるいはポルトガル語のいずれかしか認められていない点に留意が必要だ。

　ただ，両国のこれまでの政治的，経済的な背景もあり，現在も完全自由化には至っていない。最新の第 44 次追加議定書によれば，2029 年 7 月 1 日以降の域内自由化を規定している。また，両国はともにメルコスールの二大自動車生産国であることから，当該協定では両国が自動車関連製品の輸出入バランスを取る目的で，上限枠ではなく「均衡係数」が規定されている。2021年の均衡係数は 1 対 1.8 で，これは「100 万ドル輸入することで 180 万ドル輸出することが可能」という意味である。当該均衡係数内であれば無税，超過する場合は有税となる。超過した場合の税率は，自動車・同部品ともに，「それぞれの品目で規定されている関税率の 75% に相当する税率」と定められている。アルゼンチンおよびブラジルでは多くの自動車の関税率は 35%のため，同均衡係数を超過した場合，自動車には 26.25% の関税率が賦課されることになる。第 44 次追加議定書による，2020 年 7 月 1 日から 2029 年 6月 30 日までの均衡係数は，以下のとおり。

　・2020 年 7 月 1 日～2023 年 6 月 30 日（3 年間）1 対 1.8
　・2023 年 7 月 1 日～2025 年 6 月 30 日（2 年間）1 対 1.9
　・2025 年 7 月 1 日～2027 年 6 月 30 日（2 年間）1 対 2.0
　・2027 年 7 月 1 日～2028 年 6 月 30 日（1 年間）1 対 2.5
　・2028 年 7 月 1 日～2029 年 6 月 30 日（1 年間）1 対 3.0

3　メルコスールの域外 FTA 動向

（1）開放的政策に舵を切るメルコスール

　メルコスールは，2021 年 3 月時点で 4 つの国・地域と FTA や特恵貿易協定を発効させている。それらは，インド，イスラエル，南部アフリカ関税同盟（SACU）[9]，エジプトと締結したものだが，いずれの協定も物品貿易が中心，かつカバー範囲が限定的なものである。2019 年 6 月に EU との FTA 交渉が妥結に至る以前のメルコスールでは，域外との FTA に対してどちらか

9）　ボツワナ，レソト，ナミビア，南アフリカ共和国，スワジランドから構成される関税同盟。

というと消極的な姿勢が続いていた。

　EU との FTA は，メルコスールにとって初となる包括的な内容をカバーする FTA である。その章立てをみてみると，物品貿易章に加えて，サービスおよび設立章，政府調達章が盛り込まれ，さらに貿易円滑化章や貿易の技術的障害（TBT）章では，WTO 協定に規定された権利義務に加え，同協定に規定されている水準以上の内容が盛り込まれた FTA となっている[10]。また，双方で「持続可能な農業」等について協議することを規定した「対話章」が新たに盛り込まれるなど，農産品の取扱い量が多い両地域ならではの特徴を生かした FTA である点も興味深い。また，当該 FTA の地理的表示（GI）制度のもとで保護される EU 産品の数は 350 品目で，これは，日 EU 経済連携協定（EPA）も含めて EU がこれまでに締結した FTA のなかでもっとも多い。なお，EU とメルコスールの FTA 交渉は前述のとおり妥結したが，2021 年 7 月時点でまだ調印されていない。

　このほか，メルコスールは 2021 年 7 月現在，カナダ，シンガポール，韓国，レバノンと FTA 交渉を継続している。カナダとは 2019 年内，韓国とは2020 年内の妥結を目指していたが，いずれも妥結に至っていない。

（2）対外 FTA 交渉は抜け駆け困難

　メルコスールが「関税削減をともなう貿易協定」の交渉を域外国・地域と実施する場合，各国単独ではなくメルコスール全体で行うとの方針が加盟国間で合意されている[11]。逆に，関税削減をともなわない協定については特段の取り決めはなされていないため，各加盟国が単独で域外国・地域と交渉することは可能である。たとえば，二国間の貿易円滑化および通商関係強化を目指す目的で締結される「貿易・経済協力協定」などは加盟国が単独で交渉・締結することが可能である[12]。ブラジルと米国は 2020 年 10 月，「ブラ

---

10)　2021 年 3 月時点で欧州委員会やブラジル外務省サイトで明らかになっている情報であり，協定条文案も法的精査を受けていない点に留意が必要。

11)　メルコスール CMC 決議 32/00〈https://www.mercosur.int/documentos-y-normativa/normativa/〉.

12)　ブラジルは米国との間で 2020 年 10 月に「米伯貿易・経済協力協定（ATEC）」を締結している。

ジル米国間の貿易・経済協力協定」に署名した。

　なお，批准については，特段の規定がないため，協定ごとに定められている。インド，SACU，エジプトとは全メルコスール加盟国での批准をもって発効した。他方，イスラエルとは，批准した国ごとに発効したため，ウルグアイとは 2009 年 12 月から，パラグアイとは 2010 年 3 月から，ブラジルとは 2010 年 4 月から，アルゼンチンとは 2011 年 9 月から発効している。

第 2 節　太平洋同盟と FTA 先進国チリの動向

1　太平洋同盟の動向

（1）太平洋同盟の成り立ち

　2012 年 6 月，チリ，コロンビア，メキシコ，ペルーの 4 か国を「正規加盟国」とした太平洋同盟が発足した。「同盟」という名称ではあるが，対外共通関税を軸とする関税同盟を志向するものではない。太平洋同盟は，加盟国間の貿易投資交流や経済発展，競争力強化のための財，サービス，資本，人の円滑な流れを阻害する要因を除去するために必要な政策の調整を行う同盟であり，加盟国間の経済交流の促進に向けた取り組みを共同で行う枠組みであるといえる。

（2）太平洋同盟枠組み協定の追加議定書

　太平洋同盟はすでに二国間の FTA が発効している国同士でつくられた枠組みであったが，発足当初は経済統合の目的や組織・体制などについて大まかに定められただけで，加盟国間の貿易・投資促進に向けた具体的な取り決めがなされているわけではなかった。しかし発足後，閣僚会合や次官級の高級事務レベル会合（GAN），作業部会などを通じて交渉が行われ，貿易，投資，サービスなどの分野における具体的な取り決め事項として「太平洋同盟枠組み協定の追加議定書」（以下，追加議定書）がまとめられ，2014 年 2 月の首脳会合で署名された。

　追加議定書は全 19 章からなり，市場アクセス（モノの貿易），原産地規則，

貿易円滑化と税関協力，衛生植物検疫（SPS）措置，貿易の技術的障害（TBT），政府調達，越境サービス貿易，投資，金融サービス，海運サービス，電子商取引，通信，透明性，協定の運営，紛争解決，例外事項などの内容を含む。既存の二国間 FTA にはなかった海運サービス，金融サービスの章などがあるほか，投資やサービスなどの分野で自由化の度合いが既存の二国間 FTA よりも高まっている。また，政府調達についても盛り込まれ，既存の二国間 FTA では政府調達の取り決めがなかったチリ・ペルー間およびメキシコ・ペルー間では，両国間で基準額以上の対象公的機関の調達入札における内国民待遇が保証されることになった。追加議定書の発効により，4 か国間の既存の二国間 FTA の原産地規則は，太平洋同盟の原産地規則に統一された。主要工業品の統一原産地規則としては以下のようなものがある。

・自動車（完成車）

　控除方式で，以下の計算方法で域内付加価値（RVC）が計算される。

$$RVC（\%）=（産品の価額 - 非原産材料の価額）／産品の価額$$

　乗用車，ピックアップトラックおよびバスについては，産品（完成車）の価額に FOB を用いる場合は RVC が 35％，純費用（NC）を用いる場合は RVC が 29％。大型トラックについては FOB の場合は RVC が 30％，NC の場合は RVC が 24％。

・自動車部品（HS コード 8708 項）

　自動車と同じく控除方式。FOB 価格のみ使用可で RVC は 45％。

・カラーテレビ

　4 桁レベルの関税分類変更。液晶パネルやプラズマデバイスなどを輸入して組み立てるだけでも原産品となる。

　さらに 4 か国のいずれもが同一経済圏の構成要素とみなされ，各国の生産プロセスが原産性を判断するうえで累積される。

（3）貿易円滑化のための取り組み

　ほかにも太平洋同盟は域内のさらなる貿易円滑化に向け，近年さまざまな取り組みをしている。

　2015 年 7 月に署名された追加議定書の第一次改定では，化粧品の輸入通関時の自由販売証明書の提示義務撤廃や表示規格・適性製造規範（GMP）の加盟国間での調和などが図られた。2018 年 7 月には，この対象に医薬品と医療機器も加えられることとなった。

　また，2016 年 7 月の首脳宣言では，貿易単一電子窓口（VUCE）を通じて太平洋同盟国間でデータや情報のやりとりができるよう，電子署名の有効性が認識された。2018 年 6 月には VUCE を通じた原産地証明書の発給や電子税関申告の相互運用が開始され，すべての域内貿易手続きが VUCE を通じて行えるようになっている。

　さらに，関税手続き迅速化のため，2017 年には認定事業者（AEO）の相互認証ができるようアクションプランが署名され，2018 年 7 月以降，実行に移されている。

（4）太平洋同盟の拡大

　太平洋同盟は発足当時から開かれた統合体を掲げており，新規加盟を歓迎している。太平洋同盟は周辺国での左派政権成立などの政治情勢を背景に設立された統合体で，貿易・投資の自由化はその構成要素のひとつではあるが，正式な加盟国になる要件として，正規加盟 4 か国すべてとの二国間 FTA を発効させる必要があると定められている。また，上述の追加議定書への署名，批准の必要がある。太平洋同盟の発足当初，パナマとコスタリカは正規加盟国入りに関心を示し，加盟国候補のオブザーバー国として承認されていた。両国とも正式加盟に向け正規加盟国との二国間 FTA 交渉を続けていたが，パナマはいまだコロンビアとの FTA を発効できていない。コスタリカはすべての正規加盟国と二国間 FTA を発効しているが，カルロス・アルバラド大統領の方針などからその後の加盟プロセスが進んでいない。

　一方，2017 年頃から，米国の TPP 離脱や保護主義の台頭に対し，太平洋同盟として自由貿易推進という方針の堅持と同盟の特徴である開放性につき，

加盟国間であらためて認識を共有する必要が生じた。また，太平洋同盟発足
当初から基本方針に盛り込まれていたアジア太平洋地域との関係強化に向け
て，本腰を入れなければならない時期にも至った。こうした状況を受け，
2017 年 3 月の太平洋同盟 4 か国の首脳によるビデオ会合では，アジア太平
洋諸国との連携を密にするため太平洋同盟と早期かつ高水準な協定締結を望
む国を，「準加盟国（Estado Asociado）」と位置づけるという方針が示された。
2017 年 6 月 2 日の太平洋同盟閣僚協議会では，「準加盟国に関する指針」が
採択された。同指針では主に以下の事項が規定されている。

・準加盟国として認定されるプロセスは，正規加盟国からの招待，あるい
　は準加盟国となることを望む域外国からの要請によって始まる。
・招待や要請が承認された場合，太平洋同盟と域外国の間で経済連携・通
　商交渉（FTA）が開始されるが，最初に太平洋同盟側から交渉の範囲と
　スケジュール案が域外国に提示され，域外国の同意を求める。FTA の
　範囲については，最低でもモノの貿易，サービス貿易，投資の三分野が
　含まれなければならない。

　この指針にもとづき，同年 6 月 30 日の太平洋同盟首脳会合にて，カナダ，
オーストラリア，ニュージーランド，シンガポールの 4 か国を準加盟国候補
とし，加盟に向けた交渉の開始が発表された。また，2019 年 7 月に開催さ
れた首脳会合では，韓国とエクアドルも準加盟国候補となった。これらの
国々のなかには，「環太平洋パートナーシップに関する包括的及び先進的な
協定（CPTPP）」や米国・メキシコ・カナダ協定（USMCA）など，正規加盟
国とすでに多国間通商協定が発効している国もある。ただし，この場合でも，
指針には明記されていないものの，準加盟国として認定されるためには，別
途太平洋同盟との単一の FTA 協定の締結が必要となる[13]。
　また太平洋同盟には，投票権はないものの，首脳会合と閣僚会合への出席

---

13)　中畑貴雄「太平洋同盟の閣僚評議会，『準加盟国』に関する指針を採択」ジェトロ，
　　ビジネス短信（2017 年 6 月）〈https://www.jetro.go.jp/biznews/2017/06/31b139c55c2dd0
　　2a.html〉。

が可能なオブザーバー国というカテゴリーもあり，2021年6月時点では57か国がオブザーバー国として参加している。米州だけでなく，アジアや欧州など幅広い地域の国が参加しており，日本も2013年1月からオブザーバー国となっている（表14-2）。

2　FTA先進国チリの動向

（1）積極的なFTA戦略

チリは1990年代後半からFTAの締結を本格化させてきた。1996年のメルコスールとの協定を皮切りに，カナダ（1997年），メキシコ（1998年），米国（2004年）など最初に米州域内でFTAの締結を進め，続いてEU（2003年），EFTA（2004年）など欧州とのFTA締結も積極的に進めた。さらに，中南米の他国に先駆けてアジア諸国とのFTA締結に乗り出し，韓国（2004年），中国（2006年），日本（2007年）との協定を発効させた。2021年3月時点では65の国・地域と30の協定を締結している（すべて発効済み）。往復の貿易額に占めるFTA締結国との貿易額の割合は95%にのぼり[14]，これは世界的にみても非常に高い水準である。

（2）深化協定の交渉，発効が進む

近年のチリのFTA動向の特徴としては，すでに締結済みの協定につき，拡大や深化の交渉と発効を進めている点が挙げられる。初期に発効した拡大協定のひとつとして，インドとの特恵貿易協定の拡大協定がある。同特恵貿易協定は発効当初，特恵関税の対象となっていた品目はインド側296品目，チリ側266品目とわずかなものであったが，2017年5月の拡大協定発効により，インド側1,110品目，チリ側2,099品目の関税を10〜50%の範囲で引き下げることとなった。

また，中国との深化協定が2019年3月に発効している。深化協定では，物品貿易，サービス貿易のほか，電子商取引，原産地規制，通関手続きおよび貿易円滑化，経済および技術的協力，貿易規制の7つの章が追加された。

14）　2020年データ。特恵貿易協定締結国・地域との貿易額も含む。

表14-2　太平洋同盟の加盟国・オブザーバー国

ステータス	条件	会合出席	国名	国数
正規加盟国	全正規加盟国との二国間FTA および追加議定書を批准した国	全会合	チリ，コロンビア，メキシコ，ペルー	4
加盟国候補オブザーバー国	半数の正規加盟国との二国間FTA を批准した国。申請と承認が必要。	全会合	コスタリカ，パナマ	2
準加盟国	太平洋同盟との単一FTA を締結・批准した国（正規加盟国との二国間FTA 批准は要件ではない）	未規定	なし	0
オブザーバー国	閣僚評議会の承認のみ	首脳会合，閣僚会合のみ	アルゼンチン，カナダ，エクアドル，エルサルバドル，米国，グアテマラ，ハイチ，ホンジュラス，パラグアイ，ドミニカ共和国，トリニダード・トバゴ，ウルグアイ，エジプト，モロッコ，韓国，アラブ首長国連邦，フィリピン，インド，インドネシア，イスラエル，日本，カザフスタン，中国，シンガポール，タイ，ドイツ，アルメニア，オーストリア，アゼルバイジャン，ベルギー，ベラルーシ，クロアチア，デンマーク，スロバキア，スペイン，フィンランド，フランス，ジョージア，スロベニア，ギリシャ，ハンガリー，イタリア，リトアニア，ノルウェー，オランダ，ポーランド，ポルトガル，英国，チェコ，ルーマニア，セルビア，スウェーデン，スイス，トルコ，ウクライナ，オーストラリア，ニュージーランド	57
加盟国・オブザーバー合計				63

注：オブザーバー国（加盟国候補も含む）が各会合に出席するためには議長国の招待が必要。準加盟国候補はオブザーバー国に含まれる。

出所：太平洋同盟ウェブサイト，「太平洋同盟オブザーバー国の参加指針」などから作成。

このほか，チリ産の木材や中国産の糖類，織物，工業製品など関税撤廃品目も追加された。くわえて，非 FTA 締結国での輸送または積み替えの貨物滞留期間の延長や，原産地証明書の発給委託を認めたほか，輸出者に加え生産者による原産地証明書の発行依頼を可能とした。また，支払い済み関税の還付申請期限が無制限に延長されたり，原産地証明書を掲示する必要のない額が 1,000 ドル未満へ引き上げられたりするなど，両国間の貿易円滑化に資するべく，さまざまなルールが改正された。

2021 年 6 月時点では，EU や韓国などとも深化協定の締結につき交渉を進めている。

（3）CPTPP 批准状況

チリは CPTPP の原型となった太平洋間戦略経済連携協定（P4）の加盟国であり，2018 年 3 月の CPTPP 署名までは加盟各国に積極的な働きかけを行うなど，CPTPP 発効に向けて，非常に前向きな姿勢であった。しかし，チリはすでに CPTPP 全加盟国と二国間 FTA を発効済であるため CPTPP による新たなメリットが少ないことや，さらなる外資参入などに対して一部で懸念の声があった。そのため国内手続きは慎重に進められていたところ，2019 年 10 月に勃発した大規模な反政府デモの対応で，他に優先的に審議しなければならない事案が生じ，同年 11 月，CPTPP は上院の最優先取り組み事項から除外された。2021 年 6 月時点でも，引き続き上院で審議中である。

第 3 節　中南米・カリブ地域のその他の貿易協定

1　ラテンアメリカ統合連合（ALADI）

（1）自由化範囲限定の二国間協定が乱立

ラテンアメリカ統合連合（ALADI: Asociación Latinoamericana de Integración）は，中南米地域の経済統合実現を目指して域内 11 か国[15]によっ

---

15)　アルゼンチン，ブラジル，パラグアイ，ウルグアイ，チリ，コロンビア，ペルー，

て設立された組織である。1961 年に発足したラテンアメリカ自由貿易連合
（LAFTA）を改編する形で，1980 年 8 月に調印されたモンテビデオ条約によ
って設立された。事務局はウルグアイの首都モンテビデオに設置されている。
条約では域内経済統合を目指すと謳われているものの，40 年以上経過した
今でも，加盟各国が ACE（Acuerdo de Complementación Económica：経済補
完協定）と呼ばれる貿易協定を二国間あるいは複数国間で個別に締結してい
るというのが実態である。たとえば CPTPP のように，1 つの貿易協定のも
とで加盟国が互いに自由化の約束を履行するという形にはなっていない。も
ちろん関税同盟でもなく，ましてや EU のように共同市場が形成されている
わけでもない。

　他方，1990 年代以降，メキシコ，チリ，コロンビアなど一部の加盟国は
自由化水準の高い自由貿易協定（FTA）[16] を域内他国と締結しはじめたが，
それらの FTA は ALADI にも登録されており，ALADI のなかでは「ACE の
何番」という名称が付けられている。たとえば，1998 年に締結されたメキ
シコ・チリ FTA（1999 年発効）は ACE の 41 番だ。また，1991 年に設立さ
れたブラジル・アルゼンチン・ウルグアイ・パラグアイで構成される関税同
盟メルコスールも，ALADI の協定としては ACE の 18 番である。

　さらに，対象範囲がモノの自由化のみで，かつ自由化対象品目も関税削減
率も限定的な貿易協定も，ACE として域内で多数締結されている。たとえ
ば，アルゼンチン・メキシコ協定（ACE の 6 番）やキューバ・メキシコ協
定（ACE の 51 番）などだ。また，メルコスールで自由化の対象になってい
ない分野について，各国が別途二国間で締結している協定もある。いわゆる
自動車協定と呼ばれるものがその代表で，メルコスール加盟 4 か国同士がそ
れぞれ二国間で，自動車・同部品の関税減免に特化した ACE を締結してい
る。FTA という名称も有さず，WTO でも FTA とは認知されていない [17] こ

エクアドル，ボリビア，ベネズエラ，メキシコ。1991 年にキューバ，2012 年にパナマ
　が加盟し現在は 13 か国。
16)　実質的にすべての貿易の自由化を条件とする GATT24 条の規定を満たしたもので，
　モノの自由化以外にもサービス，投資，政府調達，知的財産，紛争処理など含む協定。
17)　WTO には GATT24 条にもとづく FTA としてではなく，授権条項にもとづく地域貿
　易協定として登録されている。授権条項とは，開発途上国には GATT24 条の条件を厳

れらの ACE は現在も有効で，更新や改定が頻繁になされているものもある。したがって，中南米における貿易協定を捕捉するためには，ALADI の ACE も把握しておく必要がある。

（2）域内協定管理人としての ALADI

ALADI 事務局によると，2021 年 3 月現在有効な ACE は 42 件存在する。失効しているものや別の ACE に代替されたものもあるため番号は飛び飛びになっているが，直近のものは 2020 年 8 月に締結されたチリとエクアドルの ACE で（2021 年 3 月現在未発効），その番号は 75 番である。

ACE とは別に ALADI には，全加盟国が参加する AR（Acuerdo Regional：域内包含協定）[18] と呼ばれる"類（たぐい）"の協定が存在する。ただ AR（AAR）は，関税譲許の方法や域内低開発国への優遇措置など，ALADI 域内における自由化実施の大枠と一般論を規定したもので，自由化を具体的に規定したいわゆる貿易協定の類ではない。これに対し，AAP（Acuerdo de Alcance Parcial：域内部分協定）と呼ばれる，一部の加盟国間だけで締結される類の協定がある。ALADI の仕分け上 ACE は，この AAP の一形態という位置づけになっている。ACE のほかに AAP の一形態に分類されている協定としては，APC（貿易促進協力協定）や AAG（牧畜・種子協定）などがある。

ALADI 事務局のホームページに掲載されている協定一覧[19] をみると，AR（AAR），AAP，ACE はじめ複数の種類の協定が並んでいるが，関税引き下げが具体的に規定されている協定は ACE であるため，域内貿易を行う日本企業関係者が自由化対象品目や特恵税率を調べる場合には，ACE を確認することが重要である。協定一覧では，協定（Acuerdo）を意味する A が省かれて CE（経済補完）と表記されている。「AAP.CE 番号・締約国名」と

格に求めない取り極め。（WTO と FTA の関係は第 2 章参照。）メルコスールも GATT24 条ではなく授権条項にもとづく関税同盟として WTO に登録されている。なお，WTO に登録されていない協定もある。

18）　AAR（Acuerdo de Alcance Regional：域内包含到達協定）と表記されることもある。

19）　ALADI 事務局〈http://www.aladi.org/sitioaladi/acuerdosactuales/〉。

いった表記である．また，ACE は比較的頻繁に改定され，その度に「追加議定書（Protocolo Adicional）」が締結されている．ホームページの協定一覧には，各 ACE の協定文本体ととともに追加議定書も時系列で掲載されている．現在有効な 42 件の ACE の一覧表を表 14-3 にまとめた．1980 年代や 1990 年代に締結された協定が幾多の改定を繰り返し，現在でも多数存続していることがわかる．

2　ALADI に属さない中米・カリブの関税同盟

（1）中米共同市場（CACM）

　第二次世界大戦後に中南米地域で域内経済統合の議論が始まるなか，コスタリカ，エルサルバドル，グアテマラ，ホンジュラス，ニカラグアの中米 5 か国[20] は 1951 年 10 月，経済統合や地域紛争解決などを目的としたサンサルバドル憲章に調印し，中米機構（ODECA）を設立した[21]．これが中米における経済統合プロセスの始まりである．ODECA の設立から約 10 年後の 1960 年 12 月に，コスタリカを除く 4 か国は，域内貿易の自由化と共同市場の創設を目的とした「中米経済統合一般条約」を締結，翌 1961 年 6 月に条約は発効した．その後，1963 年にコスタリカも条約に加盟した．

　同条約の第 1 章第 1 条に，加盟各国は「関税同盟としての中米共同市場を創設する」ことに同意すると謳われていることから，この中米 5 か国による統合体は，「中米共同市場（英語表記 CACM: Central American Common Market，西語表記 MCCA: Mercado Común Centroamericano）」と称される．また，CACM の発足日も一般的には，「中米経済統合一般条約」が発効した 1961 年 6 月とされている．

　CACM の域内関税は，コーヒー，砂糖，蒸留酒などを除くタリフラインの 99% の品目で撤廃されている．対外共通関税は，自動車・同部品などを除くタリフラインの約 9 割の品目で導入されている．対外共通関税の税率は 0%，5%，10%，15% の四種類に集約されており，品目別の税率表は，中

---

20)　5 か国は 1924〜1939 年まで中米連邦共和国を結成していた．
21)　1991 年 12 月にテグシガルパ議定書が採択され，ODECA は発展的に解消され SICA（中米統合機構）に改組された．

表 14-3　現在有効な ALADI の経済補完協定（ACE）

番号	締約国	発効日	直近の改定	備考
2	ブラジル・ウルグアイ	1986 年 10 月 16 日	第 81 次追加議定書（2021 年 2 月 20 日発効）	自動車協定含む
6	アルゼンチン・メキシコ	1987 年 1 月 1 日	第 15 次追加議定書（2007 年 1 月 1 日発効）	
13	アルゼンチン・パラグアイ	1989 年 11 月 28 日	第 2 次追加議定書—自動車分野の追加（2020 年 4 月 1 日発効）	自動車協定含む
14	アルゼンチン・ブラジル	1990 年 12 月 20 日	第 44 次追加議定書（2020 年 5 月 26 日発効）	自動車協定含む
16	アルゼンチン・チリ	1991 年 8 月 2 日	第 31 次追加議定書（2019 年 9 月 15 日）	
18	アルゼンチン・ブラジル・パラグアイ・ウルグアイ（メルコスール）	1991 年 11 月 29 日アスンシオン条約発効	第 212 次追加議定書（2020 年 9 月 27 日発効）第 213 次追加議定書（2020 年 11 月 30 日調印・未発効）	自動車分野は二国間協定で別途規定
22	ボリビア・チリ	1993 年 4 月 6 日	第 15 次追加議定書（2006 年 12 月 8 日発効）	
23	チリ・ベネズエラ	1993 年 4 月 4 日	第 2 次追加議定書（1995 年 10 月 11 日発効）	
24	チリ・コロンビア	1993 年 12 月 6 日	第 9 次追加議定書（2009 年 5 月 8 日発効）	
33	コロンビア・メキシコ・ベネズエラ	1995 年 1 月 1 日	第 8 次追加議定書—ベネズエラ離脱（2011 年 8 月 2 日発効）	ベネズエラ離脱
35	メルコスール・チリ	1996 年 10 月 1 日	第 65 次追加議定書（2021 年 4 月 13 日発効予定）	
36	メルコスール・ボリビア	1997 年 2 月 28 日	第 29 次追加議定書（2017 年 1 月 25 日調印・発効は各国別）	
38	チリ・ペルー	1998 年 7 月 1 日	第 3 次追加議定書（2009 年 3 月 1 日発効）	
40	キューバ・ベネズエラ	2001 年 8 月 28 日	第 5 次追加議定書（2013 年 11 月 4 日調印）	
41	チリ・メキシコ	1999 年 8 月 1 日	協定管理委員会決議第 10 号（2016 年 6 月 8 日・14 日発効）	
42	チリ・キューバ	2008 年 6 月 27 日	第 3 次追加議定書（2017 年 11 月 7 日発効）	
46	キューバ・エクアドル	2001 年 3 月 13 日	第 3 次追加議定書（2019 年 1 月 28 日発効）	
47	ボリビア・キューバ	2001 年 8 月 22 日	第 1 次追加議定書（2011 年 12 月 19 日発効）	
49	コロンビア・キューバ	2001 年 7 月 14 日	第 2 次追加議定書（2008 年 11 月 19 日発効）	
50	キューバ・ペルー	2001 年 3 月 9 日	調整議定書（2009 年 3 月 12 日調印・未発効）	
51	キューバ・メキシコ	2001 年 2 月 28 日	第 5 次追加議定書（2020 年 12 月 23 日調印・未発効）	
53	ブラジル・メキシコ	2003 年 5 月 2 日	第 3 次追加議定書（2007 年 6 月 25 日発効）	54 番（メキシコ・メルコスール）発効に伴い 53 番は消滅すると規定されているが，54 番は大枠合意のみで関税譲許表の交渉が未了。よって，53 番が依然有効。
54	メルコスール・メキシコ	2006 年 1 月 5 日	物品貿易（自動車以外）の自由化は交渉中	
55	メルコスール・メキシコ（自動車協定）	2003 年 1 月 1 日2011 年 2 月 1 日（パラグアイ）	第 7 次追加議定書（2020 年 10 月 9 日発効）	メキシコ・メルコスール FTA が完成すれば 55 番はそれに統合されると規定。
57	アルゼンチン・ウルグアイ	2003 年 5 月 1 日	第 2 次追加議定書（2008 年 8 月 1 日発効）	自動車協定
58	メルコスール・ペルー	2006 年 1 月 2 日	第 6 次追加議定書（2018 年 3 月 27 日調印・発効不明）	
59	メルコスール・コロンビア・エクアドル・ベネズエラ	2005 年 1～4 月	第 9 次追加議定書（2011 年 12 月 22 日調印・未発効）	各国毎に発効日異なる
60	メキシコ・ウルグアイ	2004 年 7 月 15 日	決議第 3 号（2020 年 12 月 18 日）	

62	メルコスール・キューバ	2007〜2008 年		各国毎に発効日異なる
63	ウルグアイ・ベネズエラ	2009 年 4 月 3 日	第 2 修正議定書（2013 年 3 月 20 日）	
64	パラグアイ・ベネズエラ	2008 年 8 月 16 日		日付は調印日・未発効
65	チリ・エクアドル	2010 年 1 月 25 日	第 1 次追加議定書（2019 年 3 月 4 日発効）	
66	ボリビア・メキシコ	2010 年 6 月 7 日		
67	メキシコ・ペルー	2012 年 2 月 1 日		
68	アルゼンチン・ベネズエラ	2013 年 1 月 2 日	ベネズエラは 2012 年にメルコスールに正式加盟。その後 2016 年 12 月に資格停止。ACE68 番，69 番はベネズエラのメルコスール復帰までの暫定的な協定。	
69	ブラジル・ベネズエラ	2014 年 10 月 14 日		
70	ボリビア・キューバ・ベネズエラ・ニカラグア	2014〜2015 年		各国毎に発効日異なる
71	キューバ・パナマ	2009 年 8 月 20 日	第 1 次追加議定書（2013 年 12 月 18 日調印・発効不明）	
72	メルコスール・コロンビア	2017〜2019 年	第 1 次追加議定書（2018 年 7 月 23 日調印・未発効）	各国毎に発効日異なる
73	チリ・ウルグアイ	2018 年 12 月 13 日		物品貿易以外の自由化を規定（物品貿易は ACE35 番）
74	ブラジル・パラグアイ	2020 年 9 月 28 日	第 1 次追加議定書（2020 年 9 月 28 日発効）	自動車協定
75	チリ・エクアドル	2020 年 8 月 13 日	日付けは調印日，未発効。発効に伴い ACE65 番は失効する。	

【ALDI の ACE として登録されていない中南米地域内の協定】

	アンデス共同体（コロンビア，エクアドル，ペルー，ボリビア）自由貿易地域	2006 年 1 月 1 日		
	パナマ・チリ FTA	2008 年 3 月 7 日		
	中米 3 か国（エルサルバドル，ホンジュラス，グアテマラ）・コロンビア FTA	2009〜2010 年		各国毎に発効日異なる
	中米 5 か国・チリ FTA	2002〜2012 年		各国毎に発効日異なる
	ペルー・パナマ FTA	2012 年 5 月 1 日		
	ペルー・コスタリカ FTA	2013 年 6 月 1 日		
	中米 5 ヵ国・メキシコ FTA	2013 年 9 月 1 日		
	パナマ・メキシコ FTA	2015 年 7 月 1 日		
	太平洋同盟（メキシコ・コロンビア・ペルー・チリ）	2016 年 5 月 1 日	4 か国統一基準での自由化を具体的に規定した「太平洋同盟枠組み協定の追加議定書」（2014 年 2 月 10 日署名）の発効日。太平洋同盟自体の発足は 2012 年 6 月。	
	ペルー・ホンジュラス	2017 年 1 月 1 日		

出所：ALADI 事務局ホームページ（2021 年 3 月時点），および各国政府公式ページより作成。

米経済統合常設事務局（SIECA）の WEB ページにデータベース形式で掲載されている[22]。HS コードや品目名などを入力すると，税率が表示される仕組みになっている。

　一方，地理的に中米地域に位置しながらも，歴史的背景もあり中米 5 か国とは動きを異にしてきたパナマ。パナマは，1991 年 12 月に ODECA から発展改組され新設された「中米統合機構（SICA）」には加盟したものの，CACM には参加せず，中米各国との間で二国間 FTA を締結していった。そうしたなか，2007 年から CACM と EU との間で FTA（正式名称は連合協

---

22)　SIECA〈https://www.aduanas.sieca.int/aci〉参照。

定）の締結交渉が始まり，パナマはこれに途中参加する意向を表明した。しかし，CACM への参加が EU との協定交渉参加の条件とされたため，パナマは 2013 年 5 月から CACM に正式参加した。なお，EU と CACM（パナマ含む）の連合協定は 2012 年 6 月に調印され，ホンジュラス，ニカラグア，パナマが 2013 年 8 月，コスタリカ，エルサルバドルが同年 10 月，グアテマラが同年 12 月に発効させている。

（2）カリブ共同体（CARICOM）

　カリブ地域は，スペイン語圏であるキューバ，ドミニカ共和国と，ジャマイカ，バルバドス，ガイアナなど英語圏旧英領諸国[23] に大別される。言語，人種，歴史的背景から後者はラテンアメリカと呼ばれることはなく，それゆえ ALADI にも加盟していない。一般的には，後者の国々がカリブ諸国と称される。カリブ諸国における経済統合の取り組みは，カリブ自由貿易連盟（CARIFTA）が設立された 1968 年から始まった。その後，CARIFTA を発展させる形で，経済統合に加えて外交，人権，社会保障分野などでの協力も包含したチャガラマス条約が，バルバドス，ガイアナ，ジャマイカ，トリニダード・トバゴの 4 か国によって署名され，それにもとづき 1973 年 7 月に「カリブ共同体（CARICOM: Caribbean Community）」が発足した。翌年にはアンティグア・バーブーダ，ドミニカ共和国など 8 か国が加盟し，2021 年 3 月現在，14 か国・1 地域[24] が加盟している。

　CARICOM は，「関税及び貿易に関する一般協定（GATT）」24 条の要件[25] を満たした関税同盟として WTO に登録されている。域内貿易は原則すべて自由化されており，域外の物品に対しては CET（Common External Tariff）と呼ばれる対外共通関税が適用されている。CET の税率表は，世界

---

23) ただし，ハイチは旧フランス領，スリナムは旧オランダ領。

24) アンティグア・バーブーダ，バハマ，バルバドス，ベリーズ，ドミニカ共和国，グレナダ，ガイアナ，ハイチ，ジャマイカ，セントクリストファー・ネービス，セントルシア，セントビンセント・アンド・グレナディーン諸島，スリナム，トリニダード・トバゴ，英領モンセラット。

25) 実質的にすべての貿易を自由化することを条件に，域外国への同等な自由化義務を負わない「最恵国待遇の例外」が認められる。

税関機構（WCO）が定めた関税分類基準である「HS2017年版」に準拠した改訂版が，2018年4月にCARICOM事務局によって公表されている。改訂版の税率表はインターネットにPDF形式で公開されている[26]。

　また，2001年には，チャガラマス条約が改訂された。同条約では，サービス，資本移動，開業，人の移動などを自由化するCARICOM単一経済市場（CSME: CARICOM Single Market and Economy）の創設を目指すことが謳われた。サービス貿易については自由化が実現しており，CARICOMは「サービスの貿易に関する一般協定（GATS）」第5条の要件[27]を満たした地域協定としてもWTOに登録されている。サービス貿易以外の分野では自由化がまだ完成していないが，CARICOM加盟国は引き続き，CSMEという「単一市場」の創設を目指している。

---

26)　CARICOM ⟨https://caricom.org/documents/16273-revised_cet_of_caricom_hs_2017_revised_11_april_2018_（for_link）.pdf⟩.

27)　相当な範囲の分野（substantial Sectoral Coverage）で自由化が約束されている場合には，域外国への同等の自由化義務を負わない「最恵国待遇の例外」が認められる。

第15章

ロシア・CIS，中東，アフリカ

ポイント

◆ロシア・CIS[1] 地域おける域内 FTA の代表的なものは，ロシアが主導するユーラシア経済連合（EEU）と CIS 自由貿易圏（CIS・FTA）である。域外 FTA では，EEU が非欧米諸国と締結したものと，ウクライナ，モルドバ，ジョージア[2] が欧米諸国との関係強化を目指し締結したものに二分される。

◆中東ではトルコの FTA 政策の積極性が目立つ。周辺諸国にとどまらず，2020 年以降，ベネズエラや英国との間でも FTA を発効している。日本との間では，2021 年 6 月時点では交渉中となっている。また，湾岸協力理事会（GCC）は関税同盟などを通じて，域内統合と対外アクセスの改善を進めている。近年は，イスラエルも意欲的に FTA 締結を進めている。

◆アフリカでは 2021 年 1 月からアフリカ大陸自由貿易圏（AfCFTA）が運用開始となった。また，アフリカ市場への参入の足掛かりとして，中国およびインドはそれぞれアフリカとは初となる二国間 FTA をモーリシャスと締結。米国も今後のモデルケースとして，ケニアとの FTA 交渉を進めている。

1) CIS とは Commonwealth of Independent States（独立国家共同体）の略称。バルト三国を除く旧ソ連諸国で構成。ウクライナとジョージアは当初加盟していたが，ジョージアは 2009 年に脱退。ウクライナは 2018 年に脱退に関する大統領令に署名。
2) ジョージアの国名呼称について日本では，2015 年 4 月まではグルジアとしていた。

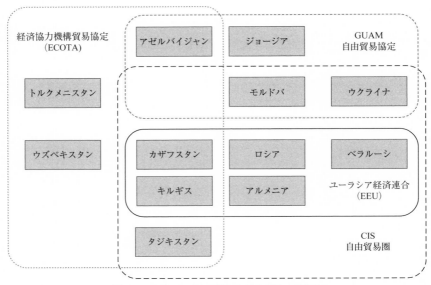

図 15-1　ロシア・CIS 地域における FTA の枠組み
注：1）ウズベキスタンは CIS 自由貿易圏加盟国と FTA を締結。
　　2）ECOTA にはトルコ，イラン，パキスタン，アフガニスタンも加盟。
出所：ジェトロ作成。

第 1 節　ロシア・CIS 地域の通商政策と FTA 動向

1　ロシア・CIS 地域の FTA 概要

　ロシア・CIS 地域の域内 FTA の中核を担うのはユーラシア経済連合（EEU）と CIS 自由貿易圏（CIS・FTA）である（図 15-1 参照）。EEU はロシア，ベラルーシ，カザフスタン，キルギス，アルメニアの 5 か国で形成されている。CIS・FTA は EEU 加盟国にウクライナ，モルドバ，タジキスタンを加えた合計 8 か国が締結している。

　ロシア・CIS 地域内で EEU にも CIS・FTA にも加盟していないのはウズベキスタン，アゼルバイジャン，ジョージア，トルクメニスタンであるが，ウズベキスタンは CIS・FTA 加盟国と特恵関税を適用する議定書[1] を締結している。また，アゼルバイジャンはロシアと個別に二国間 FTA を締結し

ているほか, GUAM[2] や経済協力機構貿易協定 (ECOTA) によって, 他の
CIS 諸国との間の貿易で特恵関税の適用を確保している。ジョージアも
GUAM に加え, ロシアやカザフスタン, アルメニアなどと個別に二国間
FTA を結んでいる。トルクメニスタンはロシア, ウクライナ, ジョージア,
アルメニアと FTA を締結しているほか, ECOTA 加盟国との間で関税優遇を
享受している。

(1) ユーラシア経済連合 (EEU) の概要

　EEU の発足はソビエト連邦崩壊後の CIS 地域における経済統合構想に端
を発している。この構想を最初に提唱したのはカザフスタンの初代大統領で
あるヌルスルタン・ナザルバエフ氏である。本構想にもとづき, 1995 年に
ロシア, ベラルーシ, カザフスタンの間で関税同盟に関する協定が署名され
た。その後, この 3 か国にキルギス, タジキスタンが加わった 5 か国が
1999 年に「関税同盟および統一経済圏に関する条約」を署名し, 同条約に
記載された内容を推進する母体として 2001 年にユーラシア経済共同体 (Eu-
rAsEC) が立ち上げられた。2007 年 10 月には「統一関税領域の創設と関税
同盟の形成に関する条約」をロシア, ベラルーシ, カザフスタンの 3 か国が
署名, 加盟国間で関税や数量規制を適用しないとする関税同盟の基本原則が
確立された。

　3 か国による関税同盟が本格的に機能しはじめたのは 2010 年である。
2010 年 1 月の対外共通関税導入を皮切りに, 同年 7 月には共通の税関規則
を定める関税同盟関税基本法が発効。2011 年 7 月には加盟国間の国境での
税関検査や動植物検疫措置が撤廃された。

　2012 年には関税同盟加盟国の経済統合の深化を目的に, 物品に加え, (a)
サービス, 資本, 労働力の移動の自由化, (b) 政策・規則の統一化, (c) マ
クロ経済政策の協調, (d) 分野ごとの市場統合などを目指す「統一経済圏」
という枠組みが導入された[3]。

---

1)　2011 年 10 月 18 日付自由貿易圏に関する協定の適用に関する協定当事国とウズベキ
　　スタンとの議定書。
2)　正式名称は「民主主義・経済発展のための機構 (GUAM)」。

2014 年 5 月には関税同盟と統一経済圏を合体する「ユーラシア経済連合に関する条約」が署名され，2015 年 1 月にユーラシア経済連合（EEU）が発足した。発足と同時にアルメニアが，同年 7 月にはキルギスが加盟し，加盟国は計 5 か国に拡大した。これにともない，統一の税関規則も刷新され，EEU 関税基本法が 2018 年 1 月に発効。通関手続きの電子化，HS コードや課税標準価格の事前教示制度の導入など，貿易円滑化を促進する内容が盛り込まれている。

（2）CIS 自由貿易圏（CIS・FTA）の概要

CIS・FTA 創設の経緯は 1994 年にさかのぼる。同年 4 月に，当時 CIS を構成していたロシア，ベラルーシ，ウクライナ，モルドバ，ウズベキスタン，カザフスタン，キルギス，タジキスタン，トルクメニスタン，アゼルバイジャン，アルメニア，ジョージアの 12 か国の間で自由貿易圏創設に関する協定が署名された。しかし，その後，2003〜2005 年のジョージア，ウクライナ，キルギスで民主化を掲げて起こった「カラー革命」により各国とロシアとの関係が変化。また，2008 年 8 月に勃発したロシアとジョージア間の紛争を契機として，ジョージアが 2009 年 8 月に CIS を脱退するなど，足並みの乱れが生じた。

こういった経緯があり，CIS・FTA に関する協定は 17 年の時を経て 2011 年 10 月にロシア，ベラルーシ，ウクライナ，モルドバ，カザフスタン，キルギス，タジキスタン，アルメニアの 8 か国でようやく署名された。2012 年 8 月までにロシア，ベラルーシ，ウクライナが批准したため，3 か国のみの CIS・FTA が同年 9 月に先行して発効[4]。その後，モルドバ，カザフスタン，キルギス，タジキスタン，アルメニアが国内手続きを完了し，本 FTA を発効させている。

ウズベキスタン，アゼルバイジャン，ジョージア，トルクメニスタンは CIS・FTA に加盟していないが，ウズベキスタンは CIS・FTA 加盟国との間

3）　梶田朗・安田啓編著『FTA ガイドブック 2014』（ジェトロ，2014 年），177-186 頁。

4）　浅元薫哉「CIS 自由貿易協定，まず 3 ヵ国先行で発効」ジェトロ，ビジネス短信（2012 年 10 月 9 日）〈https://www.jetro.go.jp/biznews/2012/10/506e88c70afc8.html〉。

で FTA に関する議定書を締結している。

2　ロシア・CIS 地域内 FTA の特徴

（1）EEU の特徴

　物品貿易でみた EEU の特徴は，加盟国が共通の域外関税率を設定する「関税同盟」であり，くわえて，第三国から EEU 加盟国のいずれかに一度輸入すれば，物品を域内で自由に移動・流通させることができる点，また，物品の域内流通の際に取得が必要な強制認証を統一している点が挙げられる。

　ロシアに進出している日系企業もこういった特徴を活かし，EEU の他の加盟国とのビジネスに取り組んでいる。ジェトロが実施した 2019 年度ロシア進出日系企業調査[5] によると，在ロシア日系企業が行っている EEU 域内貿易はロシアからの輸出はベラルーシ，カザフスタン向けが中心で，ロシアへの輸入ではベラルーシからがメインである。

　EEU のメリットについて在ロシア日系企業からは「単一市場の拡大」や「技術規則・認証制度の統一」，「輸送リードタイムの短縮」といった声[6] が挙がっている一方，利用の際にはいくつかの点が障害となっている。

　第一は，付加価値税（VAT）の還付手続きである。最終消費国で一括して徴収されるシステムではなく，還付を受けるには，まず，一次輸入国で通関する際に VAT を支払い，その後，最終消費国に製品が輸送され，そこで販売された際に支払った VAT 納税証明書を元に，一次輸入国で VAT の還付申請手続きが必要となる。

　第二は，税関申告を行えるのが輸入国に限られる点である。EEU 関税基本法では，いずれの加盟国でも税関申告ができると規定されているが，実際には輸入国でないと手続きができない。このため，日本からロシア経由でカザフスタンに貨物を運ぶ場合，ロシアの極東港で一度トランジット手続きを

---

5)　ジェトロ「2019 年度 ロシア進出日系企業実態調査」（2020 年 1 月）〈https://www.jetro.go.jp/world/reports/2019/01/d6f74b4b3a3c424c.html〉。

6)　「認定事業者制度は高額な担保金がネックに――在ロシア日系企業通関問題アンケート結果（2）」ジェトロ，ビジネス短信（2016 年 1 月 15 日）〈https://www.jetro.go.jp/biznews/2016/01/585c4b44f6856da0.html〉。

行い，貨物がカザフスタンに到着後，税関申告をする必要がある。

このほか，EEU の製品認証制度をめぐり，ロシア以外の加盟国の認証機関で発給された証明書をロシアの税関当局が無効[7]としたり，EEU による省エネに関する統一技術規則の策定に並行して，加盟国が独自のルールを導入[8]したりするなど，単一市場の形成とは逆行する動きもみられている。

（2）CIS・FTA の特徴

本協定の特徴は付属書に規定されている例外を除き，加盟国間の貿易において，関税や数量規制を撤廃するとともに，共通の原産地規則を適用していることである。原産地規則は 2009 年 11 月 20 日付「CIS 加盟国における製品の原産国決定ルール」にもとづく。非原産材料を用いて加工された産品については品目別規則[9]が適用され，同規則にもとづく記載がない場合は一般規則（CTH）[10]を満たす必要がある。原産地証明書は第三者証明制度を採用している。このほか，内国民待遇，政府調達，セーフガード措置，アンチダンピング・相殺措置，技術的障害（TBT），衛生植物検疫（SPS）措置，国際収支維持のための制限，紛争解決なども規定されているが，サービスに関する条項はない。CIS・FTA 加盟国とウズベキスタンが締結した議定書には，例外品目を除き，関税を適用しないとする内容が記載されている。

（3）その他

上記以外の枠組みとしては GUAM の FTA（2003 年 12 月発効）が挙げられる。関税の即時撤廃のほか，TBT，トランジット，再輸出，サービス，競争，政府調達，知財保護，紛争解決などに関する規程が含まれている。

---

7)　ロシア連邦商工会議所「他の EEU 加盟国で発給された証明書を連邦税関局が不受理」（2017 年 4 月）（原文はロシア語，〈https://tpprf.ru/ru/businessNews/184708/〉）。

8)　ベルルィノク「ベラルーシで 7 月 1 日より家電・電子機器に対する省エネ証明書を義務づけ」（2018 年 6 月）（原文はロシア語，〈https://www.belrynok.by/2018/06/29/s-1-iyulya-v-belarusi-vvoditsya-obyazatelnaya-sertifikatsiya-po-energoeffektivnosti-dlya-bytovoj-tehniki-i-elektroniki/〉）。

9)　原産地認定ルールを HS コードにもとづく品目ごとに細かく設定している方式。

10)　HS コード 4 桁レベルの関税分類変更基準のこと。

3　ロシア・CIS 地域外の第三国と締結している FTA の特徴

（1）EEU が締結している FTA の特徴

① EEU・ベトナム FTA

　EEU が ASEAN 加盟国と初めて結んだ FTA である。締結した背景については，ロシア側にベトナムを東南アジア市場進出の橋頭保としたいという思惑があったこと，ベトナム側には FTA を最初に締結し EEU という巨大市場開拓の先行者利益を確保する意図があったためとされている。2012 年 8 月に締結交渉が開始され，2015 年 5 月に協定に署名，2016 年 10 月に発効した。ベトナム側は 59％ の品目の関税を即時に，29％ を 5〜10 年かけて段階的に撤廃する。一方，EEU 側は 2025 年までに関税率を平均して 2％ にまで引き下げる内容である。非原産材料を用いて加工された産品については，品目別規則が適用され，原産地証明書の発給は第三者証明制度を採用している。

　2019 年度ロシア進出日系企業調査（既出）によると，本 FTA をロシアからベトナム向け輸出に活用している割合は回答企業のうちの 1.1％，一方，ベトナムからロシア向け輸出については 5.7％ であった。在ロシア日系企業に本 FTA 活用や利用拡大に向けた改善要望を聞いたところ「FTA 対象品目の拡大」，「特恵関税率のさらなる引き下げ」などの声が挙がった[11]。活用しにくい点としては「両国・地域で製品認証基準が異なること」，「航空輸送の場合，リードタイムが短いため，原産地証明書原本の到着が税関申告に間に合わず，FTA 税率が適用できない」といった指摘があった。

② EEU・イラン FTA

　本 FTA は 2015 年に交渉を開始し，2018 年 5 月に署名，2019 年 10 月に発効した。交渉開始から発効までわずか 4 年という比較的短い年月で達成された背景には，米国トランプ政権（当時）による対イラン制裁強化や，米ドルを用いた決済比率を下げようとするロシア・イラン両国の思惑の一致などがあるとみられている。

11）「ユーラシア経済連合とベトナムとの FTA 利用に関心──制度の導入や変更における日系企業への影響を調査」ジェトロ，ビジネス短信（2018 年 3 月 20 日）〈https://www.jetro.go.jp/biznews/2018/03/dd56c2d18d43e264.html〉。

本 FTA は 3 年間限定の時限的なものであるが恒久化も検討されている。関税撤廃・引き下げの対象は EEU の関税分類で 502 品目にのぼる。金額ベースのカバー率では EEU の輸出額の 55%（工業製品 33%，農産品 89%），イランの輸出額の 49%（同 12%，88%）に相当する。FTA により双方で関税率の引き下げが行われ，イラン側の工業製品の平均関税率が 22.4% から 15.4%，農産品で 33.2% から 13.2% に，EEU 側は工業製品が 8.0% から 1.7%，農産物は 9.6% から 4.6% まで低下する。関税引き下げ以外では TBT，SPS，貿易円滑化などを規定している。本 FTA 発効後に両国・地域との貿易額が拡大していることを受けて，FTA の恒久化に関する協議も行われている [12]。

③ EEU・中国貿易経済協力協定

本協定は貿易円滑化に向けた各種措置や通関および知財保護分野の情報交換，両者間の協議などについて合意したもので，関税の撤廃・引き下げを規定したものではない。TBT，SPS での高いレベルの透明性確保，根拠のない貨物リリース遅延の防止，腐敗しやすい製品の通関手続き迅速化などを含んでおり，2019 年 10 月に発効している。

このほか，すでに署名済みで，批准手続き中のものには EEU・セルビア FTA，EEU・シンガポール FTA がある。

(2) EEU 加盟国以外の域外 FTA 締結状況

①欧州諸国・地域との FTA

EEU 未加盟国のうち，第三国・地域との FTA 締結に積極的な国はウクライナ，モルドバ，ジョージアの 3 か国である。いずれもロシアが主導する EEU とは一定の距離を置き EU と連合協定を締結している。

ウクライナは 2008 年 2 月に交渉を開始し，2017 年 9 月に発効させている。連合協定は関税撤廃を含む FTA であると同時に，法制度，基準を EU 規則

---

12) ユーラシア経済委員会「新型コロナ禍にもかかわらず EEU とイランとの間の貿易額は拡大」（2020 年 11 月）（原文はロシア語，〈http://www.eurasiancommission.org/ru/nae/news/Pages/02-11-2020-1.aspx〉）。

に調和させ，EU 市場への経済統合を図る内容である。本協定発効時に金額
ベースでウクライナは 99.1%，EU は 98.1% の関税を撤廃した。モルドバと
ジョージアは連合協定を 2016 年 7 月に各々発効させている。

　協定締結にともないロシアはウクライナ，モルドバとの FTA の効力を一
部除外，停止している。モルドバに対しては 2014 年 8 月より同国産の食肉，
穀物などを対象に最恵国（MFN）税率まで関税を引き上げた。ウクライナ
とは 2016 年 1 月から双方向で FTA 運用を停止している。

　英国の EU 離脱後に，各国と EU との間で締結されている協定と同等の内
容を英国との間でも適用するための「戦略的パートナーシップ協定（SPA）」
については，ウクライナおよびジョージアとの間ではともに発効している一
方，モルドバとは批准手続き中にある。

　欧州自由貿易連合（EFTA）との FTA についてウクライナは 2012 年 6 月
に，ジョージアは 2018 年 5 月に発効 [13] させている。いずれも原産地規則，
貿易円滑化，SPS，TBT，サービス貿易，投資，知財保護，政府調達など幅
広い分野をカバーしている。モルドバは FTA 締結に向けた第 1 回目の交渉
を 2021 年 3 月に実施している。

　ウクライナはこのほか北マケドニア，モンテネグロと FTA を個別に締結，
モルドバは北マケドニア，ボスニア・ヘルツェゴビナ，セルビア，モンテネ
グロ，アルバニア，コソボを含む中欧自由貿易協定（CEFTA）に加盟し，
例外品目を除き関税撤廃の恩恵を受けている。

②欧州以外の国・地域との FTA

　ウクライナは欧州地域以外ではカナダとイスラエルと FTA を締結してい
る。カナダとの FTA は 2017 年 8 月に発効。カナダは品目ベースで 99.9%
の関税を即時撤廃した。一方，ウクライナは鉄鋼製品や産業機械など工業製
品の 75.2% の関税を即時に，残り 24.8% も 7 年かけて撤廃する。くわえて，
ウクライナは水産品を即時，林産品は 5 年かけて撤廃するなど，最終的に農

13）　ジョージアは EFTA との FTA を，2017 年 9 月に先ずアイスランド，ノルウェーと，
　　そして 2018 年 5 月にリヒテンシュタイン，スイスと，二段階で発効。

林水産品のほとんどの関税を削減・撤廃する。

　また，ウクライナによるイスラエルとの FTA は 2021 年 1 月に発効。例外品目を除き，ほとんどの品目の関税を即時撤廃もしくは引き下げる内容で，工業製品の関税撤廃率は，品目ベースでイスラエルが 80%，ウクライナが 70% である。

　一方，ジョージアとモルドバはトルコと FTA を締結している。ジョージア・トルコ FTA は 2008 年 11 月に発効。両国ともに HS コード 25〜97 類の関税を発効と同時に即時撤廃し，01〜24 類については一部を除き無税化する内容である。モルドバ・トルコ FTA は 2016 年 11 月に発効しており，工業製品については双方ともに関税が撤廃されている。

4　今後の通商政策の行方

（1）EEU

①オブザーバー国の拡大

　EEU の通商政策の方向性としてはオブザーバー国の拡大と第三国・地域との FTA ネットワークの拡充が挙げられる。オブザーバー国とは EEU への加盟や FTA 締結を目的としたものではないが，EEU と CIS 諸国などとの関係を密にするために 2018 年に導入した方策である[14]。オブザーバー国には EEU の会合で発言権は与えられないが政府関係者の出席は可能となる。すでにモルドバ，ウズベキスタン，キューバが認定されており，イランも関心を寄せている。オブザーバー国となる目的は同一ではなく，加盟への布石（ウズベキスタン）や，国際関係上のアピール（モルドバ，キューバ，イラン）がある。

②第三国・地域との FTA 網の拡充

　EEU が FTA 締結に動いている第三国・地域にはイスラエル，エジプトなどが挙げられる。イスラエルについては 2015 年 10 月に交渉開始。FTA に

---

14)　President of Russia, "Message from President of Russia to heads of Eurasian Economic Union member states"（January 18, 2018）〈http://en.kremlin.ru/events/president/news/56663〉.

は関税引き下げのほか, サービス貿易, 投資促進・保護措置などが含まれている。一方, エジプトとは 2019 年 1 月に交渉を始め, 電子商取引, 税関協力・簡素化, TBT, SPS などが盛り込まれる見込みである。

(2) その他の CIS 諸国

ウクライナはトルコと FTA 交渉中である。2011 年 1 月に交渉を開始し, 2020 年 12 月時点では農業, 鉄鋼製品, 投資, サービス分野について協議を行っている。また, モルドバは中国との FTA 締結に向けて動きはじめており, 2017 年 12 月に交渉開始について合意している。両国は協力の優先分野として, 道路インフラ, 通信, エネルギー, 農業, 観光分野を挙げている。

第 2 節　中東の通商政策と FTA の概要

1　トルコの通商政策

中東では, トルコが FTA を積極的に活用している。トルコには中東, 欧州, 中央アジアに隣接するという地理的優位性があり, 人口大国としての良質・豊富な労働力を背景に, 製造業の基盤も有する。そのため, トルコ政府は 2000 年代以降, 自国を「製造・輸出拠点」と位置づけ, 各国と FTA を積極的に締結し, 大手自動車メーカーなどの外資誘致を進めることにより, 経済成長を達成してきた。

トルコは EU との間での関税同盟のほか, その他 22 か国・地域との FTA が発効している (2021 年 6 月時点)[15]。2020 年, EU 関税同盟を含めた FTA 発効国との輸出は 59.6% を, 輸入は 46.1% を占めた。また, 3 か国と批准手続き中で, 17 か国・地域とは本交渉中, 9 か国・地域とは本交渉開始前の状況で, 交渉開始を目指している。

---

15)　Ministry of Trade, Republic of Turkey, "Free Trade Agreements" (June 2021) 〈https://www.trade.gov.tr/free-trade-agreements〉.

(1) トルコ・EU 関税同盟

　トルコにとって EU は最大の貿易相手地域であり，関税同盟の締結による欧州企業の投資誘致と生産・輸出の促進は，トルコの通商政策において最も重要な意義を担ってきた。すでに自動車，機械，家電，製薬，繊維など，多様な分野で欧州企業の製造拠点の設立が進んでいる。近年はトルコも貿易の多角化を図っているが，それでも EU は 2020 年のトルコの輸出の 41.3%，輸入の 33.4% を占め，最大の貿易相手地域となっている。他方で，2005 年から開始されているトルコの EU 加盟交渉は，人権・資源問題 16) などから，現在は停滞している。

　トルコと EU の通商関係は，1964 年にトルコと欧州経済共同体（EEC）との間で発効した「アンカラ協定」が基点となる 17)。同協定では，関税同盟設立に向けた三段階のスケジュールを設定した。第一段階は，トルコが関税面で義務を負わない準備段階（EU はトルコに対し一定の自由化）。第二段階は，品目により最大で 22 年間の猶予期間を設け，トルコが関税撤廃を開始する移行段階（EU は一部の石油製品，繊維製品を除き関税撤廃）。最終段階として，EC トルコ連合理事会の決定 No.1/95 を踏まえ，1996 年 1 月に関税同盟が成立した。

　トルコと EU は，1973 年のアンカラ協定追加議定書の発効により，石炭と鉄鋼を除く工業製品の関税を双方に撤廃した。石炭と鉄鋼の関税は，トルコと欧州石炭鉄鋼共同体（ECSC）との間で，1996 年 8 月に発効した FTA で撤廃となった。他方，農水産品および農産加工品の関税については，段階的に削減・撤廃が進められている。トルコ貿易省によれば，2008 年の欧州官報 18) を受けて，トルコと EU の間で無税・減税の対象とする農産品，食

---

16)　人権問題としては，EU は 2021 年，トルコでの反政府野党勢力の長期間にわたる拘束や，女性への暴力防止を目的とする国際協定「イスタンブール条約」からの離脱に対して，深刻な懸念を表明。資源問題としては，EU は 2020 年，トルコが東地中海で独自に資源（天然ガス）探査を進め，ギリシャやキプロスと対立した問題をめぐり，制裁も含めた対応を検討。

17)　European Union, "EU and Turkey's History"〈https://www.avrupa.info.tr/en/eu-and-turkeys-history-711〉.

18)　Directorate for EU Affairs, Ministry of Foreign Affairs, Republic of Turkey, "Official Journal

品，乳製品の範囲を拡大する更新がなされた。

　さらにトルコと EU は，連合理事会決定 No.1/95 にて，石炭・鉄鋼・農水産品を除く第三国からの輸入品に対し，対外共通関税を設定している。また同決定 16 条では，「トルコは，EU の通商政策と自らの政策を調和させるために，本決定発効から 5 年以内に，EU の特恵関税制度に段階的に合わせていかなければならない。この調整は，自主的関税停止措置と第三国との特恵協定と双方に関わるものである。このために，トルコは必要な措置を採り，関係国と相互利益にもとづき協定の交渉を行う」と，トルコに対し EU の第三国に対する特恵関税制度の調和を求めている。

（2）トルコ・韓国 FTA

　トルコがアジアで FTA を最初に発効させた国は韓国である（その後，マレーシアおよびシンガポールとも発効）。トルコ・韓国 FTA は，2010 年 3 月に交渉を開始，4 回の交渉を経て，枠組み協定と物品貿易協定が 2012 年 3 月に仮調印，同年 8 月に正式署名，2013 年 5 月に発効した[19]。本協定の締結により，とくに韓国側では，工業製品を中心に韓国企業の輸出増，とくに自動車分野での利益向上が期待できるとした[20]。

　2018 年 8 月には，サービス貿易協定と投資協定も発効している。また，2020 年 1 月時点で FTA リスト 1 の工業製品の輸出関税が免除され，リスト 2 の農産品の関税率の 73% が減税となった。リスト 3 の 134 品目も減税となっている。2023 年 1 月には，リスト 2 の農産物のすべての関税率が 0% になる見込みとなっている[21]。

---

of the European Union”（July 2008）〈https://www.ab.gov.tr/files/AB_Iliskileri/okk_1_2007.pdf〉.

19)　Ministry of Trade, Republic of Turkey, “Free Trade Agreements - Republic of Korea”〈https://www.trade.gov.tr/free-trade-agreements/republic-of-korea〉.

20)　崔喜楽「トルコとの FTA 交渉妥結を宣言——上半期中に正式署名へ」ジェトロ，ビジネス短信（2012 年 3 月 29 日）〈https://www.jetro.go.jp/biznews/2012/03/4f73c910249f0.html〉.

21)　トルコ貿易省「FTA—韓国」（2020 年 1 月）（トルコ語，〈https://www.ticaret.gov.tr/dis-iliskiler/serbest-ticaret-anlasmalari/yururlukte-bulunan-stalar/guney-kore〉）.

（3）トルコ・英国 FTA

　英国の EU 離脱を受けて，トルコと英国間で FTA が 2020 年 12 月に署名
され，2021 年 1 月に発効（暫定適用）となった [22]。トルコにとって英国は
主要な輸出相手国のひとつであったが，本協定により，両国間の貿易上の負
の影響が回避され，従来のトルコ・EU 関税同盟の加盟国間と同様の貿易環
境が維持されることとなった。トルコ政府は 4 月 20 日付官報大統領令 3837
号で，本協定の運用面において，トルコ・EU 関税同盟と同様の原産地規制
や手続きとすることを正式に発表した [23]。

　トルコ統計機構によると，2020 年のトルコから英国への輸出額は 112 億
ドル（第 2 位の輸出先），英国からの輸入額は 56 億ドル（第 11 位の輸入先）
だった。トルコからは主に自動車，アパレル，白物家電，機械，鉄鋼などが
輸出され，英国からは主に機械，鉄鋼，自動車，医薬品などが輸入されてい
る。

（4）日本・トルコ経済連携協定〈交渉中〉

　日本とトルコは 2011 年 7 月，両国間で経済連携協定（以下，日・トルコ
協定）に関する共同研究を立ち上げることに合意した [24]。日本からは自動
車，一般機械，電気機器などの工業製品，トルコからは食品，繊維製品など
の輸出の促進が期待された。共同研究を 2012 年 11 月，2013 年 2 月の 2 回
開催し，同年 7 月に発表された共同研究の報告書では，日・トルコ協定は貿
易・投資の拡大のみならず，両国間のビジネス活性化などにもつながるとし
た。

　2014 年 1 月，トルコのエルドアン首相が来日，安倍前首相との首脳会談
で，交渉を開始することで合意した。ただしその後，同年 12 月に開催した

---

22)　エライ・バシュ「トルコと英国の FTA が発効」ジェトロ，ビジネス短信（2021 年 1
　　月 8 日）〈https://www.jetro.go.jp/biznews/2021/01/c6900a3954859b68.html〉。
23)　エライ・バシュ「英国・トルコ FTA，EU・トルコ関税同盟と同じ関税率を適用」ジ
　　ェトロ，ビジネス短信（2021 年 4 月 22 日）〈https://www.jetro.go.jp/biznews/2021/04/
　　c682e1ea768300ad.html〉。
24)　外務省「日・トルコ経済連携協定」（2019 年 9 月）〈https://www.mofa.go.jp/mofaj/gai
　　ko/fta/j_turkey/index.html〉。

交渉第 1 回会合から, 2019 年 10 月まで計 17 回の交渉会合が開催されているが, 2021 年 6 月時点では合意に至っていない。

2　GCC の通商政策

湾岸協力理事会 (GCC) は, アラブ首長国連邦, サウジアラビア, カタール, オマーン, クウェート, バーレーンの 6 か国により, 1981 年 5 月に発足した。1979 年 2 月のイラン革命, 1980 年 9 月に勃発したイラン・イラク戦争など, 周辺環境の変化にともない, 防衛・経済をはじめとするさまざまな分野で, 6 か国での共同歩調を取ることを目的とした。

経済協力面では, GCC は域内共同市場の創設を目指し, 域内での製品の規格・基準を統一し, 外資の投資環境を改善し, 世界市場へのアクセス条件を緩和しようと努めてきた。また対外的には, 貿易・投資の促進, 市場の拡大, GCC の輸出増加を目的として, 他の国・地域に対して統一的な貿易政策を採用している[25]。

域内統合については, GCC 統一経済協定に 1981 年 11 月調印, 2001 年 12 月全面改訂。本協定にもとづき, 1983 年 11 月には域内関税をゼロとする自由貿易地域が成立したが, 各国の関税率や税関手続きの相違もあり, 実質的な域内無関税化は実施されなかった。そのため, 2003 年 1 月に関税同盟を発足させ, GCC 統一関税法のもと, 域内関税の撤廃と, 対外共通関税 (5%, 一部例外品目あり) を導入した。

移行措置を経て, 2008 年 1 月には GCC 市場統合が実現したことになっているが, 引き続き国境には税関等チェックポイントが存在し, 現在も通関が滞るなどの課題も指摘される。また, 2017 年 6 月に発生したカタールと GCC 各国との断交問題の発生など[26], 足並みが揃っていない面もあり, 経

---

25)　Secretariat General of the Gulf Cooperation Council, "Cooperation in Trade - Objectives" ⟨https://www.gcc-sg.org/en-us/CooperationAndAchievements/Achievements/EconomicCooper ation/CooperationinTrade/Pages/Objectives.aspx⟩.

26)　断交は, カタールがイスラム原理主義を掲げる「ムスリム同胞団」などのテロ組織を支援し, 資金提供を行っているとの理由で行われた。しかし, 2021 年 1 月にサウジアラビアがカタールとの国境の再開を発表し, 3 年半越しに国交正常化に向けた動きが示された。

済統合の最終過程に位置づけられた通貨統合の交渉も停滞している。

　FTA については，2008 年 12 月に調印していたシンガポールとの間で，2013 年 9 月に発効した。関税の削減・撤廃に加え，ハラール基準の相互認証，一定の条件下で相互のサプライヤーに内国民待遇を付与するなど，幅広い分野でのアクセス改善を狙いとした[27]。また 2014 年 7 月には，2006 年以降交渉を行っていた欧州自由貿易連合（EFTA）との間で発効した。EFTA 側は発効後，工業製品，水産物について即時の関税撤廃を行った。日本との交渉は，2009 年まで交渉・会合が開催されていたが，その後中断となっている[28]。

3　イスラエルの FTA 動向

　トルコ，GCC 以外では，イスラエルも近年，各国との FTA 締結を意欲的に進めている。WTO に通報されている FTA 発効件数は 10 件（2021 年 6 月時点）にのぼり，二国間 FTA では，1985 年 9 月発効の米国との FTA が最も古い。2020 年以降は，1 月にパナマ，8 月にコロンビア（いずれも WTO 未通報），また，2021 年 1 月にウクライナ，さらには英国（貿易・パートナーシップ協定）との間で，相次いで FTA を発効させた。

　アジアとの間では，韓国，中国，ベトナム，インドと交渉が行われている。とくに韓国との交渉が先行しており，2019 年 8 月に妥結，2021 年 5 月に署名を行った。これにより，イスラエル側は乗用車，自動車部品，繊維，化粧品などの主要輸入品目について関税を即時撤廃し，韓国側は輸入上位品目である半導体製造装置の関税を即時撤廃，電子応用機器の関税を 3 年以内に撤廃する予定とした[29]。なお，日本とは交渉を行っていない。

---

27)　椎野幸平「GCC との FTA が発効──シンガポールからの市場アクセス改善に期待」ジェトロ，ビジネス短信（2013 年 9 月 18 日）〈https://www.jetro.go.jp/biznews/2013/09/5237ef2a635d8.html〉。

28)　外務省「日・GCC（湾岸協力理事会）自由貿易協定」（2009 年 4 月）〈https://www.mofa.go.jp/mofaj/gaiko/fta/j_gcc/index.html〉。

29)　当間正明「イスラエルとの FTA に署名，イスラエルでの韓国製自動車の競争力を確保」ジェトロ，ビジネス短信（2021 年 5 月 21 日）〈https://www.jetro.go.jp/biznews/2021/05/52fda7f15f41dfb7.html〉。

第 3 節　アフリカ地域の通商政策と FTA 動向

　アフリカでは，域内 55 か国・地域が加盟するアフリカ連合（AU）が地域統合の中核としての役割を担っている。これまで地域ごとに形成する地域経済共同体（REC）を基盤とした各地域の市場統合が進められてきたが，そこから一歩先へ進み，それらを包含するアフリカ大陸自由貿易圏（AfCFTA）への取り組みが加速している。

　また，アフリカ域内の経済統合に合わせて，中国やインド，米国といった国々が，アフリカ市場のゲートウェイとなる国々との FTA を進めており，AfCFTA の進展に合わせ，最後のフロンティアといわれるアフリカ市場参入に向けた取り組みは本格化しつつある。

1　アフリカの地域経済共同体（REC）の概況

　アフリカには，アフリカ連合（AU）が認める地域経済共同体（REC）が 8 つある（表 15-1）。それぞれに設立の経緯や，協定の内容などが異なっており，これらを横並びに評価することは難しいが，2020 年 5 月に AU などが域内統合の進展度合いを示す「アフリカ地域統合指数」[30] を発表した。これによると，REC では，ケニア，タンザニア，ウガンダなど 6 か国からなる東アフリカ共同体（EAC）の域内統合が「0.537」と最も進展しており，なかでも人の移動（0.664）やマクロ経済（0.660）面での統合が進展しているとされている。一方，生産面での統合は「0.434」と低い。同調査では，REC だけでなく，国別に他のアフリカ域内諸国との統合の度合いを分析した結果も示されているが，国別では南アフリカ共和国（0.625）が首位で，生産拠点としてアフリカ全域にモノを供給していることから，生産やインフラ面での統合が域内で最も進展しているとの結果が出た。アフリカ全体の域

---

30)　AU, AfDB, UNECA, "Africa Regional Integration Index 20019"（May 2020）〈https://au.int/en/documents/20200523/africa-regional-integration-index-report〉.

表 15-1　アフリカ地域経済共同体（REC）と統合進展度合い

地域経済共同体名	加盟国数	指数
東アフリカ共同体（EAC）	16	0.537
アラブ・マグレブ連合（AMU）	5	0.488
中部アフリカ諸国経済共同体（ECCAS）	11	0.442
政府間開発機構（IGAD）	18	0.438
西アフリカ諸国経済共同体（ECOWAS）	15	0.425
サヘル・サハラ諸国共同体（CEN-SAD）	29	0.377
東南部アフリカ市場共同体（COMESA）	21	0.367
南部アフリカ開発共同体（SADC）	16	0.337

注：「指数」は，貿易，生産，マクロ経済，インフラ，人の移動の5
　　つの側面から，2019年時点での域内貿易比率や関税率，渡航査
　　証の有無，通貨の互換性などにもとづいて，統合の進展度合いを
　　指数化（域内統合の最も進んだ状況が1，最も進んでいない状況
　　が0）。
出所：アフリカ連合（AU），アフリカ開発銀行（AfDB），国連アフリカ
　　経済委員会（ECA）の資料より作成。

内統合は「0.327」で，これについて調査では「依然として低い水準で，新
型コロナウイルス感染症拡大のような危機に対処できるような強固な経済基
盤を築くためには，域内統合の深化が不可欠だ」と指摘している。

　このように，アフリカ全体でみれば，いまだ域内経済統合は低い水準にあ
るといえるが，ジェトロが2020年に，アフリカに進出する日系企業を対象
に実施したアンケート調査によると，回答企業282社中，88社がFTAを
「利用」ないし「利用を検討」していることがわかった（図15-2）。最も利
用されているのは，南部アフリカ開発共同体（SADC）で34.1％，利用を検
討するとしているのは，アフリカ大陸自由貿易圏（AfCFTA）で37.2％であ
った。

2　アフリカ大陸自由貿易圏（AfCFTA）の概況

　AUは2021年1月1日にアフリカ大陸自由貿易圏（AfCFTA）の運用開始
を宣言した。AfCFTAの設立協定は，2018年3月の大枠合意を経て，2019
年5月に発効。2020年7月からの運用開始を目指していたが，新型コロナ
感染症の拡大の影響を受け，2021年1月に延期となっていた。運用開始時
点で，AU加盟55か国・地域のうち54か国・地域が署名し，34か国が批准
に至っている。運用開始を宣言するも，2021年6月末時点では，原産地規

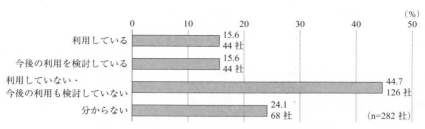

図 15-2　アフリカ進出日系企業の FTA・関税同盟の利用状況
出所：ジェトロ「アフリカ進出日系企業実態調査（2020 年度）」（2020 年 12 月）より作成。

則，および各国・地域の譲許表については交渉が決着しておらず，引き続き交渉妥結を目指している。なお，AfCFTA には上述の REC も参加しており，基本的には REC 内における物品貿易の関税率や原産地規則は引き続き維持されるが，域外との貿易では AfCFTA の関税率，原産地規則が適用される予定だ。

　AfCFTA 構想はフェーズ 1 とフェーズ 2 の二段階に分かれており，2019 年 5 月に発効した AfCFTA 設立協定はフェーズ 1 の位置づけで，物品貿易，サービス貿易，紛争解決規則・手順が取り決められた。フェーズ 2 には競争原則，投資，知的財産の 3 つに関する協約がある。AfCFTA 設立協定のフェーズ 1 にあたる，物品，サービス，紛争解決に関する協約の枠組み大枠は 2018 年 3 月に合意され，その後，2019 年 2 月にエチオピアの首都アディスアベバで行われた AU の通常総会で，物品貿易では今後 5 年以内にタリフラインベースで 90％ 以上を関税撤廃させること，残りのうち 7％ のセンシティブ品目は原則 10 年以内に撤廃，3％ は撤廃の対象外とすることが合意された。また，加盟国でも域内の後発開発途上国（LDC 諸国）は 10 年以内に 90％，13 年以内に 7％ のセンシティブ品目の関税撤廃をするとした。そのなかでもエチオピア，マダガスカル，マラウィ，スーダン，ザンビア，ジンバブエの 6 か国は 90％ の関税撤廃の猶予期間が 15 年間と設定された。

　AfCFTA は，域内全 55 か国・地域が参加した場合，人口は 12 億人超，名目 GDP 総額は 2 兆 2,000 億ドルとなる。現在は約 16％ 程度と，他地域に比べて大幅に少ないアフリカ域内貿易の活性化に期待がかかっており，域内のバリューチェーンの強化により，一次産品輸出に依存する経済構造からの脱

却を目指している。

　アフリカ域内に自社ないし地場企業とのパートナーシップなどで製造拠点を有する日本企業は，AfCFTA の定める原産地規則を満たせば，関税削減などの恩恵を受けられる。現在，各拠点で製造されたモノは主に REC 内，もしくは REC が FTA を持つ欧州などの域外国に輸出されているが，今後は REC を越えてアフリカ域内で広く販売することが可能となる。

　ただし，AfCFTA はあくまでアフリカ域内の経済統合であることから，日本など域外からアフリカへの輸出ビジネスを行うだけの日本企業にとっては，直接的なメリットは少ない。また，アフリカ域内の貿易が低水準にとどまっている理由は，関税障壁に限らず，劣悪な物流インフラや税関の非効率など非関税障壁も大きな要因となっている。AfCFTA はこうした非関税障壁の削減にも取り組むことも目指しているが，実現には時間を要することが予想される。

3　他の地域との FTA の概況

(1) モーリシャス中国 FTA

　中国政府とモーリシャス政府は，2019 年 10 月にモーリシャス中国自由貿易協定に署名，2021 年 1 月に同協定の発効を発表した。中国にとって，初のアフリカとの FTA となる。モーリシャスから中国への輸出にあたって品目（TL）ベースで 96.3% の物品に対する関税が無税となり，モーリシャスの代表的産品であるラム酒や冷凍魚，乾燥麺類など約 8,500 品目が対象となる。これらのうち 88% の物品は発効即日に無税となり，残りについても今後 5〜7 年以内に無税になる。

　他方で，中国の物品のモーリシャスへの輸出は，鉄鋼製品や縫製品など TL ベースで 94.2% が最終的に無税となる。双方の輸入額の 92.8% 相当が自由化の対象になるとしている。中国にとって，本協定の狙いは人口 126 万人のモーリシャス市場ではなく，その先にある人口 12 億人のアフリカ市場にある。今後，本協定によって，中国企業がモーリシャスをアフリカ市場のゲートウェイとして活用していくことが見込まれている。

（2）モーリシャス・インド包括的経済協力・パートナーシップ協定（CECPA）

　モーリシャス政府とインド政府は，2021 年 2 月に包括的経済協力・パートナーシップ協定（CECPA）に署名した。インドにとって，初のアフリカとの二国間 FTA となる。協定には，物品貿易，原産地規則，サービス貿易，TBT，SPS，紛争解決，通信，金融サービス，税関協力などが含まれている。

　本協定により，モーリシャスはインド向けの輸出では 615 品目で優遇が受けられる（うち 376 品目は無税）。他方で，インドの物品のモーリシャスへの輸出は，食品・飲料，農産品，テキスタイル，金属類，電気製品など，310 品目で優遇が受けられる。

　モーリシャスはインド系住民が約 7 割を占めるなど，歴史的にも地理的にも密接な関係にあり，2005 年以来，インドはモーリシャスにとって最大の貿易相手国となっているが，近年では「一帯一路」政策を推進する中国の影響力が強まっている。インドは，本協定により，モーリシャスにおけるプレゼンスを強化すると同時に，アフリカ市場のゲートウェイとして同国を活用していきたいとの考えだ。

（3）ケニア米国 FTA〈交渉中〉

　米国は 2000 年の施行以来，アフリカ成長機会法（AGOA）によって，アフリカ諸国に対し米国市場へのアクセスを提供してきた。しかし，一方的な特恵税率の供与でなく，互恵的な FTA を結ぶべきという議論があり，トランプ前米大統領政権下で，2018 年に米通商代表部（USTR）はアフリカ諸国との間で二国間 FTA を締結する意向を表明，2020 年 7 月にケニアとの FTA 交渉の開始を正式に表明した。

　ライトハイザー前 USTR 代表は声明で「（米国と）ケニアとの協定は，Af-CFTA を含めた，アフリカの地域統合に向けた努力を補完するものだ」との認識を示し，2025 年 9 月末に失効する AGOA を引き継ぐ制度として，米国・アフリカ貿易のモデルケースを形成したいとの意向を有していた。しかしながら，米国の政権交代によって，バイデン新大統領が今後，アフリカ政策をどのように進めていくのかはいまだ明らかにはなっていない。

あとがき

　本書は，ジェトロから 2007 年に発行した『FTA ガイドブック 2007』（浦田秀次郎・石川幸一・水野亮編著），および同 7 年後の 2014 年に発行した『FTA ガイドブック 2014』（梶田朗・安田啓編著）の続編として，当初の企画をスタートした。本書の大きな強みである 2 つの特徴，すなわちアジアや北・中南米，欧州，さらにはロシアや中東，アフリカも含めた地域の網羅性，そして，関税や通関手続き，サービスや投資，さらにはデジタル，知的財産，環境などの非伝統的な貿易分野に至る広範な通商ルールの深掘りは，前出のFTA ガイドブックを受け継いだものである。

　その一方で，本書は，2014 年以降の 7 年間における世界および日本のFTA を取り巻く環境，ならびに企業の FTA に対する認識の抜本的な変化を踏まえ，構成や内容を全面的に改編・拡充している。その意味で，初期の企画段階における「続編」の枠を超えた，まったく新たな，かつ包括的なFTA 解説書となっている。

　本書の各章の執筆者は，いずれも，通商ルールと担当地域の専門性を有し，かつ貿易実務や現場における FTA の運用実態に精通するジェトロの職員を揃えている。各自が国内外のネットワークから収集する制度・運用情報に加え，FTA を活用する企業からの日々の膨大な相談対応実績から得られる事例・ノウハウ，運用課題の蓄積などの付加価値が存分に盛り込まれた内容になっている。とりわけ，締約国に日本を含まない国・地域間の主要 FTA の運用実態や，それぞれの国・地域に立地する企業の視点からのビジネス戦略に深く関わるルール・制度の詳細解説は，先行する多くの文献と比較した際

の本書ならではの強みと自負している。

　なお，本書各章の論点や分析は，あくまで執筆者個人によるものであり，ジェトロとしての公式見解ではない点はお断りしておきたい。また，記載されているデータや情報は，特記しない限り，2021年6月末時点までの情報にもとづく点についてもあらためてご留意いただきたい。

　最後に，本書の執筆にあたっては，アンケートやインタビューにご協力いただいた日本企業関係者の皆さま，経済産業省をはじめとする政府関係者に加え，大学や調査・研究機関の皆さまに多大なご協力とご支援をいただいた。また，本書の企画に賛同し，出版の実現にご尽力いただいた白水社編集部の竹園公一朗氏，企画段階から編集アドバイザーとして辛抱強くご指導いただいた勝康裕氏に，この場を借りて心より御礼申し上げたい。

　いま，コロナ禍で劇的に変化する世界の通商環境のなかで，多くのビジネス関係者にとって，世界で続々と発効するFTAにどう向き合い，いかにそれを利用するかが問われている。本書が，主に貿易関係に従事する企業関係者の皆さまのみならず，これらから国際ビジネスに取り組もうとする皆さまにとっても，FTAへの理解を深め，その戦略的・効果的活用を促す一助となれば幸甚である。

2021年11月

編者一同

索　　引

執筆者一覧 （所属は執筆時）

【編著者】

伊藤 博敏（いとう ひろとし）［第1章，第5章］
　ジェトロ 海外調査部 国際経済課長

朝倉 啓介（あさくら けいすけ）［第2章，第9章第3節5，第9章コラム］
　ジェトロ 海外調査部 国際経済課 課長代理

吾郷 伊都子（あごう いつこ）［第3章第2～4節，第9章第1節，第3節1，3～4］
　ジェトロ 海外調査部 国際経済課
　（現 ジェトロ・クアラルンプール事務所）

【著者】（執筆順）

中村 江里子（なかむら えりこ）［第3章第1節，第4章第1節1］
　ジェトロ 海外調査部 国際経済課

古川 祐（ふるかわ たすく）［第4章第1節2～第3節］
　ジェトロ 海外調査部 国際経済課 課長代理

伊尾木 智子（いおき ともこ）［第8章，第9章第2節1～2］
　ジェトロ 海外調査部 国際経済課

柏瀬 あすか（かしわせ あすか）［第6章第1節1～2 (1)］
　ジェトロ 海外調査部 国際経済課

山田 広樹（やまだ ひろき）［第6章第1節2 (2)～第3節，第7章］
　ジェトロ 海外調査部 国際経済課

山城 武伸（やましろ たけのぶ）［第10章］
　ジェトロ 海外調査部 アジア大洋州課 課長代理

方 越（ほう えつ）［第11章第1節］
　ジェトロ 海外調査部 中国北アジア課

原 実（はら みのる）［第11章第2節］
　ジェトロ 海外調査部 主査
　（現 ジェトロ 総務部 広報課 主査）

新田 浩之（にった ひろゆき）［第 11 章第 3 節］
　ジェトロ 海外調査部 アジア大洋州課 課長代理

磯部 真一（いそべ しんいち）
　［第 12 章第 1 節 1・3，第 2 節，第 3 節 1・4，第 12 章コラム］
　ジェトロ・ニューヨーク事務所

藪 恭兵（やぶ きょうへい）［第 12 章第 1 節 2，第 3 節 2〜3，第 4 節］
　ジェトロ・ニューヨーク事務所
　〔戦略国際問題研究所（CSIS）日本部客員研究員〕

田中 晋（たなか すすむ）［第 13 章第 1 節，第 5 節］
　ジェトロ 海外調査部 欧州ロシア CIS 課長
　（現 ジェトロ 海外調査部 主任調査研究員）

土屋 朋美（つちや ともみ）［第 13 章第 2 節〜第 4 節，第 6 節］
　ジェトロ 海外調査部 欧州ロシア CIS 課 課長代理

辻本 希世（つじもと きよ）［第 14 章第 1 節］
　ジェトロ 海外調査部 米州課 課長代理

佐藤 輝美（さとう てるみ）［第 14 章第 2 節］
　ジェトロ 海外調査部 米州課

峯村 直志（みねむら ただし）［第 14 章第 3 節］
　ジェトロ 海外調査部主幹

齋藤 寛（さいとう ひろし）［第 15 章第 1 節］
　ジェトロ 海外調査部 欧州ロシア CIS 課 課長代理
　（現 ジェトロ 総務部 秘書室 室長代理）

米倉 大輔（よねくら だいすけ）［第 15 章第 2 節］
　ジェトロ 海外調査部 中東アフリカ課 課長代理

佐藤 丈治（さとう じょうじ）［第 15 章第 3 節］
　ジェトロ 海外調査部 中東アフリカ課長

ＦＴＡの基礎と実践　賢く活用するための手引き

2021 年 12 月 5 日　印刷
2021 年 12 月 25 日　発行

編著者　　伊　藤　博　敏
　　　　　朝　倉　啓　介
　　　　　吾　郷　伊都子
編　集　　勝　　康　　裕
装　幀　　コバヤシタケシ
発行者　　及　川　直　志
印刷所　　株式会社理想社

発行所　101-0052 東京都千代田区神田小川町 3 の 24
　　　　電話 03-3291-7811(営業部), 7821(編集部)　　株式会社　白水社
　　　　www.hakusuisha.co.jp
　　　　乱丁・落丁本は、送料小社負担にてお取り替えいたします。

振替 00190-5-33228　　　　　　　　　　　　　　　　　誠製本株式会社

©JETRO 2021
Printed in Japan
ISBN978-4-560-09880-6

🐓 白水社の本

グローバリゼーション・パラドクス

世界経済の未来を決める三つの道　　　　　ダニ・ロドリック

柴山桂太／大川良文 訳

ハイパーグローバリゼーション、民主主義、そして国民的自己決定の三つを、同時に満たすことはできない！ この世界経済のトリレンマをいかに乗り越えるか？ 世界的権威が診断する資本主義の過去・現在・未来。

貿易戦争の政治経済学

資本主義を再構築する　　　　　ダニ・ロドリック　岩本正明 訳

ポピュリズム的ナショナリズムと高度産業社会に充満する不安を理解するための必読書。フランシス・フクヤマ、ラグラム・ラジャン推薦。

国際文化交流を実践する

国際交流基金 編

コロナ禍や一国主義の台頭で揺らぐ国際協調をいかに守るか？ 心と心の触れ合いに懸けたＪＦ職員たちの渾身のルポルタージュ！